本书由国家社会科学基金重大项目"国家治理现代化与行政管理制度体系创新研究"（项目批准号17ZDA105）资助。

中国行政管理制度创新

国家治理现代化视角

高小平　陈宝胜　等　著

人民出版社

责任编辑:陈寒节

封面设计:徐　晖

图书在版编目(CIP)数据

中国行政管理制度创新:国家治理现代化视角/高小平

　　等著.—北京:人民出版社,2021.10

ISBN 978-7-01-023043-6

Ⅰ.①中…　Ⅱ.①高…　Ⅲ.①行政管理-研究-中国

Ⅳ.①D63

中国版本图书馆 CIP 数据核字(2021)第 010576 号

中国行政管理制度创新

ZHONGGUO XINGZHENG GUANLI ZHIDU CHUANGXIN

——国家治理现代化视角

高小平　陈宝胜 等　著

人民出版社 出版发行

(100706　北京市东城区隆福寺街 99 号)

北京中科印刷有限公司印刷　新华书店经销

2021 年 10 月第 1 版　2021 年 10 月北京第 1 次印刷

开本:710 毫米×1000 毫米 1/16　印张:28.75

字数:445 千字

ISBN 978-7-01-023043-6　定价:90.00 元

邮购地址:100706　北京市东城区隆福寺街 99 号

人民东方图书销售中心　电话:(010)65250042　65289539

目　　录

前　言 ……………………………………………………… 001

第一章　行政管理制度体系创新的总体框架 ……………… 001

　　第一节　行政管理制度体系创新的含义和研究背景 ………… 001

　　第二节　行政管理制度体系创新的类型和结构……………… 009

　　第三节　行政管理制度体系创新模式 ……………………… 015

　　第四节　新时代行政管理制度体系创新的动力……………… 024

第二章　行政管理制度创新的理论基础 …………………… 032

　　第一节　国家治理史与行政管理制度理性 ………………… 032

　　第二节　行政管理学的基石范畴 …………………………… 048

　　第三节　中国行政管理学发展与制度创新 ………………… 063

　　第四节　党的理论引领行政管理制度创新 ………………… 078

第三章　我国行政管理制度创新的历史分析 ……………… 085

　　第一节　新中国行政管理制度中公共性的发展……………… 085

　　第二节　新中国行政管理制度中绩效性的发展……………… 102

　　第三节　新中国行政管理制度中服务性的发展……………… 119

第四节　改革开放以来行政管理制度创新实践⋯⋯⋯⋯⋯⋯⋯⋯ 131

第四章　政府组织制度创新⋯⋯⋯⋯⋯⋯⋯⋯⋯⋯⋯⋯⋯⋯ 136

　第一节　党的十八大以前的政府组织制度创新⋯⋯⋯⋯⋯⋯⋯ 136

　第二节　新时代政府组织制度重构⋯⋯⋯⋯⋯⋯⋯⋯⋯⋯⋯⋯ 149

　第三节　行政权力配置结构的创新⋯⋯⋯⋯⋯⋯⋯⋯⋯⋯⋯⋯ 153

第五章　政府职能创新和行政审批制度改革⋯⋯⋯⋯⋯⋯⋯ 158

　第一节　转变政府职能与机构改革的关系⋯⋯⋯⋯⋯⋯⋯⋯⋯ 158

　第二节　行政审批制度的属性与问题⋯⋯⋯⋯⋯⋯⋯⋯⋯⋯⋯ 163

　第三节　行政审批制度创新的走向和启示⋯⋯⋯⋯⋯⋯⋯⋯⋯ 169

第六章　政府绩效管理制度创新⋯⋯⋯⋯⋯⋯⋯⋯⋯⋯⋯⋯ 173

　第一节　政府绩效管理制度创新的理论⋯⋯⋯⋯⋯⋯⋯⋯⋯⋯ 173

　第二节　中国绩效管理制度的优势⋯⋯⋯⋯⋯⋯⋯⋯⋯⋯⋯⋯ 180

　第三节　政府绩效管理制度的机理⋯⋯⋯⋯⋯⋯⋯⋯⋯⋯⋯⋯ 183

　第四节　政府绩效管理制度创新的方向⋯⋯⋯⋯⋯⋯⋯⋯⋯⋯ 187

第七章　"放管服"改革⋯⋯⋯⋯⋯⋯⋯⋯⋯⋯⋯⋯⋯⋯⋯⋯ 196

　第一节　作为综合性行政管理制度的创新⋯⋯⋯⋯⋯⋯⋯⋯⋯ 196

　第二节　"放管服"改革的重点⋯⋯⋯⋯⋯⋯⋯⋯⋯⋯⋯⋯⋯⋯ 202

第八章　行政管理制度创新案例研究⋯⋯⋯⋯⋯⋯⋯⋯⋯⋯ 210

　第一节　结构性制度创新(上):"双创"⋯⋯⋯⋯⋯⋯⋯⋯⋯⋯ 210

　第二节　结构性制度创新(下):"最多跑一次"⋯⋯⋯⋯⋯⋯⋯ 245

　第三节　运行性制度创新:"稳评"⋯⋯⋯⋯⋯⋯⋯⋯⋯⋯⋯⋯ 262

　第四节　赋能性制度创新(上):"公民参与"⋯⋯⋯⋯⋯⋯⋯⋯ 277

　　第五节　赋能性制度创新(下):"惠企一码通"……………………296

第九章　行政管理制度创新循证研究……………………307

　　第一节　"温州模式"的制度秘密……………………307

　　第二节　旧城改造中的协同治理制度……………………319

　　第三节　社会风险评估"五步工作法"……………………333

第十章　行政管理智库研究……………………349

　　第一节　智库5T理论……………………349

　　第二节　智库思想市场……………………359

　　第三节　智库案例研究——温州民间智库……………………373

第十一章　行政管理制度体系创新对策研究……………………387

　　第一节　解放思想推动制度创新……………………387

　　第二节　服务引领行政管理体制创新……………………392

　　第三节　创新应急管理制度……………………395

　　第四节　提高制度执行力……………………408

　　第五节　信息技术应用……………………414

附录:学术界对行政管理制度创新的评价……………………427

后　记……………………446

前　言

　　最近，我在盘点自己对管理学的研习过程时，想起了在 2004 年和 2005 年间数十次参与审读和学习政府应急预案草案的一些事情。当时大约阅读了近百个应急预案草案，包括国家总体预案、专项预案和部门预案等，涵盖自然灾害、事故灾难、公共卫生事件和社会安全事件等各个领域，提出的具体修改建议已完全不记得了，但有一点体会至今难忘。我读的第一个预案是某部门下的某司局级单位编制的预案稿，厚厚的一大本，而且因保密的原因，不能提前发给我们看，只能在会前一个小时到场阅读。在这个过程中，我运用了"钻进去与拔出来"的方法，将应急预案稿迅速浏览一遍，把头脑埋进文本中，发挥大脑的"应激"反应功能，让知识结构发生巨变，增强知识体的活动量，把此预案与其他预案联系起来，把文本与实际情景联系起来，将本子读"厚"，然后立即甩开一大摞文稿，提取其关键词，萃取其中的干货，将本子读"薄"。这个办法对于我后来做咨询研究发挥了重要的方法性作用——事实上每次咨询，就是一次认知跨越和思维聚焦的过程。而哲学思辨和实践应用，是激活和读薄不可或缺的原料。国家制度、国家治理与行政管理的关系，也类似于这种"厚"与"薄"的关系。

　　继日本学者研究公共哲学、行政哲学后，美国人也开始对该领域感兴趣了。美国诺桑比亚大学的埃多奥多·昂伽罗（Edoardo Ongaro）在 2017 年出版了《公共管理与哲学》一书。他在书中指出，从公共治理与公共行政文献的总体情况来看，可以发现，本学科内带有哲学性的探讨，通常会被带入一个特定的分析情景。比如思考"全面质量管理"，汽车组装线的全面质量管理与老人家庭的全面质量管理（后者是一个社会保障的子议题）之间的相似之处是非常少的；在同一个镇上，如何组织某一家医院的全面质量管理工作也会与镇上其他医院的全面质量管理工作有显著的差别。但是，对纷繁复杂的议题及视角进行抽象的反思，即哲学的思维方法与逻辑的一致性同样是非常重要的。① 然而昂伽罗更注重另一种反思，就是反过来关注未引起人们重视的从理性的层面对具象性事件进行的思考，总结规律性认知。

本书是国家社科基金重大项目"国家治理现代化与行政管理制度体系创新研究"（2017 年立项，批准号 17ZDA105）的成果，也是主体性的研究报告。

我为什么要去申请这个课题呢？这与昂伽罗对具象性与规律性的思考有关。

这里还需要简单回顾一下我走过的路。我是在当了两年工人之后上的大学。1977 年国家恢复高考制度，我是第一批即"77"级学生，考入南京大学政治系（该系成立于 1928 年，1978 年改名为哲学系，1986 年从哲学系又分出政治学系，2006 年扩建为公共管理学院，2009 年更名为现在的名字，即政府管理学院）哲学专业学习。很多人问过我当年考大学的经历，想起来确实有点不可思议。

1977 年 10 月的一天，我正在工厂里上大夜班，早晨六点半多一点，一位同事出去上了趟厕所，回来后兴奋地跟我说："刚才在大喇叭里听到新闻，说要恢复高考了，不搞推荐上大学了，谁都可以考！"我不信，就说等明天到政工科看了《人民日报》再说。当时只有政工科有《人民日报》，而且是隔日才到。早晨八点下班后我就回家睡觉了，这位同事则比较执着，晚上十二点上班后又激动地说："我问了四五个人了，都说听到广播了，肯定是真

---

① Edoardo Ongaro, *Philosophy and Public Administration*, Cheltenham：Edward Elgar, 2017.

的，今天白天我都没睡觉，把家里的数学书找出来了，我们先复习数学吧，语文和政治比较好办。"说着就真的从书包里掏出了"文革"以前的教材。这时，离开考试只有个把月的时间了。我的数学主要是靠这位同事的帮助，利用上夜班的空隙时间，我们两个人在车间的沙子地上，用螺丝刀当笔，做了很多道题。后来我俩都考上了大学。

从那时起，我就知道了这样一个道理：国家一项制度的建立、废止或者恢复，对于个人的命运、家庭的命运、国家的命运有着多么巨大的影响！但是我并不明白这种"要命"的制度是以何种状态存在的，又是如何运行的，我很想搞清楚它。

求学，是人生最美好的季节。但在"文革"中，"读书无用论"盛行，上大学成了不敢想的事，是邓小平同志主持国务院科技教育工作期间以非凡的政治气魄恢复高考制度，才让我们赶上了科学的"春天"，迎来了人生的转折。南京大学的风气非常好。学术氛围浓厚，"序学不序爵"，倡导坐冷板凳，鼓励学生独立思考，在这样的环境中学习，真是莫大的幸福，并且受益终身。给我们上课的老师都是南大最好的老师。2018年12月18日获得党中央、国务院授予的"改革先锋"称号和奖章的著名的胡福明老师，就是当年给我们授课的老师之一。1977年他撰写了《实践是检验真理的唯一标准》一文的底稿，1978年5月此文在《光明日报》上发表，引发全国性的"真理标准大讨论"，掀开了中国改革开放、思想解放的新篇章。记得胡福明老师在讲授历史唯物主义课程时，强调得最多的就是要求我们独立思考。他说，在坚持自己的正确观点问题上可以张扬、必须张扬、值得张扬，但是在追求真理的道路上要谦虚，在做人的问题上要低调，绝不可张扬，要做到学术上的标新立异与为人处世上的求同存异的统一。这种深邃而伟大的思想光芒一直照亮着我们这一代人的心灵。

1982年初，我获得了哲学学士学位，毕业后分配到国务院办公厅机关，从事宣传、理论、培训工作，后转岗到中国行政管理学会工作，担任《中国行政管理》杂志主编、中国行政管理学会执行副会长兼秘书长。

我在行政管理实务岗位上工作了 12 年，又在学术团体做理论研究和日常管理工作 22 年，应该说对行政管理实践和理论都有不少的接触。我的体会是，要从实践中琢磨理论的创新点，在理论中探求实践的突破口。

改革开放以来，我国不断推进行政管理体制改革，取得了重大进展。我作为行政管理队伍中的一员，经常有机会参加国务院和国办的活动，比如 2003 年多次参加国务院领导同志主持召开的应急管理专家座谈会，2006 年作为国务院行政管理体制改革部际联席会议的列席成员参加了政府绩效评估、行政问责制等文件的起草和讨论。参与行政管理改革的实践，本身对自己的研究是一个很大的促进。2008 年我有幸给中央政治局集体学习做了关于服务型政府的讲解。我清楚地记得，集体学习前，胡锦涛同志在中南海怀仁堂会议室门口亲切会见课题组负责人姜异康和袁曙宏同志，以及做讲解的薄贵利教授和我。讲解结束后，他又送我们出来，与我们亲切交谈，嘱咐我们一定要继续深入研究行政管理体制改革中的重大问题。我们的讲稿后来以课题组名义在《中国行政管理》杂志上全文发表。参与这些活动，都得益于组织上的安排、领导的关心和激励，给我提供了极好的学习和奉献的机会。

回顾这些往事，我想告诉读者的是，我申请国家社科基金项目，就是想把多年来对行政管理的工作与思考进行一番梳理，解开心中一直存在的迷局，再把近年来学习思考的体会做一个汇报。

"国家治理现代化与行政管理制度体系创新研究"这个题目是我们在国家社会科学基金管理机构征集重大选题的时候提出来的。从申报选题，到拟制投标书，到整个研究课题的过程，我们所坚持的初衷和追求的目的，大致可以概括为：

（1）我国是中国特色社会主义国家，必须坚持和发展中国特色社会主义制度，推进国家治理体系和治理能力现代化，行政管理制度如何适应这个要求，需要跳出行政管理自身，站在国家制度、国家治理的层面，以此为主视角和主维度，研究国家治理现代化进程中行政管理制度创新的特点、机理及走向。

（2）力求突破目前国家治理研究及行政管理研究中存在的理论与实践结合不紧密的状况，站在国家治理制度、政府治理制度、行政管理制度三者统一的高度进行研究，将其他涉及治理与管理的要素作为制度的"生态"，探索发现行政管理制度创新的规律。

（3）从学术前沿性和理论创新性出发，追求实践应用性，将行政管理制度研究与国家机构改革结合起来，从行政管理制度与其他公共管理制度相互关联的方面切入，以历史与逻辑统一的研究方法，分析归纳制度创新的战略途径与策略选择，提出对策性建议。

高小平

2019 年 9 月 9 日

第一章 行政管理制度体系创新的总体框架

以治理现代化为发展目标和战略导向，研究国家行政管理制度体系创新，是完善和发展中国特色社会主义制度，推进国家治理体系和治理能力现代化的重要内容。本章致力于揭示行政管理制度体系的结构和运行机制，以及行政管理制度体系创新发生、演化、扩散的一般规律，构建行政管理制度体系创新的总体框架。

第一节 行政管理制度体系创新的含义和研究背景

制度，是人类物质文明和精神文明之外的"第三种文明"。制度文明，兼具物质和精神两种文明的特性，又与之都不相同。制度文明的理念以"物化"形态出现，每个身在制度规范中的人将制度理念植入大脑，就如同人的生物钟一样，不以人的主观意志为转移。

一、概念辨析

制度是一个人们耳熟能详的名词，是很容易理解的概念。但是，目前对制度并没有一个确切并共同确认的定义，有的定义偏重于将制度放入组织中考量，有的则偏重于人的行为，有的注意其内部的规定性，有的则注意其与外部环境的关联性。相对比较统一的认识是综合起来的观点：制度是一系列正式或非正式规则、规范等构成的集合体，是由组织结构、个人行为与社会环境相互作用构成的。我们认为，制度是在复杂和相互交错的系统中运行着的规则，应超越制度内部单个要素来理解制度，将制度看成是主体、结构、过程和环境相互依赖和影响的一种关系，即制度体系。一项"制度"如果仅有文本而无实施，或实施后又被叫停，就不具备制度的本质特征，不在我们研究的对象之列。这与公共政策只要发布，即使执行阻滞也仍然可以称为政策，具有很大差异。因此，制度创新应当是行为主体基于外部环境考察，有目的地提出新理念并付诸实施的全部过程。

行政管理①制度是指由国家宪法和法律规定的有关国家行政机关的产生和组成、组织结构、职责权限、活动方式、运行程序以及行政管理主体间相互关系的规则的总称，是国家行政机关的设立与变更、职权配置、运行程序、工作方式的规范性约定。

行政管理制度与政治制度、经济制度、社会制度、文化制度、法律制度之间是叠加、镶嵌、耦合、交叉的关系。从国家公权力配置的意义上分析，宏观原则性的行政管理制度是政治制度的重要组成部分，处于政治体系的中下部；微观操作性的行政管理制度不具有政治属性，是政治体系的附属性制度。行政管理制度又是经济制度、社会制度、文化制度的组成部分，分别处于这些制度体系的中上部。以行政管理制度形式出现的经济制度、社会制度、文化制度又在一定程度上融入政治制度，处于政治体系的下部，并整体性融入经济制度、社会制度、文化制度，成为这些制度体系的组成部分（如

①　本书对行政管理概念的表述与行政、公共行政的意思基本是一致的，特别是在表达学科的时候，如行政学、行政管理学，是无差别的，但在表述一种现象的时候略有差别，"行政"趋向于在政治学、法学范畴中使用，而"行政管理"更多地是在政治学、管理学双重场景下使用。

作为行政管理制度的经济制度、社会制度、文化制度整合性地与经济制度、社会制度、文化制度耦合），处于这些制度体系的下部。同时，行政管理制度与法律制度之间是交叉关系，部分行政管理制度属于法律体系的组成部分，部分法律属于行政管理制度。

行政管理制度创新是指国家行政机关为适应执政党、国家立法机关以及上级行政机关提出的要求，为回应经济社会需求和下级行政机关提出的要求，或对已有行政管理制度进行更新、拓展、修正、优化，或恢复曾经实行的行政管理制度，或新拟、创造新的行政管理制度的行为和过程。行政管理制度创新与行政管理体制改革的目的都是为了解决政府与市场、社会的关系。其不同点在于，行政管理体制改革往往由政府发起，从结构性制度变革开始，更多地关注自身的问题；而行政管理制度创新则往往由市场和社会驱动，并从运行性、赋能性制度变革开始，更多地关注受众的需求。这反映了体制改革不能完全涵盖制度创新，但制度创新可以弥补体制改革的不足。

行政管理制度处于政治、经济、社会、文化、生态等制度体系的结合部，是国家治理体系中的重要组成部分。行政管理制度创新既是自身系统适应环境变化的产物，更是促进"国家-社会"大系统综合性创新的过程。行政管理制度创新对于深化改革开放、完善和发展各方面制度，推进国家治理体系和治理能力现代化具有关键性影响。

二、行政管理制度体系创新的研究背景

抽象地将中国行政管理制度与一般意义上的行政管理制度等量齐观，或者孤立地观察中国行政管理制度创新现象，不但难以理解中国制度创新的规律，难以形成符合实际的行政管理制度创新概念，难以解释为什么中国行政管理制度创新能带来超出行政管理范畴的功效，而且可能导致十分有害的结果，或者落入"理论脱离实际"的陷阱，或者进到"为创新而创新"的怪圈。

（一）从中国的实际出发研究制度

中国行政管理系统是较典型的科层制模式，在一定程度上存在着管理人员为上级做事、凭经验办事、照惯例行事的习惯等问题，科学管理、崇尚创新的精神有待加强。虽然经过 1982 年以来多次比较集中的政府机构改革和职能转变，逐渐建立结构合理、人员优化、讲究科学的现代政府体系，公务人员的科学化、现代化、规范化管理能力得到不断提高，但政府行政管理创新能力不足、办事效率低下等问题依然存在，影响了公共资源配置的效能，制约着政府公共服务供给水平，限制了公共行政价值的实现。实践证明，仅依靠机构改革提高政府科学管理能力和现代化水平还不够，需要改革与创新并举，多维度、多层次、多领域、持续性地全面制度创新，才能奏效。

国家、政府是从社会中分化出来的专门从事管理和负责公共联系的一种机构。① 政府与社会的辩证关系使行政活动的公共性和效能成为评价政府工作的两个基本维度。政府公共性可通过提升制度的合法性、合理性、连续性和稳定性增强政府公信力来实现，而执行力可通过提升制度的强制性、约束性、激励性和回应性保证政府执行效力来实现。行政管理制度创新具有相应的赋能效用，使政府适应公众需求，提高公共服务效果，增强政府公信力及社会黏合度。通过行政管理制度创新，创造性地将党的执政理念转化为为人民服务的具体行政行为，有助于进一步坚持和完善党的领导，增强党在人民群众中的号召力和政府的权威性，提升政府治理能力和公信力。政府首长和工作人员通过创新提高行政管理制度和公共政策绩效，获得政治发展机会，通过将行政个人负责制与党委集体领导制有机统一，可在促进党的集体领导总览全局的同时，提升个人能力，使自身进入更高层次的行政岗位或转任政治领导职务，在党管干部的体制下，发挥行政夯实党的执政基础的作用。

---

① 《列宁选集》第四卷，人民出版社 2012 年版，第 28—30 页。

从实际出发，就是尊重制度的客观性、实践性、发展性。经历了对"文化大革命"的反思，中国特色社会主义制度理论确立了制度的"根本性、全局性、稳定性、长期性"等基本要求，不符合这些要求的不是法治意义上的制度。党的十一届三中全会在深刻反思中华人民共和国成立以来社会主义建设的经验和教训的基础上，果断提出把党的工作重心转移到经济建设上来，不搞政治运动，依靠法制和制度来保证党的路线方针政策得到贯彻执行。行政管理制度创新就是将政府在现代化建设中创造的实践成果转化为制度化形态，并将制度化的行政管理创新纳入社会主义民主政治建设的整体中，促使政府活动由人治向法治转型，使得重大决策和政策"不因领导人的改变而改变，不因领导人的看法和注意力的改变而改变"①，为国家政治和行政系统稳定运行以及整个社会的长治久安提供基本保证。

（二）以价值为导向研究制度

价值导向在现实条件下就是将问题导向、目标导向与过程导向相统一、相结合。在中国特色社会主义制度的总场景中，衡量行政管理制度创新成效主要是两个方面：一是有利于加强和改善党的领导，扩大民主，依法行政，更好地体现政府的人民性、公共性、科学性、现代性，促进国家治理体系和治理能力现代化；二是有利于在国家行政中发挥好的制度辐射全局、管控大局、服务大局的作用。以这样的价值为研究导向，我们认为在改革开放的伟大实践中，行政管理制度创新的本质是一种范式建构和行为革命，其目标、目的和方向是改革社会主义计划经济条件下僵化的行政管理制度，建立社会主义市场经济条件下的中国特色社会主义行政管理制度，恢复传统行政管理实践中的好制度，创造新的符合建立现代政府治理要求的好制度，巩固和发展制度创新成果。

行政管理制度创新具有巨大的社会价值。逻辑上，政府行政管理者有创

---

① 《邓小平文选》第二卷，人民出版社 1994 年版，第 146 页。

新行政管理制度的动力；实践中，行政管理制度创新是常见的政府行为。但学术界对发生在诸如科学技术领域的创新、企业等具有竞争性环境下组织制度的创新研究比较充分，而对政府管理和公共管理领域的制度创新研究不足，尤其是对行政管理制度创新的研究不够，致该领域研究成果较少，缺乏深度，对制度创新实践的引领和支持不足。党的十七届二中全会明确提出"到2020年建立起比较完善的中国特色社会主义行政管理体制"，这个目标已经基本实现。中国特色社会主义行政管理体制基本建成后，行政管理领域改革的价值何在？党的十八届二中全会指明了方向，就是进一步加强行政管理制度建设和创新。党的十九届四中全会更明确地提出，"国家行政管理承担着按照党和国家决策部署推动经济社会发展、管理社会事务、服务人民群众的重大职责"，要"创新行政方式，提高行政效能，建设人民满意的服务型政府"，要"加快推进全国一体化政务服务平台建设，健全强有力的行政执行系统，提高政府执行力和公信力"等要求。深入研究制度创新成为当务之急，也成为一项极具理论与实践价值的工作。

（三）将国家治理现代化与行政管理制度创新结合起来研究

推进国家治理体系和治理能力现代化需要各方面的制度创新，行政管理制度是国家治理制度中最重要的组成部分之一，与国家政治制度、经济制度、社会制度上下衔接、紧密相连，不创新行政管理制度，国家治理现代化就会成为一句空话。行政管理制度创新必须在完善中国特色社会主义制度、推进国家治理现代化的总要求下进行，不能离开这个大背景，行政管理制度创新必须立足于国家整体治理现代化的基本方向和现实需求，研究行政管理制度创新必须与治理现代化结合起来。

基于以上考虑，我们认为国家治理现代化视域下的行政管理制度体系创新，重心应该放在推进国家治理现代化的实现上。在研究行政管理制度体系创新时，要把本体维度的制度体系自身创新和方法维度的制度体系供给方式方法创新结合起来，既关注本体维度的行政管理制度体系创新，又关注方法维度的行政管理制度体系供给方式方法创新，研究行政管理制度体系创新的"供给侧结构"改革这一重要理论和实践问题。

国家治理现代化与行政管理制度体系创新是一个极具历史感、时代感、理论性、实践性的研究课题。国家治理现代化是全面深化改革的总目标，是党和国家为实现"两个一百年"的奋斗目标而提出的治国理政新理念、新思想、新战略，是完善和发展中国特色社会主义制度的必然要求。实现国家治理现代化，就是要使各方面制度更加科学、更加完善，实现党、国家、社会各项事务治理制度化、规范化、程序化，善于运用制度和法律治理国家，提高党科学执政、民主执政、依法执政的水平。行政管理制度体系是维持、保障、有效协同整个国家治理体系运转的传动轴和润滑剂，也是国家治理能力的保障系统和水平体现，在整个国家治理体系中处于基础与关键地位。任何国家治理活动最终都表现为组织行政行为，离开了行政管理制度体系创新，国家治理体系其他组成部分的创新就会成为一堆散置的"零件"。另一方面，制度供给能力是国家治理能力的关键要素，其重要表征便是行政管理制度体系的发展水平以及行政管理制度体系创新能力。因此，行政管理制度体系创新对国家治理现代化具有特殊重要的意义和作用。

国家治理现代化是全面深化改革的总目标，提出这个总目标标志着中国特色社会主义又一次实现了系统性理论创新。中华人民共和国成立以来，尤其是改革开放以来，我国在治理体系和治理能力建设方面取得了巨大成就，"中国经验"在全球范围内具有广泛影响。然而，政府主导的改革模式在推动经济持续快速增长的同时，也导致了资源浪费、市场失范、社会活力降低等问题。当前，很多国家对传统治理模式进行检视，致力于重构市场秩序和社会空间，变革国家与市场、社会的关系，放手让市场和社会参与公共事务治理，这些改革正在与全球化、逆全球化、全球治理与民族国家利益、意识形态竞争等诸多要素之间形成张力，使国家治理变革面临的机遇与挑战并存。党的十八届三中全会提出了"完善和发展中国特色社会主义制度，推进国家治理体系和治理能力现代化"的全面深化改革的总目标，表明我国对全球治理、国家治理、政府治理、社会治理等方面的认识提升到了一个新的更高的层次，将通过建立健全系统完备、科学规范、运行有效的制度体系，使各方面改革开放成果以制度的方式得到巩固，并通过增强制度创新能力，使得某些领域缺失或不够完善的制度能够趋于"更加成熟更加定型"，提升国家制度供给能力，进而达到增强国家治理能力，完善和发展中国特色社会主义制度的目的。

　　国家治理现代化是包罗宏富的系统工程。"国家治理体系和治理能力是一个国家制度和制度执行能力的集中体现。"国家治理现代化包括国家治理体系现代化和国家治理能力现代化两个方面，前者指国家的制度安排，后者指制度供给能力和制度执行能力。从行政学和公共管理的视角看，国家治理体系包括规范行政行为、市场行为和社会行为的一系列制度和程序，政府治理、市场治理和社会治理是现代国家治理体系的三个重要子系统，因此国家治理体系实际上主要包括国家行政管理制度、经济管理制度和社会管理制度在内的制度体系，国家治理体系现代化也就是要实现包括行政管理制度、经济管理制度、社会管理制度在内的一整套制度体系的现代化。治理能力现代化建设的重点是有效处理好政府、市场、社会三者之间的关系。国家治理能力是有效制定各类行政管理制度、经济管理制度、社会管理制度的制度供给能力，以及有效运用国家制度管理社会各方面事务的能力。国家治理体系是在国家治理进程中逐步形成的多层次、多因素有机组成的复合结构系统，国家治理体系现代化即国家治理结构的现代化；而国家治理能力则是国家治理体系的功能体现，国家治理能力的提升依赖于国家治理体系的优化，同时又是建构、改革、完善国家治理体系的前提和基础。治理体系成熟完善，治理能力才能提高；治理能力提高了，才能有效建构和完善更加科学合理的治理体系，更加有效地发挥治理体系的功能作用。

　　国家治理现代化的实现路径是连接应然性的"图景"与实然性的"方案"之间的桥梁和施工路线图。国家治理现代化要厘清政府、社会与市场三者之间的关系，就必须厘清政府机构之间的关系，厘清政府机构与人之间的关系，建立起适应公共性、人民性要求的"法治化的公共服务政府""有效的市场经济体制""利益整合型公民社会"三位一体的现代国家治理模式。这就需要从政府、企业和社会三大主体出发，理顺三者之间的相互关系和作用机制，划清各自的作用边界，使其在各自领域范围内充分发挥作用的同时，形成协同合作、互惠共生的关系，实现国家治理现代化的目标。具体而言，要实现国家治理现代化需要做到"四个统一""三个结合"。"四个统一"即党和政府的领导与多元主体参与公共事务管理的统一、法治与德治的统一、管理和服务的统一、常态管理和非常态管理的统一。"三个结合"即坚持解放思想、解放和发展社会生产力、解放和增强社会活力相结合，顶层设计与摸着石头过河、推进治理制度创新相结合，发挥市场和社会在资源配置中的决定性作用与更好地发挥政府作用、推进治理方式创新相结合。

行政管理制度体系创新是实现国家治理现代化的基础和关键路径。推进国家治理体系和治理能力现代化需要各方面的制度创新，行政管理制度体系处于国家政治制度、经济制度、社会制度"结合部"，创新行政管理制度体系是推进国家治理现代化的现实途径。本书研究国家治理现代化背景下的行政管理制度体系创新这一重要内容，不是也不可能是全方位地展开对所有行政管理制度的研究，而是从"基础性"与"关键性"两个方面入手，把重点突破口放在制度创新的研究方法上，力图实现从制度分析思路方面破解行政管理迷局。

第二节　行政管理制度体系创新的类型和结构

制度类型与制度分类是研究行政管理制度创新原理的基础和前提。区分类型在自然科学中是一件比较容易的事，可以按照物理的、化学的等特点进行分类，在社会科学中就变得十分复杂。我们在对行政管理制度进行分析的基础上，按照行政管理制度创新的发生过程、制度变迁性质和机理，探索创新的类型及其结构。

一、行政管理制度创新的类型

行政管理制度在历史实践中大部分表现为两种状态：结构化状态和运行化状态，但是实践中的一些制度无法归入这两种状态，于是需要有第三种状态的概括——以非实践的纯理性方式归纳——这些在结构性制度和运行性制度之外的制度拥有一个共同的特征，就是都具有保障性、维护性、服务性功能，在制度文化语境中，特别是在现代政府治理体系中，在互联网、大数据、云计算、智能化的新技术条件下，这些制度创新都具有一个特殊的功能——"赋能"，即通过授权、敦促、资源投入、合作和认可等基本手段，赋予和激活相应制度主体和制度行为以主动实现其功能的作用，或保障其制度的安全性、稳定性。我们把这一类制度创新概括为赋能性制度创新，这是一种使能性制度创新，使得结构性制度和运行性制度有能力发挥作用，实现持续性创新的制度性创新。

因此，行政管理制度创新可以划分为三种类型：结构性制度创新、运行性制度创新、赋能性制度创新。结构性制度创新是关于行政权力配置的制度性创新。运行性制度创新是关于行政权力运行的制度性创新。赋能性制度创新是关于赋予其他制度以能量和能力的一种创新类型。某种意义上，在行政管理制度创新过程中，赋能性制度创新扮演着结构性制度和运行性制度的制度"环境"的角色，同时也具有与结构性制度和运行性制度保持相对独立的制度创新特质。

行政管理制度创新是一项系统工程，需要从组织、运行、保障、环境等多维度、多层次、跨领域进行研究和实践。基于逻辑与实践分析结果，中国行政管理制度创新推动了行政系统内部组织体系的结构性变迁，重点是提高行政管理体制改革的有效性，促进政府职能转变与功能发挥；推进了行政系统与外部环境互动的运行性变迁，重点是优化机制模式，解构运行中的弊端；增强了管理主体与服务对象的赋能性变迁，重点是提升保障和控制的能力。这三个方面的制度创新分别对政府职能现代化、管理现代化和服务现代化具有重大积极作用。中国行政管理制度创新的根本特征，是还权于市场，还权于社会。始终抓住传统计划经济体制下的行政管理制度的"总病根"——权力过分集中①，才使改革和创新得以持续推进。

结构性制度创新处于行政管理制度基础性关键性地位，这就是为什么我国政府始终坚持把转变政府职能作为"当头炮""牛鼻子"的基本原因；运行性制度创新是落实政府职能转变和机构改革成果的手段，通过机制流程再造促进行政权力顺利运行，这就是各级政府通过管理创新大大激发活力的理论解释；赋能性制度使体制机制的创新结果得到巩固、焕发活力并能够持续，对行政管理制度创新的整体能力有着重要的影响。这就是中国行政管理制度创新取得巨大成效的主要"密码"。同时，在研究行政管理制度创新的过程中，处于体制位阶之上的制度理念虽然并不直接涉及制度本体，但思想是先导，只有解放思想，行政管理主体才具备能动意识，才能顺利推进行政管理制度创新全面深化。行政管理制度创新的具体体现和结果也体现在处于制度末端的制度工具，让行政管理制度创新的成果落实到具体对象上。

二、行政管理制度创新的分析框架与构成要素

根据对行政管理制度的分类，抽取"结构——过程——环境"形成三维制度分析框架，运用该框架可以分析行政管理制度创新的构成，揭示行政管理制度创新的实践逻辑、历史逻辑与理论逻辑，并排除行政管理制度创新的附加功能，描述行政管理制度创新的真实面目。也就是说，要根据行政管理制度的特点，以实践中的问题为导向，建构理论分析框架，从框架中各个节点、要素之间的联系与区别中，找到划分行政管理制度创新类别的依据，用

---

① 《邓小平文选》第二卷，人民出版社 1994 年版，第 328 页。

类型学原理研究不同类别制度创新的机理和功能，确定行政管理制度创新的基本原理。在这种制度创新的社会历史背景下，我们将国家治理现代化纳入制度创新范畴，这样，就形成了行政管理制度"结构——过程——环境"理论框架（见图1-1）。

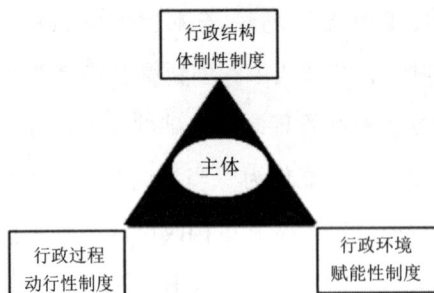

图 1-1　行政管理制度"结构——过程——环境"理论框架

行政管理制度创新是政府机关及其工作人员在理念、体制、机制、规则、方式方法等方面发明创造和实践验证的过程。改革开放以来，中国先后创新并推广了农村家庭联产承包责任制、企业承包经营责任制、公务员制度、政务公开制度、行政权力约束制度、行政民主管理制度、行政监督制度、行政问责制度、绩效管理制度、机构设置大部制、行政复议制度、行政审批制度改革、应急管理制度、事业单位改革等制度实践。这一系列制度创新与理论创新、实践创新一起，成为完善中国行政管理制度，发展中国特色社会主义制度、推进国家治理体系和治理能力现代化的关键性实现途径。回顾历史可以看到，上述行政管理制度创新的构成不是一成不变的，而是不断发展变化的。这种变化，在改革开放以来大体经历了两个阶段，即1978年至2002年，以及2002年以后。行政管理领域的创新经历了先"问题—目标"的被动回应导向、后"目标—手段"的主动创新导向的进路。

从1978年到2002年是第一阶段，以改革和破除计划经济条件下的行政管理制度为引领，创新和创造适应社会主义市场经济的行政管理制度。这一阶段，中国行政管理制度创新的特点是"破旧"。许多关于政府改革的文件中，行政管理制度创新都以革除计划经济条件下的行政管理体制，建立适应社会主义市场经济的行政管理体制为主要指代，创新的对象为政府机构，机构改革即行政管理制度创新。在评价行政管理制度时，往往关注削减机构设置和压缩人员编制等机构调整的数量，把机构和人员的精简幅度作为改革创新力度大小的衡量指标。

2002 年，以党的十六届二中全会审议通过的《关于深化行政管理体制和机构改革的意见》第一次提出行政管理体制改革是一种以"制度创新"为标志，进入"目标—手段"主动创新导向的阶段；以改革和创新并举、创新引领变革为特征，进入政府职能转变的新阶段。这一阶段，行政管理制度创新的主要内容是"立新"，以创建新的行政管理制度为主要目标，实现在政府理念、机构、体制、职能、政策、运行机制和履职方式等诸多方面质的变化。① 这个"拐点"的出现，是由中国的市场经济发育程度和民主政治发展水平决定的。也就是在那样一个时间节点上，我们判断市场经济体制框架基本形成，民主法制取得阶段性成效。这与中国行政管理制度所具有的成长性直接相关。研究改革开放以来新的历史时期行政管理制度创新，其特殊的价值就体现在行政管理制度创新植根于实践发展与理性觉醒之中。

三、行政管理制度创新与其他领域制度创新的区别

行政管理制度创新的原理要放在政府与市场、政府与社会的关系中理解，才能更加清晰、具体、深刻。在市场经济条件下，行政管理制度创新虽然与市场主体创新有着密切的关联，但也存在极大差异。在社会治理中，社会主体的创新虽然是在党和政府主导下进行，但社会治理创新与行政管理制度创新也有很大不同。

首先，行政管理制度的主体与客体对创新的反应具有很强的反差。市场

---

① 　高小平：《把转变职能放在更加突出位置》，《人民日报》2013 年 3 月 1 日。

主体和社会主体对行政管理制度创新关注度极高，而行政管理主体对创新关注度较低。企业的生存法则是为了最大限度盈利而抵御市场风险，社会成员立足之本是社会认同，而行政机关对于外部风险的感知主要集中在对象一方，对自身面临的风险与收益的关注并不太明显。行政管理制度创新往往不以自身盈利为核心目标，也非以市场机制支持为依归，在基本公共服务供给领域这个特点更加突出。行政机关对政治性和个体绩效的关注较多，而对创新成果本身的外部效应关注不够，这是很多制度创新失败的原因，也是制度创新的代价。①

其次，行政管理制度创新实现的过程具有很强的艰巨性。② 相对于市场主体的灵活变通的企业扁平化体制和氛围而言，行政机关内部严密的责任追究机制以及强调规范化履职，并不是孕育创新的理想沃土。③

再次，行政管理制度创新的保障机制有缺失。市场主体的创新通常受到知识产权的保护，创新扩散的交易成本较高，④ 而政府部门的创新扩散则不完全受市场机制支配，创新成果缺少知识产权的激励。但是，中国的行政管理制度创新在政党政治的推动下，以党管干部的人事体制作为主轴，行政机关的制度创新在受到意识形态影响和人事升迁鼓舞的同时，获得了党的理论知识创新的支持和"上位制度"的支撑。

最后，也是最主要的一点，行政管理制度创新是"自我革命"。公共产品具有很强的外部性。国家行政机关是公共产品提供的主体，是基本公共服务的保障者，这就决定政府无法精准衡量这种服务的成效。市场主体对创新

---

① S. Borins, "Encouraging Innovation in the Public Sector", *Journal of Intellectual Capital*, Vol. 2, No.3, 2001, pp.310-319.

② G. Mulgan, D. Albury , "Innovation in the Public sector", *Strategy Unit*, London: Cabinet Office, Vol.1, 2003, p.40.

③ P. Koch, P. Hauknes, *Innovation in the public sector*, NIFU STEP, Oslo, 2005.

④ M. Rolfstam, W. Phillips & E. Bakker, "Public Procurement of Innovations, Diffusion and Endogenous Institutions", *International Journal of Public Sector Management*, Vol.24, No.5, 2011, pp.452-468.

结果可用"成本-收益"进行评价，而行政机关既要考虑成本低效益高的公共服务，也要保障政治和行政系统的顺利运作。因此，行政机关的价值追求和目标实现相对市场主体更为多元和复杂。① 社会是自然人关系的总和，社会中的"公共性"尽管有时也以权力的形式出现，但是其作用范围只在很小群体中有效，社会中的权力更多表达为"公权利"，这种权利对推动行政管理制度创新存在着一定的功用，但是主要取决于行政管理者。政府的公权力则是对全社会有效的。因此，行政管理制度创新需要有外部力量推动，而这种推力需要传导机制作为保障，如果这种保障机制不健全，政府"自我革命"意识不强，创新就会显得动力不足，或者效果不佳，甚至沦为"自我游戏"。如政府在部分领域开展的专项治理制度创新，虽然在一定程度上对问题整治起到了立竿见影的效果，但极易出现突击式、非法治化以及粗暴执行现象，往往成效只在局部或短时间内显现，开展不好还会降低政府的公信力。

第三节　行政管理制度体系创新模式

提炼行政管理制度创新的形态，并建立各形态对制度创新的有效性的功能体系，就可以发现和解开制度创新实现的"密码"，这是研究行政管理制度创新的关键。然而，如同行政管理制度创新的内涵和特点不能简单抽象地进行概括一样，行政管理制度创新的形态呈现流动性、成长性和不确定性，难以通过概念的演绎和推理准确把握，只能从实践中进行提取和描述。

制度是人类自觉的创造物。任何创造物都具有目的性和工具性两个基本特点。行政管理制度的目的性是制度价值理性的主要形式。国家政治-行政的基本制度的发展与完善必须建立一个创新追求的阶段性目标或终极目标。

---

① G. Mulgan, D. Albury,"Innovation in the Public Sector", *Strategy Unit*, London: Cabinet Office, Vol. 1, 2003, p. 40.

现阶段中国行政管理制度创新的目标是建成并继续完善中国特色社会主义行政管理体制。行政管理制度的工具性是制度行为理性的主要形式。在传统社会主义社会中，实现经济发展目标的"标配"制度就是计划经济，而邓小平认为"计划和市场"都是制度工具，即围绕市场的行政管理制度对建立中国特色社会主义行政管理体制而言，是为增加行政管理效率的基础手段。

制度文明的物质形态，如政治机构、管理结构、运行程序、工作方式等，往往以"人化"的形式存在，体现为"物质-能量-意识"三位一体。行政管理制度创新是一个系统工程，各种权力配置、运行机制、协调机制的建立和运转与职能及其机构之间会产生相互的影响，显示出明显的层次性和位阶性（见表1-1）。

表1-1　行政管理制度形态

行政管理制度	功能	
层次	目标	手段
第一位阶：理论	行政管理系统或制度运行的价值与理念 例：效率/公平； 政治革命/经济发展	价值实现的制度工具逻辑 例：计划/市场/社会； 公共行政/公共管理/公共治理
第二位阶：体制	行政职能配置和机构设置目标 例：经济增长型政府/公共服务型政府	行政职能和机构运行的手段 例：政府经济绩效考核/绿色GDP考核、大部门体制
第三位阶：机制	行政权力运行过程和关系调节的目标 例：透明高效/规范行政审批/统一决策	行政权力运行过程和关系调节的手段 例：公民参与机制、监督检查机制、行政效能评估
第四位阶：工具	具体规章制度的目的 例：规范履职、业务高效、部门协调	具体履职方式 例：综合执法、一站式服务、网上许可、全程服务

首先，制度是观念的体现，本质上是观念的规制化形式。① 制度变革和

---

① 唐世平：《制度变迁的广义理论》，北京大学出版社2016年版，第3页。

创新的前提必须是主体理念发生变化，在实现中表现出理念和实践统一的品格，引导制度变革和发展行政管理制度理念创新，包括行政管理新的使命和基础理论，新的价值诉求，以及相应新概念、理论或范式等。创新指向是帮助重新定义行政问题本质及其创造性提出可能的解决方案，以及作为基本制度背后的逻辑理念挑战和支持现有行政机关和公共服务供给的实践过程。制度理念直接指导制度实践的假设、价值、信仰和规则认知，直接决定个人对于制度的依附程度。随着时间的推移，制度理念可能会从一个转向另一个，这将根本影响制度创新过程的发生。在这里，必须强调，创新制度理念必须得到落实才能称为制度创新。①

过去几十年，政府行政管理制度理念创新受到 20 世纪 70 年代末以来世界范围内兴起的新公共管理理念影响很大。其主要特征是摒弃传统科层制运作下的行政模式，运用市场理念和公司管理方法拯救"政府失灵"，效率优先取代程序规范，顾客导向实现公共服务供给。近十余年，治理理论创新成为很多国家政府行政管理制度创新的指导，拓展了新公共管理以政府和市场为基础的政府改革视角，将政府、市场、社会三方统筹考虑。从传统公共行政，到新公共管理，再发展到公共治理，每一次行政制度新理念都是对既有行政管理制度的创新和发展，引导政府整体改革。我国从由市场发育初期的管制型政府向市场逐步成熟的服务型政府转变实践，虽然起点与路径与西方走过的路有很大区别，但也在很大程度上有不谋而合之处。

其次，行政管理机构、职能等体制性制度是一种物质存在的形态，对精神属性的制度形态具有最终决定性作用。主要表现在政府行政权力配置的基本架构，体现在行政职能配置和行政机构设置，是行政体制的规则体系，因此也称为行政管理体制（参考表 1-1 中第二位阶"体制"一行）。在行政管理制度创新中，属于结构性创新，对实现创新理念发挥着决定性作用。在行

---

　　① 根据前文关于行政管理制度创新的过程特质，我们认为，单就行政管理制度理念而言不能称为行政管理制度创新，必须是得到落实和运行的制度实践，但必须认识到制度理念和思想的指导意义。

政管理体制中，职能、结构、功能是有机结合的重要组成要素和方面。政府职能是行政管理中的基本问题，是政府一切活动的起点。[①] 职能决定组织、结构和机制，最终体现为效能。职能定位正确与否，是政府能不能正确行使权力，发挥相应作用的关键。政府权力来自法定的政府职能，政府所有其他要素都由职能派生出来。随着对新的行政组织的实践需要，政府机构改革呼之欲出。以机构改革为依据的主要职责、内设机构和人员编制随即落地。所以，行政管理体制创新首先涉及行政权力配置将发生质的变化，行政职能发生转变，行政机构发生调整。

改革开放以来，从全能政府构架的行政管理体制转变为以市场机制为基础的有限政府管理体制，从单维度地破除计划经济下的单一管理模式，发展到多维度地推进经济建设、政治建设、社会建设、文化建设和生态建设的综合模式，破除了不适应社会主义市场经济需要的行政体制，创新政府职能，促进了经济社会协调和改革发展稳定的整体推进。1978 年党的十一届三中全会提出，"着手大力精简各级经济行政机构""认真解决党政企不分、以党代政、以政代企的现象"等任务。1982 年、1988 年两次改革的突出成果是取消了事实上存在的领导干部终身制，改革权力过分集中的行政管理体制，简政放权，着手建立公务员制度。1988 年中央政府提出了转变政府职能的要求。1992 年确定了"建立适应社会主义市场经济需要的组织机构"的目标。20 世纪 90 年代以来，从管制型政府到服务型政府的转变，行政、市场与社会合作治理提上议程。政府内部权力结构开始从经济发展部门主导过渡到公共服务部门强势介入的多元格局。政府职能从传统经济发展扩展到宏观调控、市场监管、社会管理和公共服务四大基本职能。党的十七大对我国"加快行政管理体制改革，建设服务型政府"做出了总体部署。建设服务型政府是行政改革的总方向、总抓手。"服务型政府"解决了新形势下政府职能定

[①] 高小平：《行政管理体制改革的关键是转变政府职能》，《人民日报》2008 年 2 月 27 日。

位问题，即要以公共服务作为政府的主要职能，这是行政管理体制创新的核心。随之需要解决权力的结构问题：以什么样的方式分配行政管理中的决策权、执行权、监督权。同时，坚定积极、稳妥稳步地推进大部制改革，解决机构分设过细、层级过多、职能交叉、权责脱节等问题，逐步形成四大基本职能分工合理的大部门式的国务院机构体系和地方行政体制。

党的十八大、十九大以来，深化行政管理体制改革的目标，是建立与社会主义市场经济体制相适应的公共行政体制，实现政府职能向创造市场竞争环境和提供公共服务的转变。以行政审批制度改革为突破口，大力推进简政放权。对外，向市场和社会放权。要处理好政府与市场的关系，更加尊重市场规律，更好地发挥市场在资源配置中的基础性作用。同时，政府要最广泛地动员和组织人民依法管理国家和社会事务、经济和文化事业，让人民群众依法通过社会组织实行自我管理服务。对内，强化宏观管理，政府职能转到为市场和社会主体服务、创造良好的发展环境，提供社会优质公共服务。当前政府职能从抓项目、抓审批的微观经济管理职能转移到市场监管、社会管理和公共服务。

可以看出，每一阶段我国结构性行政管理制度创新都提出了清晰的战略目标，并以8次比较集中的行政机构调整为实施手段，实现政府职能、组织机构及人员编制向科学化、规范化、法制化的根本转变。[1]

再次，行政管理程序、流程等机制性制度是一种能量存在的形态，对物质层面的机构、职能等有一定的辅助作用。行政管理机制创新是在行政管理系统或具体领域中各要素的机理性特征和要素之间的关系进行调整的过程。[2]涉及组织形式、管理方法、内外管理流程和协调沟通等方面的行政流程再造。运行性行政管理制度创新的基本目标是使行政组织机构和职能设置得到

① 高小平、刘一弘：《1998 年、2008 年两次国务院机构改革"三定"规定比较研究——基于政府职能转变的视角》，《江苏社会科学》2008 年第 6 期。
② 高小平：《"一案三制"对政府应急管理决策和组织理论的重大创新》，《湖南社会科学》2010 年第 5 期。

落实，也称为行政管理机制创新（参考表 1-1 中第三位阶"机制"一行）。在一定条件下，特别是当体制在运行中遇到障碍，又仍然存有可操作性创新运行区间的时候，机制性制度创新也会发挥决定性作用。

体制性制度明确了在静态行政组织机构的构架和职能的设置基础上设置相应功能和职责。行政管理机制则体现了行政管理的动态运行，突显效率、规范和运作流畅。在组织体系框架下动态的机制性制度运行支持体制的功能发挥。同时，机制性制度决定行政管理制度创新的决策规则，并决定创新制度是如何完成和落实的，尤其是如何激励政府官员将制度转化为行动。[1] 党的十八大以来，政府运行机制向规范、协调和高效转变，政府管理方式向绩效导向、责任导向转变。

最后，行政管理具体规则、方式、方法等工具性制度，处于行政管理制度观念的末端，直接与公共政策和服务对象发生联系。行政管理制度工具创新既是依附于行政管理体制机制的具体规章制度和履职方式的技术改进，又是体制机制创新的成果[2]。体制性制度的结构性功能，机制性制度的运行性功能，都需要制度工具帮助实现。政府改革的成效不仅取决于职能转变到位、配置到位，而且取决于职能是否履行到位，有赖于履行职能方式的改革和创新。[3] 例如，我国在建设服务型政府进程中需要大力加强公共服务，对公共服务的具体内容、计量标准、实施手段都处于探索阶段。对如何拟订公共服务的规划、如何提高公共服务水平、如何确定公共产品的标准、如何制定公共服务均等化的策略、如何评估公共服务的效率和质量、如何调动社会各方面力量发展公共服务、如何促进公共服务机构的适度竞争降低行政成本

---

[1] 李文钊：《中国改革的制度分析：以 2013—2017 年全面深化改革为例》，《中国行政管理》2018 年第 6 期。

[2] 我们认为，制度创新作为行政管理体制机制创新的实现可以看作广义政府创新、政策创新和履职方式创新，但不能反过来，将政府创新、政策创新和履职方式创新等单独作为行政管理制度创新来看待。

[3] 中国行政管理学会、南京大学、江苏省行政管理学会联合课题组：《政府履行职能方式的改革和创新》，《中国行政管理》2012 年第 7 期。

等都需要进行工具创新。

近些年，运用大数据技术，改善和创新行政管理工具如鱼得水，为有效限权与高效用权提供新的手段。例如，工商营业执照、组织机构代码证和税务登记证三证合一、一照一码登记制度改革之所以能够快速推进，很大程度上得益于大数据技术的应用。在一站式行政审批和服务体系建设中，从过去部门分散的多门式到一楼式整合，再到统一共享的数据平台建设，将进一步推动简政放权改革的深化和落地。

在提炼出行政管理制度理念、体制、机制和工具形态基础上，我们提出，赋能性制度是保障、赋予并激活相关主体和制度积极实现其功能，并使其能力具有可持续性的规定。赋能性行政管理制度创新以问题为导向，专注于从需求而衍生出的任务而非目标。赋能性制度即该制度类型并非仅仅督促和维护结构性制度和运行制度的特定目标实现（授人以鱼），而是使该制度具有持续解决类似问题的能力（授人以渔）。例如，为了达到政府规范行政的目标，政府组织法以及"三定"规定都从结构和运行意义上对行政透明度、民主监督提出了要求，而信息公开制度则具有完成结构性制度和运行性制度之外的功能——赋能的效果。通过《政府信息公开条例》等一系列制度创新，规定现有行政机构在履行职责过程中信息公开的职能和信息发布协调机制，对保障政府规范行政、依法行政产生深远影响。这里的信息公开制度远不止监督政府是不是遵守政府组织法所定的规范，更多的是要使政府机关具有自我规范和接受社会监督的能力。另外，焦聚任务还体现在单个赋能性制度通常具有使相应主体和制度具有特定能力的明确任务。例如，《政府信息公开条例》在实现和保障公民依法获取政府信息的权利的指导思想下要求行政机关在履行职责过程中应当及时、准确地公开政府信息。

在体制层面，赋能性制度通过恢复、叠加、扩展或转换的方式保障政府机构的职能得到落实，保障体制创新持续。例如，政府基本职能转变从传统政治管理和经济管理扩展到政治、经济、公共服务、市场监管等基本职能，体现了公共服务职能、市场监管职能是从权力和资源配置上保障服务型政府建设，即通过市场监管的手段发挥市场在资源配置中的主导作用，用公共服务的手段保障社会稳定、协调、平衡和可持续发展，发挥社会在配置社会资源方面的枢纽性作用，释放社会组织的内生活力。在机制层面，赋能性制度通过权责统一机制、效能评估机制、科学决策机制、信息沟通机制等达到权责明晰、运转高效、决策科学民主、信息顺畅的目的。

赋能性制度服务但独立于既有结构性体制和运行性机制，同时自身具有结构性的体制和运行性机制的要素。从涉及保障和赋能性质的法律、法规到具体规定都能够称为赋能性制度。例如，"非典"以后，"纵向到底、横向到边"应急预案体系和《国家突发公共事件应对法》在法律层面对体制、机制予以确立和规范，并制定相应的激励和惩罚办法。进入新时代，以《国家安全法》和以专项预案为"龙头"授权和保障公共安全治理的体制和机制建设。①

同时，赋能性制度创新并非需要对既有结构性体制做巨大调整。例如，家庭联产承包责任制并没有从根本上改变土地的集体所有的性质，但对赋予农民在农业中的主体地位发挥了积极作用。特别是在制度实施初期，人民公社体制、"革命委员会"机构仍然存在，行政管理运行机制也未发生变化，将土地的所有权和经营权分开，保障和赋予了我国土地制度以及其他制度的活力。同样，恢复高考制度也没有改变当时的教育体制和机制，但是对人事制度的变革、人才脱颖而出，都发挥了决定性的作用。

最后，赋能性制度形成实际是将使相应主体和制度具有积极能力的临时性的各项因素和条件的制度化过程，让相关要素和条件的赋能效用具有可复制性和可持续性作为制度稳定下来。例如，家庭联产承包责任制从分田到户突破"一大二公""大锅饭"的旧体制的个体行为，到以家庭联产承包为主的责任制、统分结合的双层经营制度形成，则体现了这一制度化过程。使搞

---

① 童星：《中国应急管理的演化历程与当前趋势》，《公共管理与政策评论》2018 年第 6 期。

活农村集体经济的要素和条件制度化，并不断充实完善，赋予农村经济制度新的活力。

通过对行政管理制度创新形态解构（见图1-2），可以准确地抓住行政管理制度创新中结构性制度创新、运行性制度创新和赋能性制度创新的内涵和组成，帮助我们理解三类制度在行政管理制度体系创新中发挥的不同作用。结构性制度创新，重点解决行政管理主体自身的合理性和关系问题，运行性制度创新，重点优化权力运行的规范性和效率问题，而赋能性制度创新，重点服务前面两类制度的能动性和效用问题。即结构打基础，运行理过程，赋能提能力。工具是连接创新理念与创新实践的"端口"，具有独特作用。

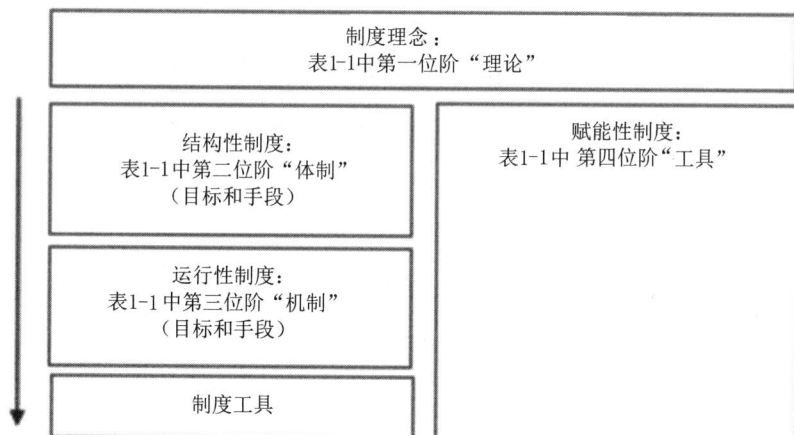

图1-2　行政管理制度创新形态解析

行政管理制度创新的过程是由不同层次创新形态之间按照一定的规则不断优化组合实现的（见图1-2）。从抽象的意义看，其过程是从制度理念的创新走向体制创新，再走向机制创新，最后实现工具创新的进路。从理论层面看，制度的结构性主要由行政中的政治因素决定，运行性主要由行政中的管理因素决定，赋能性主要由行政中的服务因素决定。从实践层面看，制度创新中的结构性基础作用，与运行性程序作用、赋能性能力作用是相互融合的，是统一于逻辑与历史的演进中的结果。

第四节 新时代行政管理制度体系创新的动力

动力是组织得以生存的基础，也是创新的源泉，而制度创新可将零星、分散、微弱的活力转变为海量、聚合、强劲的动力，将原先集中在组织内的重叠、牵制、耗损、僵化的负能量转变为和谐、多元、互动、灵便的正能量。① 行政管理制度创新有利于激发政府的内生活力，形塑公务员学习状态、认同心态、良好预期和改革精神，进而激发政府从社会成员创新和创新驱动型经济生活中汲取自身创新动力，再回射到促进经济社会持续发展之中。

结构性制度、运行性制度和赋能性制度创新受到不同类型的动力推动。E. D. 格洛（E. D. Glor）辨识出创新动力的三种类型：组织文化、创新挑战和个体动机。② S. 波林（S. Borins）认为公共部门创新的动力大致来自外在环境、内在动机和政治推动。③ 通常，制度不仅是受环境需求控制的被动实体，而且是能够对环境压力做出战略性和创新性反应的主动参与者。④ 而仅仅考虑行为主体的"理性"显然也不足以解释制度变革的动力，组织背景和内部文化等"非理性"也应纳入其中。

行政、市场和社会存在着须臾不可分离的关系。公共利益的存在是政府产生的基本前提，公共利益发展和变化则是政府改革的根本动力。行政管理制度创新也是对市场和社会诉求的回应。李克强总理在推进简政放权放管结

① 高小平、刘洪岩、陈宝胜：《双创推动社会治理制度创新的实现路径和内在逻辑》，《理论与改革》2018 年第 3 期。

② E. D. Glor, *Innovation Traps: Risks and Challenges in Thinking About Innovation*, In Workshop on Public Sector Innovation, February, 2002.

③ S. Borins, "Encouraging Innovation in the Public Sector", *Journal of Intellectual Capital*, Vol. 2, No. 3, pp. 310–319.

④ W. J. Orlikowski, S. R. Barley, "Technology and Institutions: What Can Research on Information Technology and Research on Organizations Learn from Each Other?", *MIS Quarterly*, Vol. 25, No. 2, pp. 145–165.

合职能转变工作电视电话会议上指出："要开门搞改革，从政府部门'端菜'变为人民群众'点菜'，以群众需求为导向，从反映突出问题入手。"① 简而言之，基于行政管理制度创新是行政创新主体回应和受制于外在环境压力以及政府内部结构双重作用的机理，可以将行政管理制度创新动力分为五种类型（如表1-2）。

表1-2 行政管理制度创新动力

行政管理制度创新动力		外在动力		
		政府	市场	社会
行政主体	高主动性	绩效驱动型	竞争驱动型	技术驱动型
	低主动性	政治驱动型		危机驱动型

（一）绩效驱动型创新

绩效驱动型创新是指政府机关以提高政府职能履行效率和提高公共服务质量为目的，在面临日益复杂的社会问题时有意识地开展制度创新。这种创新动力来自政府内部对于自身绩效改善的认知，行为过程通常是自下而上的推动。C. 奥利弗（C. Oliver）提出制度实践过程中所面临的功能性压力，来自外部环境变化改变关于绩效问题的认知或制度实践效用的认知。② 绩效驱动型制度创新主要体现在运行性制度的规范化和科学化，以改善效率和效能为目的，以及相应工具层面的技术创新实践，也包括从具体政策创新上升到行政管理制度创新的突破。绩效驱动型制度创新特别要求政府领导具有首创精神，对新技术和新思想的认知能力和接受能力较强，并将新的理念和现

---

① 李克强：《简政放权 放管结合 优化服务 深化行政体制改革 切实转变政府职能》，《人民日报》2015年5月15日。

② C. Oliver, " The Antecedents of Deinstitutionalization ", *Organization Studies*, Vol. 13, No. 4, 1992, pp. 563-588.

实问题相联系。同时，限制"宁可无功，不能有过"避责动机的行政文化。①

（二）政治驱动型创新

政治驱动型创新是指行政管理系统将政治目标和国家战略作为创新动力，推动行政管理制度适应经济社会发展需要。行政管理制度创新的核心是转变政府职能，这是一场政府的自我革命，牵一发而动全身，艰巨性、复杂性、系统性很强，需要有政治力量自上而下推进"供给侧"改革，并吸引人民群众参与，克服掣肘、摇摆、犹豫，做到坚定不移、全面深化有力。

政治驱动型创新可分为两类。一类是指按照上级政府的硬性要求实施的制度创新。党的十七届二中全会明确提出"到 2020 年建立起比较完善的中国特色社会主义行政管理体制"。行政管理制度创新必须在完善中国特色社会主义制度、推进国家治理现代化的总要求下进行。如从中央到地方的行政审批制度、放管服制度等，都是要求地方政府和部门必须按照中央统一要求、统一时间表，开展逐步接近目标的创新实践，旨在对政府整体系统的职能转换和履职方式进行创新。另一类政治驱动的行政管理制度创新是局部的、试验性的。上级政府和领导基于国家和地区整体战略发展考虑，基于局部地区开展试验性的政府制度创新。政治授权通常被认为是这一类型制度创新的驱动力。② 如党的十八大以来，在各种场合，习近平总书记寄希望于上海"当好全国改革开放排头兵、创新发展先行者"，要求"上海在探索构建开放型经济新体制、推动创新驱动发展、保障和改善民生、坚持从严治党等

---

① C. Hood, *The blame game: Spin, Bureaucracy, and Self-preservation in Government*, Princeton: Princeton University Press, 2010, pp. 9-10.

② J. Potts, T. Kastelle, "Public Sector Innovation Research: What's Next?", *Innovation*, Vol. 12, No. 2, 2010, pp. 122-137.

方面要有突破性成绩，并在稳妥实施的基础上，形成可复制、可推广的成果"①。

两种类型的政治驱动型创新的共同点是压力都来自政治层面，具有指令性或强制性，但前者通常是结构性的、系统性的制度创新，对政府职能和机构有新的认识和调整；后者可能涉及政府职能和机构的改变，属于探索性的、局部的和地方性的。

（三）竞争驱动型创新

如果说上述两种制度创新的动力主要是内部形成的，竞争驱动型创新则是来自外部的压力，如市场机制在资源配置中的高效率特质对政府管理和公共服务提供的竞争参照和压力。目前，我国市场经济体制仍不完善，政府承担了部分资源管理和分配职能，承担了部分不应由政府承担的公共服务职能，但效率低下、质量不高、公众满意度低。改革开放四十多年来，行政体制改革顺应政府职能转变趋势，正确把握好政府与市场之间的关系，逐步把不该由政府管理的事项转移给市场。党的十八届三中全会提出，发挥市场在配置资源中的决定性作用和更好发挥政府作用。其中，行政审批制度改革，破除行政审批"当关"、公章"旅行"、公文"长征"等乱象，给企业松绑，就是要让市场"显灵"，让企业、社会和公众"八仙过海，各显神通"。

竞争驱动型创新从长久来看可能引发结构性制度创新，但属于渐进性的，由关键破题到整体推进。我国行政管理体制转变从政府包揽到承认市场再到激活社会，经历了相当长的一段时间的适应和调整。

（四）技术驱动型创新

技术驱动型创新是以技术竞争和替代压力的方式引发的探索性创新。社

---

① 《习近平张德江俞正声王岐山分别参加全国两会一些团组审议讨论》，《人民日报》2015年3月7日。

会发展和技术进步是创新驱动发展的重要因素。技术改进为政府提供了可供借鉴的外部新技术和新知识。新技术的出现改变和拓展了政府职能和政府履职方式，改变了政府与公众沟通的形式和渠道。20世纪80年代以来，从起初单纯以办公自动化为实现手段的政府信息化建设到电子政务创新的发展历程可以看出，技术驱动型制度创新既可以是在制度机制和工具层面以增加效率和规范为目的的技术改进和替代，也可以是从结构性制度层面赋权到技术改进的系统拓展。这种创新往往来自行政组织外部的社会发展的压力，自下而上和自上而下有机结合，新方式对旧方式形成较强冲击。

例如，大力发展与运用大数据是加快转变政府职能和提升政府现代治理能力的必然手段。行政管理要实现科学化、现代化，离不开智能化。传统的臃肿重叠的科层体制和单类型结构化的数据，成为科学决策的障碍。决策者还受限于传统的信息技术，所掌握的决策数据往往较少，真实性和准确性都难以保障，因此决策中不得不取决于决策者的经验和直觉。大数据时代，高效的信息集成技术和数据分析技术能够为更加科学的行政管理制度安排提供坚实的基础。大数据所提供的"交叉复现"和"数据混搭"提供了科学化决策的可行方案，同时还改变了公共行政的决策思维、范式和方法。在传统的决策流程中，信息的"获取—传递—处理—分发"为主要内容和运行轨迹；而在大数据时代，通过数据的处理应用和统一优化的管理，实现了"采集—传递—分析—应用—反馈"的数据流程转变。目前，大数据协助决策已经体现在交通运输、环境监测、疾病预防、医疗卫生服务、治安防控、公共厕所布局、垃圾分类和处理等多个领域。

大数据不仅为政府提供了决策层面的技术支持，而且不断融入行政组织的基础性制度和工作机制之中，为打破行政机关之间的信息壁垒提供新动力，以"技术强制力"克服政务数据碎片化、信息资源共享程度低等问题。比如，运用互联网和大数据技术，开通建设投资项目在线审批，做到全透明、可核查，让信息多跑路、群众少跑腿。大数据技术还可以促使政府流程再造，从过去单向的自上而下管理转向多维度的协同治理，将监管措施融入服务行为之中，增强监管的实时性和人性化。在政府绩效管理中运用大数据技术，有助于解决外部评估信息不对称、指标权重设计不科学等问题，更好地发挥绩效管理在治理行政不作为、慢作为、乱作为中的作用。①

（五）危机驱动型创新

危机驱动型创新往往来自行政组织外部的社会压力，是危机后的直接结果，通过危机暴露制度缺陷，降低制度政治和技术合理性，从而引发制度创新。

一方面，制度创新是政府学习的理性结果。危机通常能够提供现行制度在预防和应对危机过程中明显失败的证据，给现行制度投下阴影。政府和专家研究导致危机的过程，找出原因，并提出制度修正方案。② 短时间内由学习产生的制度创新通常体现在运行性制度和制度工具层面，而结构性制度创新是长期学习的过程。

另一方面，危机为制度创新提供思变的政治环境。鉴于组织分化、信念分歧、法律或社会期望改变等因素造成社会性压力，社会对于既有制度实践的支持发生了分化。不同背景和经历的利益关联者带来新的关于制度的叙事框架和行为方式，推动调整既有制度实践。③ 政治视角通常能够很好地解释短时间内结构性制度创新现象，即以政治权力和资源再分配为前提。T. B. 齐尔伯（T. B. Zilber）提出行为、意义和主体之间相互作用是制度变革的动力。④ 外部压力被内部主体接受、赋予意义并做出回应，大体需要经历两

---

① 高小平：《大数据与政府改革创新》，《光明日报》2016 年 12 月 21 日。

② D. Nohrstedt, *Crisis and Policy Reform Craft*：*Advocacy Coalitions and Crisis-induced Change in Swedish Nuclear Energy Policy*, Uppsala University, PhD, thesis, 2007.

③ A. Boin, P. Hart, "Institutional Crises and Reforms in Policy Sectors", in H. Wagenaar, Ed., *Government Institutions*：*Effects, Changes, and Normative Foundations*, Dordrecht：Springer, 2000, pp. 9-31.

④ T. B. Zilber, "Institutionalization as An Interplay between Actions, Meanings and Actors：The Case of A Rape Crisis Center in Israel", *Academy of Management Journal*, Vol. 45, No. 1, 2002, pp. 234-254.

个重要阶段：理论化和合法化。理论化既意味着对现行制度实践失败的阐述，也包括从规范和实用层面对新制度实施做出论证，为其提供合理性。语言艺术对建立制度创新的支持联盟或获取资源至关重要，因此，创新主体的沟通协调能力十分重要，让创新方案很好地融入现有组织框架和系统。行政领导可以通过使用叙事框架来增强合法性、获取资金和人员，以塑造公众对于与制度相关的观念、认知和偏好。随着时间的推移，最终形成一个关于新制度的主导解释，并获得大多数支持的制度合法性。危机的政治驱动能力可以在短时间内发生理念、体制和机制的系统性创新。例如"非典"以后的"一案三制"综合性应急管理制度创新。

无论是功能性视角还是政治性视角，危机驱动型创新与绩效驱动型创新、政治驱动型创新最显著的区别是危机将相关制度置于高度政治和公共关注之下，行政主体受到来自社会的高强度压力而推动制度创新。因此，危机驱动型创新主要源于外力，而绩效驱动型和政治驱动型偏重于系统内部动力。

实践证明，中国行政管理制度创新是行政管理创新主体受到政府内部结构和外部环境压力双重动力的复杂过程，每一类创新驱动中都能发现与其他类型相互交叉的证据。政府自身的理性能力和来自市场和社会的动力不断促进中国行政管理制度创新，标志着以问题为导向的倒逼型改革正在进一步深化；开始找到并运用新的机制和实现方式，标志着政府治理体系和治理能力现代化上了一个新台阶。

当前，中国已进入中国特色社会主义新时代，完善和发展行政管理制度，推进国家治理体系和治理能力现代化，建立起比较完善的中国特色社会主义行政管理制度体系，是全面深化改革的总目标，是行政管理制度创新的价值追求。习近平在庆祝改革开放 40 周年大会的讲话中指出：改革开放四十多年来，我们"从以经济体制改革为主到全面深化经济、政治、文化、社会、生态文明体制和党的建设制度改革，党和国家机构改革、行政管理体制改革、依法治国体制改革、司法体制改革、外事体制改革、社会治理体制改革、生态环境督察体制改革、国家安全体制改革、国防和军队改革、党的领导和党的建设制度改革、纪检监察制度改革等一系列重大改革扎实推进，各项便民、惠民、利民举措持续实施，使改革开放成为当代中国最显著的特征、最壮丽的气象"。历史告诉我们，行政管理制度的进一步创新，必将把改革开放推向纵深。

第二章　行政管理制度创新的理论基础

上一章我们研究了中国行政管理制度体系创新的理论，提出了一个分析框架。这个框架是基于哪些基础性理论体系生成的呢？本章致力于通过国家治理史、学术发展史、学科研究成果，进一步研究行政管理制度体系创新的基础理论。

第一节　国家治理史与行政管理制度理性

行政管理是什么，它从哪里来又到哪里去？从理性的角度①考察行政管理的场景、样态和格局及其演变是不可或缺的视野。正如克里斯托弗·胡德（Christopher Hood）所言："历史经验可以为我们评估当代观念的优势和弱势

---

① 理性是人类的思维方式，合理性就是一种"合逻辑的，合目的的，合规范（和合规律）的，理智的，有根据或有理由的、有效的，以及正当的、恰当的、一致的"的思维方式（参见朱葆伟：《理性与合理性论纲》，《湖北大学学报》2011 年第 6 期）。在西方古典哲学的发展历程中，"理性"始终是一个核心的概念。马克思主义创立之前，黑格尔对理性的研究达到顶峰。他在《哲学史讲演录》中指出："理性的任务在于认识无条件者、无限者。这是什么意思呢？……哲学的任务在于将人们假定为熟知的东西加以真正认识，因此哲学在这里所要做的就是对无条件者得到真知。"综合卡尔·马克思、马克斯·韦伯和法兰克福学派的有关理论以及学科的认知，行政理性一般是指行政及其行为和事物符合科学发展的规律、社会关系的逻辑或者利益意义的归属，相对应有技术理性、形式理性和价值理性三种类型。

提供额外例证。"① 在行政理性多样场景和学科的众多范畴中，行政理性基本范畴是反映行政之所以为行政和行政学科之所以为行政学科之特质的核心概念，其中，行政内容以政治统治和公共事务管理为质料，是政治性②、统治性、公共性和管理属性的四位一体；行政形式以责任为本位，以制度性为基本属性，以有序和有效为目标。③

行政是衡量国家治理水平和能力的基本方面。国家治理体系及其结构和过程体现又决定了行政的场景、视域和条件，决定了行政运行的总体路径和行政行为的基本取向。本节主要从国家治理史的复合时空视野来描述和分析行政理性的演变，以厘清行政理性的基本范畴及其相关命题、理论体系的由来、现状和未来发展。

一、理性场景的时空维度： 认知的偏差和局限

在行政管理学兴起的一百多年历史中，由于囿于现代性的叙事框架，行政管理研究往往缺乏历史考量维度。④ 我们对传统和近代的国家行政历史缺乏关注，一般认为，这段时期不存在公共管理⑤，也不存在现代意义上的公共性⑥，行政的历史也就很难纳入公共管理的研究视野。这不仅将现实和历史割裂，而且把行政的现实和未来也割裂了，是不对接的二元世界。这一方

---

① ［英］克里斯托弗·胡德：《国家的艺术：文化、修辞与公共管理》，彭勃等译，上海世纪出版集团 2009 年版，第 2、14 页。

② 若非标注，"政治性"在本书中特指狭义的"政治性"，不包含被动执行统治的内容，而是行政主动作为空间的"政治性"。

③ 罗梁波：《行政学基本范畴的谱系》，《中国行政管理》2019 年第 1 期。

④ 由于"公共管理"范畴不适用于历史或者传统场域，除涉及特定场合（如对比传统行政的场合，又如同时指向学科理论与实践的场合）使用"公共管理"表述外，本书使用"行政"和"行政学"概念，公共管理可视为凸显现代性意义上的行政。

⑤ 张康之：《公共管理热的冷思考》，《西安政治学院学报》2001 年第 6 期。

⑥ 哈贝马斯认为公共领域是市民社会发展到国家与社会彻底分离才产生的。［德］尤尔根·哈贝马斯：《公共领域的结构转型》，曹卫东等译，学林出版社 1999 年版，第 170 页。

面源于思辨研究和经验研究的对立，即民主行政和逻辑实证主义的争论①，前者关注未来的国家治理但缺乏对接现实的途径，后者关注现实的问题但缺乏面向未来的理论出路探讨；另一方面也源于实践中规则程序至上的形式主义和保守的科层制，缺乏变革治理的有效动力，难以突破既定的国家治理格局。公共管理不适用于传统场域，对现代行政和传统行政以及两者的混合行政也未做必要的区分，对历史、现实和未来缺乏连接，这是公共管理学研究时空的关键缺失。

近几十年来，很多关于行政的学术体系在研究时空上是混乱的，将"假设的研究对象、公共性和民主治理理念的价值规范、夸大的技术理性、流变的治理形式和刻板的科层制奇怪地结合在一起"②，组合在一个虚设的研究空间中。行政学科研究对各理性范畴组合的使用欠缺时空匹配和完整结构以及交互格局的考虑，各个风格的研究者按照自己的偏好随意选用。

行政学科既需要在复合的时空展开行政的范畴、命题和研究体系，也需要在复合时空视野中检验之。我们应当思考行政学科对概念的概括是否切入了本质？学科命题是否适合一切时空？行政理论的流变是行政实践的流变吗？行政理性的实践样态和结构是否一如既往理论的定义和描述？在虚拟的单一时空自言自语，是在做基于想象的智力游戏而非描述实践的治理游戏。

综览社会科学，没有哪个学科像行政管理、公共管理学科一样用价值范畴即"公共性"来定义学科及研究对象。行政管理、公共管理学在发展的过程中，将公共性作为一种强烈的价值规范和治理机制，约束了学科的视野和体系的空间。受限于公共管理现代性视域以及政治与行政二分、科学管理原理和科层制的学科三基石理论的前提，行政学科不仅缺乏公共性的历史考量维度，而且对除公共性以外的价值因素和除民主行政以外的政治因素也忽视

---

① 颜昌武、刘云东：《西蒙·瓦尔多之争——回顾与评论》，《公共行政评论》2008年第2期。

② 罗梁波、颜昌武：《从单一性到复合化：中国公共管理研究的现实与未来》，《政治学研究》2018年第5期。

了。由于行政学科在价值理性上是公共性无所不用，在形式理性上是以科层制为标杆模板，而技术理性的科学效能原则被认为放之四海而皆准，我们想当然地认定现代行政会按照理性的治理逻辑运行。① 行政学科一般认为行政是中立于价值的技术过程，价值是属于政治的范畴，如果有价值问题那也只是公共性的问题。在现代行政理论中，忽视了行政的政治性、统治性内涵，错误地理解和泛化地使用了公共性范畴，而公共性的形式理性（公共参与）又替代了其价值理性，对行政价值范畴的交互关系也缺乏系统考量和准确把握。此谬误在本学科流布深远，直接的后果是行政去除了本质的政治性视野，形成了形式化的并由技术理性支配的、泛化的、狭隘的、虚拟的、规范化的公共价值视野。

现代行政没有政治意蕴和政治功能的解释，传统行政没有公共性的存在，并不符合国家行政的历史与事实。实践的真实世界与理论的虚拟世界是不同一的。行政学科在价值问题上，罔顾事实排除了政治性和现实价值，形成了公共性泛化独大的规范价值格局，是故学科无法对照也无法解释实践，形成价值理性实践与理论的落差格局。

二、形式理性范畴格局：　单一性具体形式占据主流

行政管理学科已有的理论研究主要拘囿于具体形式的单一向度研究和经验现象描述，缺乏对学科范畴和行政事务纯粹化的理论概括，也缺乏复合化和一体化的经验形式的提炼。② 这种单向度的一国、一地、一时、一事的经验总结的形式，没有世界的视野、经验的整体性和历史的维度，因而不具备较高的概括力和一般性，这是造成本学科缺乏基本共识和主流"范式"不断流变的根本原因。

---

① ［美］德怀特·沃尔多：《行政国家：美国公共行政的政治理论研究》，颜昌武译，中央编译出版社 2017 年版，第 1 页。
② 罗梁波、颜昌武：《从单一性到复合化：中国公共管理研究的现实与未来》，《政治学研究》2018 年第 5 期。

从行政管理学三基石理论出发，现代行政的研究形成了以科层制为组织基础，以权力配置为职能中心，以组织效能为目标导向，以科学管理为过程，以规则服从为准则，以公共性为价值导向的学科体系。从发展的视野看，权力中心论源自政治学传统，也与传统国家行政的特征一脉相承；科学管理和效能源自管理学传统，与一般管理并无二致；公共性则是基于社会的价值道德理想用以规范一切行政事务；而渊源于管理工程的科层管理和渊源于法治原则的制度本位意识则是学科立论基础。但这个体系真的自洽吗？行政作为区别于政治、区别于企业管理和区别于社会组织管理的事物，这些命题和认知体系是否真实反映行政之所以为行政和行政学科之所以为行政学科之特质和场景？又是否符合行政实践的现实特点和需要？遑论适合未来。

事实是，在现代行政实践中，特别是在法治国家、选票民主和代议制度等国家治理基本方式日臻成熟稳定的当代，行政形式理性以制度和规则为核心并处于支配的地位，借助政治与行政二分体制、科层制的组织基础和文官的权力意志，对技术和价值即内容形成了一贯的压制。或言之，科学效能管理和公共价值导向与科层制和制度至上原则之间形成了巨大的张力。这种张力体现了颠倒的内容和形式关系，理论上是形式与内容的平行关系，甚至技术优先于形式；实践上是形式支配了内容，而不是内容决定形式。这种颠倒的内容和形式关系在学理上无法自洽，学科研究也没有做出令人信服的解释。

制度规则和科层治理方式已经成了技术和价值的支配力量，而不是主要作为技术和价值的凝结和变革力量。制度和组织的形式作为技术和价值理性交流的整合之窗已经关闭，作为官僚集团支配价值和技术的权力之窗已经开启，是故科层制下因循守旧刻板的治理体系不可能真正实现技术上的效能和政治性的民主，也不可能自动带来公共性的实质性提升。学界对科层制形式之于技术理性和公共价值的压制以及内容和形式逻辑关系的认识是不足的，对三者是否协调匹配缺乏考量，对科层制度为何能支配技术和价值缺乏挖掘。理性的单个原则都充满了道德理想和终极价值的美好，但组合在一起却是复杂的逻辑关系，是充满张力的体系。行政学科研究在科层制甚至是威权体制的框架内讨论民主行政、公共性和科学管理的实现方式、途径及其整合格局，无异于与虎谋皮。

单一性具体形式占据主流地位，工业化的行政思维组成了机械性的学科体系，学科概念、命题和理论体系缺乏整体性的有机结合和复合时空的概括，夸大了单一理论形式的适用性，忽略了实践中形式理性对技术和价值的反向作用意义及其背后的政治机理。

三、技术理性格局：　拘囿于管理工程视野

在马克斯·韦伯看来，现代文明，尤其是其技术经济结构的本质要求"结果的可靠性"，而科层制组织则可实现这一点，因而成为在技术上优越于所有其他形式的组织形式。[1] 行政学科主流的逻辑实证主义研究立基于西方的管理主义传统[2]，移植技术决定论[3]，限制了学科在价值层面的想象力[4]。在政治和行政二分预设框架展开对问题的讨论，行政学研究缺乏对各国国情和体制的考量，缺乏与现实政治和行政体制的对接。学科的研究思路保持工业化的技术理性思维，也无法突破科层制的行动框架，科学管理和效率优先的主张被科层制化解，无法寻求到治理绩效格局的提升。总体来说，技术取向研究对科层制下技术理性的评价和期待过高，而民主取向研究对民主行政的实现途径束手无策，对公共性的规范作用则过于乐观，而对科层制以及规则至上的形式主义的压制作用过于轻视，更缺乏政治性视野的现实分析。

针对管理主义的弊端和不足，对管理工程路径的调适目前有两种方式。其一是以民主弥补科学的方式，然而在民主取向的行政学研究中，民主治理

①　颜昌武：《公共行政的现代性叙事：反思与批判》，《学术研究》2009 年第 6 期。
②　[美] 麦尔文·达布利克：《魔鬼、精神与大象·对公共行政学理论失败的反思》，颜昌武译，《甘肃行政学院学报》2014 年第 4 期。
③　周志忍：《公共行政学发展绕不开的几个问题》，《公共行政评论》2013 年第 2 期。
④　马骏：《公共行政学的想象力》，《中国社会科学评价》2015 年第 1 期。

始终停留于公众参与的有限形式和价值理念主张的层面，无法寻找到来自行政实践的技术支撑、治理方式和实现途径，民主和效率、民主行政的理想和实践之间的天堑成为难解的矛盾，规范意义的民主行政遭遇了技术困境。其二是以公共性为导向，在技术性的经验研究中把实证的科学管理与规范思辨的公共性价值混合在了一起。然而现代行政现今的技术手段并无充分实现公共性的可能，仅仅依靠公共服务供给和福利国家建构是有限度的甚至是危险的，公共性的技术场景依靠管理主义思路无法充分展开。行政学科对科学管理、公共价值和民主治理如何嵌入科层制和制度性的行政实践中缺乏充分考量，对技术路径如何嵌合公共性和民主治理主张并无过多观照。所以说，在本学科的研究中，不论是理论研究还是经验研究，科学管理、公共性和民主行政都是一种规范治理工具，本质上都是一种规范理性，实践的科层治理形式无法充分接纳技术的科学效能，无法实现价值的公共性和治理民主。形式主义的科层制和单一技术性的管理工程无法解决更高层次的形式、技术和价值的嵌合问题，也无法自主实现治理格局提升和新场景的变革。

另外，行政实践的技术理性真的一如管理工程的技术理性吗？作为国家事务的管理活动和政治行为，国家行政的技术理性并不同于工程管理的技术理性，不具备工程管理的复杂的专业性和组织体系，技术理性的过程和空间迥异于管理工程，其技术复杂性更多地体现在国家治理的政治、价值、组织和制度的作用，责任秩序的建构与治理方式的选择及其交互格局中。而行政学科对此专业场景却是长久的失察。

行政学科在行政理性格局和发展维度上的认知偏差和研究局限导致本学科研究无所适从，从行政理性范畴的演变考察行政史或能为我们重新认识行政打开窗口，重奠学科理性基础，助推学科重新起航。当代行政学者处于"一种含混的、经常令人不爽的、双重的二等公民的地位：他是在学术界讲求实践的人，又是公共行政实践中的空谈者"①。我们必须回到并弄清楚"行政管理是什么？从哪里来又到哪里去？"这样的基本问题。

四、行政理性实践场景的整体演变

行政理性是一个历史的范畴，随着历史推进和社会发展不断地成长、完善。人类自从国家产生起，就是一个不断理性选择、不断完善积累理性的过程。不同国家、不同民族、不同地区、不同文化对国家治理的合理性有不同的理解和选择，这种理解和选择影响各种共同体历史、现实和未来的国家治理。②

（一）概念渊源：内生性和外生性的区分

作为整个现代社会发展的一部分，国家行政与其外在社会环境之间呈现出一种不可分割的互动关系，也就是说，国家行政深受其所在的社会历史文化环境的影响，并"活"在与社会历史背景持续不断的互动中。③ 界定、理解和使用行政理性范畴，首先要区分清楚内生性还是外生性的问题。所谓内生性就是自我生成的属性，外生性就是其他系统生成的属性。在现代行政中，统治性主要是外生的事物，政治性、公共性和制度性是内生和外生交织的事物，技术性是内生的事物。

在传统国家行政中，统治性和国家行政是浑然一体的，而在现代民主政体中，由于代议制和科层制的安排，统治性变为了外生的选项，统治性通过民主政治的体制和法律制度的方式作用于行政体系。政治性是个以内生性为

---

① Dwight Waldo, "Public Administration", *The Journal of Politics*, Vol. 30, No. 2, 1968, pp. 443-479.

② 限于责任、秩序和治理方式界定和认知的复杂性，本节主要梳理公共性、制度性、统治性、政治性、技术性五个基本理性范畴整体的历史演变，其他三个范畴后文再行补充说明。

③ ［美］全钟燮：《公共行政的社会建构：解释与批判》，孙柏瑛译，北京大学出版社2008年版，第28页。

主并有外生空间的事物，行政有自身的政治意蕴和政治作为，也受外部政治和社会条件及行为的直接影响。区别于统治性，狭义的政治性是行政体系与外部系统围绕权力、责任、利益和价值的交互关系以及自身作为的总和，统治性是居于领导地位的政治体系对行政体系的单向输出，或者是行政体系对政治体系的责任和义务。

技术性作为管理的手段和方法，本质上是个纯粹的内生性的管理属性问题，并不直接也不过多关涉价值和制度属性。技术具有更为基础层面的地位，行政技术理性的层次和水平决定了价值和制度的层次和水平；价值和制度对行政的技术性有一定影响，但这种影响若上升到支配技术的层级，则是价值的专制和制度的异化。所以说，内生技术性力量相对独立，又相对强大。

制度性问题比较复杂。从宏观层面而言国家行政的制度性偏向外生，从微观行政而言国家行政的制度性偏向内生，总体而言制度性对于国家行政是内生和外生交织的，内生的制度性服从于外生的制度性。另外，制度理性本质上是对技术和价值理性累积发展的结果确认。相对于技术和价值的内容，制度性是逻辑上在后，过程上为果。

公共性有两种类型，内生的国家公共性和外生的社会公共性。① 既往的研究和实践不假思索地把公共性理解为内生的政府或者国家公共性，这是值得商榷的，这是行政学科滥用公共性范畴和规范理性强势思维使然。行政组织体系和权力体系不会自动生成完整的公共性，不会自觉把公共性作为主要属性。公共性首先是社会和公众的意志表达、价值和利益诉求，形成共识，接下来由政治和社会进行博弈，然后对国家行政体系形成外部压力、政治指令或者制度的强制力，最后交由行政体系执行。公共性的外生性相对内生性

---

① 哈贝马斯所说的公共领域是"一个关于内容、观点也就是意见的交往网络"，这是社会的公共性而非国家公共性。行政学科对公共性的主体一定要做区分（参见［德］哈贝马斯：《在事实与规范之间·关于法律和民主法治国的商谈理论》，卫东等译，生活·读书·新知三联书店2003年版，第446页）。

是逻辑在先和发生占先的。当然也有行政体系主动呼应这种压力或者响应民众诉求甚至在公共性领域主动作为的现象。国家本质上是一种以暴力为根基的秩序，但这种秩序何以让他人服从？光靠暴力就成了丛林社会，所以人类文明的发展就是国家暴力不断收缩、不断隐退的结果，也就是政府的掠夺之手收缩、扶助之手扩张。① 这个意义上讲，公共性既是外压外生的，也是内在适应的结果，而且随着文明的进步和国家社会的发展，内生公共性的倾向和作用愈益提升。尽管如此，在国家行政体系内生的公共性（即行政公共性）是有限的，行政实践的公共性逻辑也达不到决定的意义层次，公共性的提升和成长是个长期的过程，也是个博弈和管理的过程。而在古代，国家行政的公共性只考虑很低层次的社会共同体利益、公共生活德性和社会协作等，是次要和初步的公共性，公共性的快速成长是现代才有的事情。

（二）行政理性演变的呈现

本书参考了马克思主义的社会发展五阶段论②，并引入了传统、近代和现代等发展理论表达方式，将国家治理史分为原始社会、私有制兴起、国家形成、专制、暴政与改良、近代、现代、信息化、共产主义九个阶段。其中私有制兴起、国家形成、专制（包括极端样态的暴政）代表了传统阶段，信息化和共产主义代表了未来发展阶段。接下来，我们主要从传统农业社会、现代工业社会和后现代信息社会的区别考量五个基本范畴的整体趋势及其交互关系所呈现的特点。

1. 原始社会：唯有的公共性

在前国家时期的原始部落和氏族社会，公共事务管理依赖传统惯习和个人权威来实现，制度属性、政治属性和技术属性尚未生成，公共性为唯一属

---

① ［美］曼瑟·奥尔森：《国家的兴衰》，李增刚译，上海人民出版社 2007 年版；［美］曼瑟·奥尔森：《权力和繁荣》，苏长和等译，上海世纪出版集团 2005 年版。
② 《马克思恩格斯选集》第一卷，人民出版社 2012 年版，第 148 页。

性。原始社会只有单纯的公共性。① 我们首先要对公共性做一定的区分，在不同的场域，公共性有不同的内涵和意义。至少要在内容上区分两种公共性，其一是德性的公共性，即在公共生活中作为美德和价值意义的公共性；其二是技术的公共性，即在公共事业组织和公共福祉创造中的技术能力意义的公共性。原始社会的技术公共性是初始水平，即量的程度是比较低的，反映了人类原始的生产力和理性能力状况，但是不等于不存在。"人类在本性上，也正是一个政治动物。"② 人类社会是一种集体生活的状态，对公共事务和公共生活的组织管理从人类社会肇始即存在。

2. 传统时期的行政理性场景

随着生产力发展和社会财富增长，私有制兴起代替原始的公有制度，逐步出现掌握更多权力和资源的贵族集团，少数人拥有了制定社会生产和公共活动规则和制度的权力，拥有了支配社会财富分配的地位。氏族社会的原始公平和公共道德被打破，原始社会完整的公共性被私有制和贵族权力不断侵蚀而降低，德性的公共性意义不断下降，公共生活的理性格局的支配力量逐步让位于政治统治性。传统行政理性处于萌芽或者初始的状态，这是由农业时代的生产力水平和理性认知能力决定的，但相对原始社会而言是理性的飞跃。统治性取得支配地位是共同体的安全和生存发展需要的理性选择，也是社会让位于国家的必然。

国家和专制制度的建立，使得统治性继续加强，行政的建制水平和政治性层次提高，公共事务管理也纳入和服从了国家政治统治的支配，权力的统治性不断加强，最终取代了权力的公共性的地位。权力和公共生活的德性公共性完全变为了专制者的恩惠和善心，并随着统治的强化而不断削减。随暴政而来的是革命或改良后的治理变革，挽回和提升国家治理的公共性和合法

---

① 高宏星：《公共性的真实·马克思主义哲学对以人为本的解读》，《绵阳师范学院学报》2010 年第 9 期。

② ［古希腊］亚里士多德：《政治学》，吴寿彭译，商务印书馆 1983 年版，第 8 页。

性，提高治理的政治功能和技术水平，维护统治性的存在和延续。

整体来说，在传统时期，国家行政的制度和体制建构有初步的体系，国家对公共事业的组织管理能力增强，形成了以权力专制为基础的国家架构，国家行政的制度性、技术性和政治性以及技术公共性伴随国家产生而生成并不断累积，发展水平逐步提高，但还是初步理性的状况。传统时期行政的理性格局呈现为政治统治直接支配的政治工程格局，统治性和德性公共性此消彼长，统治性支配了行政的政治性、公共性、制度性和技术性，而政治性的作用空间和效力也强于公共性、制度性和技术性。行政理性的政治工程格局共有的基本特征是：首先，行政以权力为本位，技术性服从政治统治性，政治性是统治者的权力游戏，公共性是政治统治的婢女；其次，制度性主要是以非正式制度为主导，责任是对统治和权力的责任，目标是实现政治统治秩序，治理方式是管制型、管控型；再次，德性公共性体现为作为政治统治底线的道德价值水平，并以底线的公共性为最低层次的社会共同体利益①以维持政治统治。

3. 现代化阶段的行政理性场景

近现代以来，随着资本主义方式和机器大生产兴起，社会财富极大增加，社会矛盾逐渐缓和，民主政治体制建立并逐步完善，国家统治的强制性和暴力性逐步弱化，国家整体建制水平走向成熟，制度化水平愈益提高，国家福祉和公共服务大幅增长，以政治和行政二分、科学管理、科层制与公共性诉求为特征的现代行政确立。工业革命、市场经济和民主政治的发展带来了国家治理格局和水平的整体性提升，行政的政治性、公共性、技术性和制度属性都逐渐成熟。

现代西方行政的理性格局呈现为管理工程的风格：技术性的科学和效能原则被广泛应用，现代行政过程呈现为管理主义的方式，行政相对独立，地

---

① "社会共同体利益"概念可参见张雅勤：《公共性视野下的国家治理现代化》，人民出版社 2017 年版，第 56—59 页。

位愈益重要，在国家和社会中发挥了枢纽的作用；统治性愈益趋向柔和与间接的方式，政治性建构在民主政治和文官制度的基础上得到了格局性的提升，统治性和政治性作用的方式变得更为隐蔽；社会共同体利益在公共福祉、公共服务的基础上逐步扩大，技术的公共性一般采用市场化为主、国家组织为辅，在质和量两方面都有很大的提高，公共性地位和基础作用大幅提升；治理方式是科层治理，制度性是行政的基本属性，现代行政是制度的统治，责任是基于制度和管理的责任，以实现制度和管理秩序为目标。

现代行政的理性格局虽然呈现为管理工程的风格，但技术性和公共性始终未能在科层制和制度理性的框架内实现充分发展，制度性地位和作用强于技术性以及公共性、政治性等价值属性。其中的根本原因不在于制度和科层本身，而是由于政治统治属性隐蔽于制度和科层之中。制度和科层不过是政治统治的现代化实现方式，所谓"制度的统治"不过是制度性狐假虎威地借助了政治统治的力量罢了。在此情形中，制度的"虚置"成为常态。

4. 信息化阶段的行政理性场景

随着信息社会的来临，信息化阶段深刻地改变了国家和社会的互动方式，通过网络化平台和大数据方式加快了国家和社会深度嵌合，促进了科层制治理方式向网络化治理转变，使得价值问题和政治性浮出水面成为行政必须直面的课题，进而促使行政理性的价值格局走向开放，政治性建构走向合作治理格局；借助网络化技术平台和治理方式，制度性面临的任务主要是提高制度的弹性和活力，寻求提高制度的科学效率和政治性层次；公共性不仅高度发展，而且与政治性全面深刻地交互作用，共长提升，但不能认为公共属性支配了政治性。

在共产主义实现的理想情状下，统治性为 0，其他范畴为完整的 1，实现了充分意义的公共性、制度性、政治性和技术性和谐共生。

5. 行政理性范畴的历史进程

从历史发展的总体进程看，统治属性呈现倒 U 型的发展历程，公共性呈现 U 型的发展历程，国家行政的技术性、政治性和制度性的作用、功能和水平随时代发展不断提升，呈现为逐步增强的线性的增长，而五者之间的交互关系也呈现出复杂变化的格局（见图2-1）。

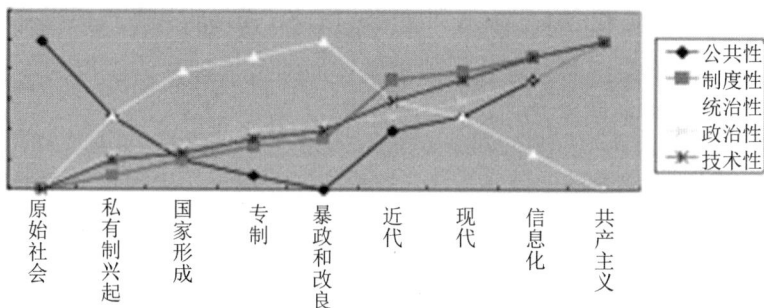

图2-1　行政理性范畴的历史演变

五、　制度在治理史中的演化

在人类制度文明的进程中，农耕文明时期属于"依附人格"特征的制度，即"官本位制"，工业文明时期属于"单向度人格"特征的制度，即"管本位制"，后工业文明（即生态文明）时期开始发展一种新型"复合人格"特征的制度，这就是"佃本位制"——"服务本位制"。在这样的文明逻辑视野下，政府人格就需要进行重塑，打造后工业文明时代的"服务人格"，加快从"官本位""管本位"并存状态向"服务本位"的制度转型。

传统国家治理时期，制度性处于初级的水平，体现为以非正式制度为主的制度建构①和着重宏观权力的体制建构。在权力的安排和行使上，东西方处理方式是不一样的，整体来说西方比较注重分权，东方强调集权。② 在国家治理现代化进程中，制度化和法治化水平不断提高。

我们应该看到，由于现代科层制和民主法治化的种种不足造成了形式重于内容的后果。形式理性被推高到极端的优先位置，取得了支配地位，国家

---

① 伍装：《非正式制度论》，上海财经大学出版社2011年版，第47页。
② 李友东：《东西方文明比较中的两种不同视角》，《史学理论研究》2014年第1期。

治理的技术空间和主体的行为在制度的框架内发展，缺乏弹性和创造力。国家治理体系和行政行为的技术性虽然获得更大空间，但由于受到制度规则的形式约束以及价值理念不彰而遇到发展的瓶颈；而形式代替价值以及对规范理性的价值理念的压制也导致行政事实层面的价值理性陷于徘徊不前之境地，这造成行政技术和价值皆为不彰的困局，技术难以实现预期的效果，价值难以达到理想的高度。过犹不及，形式理性的地位作用超过自身限度反而损害了形式理性的创造力和活力。

制度化有水平等次之分，法治化是个过程。制度是重要的但不是万能的，尤其是在制度不成熟，规则得不到普遍遵守的情形下。形式终归取决于内容，而不是形式决定内容。我们不能过度拔高制度的意义和作用，制度的作用空间和功能意义与制度本身建设有关，也与国家治理整体水平有关，还受社会经济文化发展水平制约。制度化水平是有层次的，受制于国家治理的整体格局，制度化水平要达到法治的阶段，必须突破既有的传统治理格局，提高制度的内在品质，反映社会发展的文明进步，提升制度内在的治理水平，才能达到有效的秩序格局和真正的法治化。工业时代的科层制和民主法治把形式的合理性和作用地位无限拔高到顶点，名不副实，是无法承担之重，不过是政治建构无作为的替罪羊和统治利益的遮羞布罢了。信息时代的治理方式应该重塑制度的弹性和活力，赋予形式合理性恰当的意义空间和作用方式，改变僵化和错位，走下神坛，正确归位。

不同时期国家行政的本位范畴不一样。在传统时期，国家行政是以权力为本位，服从和服务于政治统治。在工业化时期，行政以科层制度和管理为本位①，以科层治理的方式为社会大生产提供科学管理秩序和法律秩序。随着公民参与和网络治理兴起，国家与社会的关系已经发生根本改变，过去国家社会二元对立、单向度输出的治理格局和传统权力本位的封闭式国家行政

---

① 就现代行政的演变而言，前期更加注重科学管理，后期更加强调制度和规则，这与现代行政的民主化法治化进程有关。

方式不足以应对，建立在权利基础上的行政多元主体丰富了行政的实践，愈益走向开放合作的格局。国家社会交互合作需要彼此的信任，行政责任是基础，责任是行政未来的本位。负责任的政府和负责任的公民是未来治理实现良治善政的基础条件。未来的行政需要强化的是责任而不是权力。责任的本质和本位相对权力的本质和本位来说，不仅代表了行政的未来，也适用于行政的历史和现实的情景，行政相对于统治、政治、制度和自身的管理而言，相对政党、社会、企业和公民的需要来说，实质都是一种责任，行政输出的是责任而非权力。

不同历史阶段的不同类型的行政体系，有不同的秩序目标，这种区别体现了不同的治理传统和治理目标，也体现了不同的治理格局和水平层次。不同的秩序共同指向维护相应的政治秩序和社会运行秩序，保障国家行政体系运转履行自己的职责。总体来说，避免失控的消极秩序是所有国家行政体系所要优先保证的基本目标，失序是治理的失败。而秩序的积极效果则反映了国家行政体系的治理能力高低，有效的现代化国家治理能力和治理体系提供有效的现代化治理秩序，有效的治理秩序取决于治理技术、制度化水平和治理的价值理念的水平。从历史发展看，国家行政的秩序目标经过了从政治统治秩序到管理与法律秩序的变迁，未来行政当追求的是社会公共秩序。

我们从行政理性场景的演变可以看出，行政理性场景的合理匹配格局从未能充分实现，行政理性格局未来的发展需要正确归位协同发展。在行政发展史中，科层制是形式压制技术和价值，技术逻辑支配价值逻辑，传统治理则是以统治性政治价值直接支配行政的价值、技术和形式，两种治理方式都是在路径锁定情形下造成了行政价值、技术和形式在既有水平上徘徊不前。价值、形式和技术应保持合理的实践逻辑关系，内容决定形式，技术决定价值，而不是反其道而行之。在行政学术史上，我们在公共性的规范空间高歌猛进，在技术的神话中自我陶醉，在形式的理性荣耀中踌躇满志，我们忽视了内容对形式、技术之于价值的决定性作用和工具意义，忽视了技术和价值皆为行政内容的并列空间，也忽视了技术和形式在价值支配下步履蹒跚。

第二节　行政管理学的基石范畴

行政学学科的基石范畴是能代表行政的基本规定性和本质内涵，描述行政特质和基础的核心概念。① 行政学在问题、使命、定位、边界、风格、体系、门槛乃至学科的名称等基本命题上缺乏必要共识，这都与概念体系的散乱、分裂和争论不休有关。学科在概念的提炼和使用中，往往夹带了太多的价值判断，而少有时空适用性和科学提炼的客观考量，或者停留在经验的现象层面未能描述行政的本质，或是局限于西方行政学单一性和虚拟化的研究向度，脱离了复合而复杂的行政实践的真实世界，② 不具高度概括力，不为同行所广泛认同，达不到理想类型的概念构建要求。由此建构的学科命题、研究框架和理论体系很难保证严整客观。我们应该从经验的真实世界③而不是从理论的虚拟世界解析学科核心概念及其体系，应该从综合或者一体化的完整角度而不是从单向度④来认知行政和改造行政世界。学科的核心概念和基本命题乃至理论体系，都应建立在这样的基础上：行政是一种政治行为，也是一种管理行为。

一、学科研究体系和知识谱系解析

基石范畴是深刻体现和高度概括行政学之所以为行政学的概念，需要置于恰当的理解框架中进行界定。只有从学科研究基本命题出发，才能挖掘学

① 张文显：《论法学的范畴意识、范畴体系与基石范畴》，《法学研究》1991 年第 3 期。
② 罗梁波、颜昌武：《从单一性到复合化：中国公共管理研究的现实与未来》，《政治学研究》2018 年第 5 期。
③ 何艳玲：《指向真实实践的中国行政学研究：一个亟待关注的问题》，《中国行政管理》2009 年第 8 期。
④ ［美］戴维·H. 罗森布鲁姆等：《公共行政学：管理、政治和法律的途径》译者前言，张成福等译，中国人民大学出版社 2002 年版，第 2 页。

科基石的意蕴。

行政学研究世界的逻辑起点和行政实践世界的体系可以归结为五个基本方面：主体、客体、本体、属性和目标动力。① 行政理论的讨论与实践的发展都不能脱离这五个方面的基本问题，学科基本命题界定须从这五个基本问题展开，提高国家治理能力和实现人们更美好生活也有赖于对这五个基本问题的回答。行政主体是行政行为实施者，客体即对象，一般是指行政本身即行政内容。本体概念是指主体和客体（对象）之间的关系总和，行政本体可近似地理解为行政形式，形式是事物之间、人与人之间、人与事物之间的关系总和。行政属性是行政主体和行政行为体现出来的倾向，目标动力则体现了行政"为了什么"这样的主题，两者都是行政主体的理性认知和行政行为的理性选择，共同属于行政理性的范畴。从元概念上讲，行政主体、行政内容、行政形式、行政理性是第一层次范畴，基石范畴应该在这四个元概念基础上继续挖掘和进一步提炼。由于主体在经验层面相对比较清晰，且主体的属性由本体决定，对主体的理论界定可以纳入行政本体的形式来讨论。同时，由于事物的性质以及动力目标是由事物的构成和结构决定的，行政理性认知是基于一定主体与相应的内容和形式的，这样学科的基本问题可以进一步归集为内容的和形式的合理性。从研究逻辑起点和行政实践体系的学科基本问题及其元概念出发，本书在内容和形式的合理性框架内按照内容的质料和形式的类型来梳理和界定行政学的基石范畴谱系，研究逻辑链如图 2-2 所示。依照韦伯的划分，合理性可以区分为形式合理性与实质合理性②，我们也可将行政的合理性区分为内容合理性和形式合理性两种类型。其中，行政的内容合理性再细分为技术合理性和价值合理性。价值内容与技术内容纠缠在一起，这是行政区别于一般管理和社会事务，区别于一般政治行为的特质所在。以往的行政学把价值和技术两个层面的属性和内容或割裂，或对立，

---

① 罗梁波：《论行政学研究的基础和取向》，《复旦公共行政评论》，上海人民出版社 2010 年版。

② ［德］马克思·韦伯：《经济与社会》第二卷，阎克文译，上海人民出版社 2010 年版。

或无视其中一方面，或一方支配另一方，或混为一谈，极大损害了对行政的认知和实践。① 技术性反映了行政作为一种管理行为具有的属性和逻辑。价值合理性是行政的利益导向、使命和意义的合理性，是行政的价值诉求和政治考量。形式合理性是对内容上无差别代表一般面的制度规则、行为方式和行政事务理想类型的概括。合理性的这三个概念及其划分来源于法兰克福学派以及韦伯的有关论述②，但本书在中性意义上使用这三个概念。行政及其事务各有其相应技术、价值和形式的合理性。

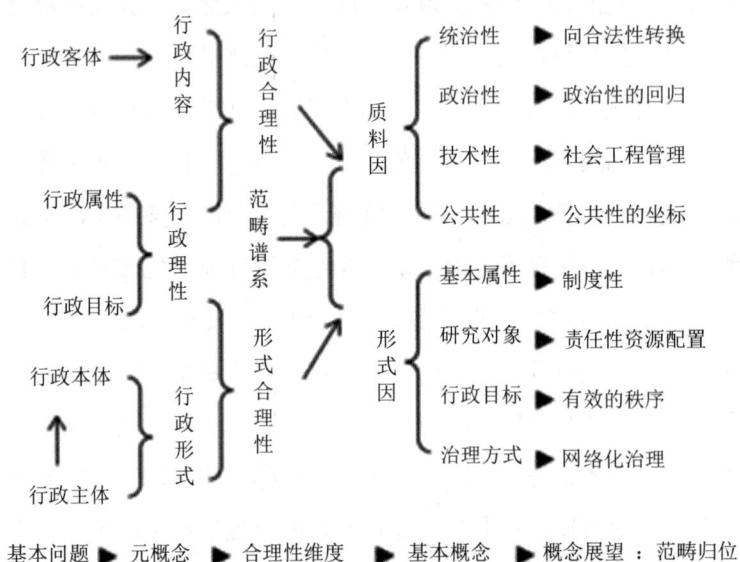

图 2-2　学科基石范畴谱系的框架

二、行政的质料因及其基石范畴提炼

行政的内容表现为纷繁复杂又多变发展的样态，同类事物的行政内容差

①　董礼胜：《西方公共行政学理论评析：工具理性与价值理性的分野与整合》，社会科学文献出版社 2015 年版。

②　欧力同、张伟：《法兰克福学派研究》，重庆出版社 1993 年版。

异性可能很大，所以内容范畴还要转化为更一般的质料概念。所谓的质料源自古希腊哲学的四因说（质料、形式、动力、目标），① 是内容的朴素直观的表达，质料是个抽象的个体化概念，内容是个具体的总体概念，行政的质料是多样的同类事物的不变成分，是构成复杂行政的共同基础。行政的基本质料有二：政治统治和公共事务管理，② 政治统治是体现行政的国家属性的质料，公共事务管理是反映行政的社会属性的质料。

（一）行政质料因及其基石范畴

1. 第一质料：政治统治

政治统治质料可分解为政治性和统治性两个方面的范畴来考量。（1）统治性。统治性是指行政实现国家统治的工具属性，行政是国家政治和国家意志的执行，体现特定阶级、阶层和集团的意志和利益。统治是国家行政的政治功能的主体内容、基本出发点和最终归宿，也支配或者决定了国家行政的其他功能与治理方式。（2）政治性。政治性是指国家行政具有的政治的功能和意义的属性，体现了国家政治的意蕴和立场，实现一定的政治诉求目标，建构一定的政治秩序。国家治理处理各种事务和各类矛盾问题，实现对社会的协调、管理、责任和秩序，须有具体的政治过程和政治方式支持，也体现了国家行政的政治性诉求。本书特指狭义的政治性，不包含行政被动执行统治的内容，而是行政主动作为空间的政治性。相对于政治统治、政治委托授权、政治与行政二分的"大政治"，行政还有个自身"小政治"的价值问题。

因受政治-行政二分和价值中立原则影响，行政学一贯地回避政治性，③

---

① ［古希腊］亚里士多德：《形而上学》，吴寿彭译，商务印书馆1959年版。

② 罗梁波：《论行政学研究的基础和取向》，《复旦公共行政评论》，上海人民出版社2010年版。

③ James H. Svara. ,"The Myth of the Dichotomy：Complementarity of Politics and Administration in the Past and Future of Public Administration", *Public Administration Review*, Vol. 61, No. 2, 2001.

隔离统治功能，这是行政理论与实践不能正确深刻认识和实践自我乃至不能实现自我的根本原因。作为国家生活和国家体系的一部分，国家行政的政治性和统治性及其功能是客观的存在，不以人的意志为转移，离开政治和统治谈何国家行政，正是政治和统治的存在决定了行政众多的生态及其演变。行政的政治统治功能关系到国家治理秩序、价值利益分配和权力责任配置的格局及其过程。

2. 第二质料：公共事务管理

国家行政涉及大量公共事务管理，这里要分为公共性和技术性两个方面的范畴考量。[1]（1）公共性。公共性是行政体现和代表社会和公众共同意志和共同利益的属性，在行政事务管理过程中体现为促进公共利益，实现公共秩序，保障公共安全，提高公共福祉，维护共同体的基本需求的倾向。公共性是个模糊的发展范畴，随着文明的发展而成长，在行政实践的主体面并不尽然是事实理性的事物，还是个规范理性的事物。就事实理性层面而言，公共性在社会和公众领域是一种富有争议且难以达成共识的不确定性存在，而在行政领域是有限存在。公共性有社会共同体利益的底线基础，如共同体的集体安全和集体生存，甚至随着时代变迁共同体的发展和福祉问题也纳入公共性，这是社会领域和国家领域共同认可并共同维护的。社会共同体利益也可以认为是已经实现了的公共性，尽管还有发展水平和实现方式的区别。（2）技术性。技术性即行政的管理属性，技术性是行政的管理手段、方法和工具，以提高行政效能、降低行政成本和实现有效管理为目标。公共事务管理的管理属性作为一种显在的因素，决定了现代行政具有管理工程的性质，要遵循管理的一般科学原理和基本规律，管理主义的渊源即从此衍生并将其视为行政的基本面。

在现代行政实践中，技术性是显在的、内在的因素，政治性是体现治理

---

[1] Barry Bozeman（ed.），*Public Management：The State of the Art*，San Francisco：Jossey-Bass Publishers，1993.

综合水平的因素，在社会共同体利益之外，公共性主要是规范因素，而统治性是潜在作用的因素。学科对行政实践理性的认知存有偏差，夸大了技术性和公共性的作用，忽视了政治和统治的作用，所以行政学呈现出貌似管理工程的风格，学科的概念体系在此基础上展开，对学科基本问题的探讨也受此理解框架和前提条件的制约。

（二）复杂的四位一体实践格局

行政的质料以及衍生的统治性、政治性和公共性三个基本质料范畴决定了行政的价值基础，而管理属性的技术性构成了行政事务的技术基础，四种质料范畴是行政内容理性的基石范畴，也决定了行政内容是复杂而复合的。质料构成了内容的基础，但不等于内容，也不直接构成内容。或言之，不能将公共管理或者国家行政等同于公共事务管理，也不等同于政治统治，也不能简单地认为是政治统治和公共事务管理的混合。

统治性、政治性、公共性和管理属性是复杂的四位一体格局。四者的作用方式和地位意义不一样，相互间有冲突和对立。在传统国家行政中，统治性居于绝对的支配地位，管理属性、政治性服从统治性，而公共性微弱，仅仅体现为共同体的安全、生存和一定的公共秩序以及在公共事业上国家和社会的一定协作。在现代民主政治中，四者通过现代国家体制和法律制度（即形式）联系，领导集团的统治性和社会的公共性主要通过制度化的方式传导到行政体系，管理属性、政治性并不直接服从统治性和公共性。

现代行政相对传统行政有格局上的提升，但整体上仍呈现为不齐整不匹配的非充分理性的格局。科学效能管理得到广泛应用，管理属性处于基础地位，但达不到决定性的地位，受到了科层制及制度规则的压制。随着福利国家兴起，公共服务和民众权利日益受到重视，行政的公共性能力得到极大的加强，公共性对政治性和统治性的作用也大大增强，公共性的提升是当代行政发展进程的重要叙事。但有限公共性被极力强调为广泛的治理机制，并体现为行政的动力和目标。近现代行政的政治性建构能力和治理水平大幅提升，特别是在行政国家①兴起后，行政在国家和社会运行中地位和作用日益彰显，行政的政治性水平代表了国家治理综合能力。统治性虽愈益柔和和间接化，但仍是行政理性格局塑造的决定性力量，借助政治性和制度化的途径形塑了技术性和公共性的样态和意义。

我们应正视行政理性的事实格局：（1）统治选项的优先性。不论何种类型国家，在国家行政系统中，统治选项是优先于公共性选项的，甚至优先于技术选项，我们不可天真地认为行政系统自然会以公共性或者技术效能为导向。即使现代政治的统治功能不再显著，但统治因还没有下降到低于公共性的程度。（2）公共性的非决定性。从事实意义看，公共性意义仅仅体现为行政的动力和目标、公共事务的涉及面以及有限的内生性和实现度，也只具备有限的形式和事实意义，尚不足以构成充足的实质意义的内容。在行政理论与实践中，公共性的价值内容被置换为技术内容或者为技术所支配，公共性的技术内容又被置换为公共性的形式因，而公共性的形式因则被置换为众人参与的形式，经过这样三重置换，真正的公共性实质作用机制和内容不复完整。还需要强调的是，公共性是目的和动力因之一，绝非唯一的价值理性因素。学科在公共性的问题上的错估，涵盖了从起点到过程到格局到最后的结果。（3）技术的有限性。管理主义重视管理属性，但在公权力领域，忽视行政的价值问题、政治功能和政治解决方式，这是致命的缺陷，单纯的管理主义思路无力解决行政的价值共识和制度生成等根本性问题，很难主动推进自身变革。更何况，管理属性的作用空间亦受政治、价值、制度和组织形式等因素相当的制约，科学管理和效能原则不是无限的，科层制下技术不彰就是显证。而在传统和现代混合的治理体系中，技术不仅受到了科层形式的压制，也受到了权力政治及其政治价值支配，作用的空间和发挥的层次更是极

---

① ［美］德怀特·沃尔多：《行政国家：美国公共行政的政治理论研究》，颜昌武译，中央编译出版社 2017 年版。

度有限。(4) 政治性的综合性。政治性代表了行政体系技术运用的水平，也代表了公共性发展能力，代表了内容和形式合理性协调协同发展的水平，代表了行政体系创造公共秩序和公共福祉的能力，也是统治有效性和合法性的重要方面。

（三）理论与实践落差

学科在行政基本属性的判断和内容识别特别是价值问题上与实践的真实世界存在差异。行政理论体系对复杂的四位一体实践格局缺乏客观认知，基于行政中立于价值的立场无视了政治性和统治性在学科中的存在，直接把公共性当作内生或本质属性，把技术性置于至高的支配地位。不论是管理主义还是民主路径，在政治因、统治因上都忽略了，在管理属性上高估了，而在公共性问题上则是错估了。这严重影响我们对行政的认知，也严重影响了行政的理论与实践的发展。我们忽略了行政自身内在的独立的价值逻辑，区别于政治活动、社会运动、一般管理的运行与发展逻辑。我们倾向于把国家行政视为单向度的技术过程，或者单一属性的公共性事务，与政治无关，与统治无涉，与价值绝缘。

学科对行政内容合理性范畴格局的认知基本的缺陷是基于技术决定论对统治、政治性和价值的系统性忽略。在技术决定论和管理主义影响下，学科缺乏价值性的整体视野，排斥了政治性、统治性的基本路径，后期才关注公共性规范和民主行政路径，但夸大了公共性的规范理性力量，民主行政研究也仅仅停留于价值理念和形式层次。在技术理性方面，学科对科学管理和效能原则的决定性过于乐观，对技术作用的有限性和受制条件认识不足。在价值理性方面，学科对行政实践的价值体系仅仅关注公共性价值，忽视了其他类型的价值，过度使用公共性机制规范现实治理；缺失政治性视野，研究没有对接治理的政治性过程和结构，挖掘行政的政治逻辑，后期加入的民主行政路径只是企图以民主弥补效能的不足的研究理路，而不是替代科层治理，着眼于整体治理格局提升的思路；排除了统治性的问题论域，也仅在利益分析的场域对利益集团和政府的自利性有一定程度的关注。

我们应该以实证精神看待行政的行政理性及其交互格局。行政实践要实现公共性和公共利益、行政效能与科学管理，绕不开政治方式的合理选择和作用，也离不开政治集团和统治集团的认可和支持。依靠制度的方式和管理方式而绕开政治的方式，行政理论与实践既无进路也无出路。同理，行政的政治性格局和统治合法性构建和提升也需要科学管理、公共性和制度化的途径支撑。

三、行政的形式因及其基石范畴提炼

所谓的形式是事物要素之间的联系和作用的方式和结构，是对具体事物的内容、关系和结构的一般性概括。按照概括和抽象的层次，行政形式范畴有四种类型：纯粹化形式、具体形式、复合化形式和一体化形式，行政学科应该在形式的四个层面齐头并进，建立一个纯粹的理论体系引领具体研究，建立一般理论体系研究具体的形式，而复合化、一体化研究是研究行政实践的整体形式。[1] 此四种研究形式是学科范畴基本的提炼方式，也是学科研究体系发展完善的基本路径。行政学科的研究属于研究具体形式而不是一体化或者综合化的整体形式，更不是纯粹的形式，学科概念和体系对时空的整体把握和对研究向度的综合概括都很不够。如果继续按照技术与价值分裂的思路发展，学科理论形式恐怕也难有突破。

（一）纯粹的行政：责任本位

既往的行政理论与实践把权力视为本位，这是值得商榷的。审思权力本位的历史和现实，必须改造权力体制及其自由意志，由权力本位向责任本位

---

[1]　罗梁波、颜昌武：《从单一性到复合化：中国公共管理研究的现实与未来》，《政治学研究》2018 年第 5 期。

转化。从资源配置与纯粹形式角度看，行政不是权威性资源的分配，而是责任性资源的配置，是为实现有效的政治、管理和公共秩序，维护特定的政治利益和一定的社会共同利益，由政治权威系统通过制度方式设定的有关责任性资源的配置。①

责任性资源配置是行政的纯粹形式，是基于行政的统治性、政治性、公共性、制度性和管理属性五种合理性空间范畴以及政治统治和公共事务管理两种基本质料对行政形式的概括。相对于统治，相对于政治体系，相对于公共性事务，相对于制度，相对于管理，行政都是一种责任，责任是最好的概括。行政的权力衍生于政治权力，发挥的空间和程序等方面受制于政治权力，相对政治权力来说行政权力更是一种责任。政治统治与公共事务管理的汇合，使得行政不是单一的权力，更多的是一种责任，不论是基于政治统治支配行政，政治委托行政，制度授权行政，还是行政服务于政治或者民众或者制度，抑或管理上的职权设置和权利义务关系，行政在形式上都体现为共同的责任范畴，是一种责任性的资源配置。

基于权力理念的行政承袭了以往的政治观念，难以避免权力的扩张和等级的服从，冲击了制度的权威性和合法性，权力结合人治的意志将肆意妄为。基于管理理念的行政承袭了以往的效能技术，却遇到政治的强势、权力的丛林和制度的羁绊而碌碌无为。基于责任的行政理念，有助于实现权力的制约和规范，制度的责任坚守优先于权力的等级压制和服从，有助于形成国家社会交互合作、政府与民众之间信任协作的治理格局。责任性资源配置也是行政区别于其他学科领域的研究对象的特质所在，是属于行政领域的一种特殊的社会行动。负责任的有为政府和负责任的积极公民是未来治理实现善政良治的基础条件。

---

① 罗梁波：《论行政学研究的基础和取向》，《复旦公共行政评论》，上海人民出版社2010年版。

（二）制度性与合法性

从动态过程看行政实践的基本形式是治理方式，从静态结构看行政实践的基本形式是制度、规则和流程。制度是行政行为合理的准则。形式合理性之于行政的重要意义在于形式（制度规则）是行政系统发生内外关系和发挥作用的基本方式，也是行政技术和价值整合的窗口。制度为国家治理提供了行动框架和边界约束。

行政的形式合理化集中反映在制度的两种合法性水平上。

其一是行政行为的合法性。行政行动和权力行使合乎制度的要求，遵守法定的程序，行政运行限定在法定的行政规则和职权责任范围内，表现为行政的制度规则意识和治理方式的法治化。制度作为承担行政权力义务职责的载体，规定了行政规范的流程程序和行为准则，法定化了治理结构和治理方式，设定了权力责任体系，行政的功能、结构和过程等方面受到了制度的支配。相对于行政，制度始终是其运转的轴心，行政行为是制度性行为。制度是合法行使职权的基础，背离制度的规定性，行政合法性将不复存在。

其二是制度的合法性。即制度被信任和认可意义上的合法性，制度是合理的、完备的，符合正义的，表现为合理的制度设计和合理的流程，制度反映了社会的需求和公意，凝结了社会与公众的共识，维护了社会共同利益，广为认可。制度之所以是重要的，不仅在于制度是行政的依据和基础，更在于制度凝结了国家治理的价值和技术，反映出了国家治理乃至社会发展的技术水平和价值水准，而合法性支持不过是结果的呈现。制度得到认可，必须依靠制度本身的优良有效来获得合法性支持。制度把技术进步和价值主张形成的共识性东西固定下来，制度化水平本质是反映治理技术发展和价值共识的积累程度，反映了治理进步乃至国家与社会的进步。制度性统合了政治统治、管理属性和公共性的冲突和协调方式及其结果。正是从这个意义上说，行政的基本属性是制度性，制度是各种利益博弈、价值主张协调的解决方式。

（三）秩序：行政目标的形式概括

行政目标的界定，在形式上应更具概括力，更能反映和贴近行政自身的实践逻辑和基本功能。综合行政众多宏大目标，唯"秩序"范畴有这样的可能，具有高度的概括力，切合行政的本质特征。行政有很多目标，包括效率和公平乃至正义，行政当有所作为，但不可无限拔高，不可错位，超过自身能力责任的范围和作用空间的限度就无法企及，过犹不及。行政学当有自身核心诉求。这应该从行政体系在整个社会体系的地位、功能和作用去揭示。

首先，行政是政治意志和法律制度在公共生活中的执行，其效果只能是体现在行政是否符合和实现法律和政治的意志要求的秩序。政治的统治及其利益价值与国家法律制度必须依靠国家行政体系执行，行政执行的效果即为统治的秩序、政治秩序和法制秩序。

其次，行政体系是公共事务的处理中心，关系社会运行和大众生活，行政的管理和服务都可以把秩序理解为期待的行政首要效果，而效能、公平、便利、稳定、好坏等评价标准都可以从属或者吸纳于行政秩序之下。在现代，市场经济和社会发展都离不开稳定的可预期的有效行政秩序，这契合法治化的发展方向，也契合了约束公权力建立责任政府的时代潮流。行政的效果也体现为社会秩序。

最后，行政是对社会的协调管理，协调的管理效果即为公共秩序，同时行政是责任的配置和落实的管理过程，行政责任的实质性内容就是制度所规定的管理秩序。行政需要实现管理上的责任秩序。

行政效果和目标主要体现在行政的管理秩序是否有效，秩序是行政主要的公共产品供给，这也是统治性、政治性、公共性和管理属性以及制度性的共同要求和共同利益所在。良好的行政是为国家政治生活、社会生活和自身的功能责任提供有效秩序保障。

纯粹的行政是责任性资源配置，以责任为本位，基本属性在于制度性，以有效的秩序为目标。其中，制度性是形式理性的核心范畴，揭示了行政及其主体的基本属性和特征，而责任和秩序两个范畴是相对比较中性的范畴，是高度性概括和整合复杂内容、各种价值、多种取向和不同方式，包容技术的效能、公共价值、政治性诉求以及统治性的要求等不同目标的概念平台。

四、质料基石范畴的归位和坐标

现代行政的治理困局与对传统的权力行政的改造不彻底有关，与现代行政理性发展并不完善充分有关，也与代表新生力量的网络化技术、价值和形式尚未成熟不足以开启治理新格局有关。不匹配理性的格局和科层制的解构，有赖于以下路径的拓展：首先，技术上依赖互联网为基础的信息化技术，实现从管理工程到社会工程管理的转变；其次，价值上重塑结构和空间，形成开放式的价值格局，以实现美好社会为治理目标，提升政治性和公共性水平，调适统治性的作用方式和空间以及方向；再次，形式上以网络化代替科层治理，以网络化治理为基础，改造传统的组织和制度基础。只有在这样的路径下，行政实践理性才能建立齐整匹配且高度融合的格局。

（一）统治性的坐标：从强制性到合法性

统治性之于国家行政的意义，不能被简单化或者情绪化地停留于传统的暴力和压迫的批判认知。我们应该看到，现代国家行政具有提高统治合法性和有效性的工具内容和意义，是国家统治内化于社会治理的功能过程。随着福利国家兴起和社会矛盾对抗性减弱，国家治理公共性、制度化和政治性水平都得到提升，促使了统治性从强制性到合法性的转换。这是行政在政治统治主题上的重大切换，而不是取消掉了统治性的存在。统治性从强制性到合法性转换是国家治理的统治性和制度的合法性融和归一为统治的合法性，体现了现代行政理性格局的调适。也只有这种转换才能合理解释工业化时代科层制和制度规则的强势逻辑，随着网络化社会的来临，统治性向合法性转换趋势将进一步加快。

（二）公共性的坐标：质和量的规定性

行政理论与实践几乎是言必称公共，在公共性范畴上我们还要明确质和量的规定性。

行政的价值，本质上是一个利益归属和谁的立场及意志的问题，是一个信仰信念、权力属性、价值归依和行为意义的判断和选择。公共性是服从、服务于公众和社会整体利益和意志的范畴，在质上有多重规定性的判断，质的内容不能置换：（1）国家行政的公共性在利益、立场和意志上是否契合公众的利益和社会的整体意志，这有个识别和分析的过程。（2）国家行政价值不能不假思索地直接等同于公共价值，公共性和公共价值只是行政价值的一种，或言之，不能用行政的混合价值取代对公共性的纯粹判断。（3）公共性有规范和事实的两个层面，基于目标和想象以及治理理念理想层次的公共性规范不能代替现实公共性的价值分析和过程。（4）对公共性的价值、技术和形式不能不加区分，不能把公共性的形式和技术当作或者替代公共性的价值或公共价值。严格讲公共性是个综合的行政事务范畴，并不是一个单纯的价值事物，公共性还有技术和形式的维度。或者说，公共性是一种治理价值，同时是一种治理技术，也是一种治理形式，公共性的发展是三者的综合发展。在科层制和现有民主政治框架内的公共性往往被定义为公众参与的形式，而忽视公共性的实质内容和实质意义达成。而在管理主义看来，公共价值则被视为政府一个个具体的治理目标和量化指标，则是更加庞杂的混合物，既不区分技术、形式和价值，也不区分价值的各种类型、层次。

从历史发展来看，公共性有个成长的过程，在国家治理领域不存在绝对、超然的公共性和公共价值，应根据现实来定义公共性，实证对待之。[①] 所谓公共性的成长是在多大程度即量的规定性上的增长和实现，不能不顾量

---

① ［美］H. 乔治·弗雷德里克森：《公共行政的精神》，张成福等译，中国人民大学出版社 2003 年版。

的规定性而奢谈质的公共性。

(三) 政治性的坐标：空间和意义

行政系统并非是一味地被动执行国家意志和制度，有其自主性的政治性空间。国家行政的政治性体现在：其一，政治性是统治性具体化的过程，统治性需要借助政治性延伸到国家行政领域，国家行政体系有自主的复杂空间；其二，行政体系或吸纳或遮蔽公共性和社会意志利益，创造社会福祉和公共价值，皆有其自主作为的改造和选择空间，体现出政治性的结构、过程和实质；其三，行政有其自身的政治性的事务、事物、问题、冲突和风险，从微观具体层面乃至国家长治久安的诸多方面，国家行政体系往往是首当其冲的责任主体，有其相应的政治性的判断、责任和权力；其四，在公共事务领域，首先有政治和制度的解决方式，而后在行政的执行环节有行政的裁量权和秩序控制考量；其五，行政的发展和未来不仅要看技术和制度水平，而且要看政治发展水平，政治性是行政的核心竞争力，应该让政治性视野回归行政，政治性的发展水平体现和影响了行政的技术性和制度化水平，政治性也是控制和选择行政的技术和制度具体化过程；其六，在政治和社会体系中，行政借助专业性、复杂性和分工体系的优势，其权力、责任、利益和意志已经获得了相对独立性。

行政的政治性功能和作用及其发展水平是关系行政发展水平、层次和结构的基本因素，影响行政技术性、统治性、制度性和公共性的发展空间和前途，它是行政体系的黏合剂，是行政合理性重要的整合窗口，理应重视之、挖掘之，这关系行政的视野和未来。强调行政的政治意蕴，不能只关注政治统治的一面，忽视政治性广阔的其他内涵，且应从行政自身的独立视野来考量，[①] 使

---

① 罗森布鲁姆等就强调公共行政的政治性重在强调"代表性""政治回应""责任"等价值，这也突破了传统政治学视野的统治性与阶级性维度。学科的政治性视野应该更进一步打开，着重于行政的过程和内容。参见 [美] 戴维·H. 罗森布鲁姆等：《公共行政学：管理、政治和法律的途径》，张成福等译，中国人民大学出版社 2002 年版。

政治性回归行政的理论与实践视野，或为行政未来打开一扇全新的窗户，打开一条全新的进路。政治性为行政提供整体性发展的概念、理念和框架，借助政治性的框架我们能更加深刻全面系统地认知行政，发展行政。

第三节　中国行政管理学发展与制度创新

改革开放以来，中国行政管理学研究得到快速发展，为中国特色社会主义制度理论提供了学理支撑。从学科形态的意义上分析，学术和学科的发展对行政管理制度创新的作用主要体现在四个方面，即行政研究所具有的拓展性、聚合性、前沿性以及三者的有机统一。

一、　中国行政管理学科的拓展性

人类关于政治、管理和治理的研究是一个开放领域，其知识体系呈现交叉性、包容性和辐射性。行政管理学是从政治学中分化出来的学科，[①] 在与管理学、法学、经济学等学科融合发展中成为一门典型的综合性学科。[②] 中国行政管理学从恢复研究到不断深入，得益于学科发展中的科际弥散与整合并重的现象，以及在这个过程中表现出来的强烈的学科拓展性。

中国行政管理学研究的拓展，以及对于行政管理学科建设产生的影响是较为显著的。

（一）基础理论体系的拓展

行政管理学的学科建设、理论建构、研究方向在一定意义上取决于基础理论体系的发展。

---

① 魏海波：《国外行政学的产生和发展》，《政治与法律》1985 年第 1 期。

② 郭小聪、陈瑞莲、蔡立辉：《中国当代行政管理学课程体系与教学内容改革分析》，《中山大学学报（社会科学版）》2003 年第 4 期。

所谓基础理论，是指一门学科的基本概念、范畴、判断与推理，是在这门科学理论体系中起基础性作用的思想。① 行政管理学的基础理论由学科名称、基本范畴和基本原理组成。夏书章指出：关于学科名称，"Public Administration" 基本未变，因创始于政府行政管理，故译为行政学（即公共行政学，略去公共）或行政管理学，后来内涵拓宽，兼及非政府组织活动。② 行政管理学是为政府治理提供理论支撑、实践特征明显的应用型学科。关于中国行政管理学的学科渊源、建立与发展的情况，高小平在《中国改革开放以来行政管理学研究的进程和成就》③，以及在接受《新视野》杂志记者喻匀的访问④中已做了初步介绍。这里需要补充一点历史资料。根据沈清尘在《民国档案》（中国第二历史档案馆主办）1997 年第 4 期发表的《中国行政管理学会（稷社）始末》一文，在 1943 年由金陵大学、江南政治学院、中央政治学校等高等院校教授以及在中华民国国民政府社会部、财政部、地方政府任职的官员发起成立了"中国行政管理学会"。该文作者沈清尘时任军委会政治部设计委员，也是发起者之一（沈清尘又名沈沛霖，旅法求学期间参加旅欧共产主义青年团，归国后参加北伐，中华人民共和国成立后曾任北京工业学院和浙江大学教授）。沈清尘回忆道：该团体以"畏友、益友、契友"为旨趣，对内称"稷社"，对外称"中国行政管理学会"（后"稷社"的名称不用）。在全面抗战期间，学会对时局、战争和后方行政管理实务做出了不少研究，在学术界和政界有一定影响。"1949 年 10 月，该会成员杨显东藉赴北京开会之际，曾请示中共有关部门：是否可将该会作为一个民主党派（若九三学社）予以立案？经研究，被告知：行政管理学会成员复杂，不

---

① 陈世清：《对称经济学》，中国时代经济出版社 2010 年版，第 3 页。
② 夏书章：《行政管理学科研究顶层设计问题刍议》，《中国行政管理》2011 年第 8 期。
③ 高小平：《中国改革开放以来行政管理学研究的进程和成就》，《公共管理高层论坛》，南京大学出版社 2010 年版，第 3—22 页。
④ 喻匀：《积极推进中国行政管理学的发展——访中国行政管理学会执行副会长兼秘书长高小平博士》，《新视野》2011 年第 2 期。

宜作为单独团体存在，但会员可以个人名义加入各民主党派。旋解散。"①
阅读这篇回忆文字，我们有两点新发现：之前学术界普遍认定的中华人民共
和国成立前有"中国行政学会"，没有"中国行政管理学会"，看来有误，
民国时期就有名为"中国行政管理学会"的学术团体；关于行政管理的学科
名称，民国时期就有人将学科定名为"行政管理学"。

目前，关于中国行政管理的学科名称，多达 10 种以上，常见的有"公
共行政""公共行政学""行政学""行政管理""行政管理学""公共管理"
"公共管理学""公共行政管理学"等。

余兴安、苗月霞、刘晔认为，我国行政学研究经过 20 世纪 80 年代初期
的恢复重建及其后 30 余年的发展，在外延式增长的同时，行政学的基础研
究仍然非常薄弱，而层出不穷的新概念更导致了行政学学术脉络的紊乱。应
回归"学术正脉"，特别是学科名称应正本清源，确定于"行政学"。②

张康之在运用历史分析方法辨析了"层出不穷的新概念"之后指出：我
们在谈论一些与政府相关的现实问题时，特别是在中国语境中，更多地使用
"行政管理"一词，可能会显得较为合适一些。③

学科分类的原则和依据具有多维性，既要考虑学科研究对象、研究特
征、研究方法，也要考虑学科的起源、研究的目的等。因此，对学科的分类
是有较大讨论空间的。比如，国务院学位委员会、教育部在 2018 年批准的
《学位授予和人才培养学科目录》中将公共管理列为一级学科，行政管理列
为二级学科。国家技术监督局批准的《中华人民共和国学科分类与代码国家
标准》（2009 年版）中一级学科只有管理学、政治学，没有公共管理，将公
共管理、行政学分别列于管理学、政治学的二级学科。《学位授予和人才培
养学科目录》主要在人才培养和学科建设中具有指导作用，《学科分类与代

---

① 沈清尘：《中国行政管理学会（稷社）始末》，《民国档案》1997 年第 4 期。
② 余兴安、苗月霞、刘晔：《中国行政学的外延式扩张与"学术正脉"回归》，《公共管理与政策评论》2018 年第 3 期。
③ 张康之、张桐：《论"公共行政"的确切含义》，《中国行政管理》2009 年第 8 期。

码国家标准》主要在国家宏观管理和部门管理以及文献、情报、图书分类中得到应用（最常见的就是图书分类中使用的"中图分类号"）。常常看到这样的现象：一篇论文的内容是按照教育部门的学科目录设置来研究学科发展的，而在该论文编号上却采用技术监督部门和图书分类法，写上"中图分类号"，因为如果按照教育部的分类法，到图书馆去找资料，很可能是找不到的。

"名不正则言不顺"。今后需要在知行合一、历史认可、国际通行这三点基础上进行广泛而深入的讨论，寻找最大公约数，尽快凝聚共议，定于一名。我们倾向于用"行政管理学"（或"行政学"），这既与党的十九届四中全会通过的《中共中央关于坚持和完善中国特色社会主义制度 推进国家治理体系和治理能力现代化若干重大问题的决定》中关于行政管理、国家行政管理的用法相一致，又是本学科恢复建设之初夏书章等前辈学者结合翻译英文 Public Administration 所定学科之名，也是多年来学界同仁早已形成的共识。中国行政管理学基础理论体系一方面受到学术自身发展需要的逻辑推动，另一方面在与政府治理实践之间的良性互动中获得历史的动力。中国行政管理学基础理论体系在立足于政府实践并从中总结经验、提炼问题的同时，又反观自身，不断在知识、理论、方法、技术上实现创新，为学科发展提供了理性观照。

随着实践的发展和时间的推移，中国行政管理学不仅在学科名称上发生了极大的变化，而且在学科基本范畴和基本原理上出现了新的研究范式。[①] 中国特色的公共管理学、公共政策学、公共服务学、危机管理学、国家治理等理论研究，应该看作是直接或间接地对行政管理制度建设的丰富、发展和完善的有益探索。

---

① 陈振明：《评西方的"新公共管理范式"》，《中国社会科学》2000 年第 6 期。

（二）　实践理论体系的拓展

政府管理的实质是一个实践性问题。张友渔指出："世界上根本不存在纯学术的东西。从历史上各种学说的产生和发展的情况可以证明学术是以实际为基础的。"[①] 作为应用学科，实践理论是不可或缺的学科组成部分。在国家不断加大行政体制改革、社会治理创新、公共服务创新、应急管理体系创新等方面力度的情况下，中国行政管理学从业者在研究这些改革创新的过程中走出传统学科的疆域，突破原先认知的局限，在为推进政府改革、提高行政能力、服务政府决策的过程中彰显理论的本色。

行政体制改革实践触发了公共管理科学。从 20 世纪 80 年代开始，政府在制定改革方案、实施改革进程中主动听取行政管理学界的意见和建议，及时采纳来自行政管理学界的方案。在实践需求的牵引下，中国行政管理学研究者一方面加深对政府组织职能、功能、效能的研究，另一方面逐渐将视野从政府体系拓展到管理对象，引进西方新公共管理、公共治理理论，强调政府向企业家学习，强调政府向市场和社会放权松绑，强调公民在变革中的参与。众多学者开始进入管理学领域，用管理科学的原理和方法解决公共组织与人力资源发展中遇到的问题。

公共决策实践催生了公共政策科学。1986 年 8 月 15 日，《人民日报》全文发表了万里的讲话《决策民主化和科学化是政治体制改革的一个重要课题》。从那之后，政府决策科学化问题迅即得到中国行政管理学界的响应。于是，不少学者致力于借鉴西方政策科学或政策研究及其他相关学科的成果，研究政府的公共政策过程，考察政府公共政策的制定、实施和评价及政策机制与环境的关系等问题，最终导致独立的政策科学的形成。"政策科学

---

① 张友渔：《理论联系实际，开展行政管理学研究——在全国行政管理学会筹备组第一次会议上的讲话（摘要）》，2015 年 7 月 30 日，见 https://www.cpaj.com.cn/news/2015730/n48574477.shtml。

被公认为政治学及行政学中的一个重要而有活力的部分，甚至有个别学者主张用它来取代传统的政治学及行政学的研究。"① 进入 21 世纪后，中国开始大规模地发展政府公共服务，建设覆盖全社会的公共服务体系，行政管理学界出现了井喷式的公共服务理论研究，特别是公共服务决策理论的成果。公共政策的研究开始走上了回归行政管理研究之途。

社会管理实践孕育了公共危机管理理论。2003 年中国遭遇了突如其来的一次"非典"疫情，政府应急管理、公共危机管理的研究提上议事日程。中国行政管理学界率先行动，涌现了一大批该领域研究的学者和大量研究成果。公共危机管理的研究，由于引入了社会学、管理学、灾害学以及自然科学研究的视域和方法，拓宽了政府管理、社会管理的研究内容，也由于引入了非常规、非常态管理的视角，拓宽了传统行政管理研究常规管理、常态管理的内容。②

行政管理学的包容性发展，使得其组成部分既以原本体为主体，又生发出公共管理学、公共政策学和公共危机管理学，成为一个较为特殊的学科（或学科群），其学科名称既可以称为行政管理学，又可以称为公共行政学或行政学，更多的场景中被称为公共管理学，而其丰富的内容则涵盖几乎所有的行政管理制度体系以及公共治理问题。

（三）行政管理方法与技术的创新

行政管理方法和技术是指能够使行政活动朝着预定的方向发展，达到行政管理目的的各种专门的方式、手段、措施、技能等的总称。传统的行政管理方法主要是法律政策方法、行政指令方法、行政程序方法、经济方法等。在改革开放实践中，政府大量应用了现代行政管理方法，如目标管理法、绩效管理法、战略管理法、全面质量管理法等，随着信息化和网络技术的发

---

① 陈振明：《政策科学的起源与政策研究的意义》，《厦门大学学报（哲学社会科学版）》1992 年第 4 期。
② 张海波：《风险社会与公共危机》，《江海学刊》2006 年第 2 期。

展，电子政务以迅猛的速度升级换代，"互联网+"成为政府现代管理的重要手段，在提高行政效率、方便群众办事、提高公众满意度方面发挥了积极的作用。

在学术研究领域，行政管理学从传统的定性研究方法为主，转向更加重视循证研究、案例研究、比较研究、量化研究等方法，为政府引入绩效管理、人力资源管理、网络管理等方法提供了理论支持与技术服务。

行政管理学学科拓展与制度创新发展保持了很强的正相关关系。伴随着改革开放的脚步，经过四十多年发展，中国行政管理学的基本理论、实践理论、方法理论成长起来、拓展开来，在学科建构与发展、知识增长与应用、人才培养与国际交流等方面取得了卓著成就。这个历史性进程是与改革开放和现代化建设中行政管理制度的创立、建设、变革、创新紧密联系在一起的，每当有新的制度出台，就引发大量的学术研究，每当制度转轨出现"窗口"，就导致学科外延的加快延展，这一切都是在推动政府治理现代化的大背景下发展的。

二、中国行政管理学科的聚合性

中国行政管理学的发展，在学科拓展的同时，也呈现出明显的学科聚合特征。主要表现在三个方面。

（一）聚焦中国的问题

一个学科研究的问题可以是无限的，但必须相对集中在某个特定的"问题阈"之中。进入21世纪以来，针对"本土化不足"的研究困境，中国行政管理学界进行了新一轮反思。本土化的价值取向和实现路径，其实就是学科聚焦的过程。中国学者依据本国国情、具体实践对学科外来的知识体系和方法论进行改造调适，按照本土化的理解框架、作用方式及其之间的互动关系对国外的成果进行转化，研究构建什么样的学术体系、如何对接并服务本国政治、国家治理和行政实践等重大问题。

更加重要的是，中国学者注重打造中国特色的行政管理学，其在学科和理论上的影响力已超越了行政管理学自身的范围，正在成为马克思主义中国化的中国特色社会主义理论的一个重要组成部分。其实现形式是，以马克思主义指导具体化的中国行政管理学术研究，把中国行政管理改革实践和建设经验上升到马克思主义理论高度，以及把马克思主义植根于中国的优秀行政管理文化之中。在这三个方面都有很多优秀成果。

（二）聚集科学的能量

在聚焦中国本土性学术与实践命题的问题上，可以引申出第二个命题，即学科发展离不开聚集学者力量、聚集学术能量，而靠什么聚集人才和能量，则与学科是不是具有强烈的聚合性，靠什么产生聚合性有关。

纵观中国行政管理学发展的历程，学科研究方式经历了从政治学路径为主到政治学与管理学交叉并行路径为多的转变，从以观察、经验为主的研究到多元化研究的转变，从一般的问题意识到科学的问题意识的转变。科学问题是指一定时代的科学家在特定的知识背景下提出的关于科学知识和科学实践中需要解决而尚未解决的问题。它包括一定的求解目标和应答域，但尚无确定的答案，所以，吸引人们去寻找，去探索。针对科学问题，展开科学研究，是最能激动人心的事，是最能凝聚学者人心的学术事业。如今，在行政管理学界把行政管理当作"科学"，挖掘和解析其中的"科学问题"，其良好的风气已逐步形成。

这首先是由行政实践推动的。列宁指出："如果共产党员是行政管理人员，那么他的首要职责就是防止热衷于发号施令，首先要考虑到科学界已经取得的研究成果，首先要问一问事实是否经过检验，首先要研究（通过报告、报刊、会议等）我们究竟在什么地方犯了错误，然后才能在这个基础上来纠正已经在进行的工作。少用一些季特·季特奇式的手段（'我可以批准，

也可以不批准'），多研究些我们的实际错误吧。"① 中国行政管理学科的建
构过程，就是一个汲取全部人类的科学文化和文明营养的过程，是一个推进
学科科学化的过程。有学者根据 CNKI 关键词词频分析，筛选出"公共服
务""公共政策""绩效管理""电子政务""政府职能""社会管理""行政
改革""服务型政府"等学术界重点关注的研究领域，并对之进行深度分析
发现，《中国行政管理》杂志重点关注这些研究领域，成为该刊具有鲜明特
色和重要影响力、凝聚力的主要原因。② 而这些问题恰恰都是行政管理中的
关键性科学问题。

　　其次是由中国行政管理学科的内在特性决定的。中国行政管理学根源于
中国的客观环境，依赖于中国特色社会主义理论创新的现实需求。③ 这种客
观环境和理论需求形成一种中国特有的对知识、科学的敬重和渴求。从毛泽
东指出的"人们为着要在社会上得到自由，就要用社会科学来了解社会，改
造社会"，邓小平强调的"科学是了不起的事情，要重视科学""科学当然
也包括社会科学"，江泽民指出的"一切自然科学和社会科学的进步成果，
都是先进文化的重要组成部分"，胡锦涛进一步强调的自然科学和社会科学
"二者犹如车之两轮、鸟之两翼，同等重要"，到习近平总书记提出的"一
个没有发达的自然科学的国家不可能走在世界前列，一个没有繁荣的哲学社
会科学的国家也不可能走在世界前列"。他们无不强调"尊重知识，尊重科
学，尊重人才"。④ 对行政管理学科的发展最直接的科学价值指向就是要求
实现行政管理的体制和手段的现代化，包括：行政系统各个环节之间保持着
协调发展的趋势，行政机构的设立合理化，行政职权配置的明确化，政府机

---

① 《马克思恩格斯列宁斯大林论行政管理》，红旗出版社 1993 年版，第 162 页。
② 韩万渠：《〈中国行政管理〉推动行政管理改革的影响力及其实现机理》，《中国行政
管理》2015 年第 10 期。
③ 中国行政管理学会课题组：《加强中国特色行政管理学建设研究报告》，《中国行政管
理》2010 年第 1 期。
④ 刘景泉、张健：《党领导哲学社会科学繁荣发展的经验及启示》，《光明日报》2017 年
5 月 17 日。

关内部的工作责任制，行政决策的最优化等。① 可以说，没有知识化、科学化，就无法理解、无法研究、无法解答国家行政管理现代化的任何难题。

再次是由行政管理研究的新要求派生的。进入 21 世纪后，各国政府面对日益复杂的国内国际局势，纷纷推出了行政管理新概念、新举措、新政策。如 2010 年，欧盟委员会在欧洲一体化政策改革的背景下，提出了"精准专业化"概念，将围绕包括产业政策在内的公共政策从古典主义的"市场失败修正论"发展为"系统论""新产业政策论"，主张构建网络、形成系统的制度知识和行动，同时，向"精准专业论"发展，关注通过新知识建构，建立政策的优先权和区别性差异，引导公共资金向最需要、最擅长、最专业的公共部门或市场主体倾斜。②

（三）产生理性聚变

学科是理性思维的系统集成。行政管理学科体系十分庞大，③ 如何收拢汇通，促使思维聚变，需要哲学的眼神。中国行政管理学研究者不断加强对行政管理深层次问题的研究，展开了行政哲学、行政发展、行政战略、行政价值、行政文化、行政方法论、行政伦理、行政能力、行政公共性以及行政学学科哲学等内容的思考，并关注从中国传统行政管理思想中探究现代化治理的思想。2003 年，中国行政管理学会与南京财经大学联合召开"全国行政哲学研讨会"，此后每年或两年召开一次行政哲学研讨会。这些研讨会涉及的主题几乎涵盖了行政哲学的所有领域。

哲学不是科学的科学，但不能用哲学证明的东西就很难说是科学。一门专业，只有掌握哲学抽象思维，才能真正成为科学。行政科学之维度的国家治理体系现代化，一直是公共行政发展的主导性道路。行政科学借助科学的

---

① 李忠尚、尹怀邦等：《软科学大辞典》，辽宁人民出版社 1989 年版，第 6 页。
② ［斯洛文尼亚］Patricia Kotnik：《实施精准专业化战略：一种循证研究方法》，《国际行政科学评论（中文版）》，中国人事出版社 2018 年版，第 93—115 页。
③ 童星：《公共管理学科的共享价值、疆域边界与发展趋势》，《学海》2019 年第 1 期。

方法和知识，解决行政中的技术性难题，行政哲学则进入到社会治理变革的意义中去思考，研究行政的价值和目标，指导行政科学的研究与实践的行为。将行政科学与行政哲学两者结合起来，才能推动行政管理学科的健康发展。行政管理学者通过行政哲学的研究，激发学术反思，力图将本体论、认识论与方法论统一起来，把历史的和逻辑的研究路径统一起来，把公共性与人性统一起来，促进学科内部的协同，推动行政管理研究由外延扩张向内涵深化，由学科分散向总体性整合，并解决公共事务治理中技术主义失灵问题，实现"哲学的革命""行动的革命"，催生学科发展的系统理性聚变。

学科知识的聚合，除了通过上述方式从学术领域、学界活动和文献资料的角度进行研究，还可以从学者的共现关系和聚合形态等方面进行研究。经过四十多年的不懈努力，中国行政管理学界已形成了众多的学术社团和学术共同体，成为初现了中国特色中国风格中国气派的行政管理学派，各种学术思想相互激荡、相互交融、相互汇聚，形成中国行政管理学研究的良好学术氛围。

三、中国行政管理研究的前沿性

学术前沿是学术研究中具有方向性、前瞻性、指导性、创新性的思想、观念、原理和体系。对学科而言，前沿是一个学科发展的新趋势、新思潮、新分支、新主题、新理论和新方法，以及对当代世界及中国所面临的重大实践问题的研究①。中国行政管理学在发展进程中始终把学术前沿作为研究的重点。

（一）把握时代特征

具有重大时代意义的命题，是行政学的首要问题。行政管理研究者注重研究那些符合历史前进方向的、反映社会深层次问题和根本性的变革的命

---

① 陈振明：《政治学前沿》，福建人民出版社 2002 年版。

题，特别是善于将认识社会主要矛盾与研究行政管理结合起来，正视矛盾的发展与转化，准确把握社会脉搏。

（二）推动多学科融合

多学科的视角是行政管理研究的优势。很多学者将理论界关注的本来是划分为基础研究与应用研究的对象加以融会贯通，造就了跨学科、跨领域研究的态势。

（三）坚持实践标准

行政学研究中不一定只有理论问题才能成为前沿，恰恰相反，实践是前沿理论的源头之水，也是检验理论的唯一标准。实务性、操作性的研究也可以成为前沿问题。实践研究成为学术研究的前沿，需要同时具备实践的创新性、研究的创新性和结论的创新性。

（四）时序性问题

时序性是学术研究的"命门"。时序性就是时间资源的意义和价值以及如何分配时间资源的治理体系与治理能力。20 世纪后期，时间资源稀缺化开始变得越来越紧张，并对社会治理构成挑战。[①] 行政管理研究对社会活动与时间资源稀缺化进行积极的抗争，做出现实有效的回应。

（五）空间性问题

如果说上面的"时序性问题"重点是解决"之前无、现在有、鲜涉猎"，那么"空间性问题"重点是要解决"国外有、国内无、可借鉴、毋照搬"的问题。行政学、行政法学研究把政府、市场、社会三者空间的边界作

---

① 张康之：《论时间资源稀缺化对社会治理的挑战》，《行政论坛》2019 年第 3 期。

为重要的空间性命题，提出了重要的意见①。

（六）彼岸性问题

彼岸性是与"此岸性"相对的概念。彼岸知识、彼岸性研究是一种"面向式""应然性""本质性"研究。科学研究是两极相通的——此岸与彼岸、最宏观的与最微观的相结合，易产生新的发现。

（七）反差性问题

反差性研究是理论与实际结合的研究方法的特殊表现形态。青年人在进入社会从事职业工作后会出现一个"不适应期"，这一时期的特点是压抑感重、自信心弱、倾诉欲强、期望值高，源自工作适应度与心理适应度的"负相关性"。② 这就是反差。行政学在诊断社会疾病、政治弊端、行政陋习，提供治理方案时，用异质性反差法进行观察，有助于发现其特殊的"社会基因"和发生机理，建构有针对性的治理机制。

（八）萌芽性问题

从现代治理概念的提出，到建设国家治理体系和治理能力现代化的理论体系，学术界对早期治理思想的关注，如中国古代的"烝民乃粒，万邦作乂"（《尚书·益稷》），微言大义，见微知著，包含了先见之明的睿智。

这些特点对于形成行政管理制度创新理论都发挥了积极作用。行政管理学对学术前沿的把握，推动了行政管理制度创新理论的逐步从对体制现象、运行现象的制度形态研究，进入到对制度本体的形态研究。

---

① 《江平在第十三届中国经济论坛发表主旨演讲〈正确处理好市场、社会和政府之间的关系〉》，2013 年 12 月 25 日，见 http://www.ceweekly.cn/2013/1225/71808.shtml。
② 高小平：《跨越从学校到机关的"心理断层"》，《中国青年研究》2002 年第 1 期。

四、 中国行政管理学研究的拓展性、 聚合性、 前沿性的统一

中国行政管理学研究起步较晚、时间较短，学术发展带有浓重的追赶型、跨越式、规模化的色彩和态势。然而，由于行政管理学研究与国家改革开放的时代节奏合拍，易于在经济生态、政治生态、文化生态、社会生态以及学术生态中获取学术资源，因此便有了强劲的"生态动力"。

中国行政管理学研究的拓展性与聚合性是有机结合的，集中体现在统一于中国行政管理制度创新，体现在对行政结构性制度、运行性制度、保障性制度以及制度理念等各个方面创新的学术观照。

在结构性制度领域，中国学者重点对国家历次机构改革进行深入研究。在政府职能转变的研究中，主要聚焦政府与市场、政府与社会、中央与地方关系的几个关键性制度，抓住行政审批制度改革这个关键环节，从如何减少微观事务管理，如何取消、下放、整合审批事项，充分发挥市场在资源配置中的决定性作用和更好发挥政府作用，充分发挥中央和地方两个积极性等方面展开了密集攻关，提出了改善和加强宏观管理，注重完善行政管理制度机制，加快形成权界清晰、分工合理、权责一致、运转高效、法治保障的政府机构职能制度体系方面的观点和建议，对政府提高管理科学化水平起到了积极的推动作用。

在运行性制度领域，学者们的研究重点集中在优化、再造和完善行政流程管理制度，建立政府绩效管理制度，创新行政服务机构等领域，促进行政效率的提高和公共服务能力的提升。很多研究对行政流程的功能提出了多方面的设计，提出按照建设服务型政府的平台和载体的总体要求，赋予行政流程以人民为中心的服务理念，规范便捷、透明高效的运作方式，实现公共权力社会化、服务化，真正使政府管理转化为公共服务。众多学者从绩效管理制度建设的角度，研究行政运行体系，规范政府运行秩序，对政府部门阻碍

效能目标的管制措施、繁文缛节、寻租环节和空间等进行分析，促进政府一线工作人员在具体事项的办理中更讲究标准、规则，更好地服务公民。有的对行政服务机构的制度进行专门研究，对政府实践中创造的直接办理制、服务承诺制、首问负责制、联合办理制、统一收费制等具体制度，以及"最多跑一次"综合性机制创新，从理论层面和可操作性方面进行创新性研究。

在保障性制度领域，学者们提出了加强依法推进行改革的意见，对法治政府建设、完善依法行政的制度，提高改革的质量，推进行政权力行使依据、过程、结果公开，建立健全各项监督制度，让人民监督政府、监督权力，强化行政问责制，严格责任追究等问题都进行了相关研究。按照各级政府权责关系下放权力，使每级政府承担的责任与赋予的权力对等、事权与财权匹配，明确各级政府的责任，发挥各级政府的积极性，这方面的研究取得了一定的突破。

在制度理念方面，中国学者立足实际、洋为中用、古为今用，研究提出了公共价值理念、服务型政府理念、责任政府理念、阳光政府理念、良治政府理念、科学民主决策意识、绩效评估管理意识、风险危机管理意识等，与政府改革实践不谋而合，有的还略有超前，为实践创新提供了理论武装，推动了全社会的思想解放。

行政管理学学科发展呈现出的拓展性、聚合性、前沿性统一的现象，与行政管理制度创新实践也有着密切关联。行政管理体制改革对学科拓展的影响最为直接，一轮接一轮的机构改革、职能转变等体制性改革催生了行政管理学科体系外延扩张；政府日常管理创新对学科聚合的影响最为直接，一波接一波的行政机制研究浪潮激荡着行政管理学科体系内涵的深入；政府服务创新对学科前沿的影响最为直接，学术界对公共服务领域的研究几乎毫无例外地成为学科创新的增长点。

第四节　党的理论引领行政管理制度创新

在我国社会主义政治体制和政治生活中，中国共产党处于领导地位，在国家政治体制和政治生活中发挥着领导地位和核心作用，这决定了党的理论对国家行政管理制度的建设、改革和创新发展有着关键性影响，也决定了党的理论创新是研究中国行政管理制度的重大论题和重要领域。纵观我国行政管理制度创新历程，尤其是改革开放四十年来的历程，可以发现，我国行政管理制度创新是党的理论创新引领下的生动创造。

一、党的理论创新是行政管理制度创新的先导

马克思主义认为，党的理论是党和人民行动的先导。从思想上建党，不断推进党的思想建设和理论创新，建设一个科学理论武装起来的政党，实现党在思想上的先进性和领导权，是中国共产党有别于其他政党的独具优势，是党领导中国人民战胜敌人、克服困难、夺取胜利的重要"法宝"。习近平同志指出："中国共产党之所以能够历经艰难困苦而不断发展壮大，很重要的一个原因就是我们党始终重视思想建党、理论建党，使全党始终保持统一的思想、坚定的意志、协调的行动、强大的战斗力。"[①]

党思想理论上的领导权是在长期革命和建设历史中形成的，是通过全党同志共同努力、人民群众广泛认可、国家宪法加以确认的。建党伊始，中国共产党就将马克思列宁主义作为指导思想和行动纲领，以马克思主义理论武装全党，并在革命战争过程中逐渐推进马克思主义的中国化，摆脱了教条主义和经验主义的影响，形成了毛泽东思想，并在毛泽东思想的指引下使中国革命走向胜利，推翻了三座大山，建立了中华人民共和国。中华人民共和国

①　习近平：《在纪念马克思诞辰 200 周年大会上的讲话》，《人民日报》2018 年 5 月 5 日。

成立以来，中国共产党人以极大的勇气和智慧，以马列主义毛泽东思想为基础，不断推进马克思主义理论的中国化、持续实现党的指导思想创新发展。改革开放以来，党的基本理论写入宪法，使之成为国家治理指导思想，进而成为推动各方面改革、稳定、发展的指南，引领经济、政治、文化、社会等各领域实践向前发展。

中国共产党的执政地位，决定了党在国家政治社会生活中发挥至关重要的作用。党的思想理论领导权和创新价值必然在很大程度上代表着、推动着政治上的国家意志表达功能的发展与创新，而作为承担着国家意志执行功能的行政机关，也是在党的领导下开展工作的，因此党的思想理论创新程度在很大程度上决定了国家行政管理思想与实践的演进发展水平，对国家治理、政府治理、社会治理等，形成重要影响。

1978 年召开的十一届三中全会开启了党在思想、政治、组织领域的全面拨乱反正，确立了解放思想、实事求是的思想路线，形成以邓小平同志为核心的党的第二代中央领导集体，邓小平理论在国家政治社会生活中发挥重要作用。1982 年、1988 年先后两次开展的党和政府机构改革，就是在邓小平理论指导下的行政管理体制改革，体现了邓小平同志关于政治体制改革、经济体制改革和行政机构改革的基本思想。这两次改革的突出成果是取消了事实上存在的领导干部终身制，改革权力过分集中的行政管理体制，简政放权，着手建立公务员制度。1989 年江泽民同志当选为中共中央总书记，我们党丰富和发展了邓小平理论，逐渐形成了"三个代表"重要思想，并成为1992 年、1998 年两次行政管理体制改革的指导思想。这两次改革的突出成果是裁撤和合并了一些与社会主义市场经济不相适应的政府机构，有力地推动了政府职能转变。2002 年胡锦涛同志当选为中共中央总书记，我们党进一步发展邓小平理论和"三个代表"重要思想，逐渐形成了科学发展观，2003年、2008 年两次行政管理体制改革就是在科学发展观的指导下进行的，改革的突出成果是明确了改革的方向是建设服务型政府和法治政府，公共服务职能和依法行政得到加强。2012 年习近平同志当选为中共中央总书记，我们党在新时代进一步发展邓小平理论、"三个代表"重要思想、科学发展观，逐渐形成了习近平新时代中国特色社会主义思想。2013 年、2018 年两次行政管理体制改革就是在习近平新时代中国特色社会主义思想指导下进行的，目前改革正在按照建设现代政府治理体系的总体要求强力推进，已初步显现出行政管理体制改革对全面建设社会主义现代化国家、实现中华民族伟大复兴的积极推动作用。

纵观改革开放以来的行政管理体制改革可以发现，每一次党的思想理论创新，都带动和促进了行政管理制度创新。

二、党的理论创新深化了对行政管理制度创新规律的认识

改革开放以来的四十多年，我们党不断探索中国特色社会主义行政管理理论，深化对行政管理制度创新规律的认识。主要集中在四个方面：

一是行政管理体制改革要从党和国家领导制度改革的高度入手。早在 1978 年，邓小平同志就已经开始思考政府体制问题。他指出，"组织路线方面还有其他的问题，如机关臃肿怎样解决，退休制度问题怎样解决等等"[1]。1980 年，他发表了著名的"党和国家领导制度的改革"重要讲话，对新时期政治与行政体制的架构做出了科学构思和英明决策。[2] 1982 年，他提出"精简机构是一场革命"的论断，并阐明了机构改革的性质、任务和方针原则。[3] 1986 年，他提出"政治体制改革的目的是调动群众的积极性，提高效率，克服官僚主义"，阐明要推进权力下放以解决中央和地方的关系、上级政府与下级政府之间的关系问题。[4]

二是行政管理制度创新要适应经济基础的要求。江泽民同志指出，"政府机构属于上层建筑，应该适应经济基础的要求，经济基础是在不断发展

---

① 《邓小平文选》第二卷，人民出版社 1994 年版，第 192—193 页。
② 《邓小平文选》第二卷，人民出版社 1994 年版，第 342 页。
③ 《邓小平文选》第二卷，人民出版社 1994 年版，第 396 页。
④ 《邓小平文选》第三卷，人民出版社 1994 年版，第 178 页。

的，上层建筑也要随之不断调整和完善"①。他将行政管理体制改革的基本任务确立为要让行政管理体制适应社会主义市场经济体制的要求。"机构问题不解决，上述弊端不消除，国有企业就很难真正走向市场，社会主义市场经济体制就难以建立起来"②，要把生产经营管理权力交给企业，建立办事高效、运转协调、行为规范的行政管理体系。

三是行政管理制度创新的关键是转变政府职能。行政管理制度创新的根本目的是进一步提高政府为经济社会发展服务、为人民服务的能力和水平，关键是推进政府职能转变、完善社会管理和公共服务，重点是保障和改善民生。③ 党的十六届二中全会上第一次提出了"创新行政管理体制，建设服务型政府"的思想，全面深刻地论述了政府公共服务制度体系创新的内涵、构成、建设方针和工作目标。

四是深化行政管理制度创新要与党和国家机构改革协同推进。习近平同志将"协同"的理念运用到各方面的改革中。他指出，"改革越深入，越要注意协同，既抓改革方案协同，也抓改革落实协同，更抓改革效果协同"④。他主导的党和国家机关改革进一步强调加强党对政府工作的领导，主张将职责相近的党政工作机关合并设立或合署办公，推进党和国家机构职能优化、协同、高效，允许地方和基层根据实际需要，因地制宜进行改革，统筹机构编制资源，形成体制资源与社会资源的合力，不断提高党的执政能力、政府的行政能力和社会的内生活力。

---

① 《江泽民文选》第二卷，人民出版社 2006 年版，第 233—237 页。
② 《江泽民文选》第二卷，人民出版社 2006 年版，第 1—49 页。
③ 胡锦涛：《在中共中央政治局第四次集体学习时强调扎扎实实推进服务型政府建设全面提高为人民服务能力和水平》，2008 年 2 月 23 日，见 http://www.gov.cn/ldhd/2008-02/23/content_ 898794. htm。
④ 习近平：《抓好各项改革协同发挥改革整体效应 朝着全面深化改革总目标聚焦发力》，《人民日报》2017 年 6 月 27 日。

三、党的理论创新是行政管理制度创新实践的强大动力

从邓小平理论到"三个代表"重要思想、科学发展观、习近平新时代中国特色社会主义思想，党和国家的指导思想和基本理论既一脉相承又经历了突破性的发展，形成了重大理论创新成果，引领我国连续七轮行政管理体制改革实践健康发展，谱写了一部破与立、革故与鼎新、继承与重构、再造与优化、突变与稳定、跨越与连续的改革交响曲，为推动政府自身建设提供了强大的动力。

第一，政府创新动力不断增强。各级政府壮士断腕，把不该由政府履行的职责交给市场和社会，大力裁减行政审批事项，切实加强公共管理、公共服务、公共安全，政府职能逐步从传统的统制型政府向服务型政府转变，从"全能政府"逐渐走向"有限政府"，改革的方向是要充分发挥市场在配置资源中的决定性作用、更好地发挥政府作用。

第二，政府组织机制不断完善。国务院从改革开放初期的100个工作部门，减少到2018年的26个组成部门。整合机构，职能有机统一的大部门体制优势逐步得到发挥。行政管理制度与市场经济制度相互融合的趋势和优势逐步显现，独具中国社会主义市场经济体制特色的国家主导型市场经济模式的公共行政组织体系和运行机制逐渐形成。

第三，政府管理方式制度创新。逐步打破传统行政管理方式的窠臼，现代法治政府、服务型政府逐步形成，用法律法规调整政府、市场、企业之间关系的理念和实践逐渐得到确立，政府正在不断改善经济调节方式、市场监管方式和社会管理方式，逐步推进政府工作制度化、规范化、程序化，不断创新职能与责任对等的工作机制，科学决策、民主决策、依法决策，推行政务公开、政府信息公开和数据开放的理念、体制、机制得到发展，有效监督和制约权力的体制、机制逐渐形成。

第四，公务员制度创新。严格执行《中华人民共和国公务员法》及相关

配套法规，按照从严治吏的要求，把党的理论、行政能力和职业道德教育贯穿到公务员管理的全过程，积极探索公务员培训新模式，切实提高公务员队伍思想政治修养和能力素质，各级公务员的决策能力、执行能力、服务能力不断增强。

四、行政管理制度创新实践不断丰富党的理论宝库

中华人民共和国成立后，在学习苏联行政管理体制的基础上，我国建立起了适应高度计划经济体制需要的行政管理体制。"文化大革命"结束后，为了快速恢复经济、推进社会管理，国家增设了很多管理部门。到 1980 年，国家机关部门林立、机构臃肿、效率低下的问题已经非常突出。邓小平同志果断地将机构改革问题摆上议事日程。他高瞻远瞩提出了改革党和国家领导制度，废除干部领导职务终身制的思想，并于 1982 年提出了"精简机构是一场革命"的精辟论断。他先后对经济体制改革、政治体制改革以及行政管理体制中的中央和地方关系、政企关系、党政关系不顺等问题做出了一系列改革的决策，要求从制度上解决党政企不分的问题，按照精简、统一、效能的原则，通过实施"三定"和岗位目标责任制，转变政府职能，实现精简机构和人员、理顺关系、提高效率。这些行政管理体制改革思想成为邓小平理论的重要组成部分。

在社会主义市场经济体制框架初步建立之后，经济体制和社会体制又对行政管理体制提出了新要求，政府职能不清、机构臃肿、人浮于事、官僚主义、政企不分等行政管理体制问题日益突出，阻碍了社会主义市场经济的发展和社会活力的激发，难以适应解放生产力、发展先进文化和维护最广大人民群众根本利益的需要。行政管理体制改革实践继续深化，按照政企分开、政社分开和事业单位改革的要求，对综合经济部门、专业经济部门进行了大刀阔斧的改革，调整改组综合经济部门为宏观调控部门，撤并减少专业经济部门，加强执法监督部门，培育和发展社会中介组织，发挥市场机制在资源

配置中的基础性作用，做到宏观管好、微观放开，建立办事高效、运转协调、行为规范的行政管理体系。这些行政管理改革举措成为"三个代表"重要思想的实践来源和组成部分。

2003年爆发的"非典"公共卫生危机，暴露了我国在经济快速发展取得巨大成就的同时，出现了严重的不平衡问题，经济建设与社会公共服务体系建设"一条腿长、一条腿短"的现象，阻碍了全面、协调、可持续的发展。行政管理体制处于经济体制和社会体制的结合部，不改革行政管理体制就无法完善社会主义市场经济体制和社会治理体制。以政府职能转变为重点、以审批制度改革为突破口的行政管理体制改革步伐加快，按照建设职能有机整合的大部制的总体思路，调整和完善政府组织体系，加大公共服务部门职责，提高政府服务能力，形成行为规范、运转协调、公正透明、廉洁高效的行政管理体制。这些行政管理改革探索成为科学发展观的重要组成部分。

进入中国特色社会主义新时代以来，党政机构设置叠床架屋、政府职能转变不到位等方面的问题制约了国家治理体系和治理能力现代化的发展，政府大力推进简政放权、放管结合、优化服务的改革，建立适应新时代、新形势、新要求的行政管理体制，发挥市场在配置资源中的决定性作用，增强经济社会活力，建设职能科学、结构优化、廉洁高效、人民满意的服务型政府，成为习近平新时代中国特色社会主义思想的重要命题。

"理论是灰色的，而实践之树长青"。党的思想理论之所以能够不断引领和推进行政管理体制实践改革发展，是因为这种理论本身具有汲取实践营养、与时俱进的创新品格。中国特色社会主义理论正是以马克思主义为指导，从中国现实活生生的伟大实践包括行政管理体制改革实践中提炼出来的。实践为理论开辟境界，理论为实践指明方向，理论与实践交相呼应，形成了中国特色的理论创新图谱，推动着行政管理制度创新理论的发展。

第三章　我国行政管理制度创新的
　　　　历史分析

上一章我们分析了国家治理史上行政管理研究的基础理论，重点指出学术发展对于理解中国行政管理制度理论创新的相关性线索，尤其是基础研究的薄弱环节之于现代化的行政管理制度研究的关系。本章进入了对中华人民共和国成立以来特别是改革开放以来的实践性历史研究，并从中分析与行政管理制度创新理论有关的一些重要的观点。

第一节　新中国行政管理制度中公共性的发展

公共性原则在现代行政管理制度中居于核心地位。① 公共性之发展——公共性的程度变化，从缺失到充沛，从低水平到高水平，其过程在很大意义上揭示并印证了行政管理制度创新的历程。

一、行政管理制度人民性的觉醒：公共性之本源

1949 年 3 月 23 日上午，中共中央总部从西柏坡驱车起程前往北平，临

---

① 王乐夫、陈干全：《公共性：公共管理研究的基础与核心》，《社会科学》2003 年第 4 期。

行前，毛泽东与周恩来有一段脍炙人口的对话。毛泽东说："今天是进京的日子，不睡觉也高兴呀。今天是进京'赶考'嘛。"周恩来说："我们应该都能考试及格，不要退回来。"① 古时读书人中举后进京应试，都要由官府专门安排乘坐一种名为"公车"的交通工具赴京。人民共和国的开创者把建立和建设新国家比喻为"进京赶考"，一代接一代的中国共产党人将"赶考"心态、"赶考"意识深深注入血液中，这既昭示了党在胜利面前仍保持着清醒头脑及忧患意识，也隐喻了人民政府所具有的公共性的时代寓意。纵观中华人民共和国七十多年行政管理制度发展的历史，是一部人民性不断觉醒、逐步增强建设公共性行政管理自觉性的历史。坚持实践性原则，坚持人民主体的价值取向，坚持用创新理论指导创新实践，一切从实际出发，从人民群众的根本利益出发，是中华人民共和国行政管理制度建立和发展的初衷，是实现行政管理制度公共性的必由之路。

（1）坚持实践性原则，一切从实际出发，从人民群众的根本利益出发

1949 年 10 月 1 日，随着毛泽东在天安门城楼上的庄严宣告，中华人民共和国中央人民政府正式成立，首届内阁筹组在即。这一天，中央人民政府委员会第一次会议任命周恩来为政务院总理。开国周恩来对政府组建和行政管理体制早有深思熟虑。他既没有照搬西方资本主义国家的政府机构模式，也没有袭用民国官僚机构设置，而是一方面在当时的条件下仿苏联社会主义政府机构设置的思路进行制度安排，另一方面又十分注重坚持我国政府必须根据社会政治、经济形势发展的客观需要设置机构。他提出，要依据法律法规的规定设立或调整，绝不能盲目地凭主观意志决定，机关多了，互相冲突，互相牵制，苏联有 60 个部，我们也不模仿。② "一切还是由本身的需要出发"。③ 周恩来坚持实事求是、减少机构设置、减轻人民负担的做法，在一定程度上使新生的人民政府摒弃了机构设置重叠、人浮于事、办事迟缓、

---

① 参见《进京赶考 70 载 中共初心不改》，《人民日报（海外版）》2019 年 3 月 23 日。
② 胡移山：《略论周恩来政府管理思想的中国特色》，《党政干部学刊》1999 年第 12 期。
③ 《周恩来统一战线文选》，人民出版社 1984 年版，第 142 页。

官僚主义的衙门作风，成为组织层次少、行政制度关系比较顺、精简高效的政府。这种精神也体现在他领导的全部工作中，体现在他担任总理26年的整个政治生涯。改革开放以来，这一实事求是的思想得到继承和弘扬。邓小平指出，"我们一定要切合实际，要根据自己的特点来决定自己的制度和管理方式。"① 反映出我国政府努力践行全心全意为人民服务的本质属性。

（2）坚持人民主体的价值取向，把党和政府作为人民的工具

行政管理具有很强的执行属性，是政府面对公共事务和社会公众的管理、服务、协调活动。在具体行政行为中，行政管理制度必然具有一定的工具理性特征。但是，这种工具理性所蕴含的、所从属的则一定是价值理性。人民政府的行政管理制度工具理性服从于为人民服务的价值理性。为了完成这一理性的跨越，必须实现观念转变，即由掌握工具的人转变为被掌握工具的人掌握。邓小平在1956年党的八大上所作的关于修改党章的报告中曾深刻指出："工人阶级的政党不是把人民群众当作自己的工具，而是自觉地认定自己是人民群众在特定的历史时期为完成特定的历史任务的一种工具。"② 这种人民主体的价值理性对国家政府建设产生了深远影响，其实质就是公共哲学思维方式在行政管理制度层面的生成。这是直接将制度主体党和政府自身转化为人民的工具、人民管理国家的工具的过程。我们可以从周恩来等老一辈领导人一天工作超过12小时，有时候在16小时以上，经常几天几夜不合眼，为国操劳，③ 到邓小平在改革开放初期讲述的那句为人们熟知的最具有献身精神的"我是中国人民的儿子"④；从朱镕基在讲到冲破重重阻力全面推进改革的时候说的"不管前面是地雷阵还是万丈深渊，我都将勇往直前，义无反顾，鞠躬尽瘁，死而后已"⑤，到李克强连续5年在全国人大会

---

① 《邓小平文选》第三卷，人民出版社1994年版，第221页。
② 《邓小平文选》第一卷，人民出版社1994年版，第218页。
③ 中国行政管理学会编：《周恩来行政管理思想与政府建设》，知识出版社1998年版，第20页。
④ 《邓小平文集》英文版序言，英国培格曼出版公司1984年版。
⑤ 1998年3月，第九届全国人大一次会议结束后朱镕基在中外记者会上的讲话。

议记者会上用"壮士断腕"来强调简政放权、转变政府职能的重要性和艰巨性[①]；从中华人民共和国成立初周恩来提出行政管理的主要职能是管理国民经济，指出"生产是我们新中国的基本任务"，[②] 后来他又进一步概括为"经济建设工作在整个国家生活中已经居于首要的地位"，[③] 到党的十六大以来提出的建设人民满意的服务型政府，都能清楚地看到行政管理的工具性所体现出的深厚人民性。

（3）坚持用科学理论指导，把先进理论与政府实际相结合

在我国社会主义政治体制和政治生活中，中国共产党是领导核心，在国家政治格局中处于领导地位，发挥核心作用。党的执政理论中关于人民性的思想对国家行政管理制度建设、改革和发展有着关键性影响，决定了党的理论的人民性成为中国行政管理制度公共性重大论题的渊源。我国行政管理制度70年的历程，是与党的理论创新有着密切关系的，是党的理论创新引领下的生动实践。中华人民共和国成立以来的前30年，国家行政管理是在毛泽东思想的指导下进行的。在社会主义改造的七年中，制定了《中华人民共和国宪法》，召开了党的八大，提出了国内主要矛盾已经不再是工人阶级和资产阶级的矛盾，而是人民对于经济文化迅速发展的需要同当前经济文化不能满足人民需要的状况之间的矛盾，政府的主要任务是集中力量发展社会生产力，实现国家工业化，逐步满足人民日益增长的物质和文化需要。在开始全面建设社会主义的十年中，党领导政府和全国各族人民开始全面的大规模社会主义建设，全国工业固定资产按原价计算，十年增长了三倍。[④] 但是，在1966年至1976年的十年中，由于毛泽东错误地发动了"文化大革命"，

---

① 《记者观察：这个成语，连续5年在李克强总理记者会上出现》，《人民日报》2017年3月16日。

② 乐基伟：《周恩来公共行政思想》，见中国行政管理学会编：《周恩来行政管理思想与政府建设》，知识出版社1998年版，第70页。

③ 《周恩来选集》下卷，人民出版社1984年版，第132—133页。

④ 参见《关于建国以来党的若干历史问题的决议》（1981年6月27日中国共产党第十一届中央委员会第六次全体会议一致通过）。

导致毛泽东思想在行政管理领域不能得到全面、完整、准确的贯彻执行。尽管周恩来等政府领导同志千方百计因势利导，有的搞"变通"，有的则"阳奉阴违"，避免了更大的损失，然而国家已建立的较为行之有效的行政管理制度仍然受到极大摧残。1978年底召开的十一届三中全会开启了党在思想、政治、组织领域的全面拨乱反正，确立了解放思想、实事求是的思想路线，形成以邓小平为核心的领导集体，中国特色的社会主义理论在国家政治社会生活和行政管理中发挥重要的指导作用。1982年和1988年两次大规模的政府机构改革，拉开了新时期行政管理制度创新的大幕，日常行政管理制度建设得到加强，取消了事实上存在的领导干部终身制，改革权力过分集中的行政管理体制，着手简政放权，建立规范的公务员制度等等，这些都是在邓小平理论指导下取得的硕果。江泽民丰富和发展了邓小平理论，形成了"三个代表"重要思想，并确立为此后历次行政管理体制改革以及多领域行政制度创新的指导思想。在他主持工作期间，改革取得了突出成果，建立起了与社会主义市场经济相适应的行政管理体制框架。胡锦涛继承和发展邓小平理论、江泽民"三个代表"重要思想，创立了科学发展观的理论体系。在科学发展观的指导下，政府进行了多次改革，其中的突出成果是确立改革的方向是建设服务型政府和法治政府，公共性职能得到全面加强，公共服务体系建设步伐加快。习近平进一步发展邓小平理论、"三个代表"重要思想、科学发展观，形成习近平新时代中国特色社会主义思想。2013年、2018年两次机构改革以及一系列行政管理制度创新就是在习近平新时代中国特色社会主义思想指导下进行的，对全面建成小康社会、实现中华民族伟大复兴发挥着积极的推动作用。[①] 党的理论创新，一次次地刷新了从制度层面认识公共性的知识体系和思维模式，提升了行政管理制度公共性的认识高度，指引行政管理制度创新朝着正确的方向前行。

---

① 高小平、陈宝胜：《党的理论创新引领行政管理体制改革》，《行政管理改革》2018年第9期。

二、行政管理制度历史性的转型： 公共性之崛起

在 70 年的行政管理制度史中，发生了很多大的事件、大的变迁和大的转折，都对制度的公共性的演化与聚合产生深远影响，归结起来最主要的是三次转型，即从新民主主义到社会主义、从以阶级斗争为纲到以经济建设为中心、从计划经济体制到社会主义市场经济体制的转型。① 研究这三次转型可以发现行政管理制度内核中的公共性崛起和发展的脉络。

（1）行政管理制度从新民主主义形态到社会主义形态的转型

从中华人民共和国成立到社会主义改造基本完成，是我国从新民主主义到社会主义过渡的时期。中华人民共和国成立前，毛泽东曾提出这个过渡时期大约需要 10 年、15 年或 20 年时间的设想。1951 年前后，党内形成了先用三个五年计划即 15 年时间搞工业化建设，然后再向社会主义制度过渡的共识，然而事实上这个时间被大大缩短，只用了一个五年计划（1953—1957年）便"完成"了从新民主主义制度形态到社会主义制度形态的转型。这个转型对行政管理制度公共性产生的影响主要可以从内容和形式、治理结构和治理能力方面去分析。从社会主义改造的内容以及政府治理结构看，社会主义改造为行政管理公共性的崛起发挥了积极的促进作用。例如，中华人民共和国成立初期，政府任用了大批原国民政府职员。周恩来指出：接收原国民党人员是我们"胜利的负担，是推不开的"，要使他们"成为既适应工作需要又有劳动观点和科学知识的人，成为新中国所需要的革命的工作人员"。② 这是中国区别于苏联的地方。苏共创建政权之始强调干部队伍的纯洁性，政府基本不用旧体制中的职员。周恩来领导的中央政府政务院各部门

---

① 中国行政管理学会编：《新中国行政管理简史（1949—2000）》，人民出版社 2002 年版，第 2 页。

② 参见马永顺：《周恩来组建与管理政府实录》，中央文献出版社 1995 年版，第 9 页。

任用了 2047 名原国民政府职员。[①] 他们具有一定的行政管理经验，但是为人民服务的意识比较淡漠，将他们融入政府人员队伍，有助于他们提高思想认识，增强公共精神。当时政府机关中大部分是革命出身的工农干部、解放军干部、解放区来的干部，他们缺少行政管理技能和经验，在与这些旧官僚合作一起共事中，互相学习，在短时间内改善了人员结构，较好地适应了政治经济社会发展的变化。从社会主义改造的形式以及政府治理能力看，新民主主义新秩序尚未巩固就转入社会主义制度形态，使行政管理公共性的张力得不到有效发挥。例如，快速对农业、手工业、私人工商业的改造，过早简单化地取消了多种经济成分，忽视制度的多样性和灵活性，在广大政府干部中滋生了急于求成的浮躁心态、跑步前进的工作惯性和一维化、一刀切的思想方法，在后来的实际行政管理活动中逐步显露出弊端，为独断专行、官僚主义、形式主义提供了制度温床，更为超越发展阶段、违背社会规律的恶行打开了政治通途。因此，行政管理制度从新民主主义形态到社会主义形态的转型是一次血与火的洗礼，既孕育了公共性的"新生儿"，又埋下了抑制公共性的"遗传基因"。

（2）行政管理制度从以阶级斗争为纲到以经济建设为中心的转型

1956 年 9 月党刚刚确立国家社会主要矛盾的正确认识，提出集中力量发展社会生产力不久，一年后，在 1957 年 9 月召开的八届三中全会就改变了八大关于社会主要矛盾的论断，认为中国社会的主要矛盾仍然是无产阶级和资产阶级的矛盾、社会主义道路和资本主义道路的矛盾。由此开始了长达近20 年的以阶级斗争为纲的岁月，其中十年"文革"达到了巅峰。这期间，以周恩来、邓小平等为代表的党内健康力量为发展社会生产力，维护公共利益进行了顽强艰难的抗争与努力，但是效果并不理想。1978 年党的十一届三中全会做出拨乱反正的决策，重新认识社会的主要矛盾是人民群众日益增长

---

① 参见马永顺：《周恩来组建与管理政府实录》，中央文献出版社 1995 年版，第 29—31 页。

的物质文化需要同落后的社会生产之间的矛盾，果断停止"以阶级斗争为纲"，决定把全党工作重心和全国人民的注意力转移到社会主义现代化建设上来，坚持"以经济建设为中心"，从而实现了中国近现代历史上最具深刻意义的转折。历史从这里再次拐弯，坚决否定"以阶级斗争为纲"，走上解放思想、实事求是的思想路线，破除长期阻滞党和国家重心转向现代化建设的政治路线和思想桎梏，消解干部、群众对发展生产力和不断满足人民物质和精神生活需要问题上的种种困惑、疑虑甚至恐惧。思想解放给社会发展带来无限的活力和创造力，中国迈上"以经济建设为中心"的改革开放道路和迈入社会主义现代化建设新时期。四十多年的改革开放和现代化建设，中国经济和各方面发展取得举世瞩目的成就。事实证明，行政管理制度从以阶级斗争为纲到以经济建设为中心的转型，是一次破茧成蝶、凤凰涅槃、浴火重生，解放了公共生产力，焕发了政府生机，激生了社会活力。

（3）行政管理制度从计划经济体制到社会主义市场经济体制的转型

计划经济体制是将社会中的各种资源包括经济资源和人力资源统一安排到政府制定并实施的计划调节范围内进行管理和运行的制度形态、制度体系。计划经济体制条件下的行政管理制度的基本特征，一是把经济社会主体置于行政部门附属物的地位，企业既不能自主经营，又不能自负盈亏，生产什么、生产多少、谁来生产、如何销售以及经济社会的发展方向等等都由政府计划决定、分配和调控。二是把行政管理的职能确定为微观管理为主、审批为主、直接干预为主。三是把行政机构设置为行业管理为主（条条管理）、上下层级政府之间机构"同构性"强（上下一般粗）。四是公共生活绝大部分领域被行政化，事业单位没有真正的独立法人地位，公民缺少私人的公共空间。五是行政管理过度意识形态化，政治与行政基本合一，本应独立行使的专门性、专业化、执行类行政管理权被整齐划一的管理体制吞噬。这种计划经济体制在改革开放的进程中逐步被解体，取而代之的是社会主义市场经济体制。1992年邓小平在南方谈话中提出要建立社会主义市场经济体制，党的十四大正式提出建立社会主义市场经济体制的目标，到2010年"十一五"

规划完成，我国基本建立起社会主义市场经济体制。在这个体制条件下，行政管理制度展现出空前的生命力，把社会主义基本制度的优势同市场的优势结合起来，发挥市场在资源配置中的决定性作用，同时更好地发挥政府作用，既使经济活动遵循价值规律的要求运行，又在政府宏观经济的管理调控范围内，行政管理方式逐渐从直接管理转变为以间接管理为主、从人治为主转变为法治为主，行政管理手段从物质手段、行政手段为主转变为人性化手段、信息化手段为主。这种体制与社会主义民主政治的汇合，形成了行政管理制度科学化、民主化、法治化、现代化的新态势，正在构建现代政府治理新格局。因此，行政管理制度从计划经济到社会主义市场经济的转型是一次历史性的飞越，标志着经济社会各领域公共生活的正常化，催生了行政管理制度公共性的全面崛起。

三、行政管理制度时代性的主题：公共性之展开

在70多年的行政管理制度演化进程中，公共性呈现波浪式前进的轨迹，而每次快速发展的深层次原因，都可以从中获得启迪。"问题是时代的格言，是表明时代自己内心状态的最实际的呼声。"① 如果说人民性问题是公共性发展的基本依归，三大转型问题是公共性发展的现实契机，那么，时代性问题就是公共性发展的重大主题。

（1）正确认识社会主义初级阶段社会主要矛盾

矛盾分析方法在中国共产党的世界观、认识论和方法论中居于重要地位。党的十九大报告指出："中国特色社会主义进入新时代，我国社会主要矛盾已经转化为人民日益增长的美好生活需要和不平衡不充分的发展之间的矛盾。"从这个对社会主要矛盾的论断与20世纪50年代中国共产党对社会主要矛盾的分析中可以清晰地看到，社会主义初级阶段的主要矛盾就是一个，即人民的需要与经济社会发展不能满足这一需要之间的矛盾。这个矛盾

---

① 《马克思恩格斯全集》第一卷，人民出版社1995年版，第203页。

在60多年的发展中发生了一些转化，主要是两点。第一点是从"人民日益增长的物质文化需要"到"人民日益增长的美好生活需要"的转变。经过多年的艰辛奋斗，我国解决了十几亿人的温饱，总体上实现了社会主义的小康，不久将全面建成小康社会，人民美好生活需要的品质更高、范围更广。不仅是对物质文化生活提出了更高的要求，而且在民主、法治、公平、正义、安全、环境等方面出现了多样化、更高层次的要求。第二点是从"落后的社会生产"到"不平衡不充分的发展"的转变。经过四十多年的改革开放，我国的生产力已基本摆脱了落后状况，社会总量和发展速度等取得了历史性飞跃，中国特色社会主义道路、制度和价值观的魅力开始呈现。但是仍然存在着突出的问题，就是发展的不平衡和不充分，已经成为满足人民日益增长的美好生活需要的主要制约因素。根据对社会主要矛盾的本体进行识别与判断，拟定公共政策和行政管理制度，再根据不断发展转化的矛盾状态调整和改进政策、制度，始终扭住发展这个硬道理，注重发展的全面性、协调性、可持续性，是中国政府的一个创新。改革开放的经验表明，坚持用社会主要矛盾的理论指导实践，有助于一以贯之地坚持党的基本路线不动摇，有助于洞察暗流掌握规律明确方向，有助于研判发展程度正确决策和有效执行，有助于预测走势制定规划和战略谋划。这些都对行政管理制度的针对性、连续性、稳定性和可预期性提供了条件，在很大程度上提高了公众的有效参与度和合理预期值。

（2）发挥国际公共行政的改革和变迁对中国的积极作用

中国踏上改革开放之路，与国际上进行大规模行政改革是同一个时期。尽管在发展阶段、政治制度、社会问题、治理状态等方面中国与西方国家有着很大的区别，但是国际上的新公共行政、新公共管理和新公共服务三大浪潮对中国的行政领域还是产生了一定的影响。20世纪60年代以来，西方很多国家开始出现经济滞胀现象，失业以及公共安全、环境污染、社会保障等矛盾日益暴露，民权运动风起云涌，一些国家认为这与传统政府行政模式有关。从70年代开始，变革政府、改革行政，成为国际社会普遍而迫切的要求。起先是将社会公平、道德正义等价值注入传统的行政目标和行政过程，强调效率与公平的均衡，强调公民参与式行政、政策民主化、决策回应性、社会责任性等。后来这场行政改革运动又以新公共管理和新公共服务的名义，从英国、美国、新西兰等国家扩大至西方主要发达国家，后又波及许多发展中国家和转型国家，进一步开展政府和公共部门的改革，重点在改革政府组织结构、公共服务供给方式等方面，着力减小政府规模、降低行政成本。改革开放四十多年来，中国行政管理学、公共管理学科的恢复、重建与发展，以解决中国公共管理与公共政策的实践问题特别是行政体制以及党和国家的领导制度改革问题为导向，有力地推动了行政制度创新，走过一条从自主研究与引进吸收、本土化与国际化双轨并行到自主研究——引进吸收、本土化——国际化两者逐步融合并不断凸显中国特色的轨迹。① 借鉴别国行政改革经验，包括了行政管理制度的科学化与现代化两个方面。在科学化的指向下，重点是提高行政效率。邓小平指出："行政管理的效率，资本主义国家在许多方面比我们好一些。"② 学习西方先进的管理是为了办好中国的事情，正如邓小平接着说的："第一，党和行政机构以及整个国家体制要增强活力，就是说不要僵化，要用新脑筋来对待新事物；第二，要真正提高效率；第三，要充分调动人民和各行各业基层的积极性。"③ 这三条是行政管理制度时代性的根本要求和集中体现。在现代化的指向下，重点是加强政府管理的民主化建设。邓小平指出："切实改革并完善党和国家的制度，从制度上保证党和国家政治生活的民主化、经济管理的民主化、整个社会生活的民主化，促进现代化各项事业的顺利发展。"④ 在改革开放的进程中，行政民主在很多领域展现新活力，一大批民主形式的行政方式受到群众的拥护和

---

① 陈振明：《中国公共管理学 40 年——创建一个中国特色世界一流的公共管理学科》，《国家行政学院学报》2018 年第 4 期。

② 《邓小平文选》第三卷，人民出版社 1993 年版，第 240 页。

③ 《邓小平文选》第三卷，人民出版社 1993 年版，第 241 页。

④ 《邓小平文选》第二卷，人民出版社 1994 年版，第 336 页。

学者的追捧,如政府信息公开制、公共项目招投标制、政府集中采购制、行政听证制、第三方绩效评估制等,为行政管理制度增添了公共性,成为中国特色民主政治和新时代特征的重要组成部分。

(3)善于用好和平与发展的历史机遇

正确判断一个时代的主题和潮流,是制定政策和制度创新的基础。1977年邓小平就高瞻远瞩地指出:"国际形势也是好的。我们有可能争取多一点时间不打仗。因为我们有毛泽东关于划分三个世界的战略和外交路线……所以,可以争取延缓战争的爆发。"[1] 根据这个论断,党的十三大和十四大以及此后历次党代会都科学地明确地提出并不断重申"和平与发展是当代世界的两大主题"的著名论断,这是对国际大势和时代走向的极为重要的判断。[2] 基于这样的认识,行政管理制度创新置于世界多极化、经济全球化演进中进行检视,抓住和用好重要战略机遇期,掌握加快我国发展的主动权,着力发展国内的公共基础设施建设,促进对外开放,加快本国生产要素在全球范围的重组和流动,在日益激烈的各国综合国力竞争格局中避免"零和博弈",建立双赢和多赢机制,通过推动国际经济增长实现我国自身的发展,连续数十年的改革开放形成了强大的综合国力和国际竞争能力,为我们提供了雄厚的物质基础和良好的体制保障。基于这样的认识,行政管理制度创新坚持长期性、稳定性和连续性的原则,把实践中探索的经验加以总结和提炼,把群众证明为好的制度牢牢扭住,保持下去,不为风吹草动所扰,韬光养晦谋发展。基于这样的认识,行政管理制度创新能够正确处理挑战与机遇的关系,善于识别各种可预见的和不可预见的风险,不夸大风险,不畏惧危机,增强防范和控制风险能力以及认识危机、化解危机、转危为机的能力。这三个方面的统一,构成了发展主题、发展战略、发展策略相互均衡的制度供给体系,形成了具有鲜明时代性特色的中国行政管理公共性制度创新结

---

① 《邓小平文选》第二卷,人民出版社 1994 年版,第 77 页。

② 郭济:《邓小平行政管理思想概论》,中央文献出版社 2001 年版,第 24 页。

构，并取得了一系列重大成就。

四、行政管理制度创新性的观照：　公共性之彰显

中国行政管理制度建设和创新的 70 年，是制度公共性本质不懈努力彰显的艰难历程。从理论与实践、逻辑与历史的哲学统一论意义上看，行政管理制度创新遇到的重大挑战主要集中在职能定位、治理能力和技术进步三个方面。"人民的最美好、最珍贵、最隐蔽的精髓都汇集在哲学思想里。"① 这些问题解决不好，公共性就难以保障，人民的权力和权利就无法保障。

（1）政府职能定位是行政管理制度的基础和前提

在传统的党政企不分的体制中，行政管理功能与党的领导功能大面积重叠，政府充当"全能角色"，在这种职能模式下，政府管了很多本不该由行政管理承担的所谓"不该管、管不好、管不了"的事权，改革行政管理体制、创新行政管理制度的目标就是转变政府职能，把这些"附加"的职能剥离出去，将"全能型""管制型"政府改造成"有限型""服务型"政府。这一转型需要进行多重制度创新：一是正确处理党委会和政府关系。加强和改善党的领导，建立各级政府自上而下的强有力的工作系统。党委会"在党内提出问题，让行政注意解决。""党内可以做决定，要行政办。凡是行政上的事，行政要出面办理，职责必须分明。如此做，并不妨碍党的领导。"② 二是正确处理政府与企业关系。发挥市场在资源配置中的决定性作用，更好地发挥政府的宏观调控和公共服务作用。"大量事实表明，市场是配置资源和提供激励的有效方式，它通过竞争和价格杠杆把稀缺资源配置到能创造最好效益的环节中去，并给企业带来压力和动力。而且，市场对各种信号的反应也是灵敏迅速的。正因为有这些优点，所以市场对经济发展的积极作用，

---

① 《马克思恩格斯全集》第一卷，人民出版社 1995 年版，第 219 页。
② 《李先念建国初期文稿选集》，中央文献出版社 2002 年版，第 364 页。

已为社会主义国家越来越多的人们所认识"。① 三是正确处理中央与地方关系。中央和地方之间的关系不仅涉及组织架构和上下左右的体制，而且关乎国家与区域、全局与局部、集中统一与因地制宜等复杂关系，只有抓住关键环节，才能牵一发而动全身，中央持续推进下放权力是处理中央与地方关系的"牛鼻子"。"深化行政审批制度改革，继续简政放权，推动政府职能向创造良好发展环境、提供优质公共服务、维护社会公平正义转变。稳步推进大部制改革，健全部门职责体系。优化行政层级和行政区划设置，探索省直管县体制"。② 四是正确处理政府与社会关系。这里的重点是政府如何管理社会和社会如何发育的问题。"最佳的管理方式是在服务中实施管理、在管理中体现服务，通过强化社会服务提高社会管理实效。""基本公共服务体系健全起来了，基本公共服务均等化向前推进了，向全体人民学有所教、劳有所得、病有所医、老有所养、住有所居的目标不断前进了，社会管理的群众基础就会变得更加坚实。"③ 同时，充分发挥社会组织自我管理的作用。正确处理这四个方面的关系就是要通过四个维度的制度创新确立政府职能的维度和边界。④

（2）治理能力是行政管理制度创新的实现条件

制度创新能不能在实践中加以运用，是由执行意愿和治理能力两个方面决定的。执行意愿取决于制度的政治要素，在中华人民共和国成立以来的历次制度变迁中，凡政治方向正确，执行者就意愿强烈、主动作为，反之则心阻力乏。治理能力取决于制度的行政要素，资源配置合理则执行力度大，反之就出现执行难的现象。习近平总书记在庆祝改革开放 40 周年大会上的讲话中指出："行政管理体制改革……等一系列重大改革扎实推进，各项便民、

---

① 《江泽民文选》第一卷，人民出版社 2006 年版，第 200 页。
② 《胡锦涛文选》第三卷，人民出版社 2016 年版，第 635 页。
③ 《胡锦涛文选》第三卷，人民出版社 2016 年版，第 506 页。
④ 唐铁汉：《邓小平行政理论与政府管理》，国家行政学院出版社 1999 年版，第 225—250 页。

惠民、利民举措持续实施，使改革开放成为当代中国最显著的特征、最壮丽的气象。"① 行政管理制度创新对于"各项便民、惠民、利民举措持续实施"，起到重要作用，被总书记认为是改革开放的重要标志，表明以公共性为基本导向的行政管理制度创新对于国家治理能力、政府治理能力的提高起到了关键性影响。事实上，几十年来，我国治理能力主要是在处理整体性治理与专业化管理的辩证关系中不断总结提高的。整体性治理理论认为，传统的以功能为导向的科层制模式导致政府治理重复分散、公共服务碎片化，需要不断从分散走向集中、从部分走向整体、从破碎走向整合，为社会提供无缝隙、非分离的整体性服务，进而实现国家治理的包容性和合作性。② 党的十六大以来，整体性治理的速率在加大，国家把经济社会发展的全面性、协调性和可持续性作为指导思想，注重将发展成果惠及所有地区、所有人群，以提高人的能力、充分就业和构建社会保障体系作为包容性增长的基本政策，形成对整体性治理制度建立的倒逼机制。③ 党的十八大特别是十八届三中全会之后，国家各方面、各领域都在合力推进治理体系和治理能力现代化，按照党和国家机构改革的总体要求，推进整体化治理的改革。回顾历史，我们发现，行政管理制度在迈向整体性治理目标的进程中，面临着整体性管理与专业化治理的双重压力，需要两面作战。初步积累的经验表明，整体性与专业化的关系是普遍性与特殊性、共性与个性的关系，总的思路是战略上多研究共性规律，战术上多研究个性诉求，宏观上多关注综合治理，微观上划分好管理边界，实现整体性与专业化之间的既均衡发展，又避免眉毛胡子一把抓，或者偏执一端、过犹不及。具体需要将全面加强党对行政的统一领导与提升专门职能机构的权威性、综合化水平结合起来，将建立共同责任主体机制与构筑多元化治理体系结合起来，将坚持政令畅通与行政的就近

---

① 引自《习近平在庆祝改革开放 40 周年大会上的讲话（2018 年 12 月 18 日）》。

② 张康之：《论管理学技术至上观的现实遭遇》，《中共宁波市委党校学报》2019 年第 2 期。

③ 《胡锦涛文选》第三卷，人民出版社 2016 年版，第 432—434 页。

管理、属地管理为主结合起来。

（3）创新行政管理方式和治理技术，提高制度绩效

行政管理制度创新在很大程度上与管理技术的进步是桴鼓相应的。不断创新管理和服务方式、应用新型科技手段于行政管理，不仅可以提升制度自信，而且有助于提高制度绩效，是符合国家治理现代化目标的。中华人民共和国成立70多年来，各级政府努力提高各级干部、各方面管理者的思想政治素质、科学文化素养和工作本领，提高干部的管理技能和工作水平，提高人民依法管理国家事务、经济社会文化事务和自身事务的能力，对增强制度的执行力和有效性起到积极作用。从培训提高干部的动手、动腿、动脑能力，到实施办公室自动化、电子政务，再到推行智慧行政、大数据应用、"互联网+政务服务"；从制度建设到制度执行，讲究落实到人、到事、到位，横向到边、纵向到底，使制度成为硬约束；从提高治理个体的能动性到强化主体之间的协同性，增强多元治理主体按制度办事、依法办事的意识和能力。新型行政管理工具和治理方式创新，本质上是对行政管理制度的革命性创新。一是解决"黑箱"问题，变顽固封闭型行政为积极开放型行政。中国古代有"射覆选官"一说，"射"是猜度之意，"覆"是覆盖之意，最早是数术家为了提高占卜技能而玩的一种智力游戏，这种游戏由卦师猜测他人预先置于器皿覆罩下的物品而得名，属于信息预测技术的雏形，唐朝之后"射覆"成为考核选拔官员的方法之一，主要是测量官员掌握运用多方面信息的技能和逻辑思维能力。现代管理讲求的科学预测、开放决策、计划安排等，从全息论看，就是要在时间与空间中构建一个全息网，使得万事万物与时间、空间及人的意识、思维即时进行全息化处理，将制度创新建立在信息化基础上，从中找到和掌握治理的内在规律。二是解决监督问题。权力监督不仅需要合理的体制，还要有合适的方法。要实现人民当家作主，就要有让人民群众敢讲话、讲真话的一套方法和条件。温家宝指出：我们要"创造条件让人民群众批评政府，充分听取和吸收人民群众的意见，不断提高政府工

作水平。"① 如今，自媒体、大数据等技术极大地扩展了人民发声的空间，对于加强监督制度创新提供了难得的机遇。三是解决绩效价值问题。传统的政府绩效管理强调"效率至上"，在实践中遇到了各种各样的挑战。政府绩效改进不仅要关注组织效率的提升，还要寻求在不同情境下公共价值的创造和实现。因此需要建立以公共价值为基础的政府绩效治理制度，实现绩效管理从工具理性向公共价值转化的方法，建立公共价值管理范式。② 以上三个方面都从创新意义上提出了行政管理制度在追求效率与公共性发展中的实现方案和主要路径。

制度变革、治理改善、社会发展、人类进步，从来就不是从天上掉下来的，也不是个别人脑子里凭空想出来的，而是在学习、认知和实践中获得的，是在直面挫折、纠正失误、怀揣希望中探索而来的。中华人民共和国成立之初，人民参与公共事务管理主要通过政治途径实现，随着行政管理公共性逐渐增强，政治制度中的公共话语空间增加了，提供的参与公共事务管理的空间得到扩展。在发展过程中，国家屡遭严重挫折，极大地流失了人民群众对行政管理制度公信力的信赖。在基础薄弱、人口众多的国家如何建设社会主义、推进现代化事业，是一项前无古人的全新创举，没有现成的答案可供对照，没有成熟的模式可供模仿，出路只有创新。党在社会主义建设和改革开放中取得的独创性理论成果和建设成就，极大地激发了行政管理制度的优越性，为开创中国特色社会主义公共性提供了宝贵资源和制度环境。70 年来，中国创造了行政管理制度公共性创新的奇迹。一部中华人民共和国行政管理制度史，就是一部苦难辉煌的制度创新史。

习近平总书记指出："历史是最好的教科书，也是最好的清醒剂。"③ 从

---

① 温家宝主持召开国务院第六次全体会议讨论《政府工作报告（征求意见稿）》，《人民日报》2012 年 2 月 1 日。

② 包国宪等：《基于公共价值的政府绩效管理学科体系构建》，《中国行政管理》2012 年第 5 期。

③ 《习近平在纪念全民族抗战爆发 77 周年仪式上的讲话》，《人民日报》2014 年 7 月 8 日。

回顾中华人民共和国公共性发展的过程中可以发现，公共性是党和政府"以人民为中心"执政理念在行政管理领域的具体化、载体化、现实化。当公共性崛起、展开、彰显的时候，治理就回归了人民性的本真。当行政管理坚持公共性导向的时候，为人民服务才不会成为一句空话。当政府确定公共服务是最重要职责的时候，行政管理制度创新才找到了正确方向和前行的突破口。当前，正在全面深化经济、政治、文化、社会、生态文明体制和制度改革。行政管理制度处于依法治国制度、社会治理制度、生态治理制度、安全治理制度的结合部，行政管理制度创新抓住公共性这个重要环节，必将继续有力地推动各方面制度的完善和发展，推进改革的深化。

第二节　新中国行政管理制度中绩效性的发展

在行政管理中，绩效性是与公共性相平衡的概念，也是国家、政党、社会、公民对政府存在必要性的基本要求。由于政府绩效是一个异常复杂、多元的范畴，不同的历史时期很难用同一个标准衡量和统计，因此，我们采用现代行政科学界较为普遍的方法"绩效评估法"即政府绩效评估这样一种管理工具的进化史，来间接评估政府的绩效演化情状。[1] 通过对改革开放以来我国政府绩效评估工作进行系统回顾，以找到政府绩效性的发展历程及路径。

一、我国政府绩效评估改革历程回顾

以历史长镜头观之，政府绩效评估在我国的兴起根源于中央激发地方政府积极性、主动性的改革，是不断"放权""搞活"并保证政府履职责任的持续探索。

---

[1]　尚虎平：《我国政府绩效评估的总体性问题与应对策略》，《政治学研究》2017年第4期。

（一）初创阶段

在党的十一届三中全会后，中央开始探索激发地方政府、全国机关干部积极性的各类办法，其中一个关键措施便是尝试建立健全领导干部绩效考评制度。1979 年 11 月，中共中央组织部下发了《关于实行干部考核制度的意见》，明确提出要"鼓励先进，激励后进，调动干部的积极性"，并指明了绩效评价的方向在于"考核干部的工作成绩，主要看对现代化建设直接或间接所作的贡献"。在这项基础性制度的推动下，政府绩效评估开始在我国萌生，这个初创阶段开始于改革初期，基本上结束于分权化改革（1995 年）在我国施行后的几年。初创期间我国主要形成了岗位目标责任制、效能监察、社会服务承诺、机关效能建设等几种政府绩效评估的早期模式。

1982 年，劳动人事部下发《关于建立国家行政机关工作人员岗位责任制的通知》；1984 年，中共中央组织部、劳动人事部又联合下发《关于逐步推行机关工作岗位责任制的通知》，强调今后地方政府领导干部晋升，必须贯彻这些文件精神。在此后的几年中，全国各地在落实岗位责任制的过程中，一些地方将国外兴起的目标管理与本地现状结合，推出了岗位目标责任制，这既是中国式目标管理，也是最早形式的政府绩效评估探索，它在山西运城、黑龙江、辽宁、北京等地率先兴起，很快便走向了全国。1988 年中组部下发了《关于实施地方党政领导干部年度工作考核制度的通知》，提出地方干部需要在国民生产总值、工业生产总值、农业生产总值等 18 项指标上达到一定的目标，这进一步推动了岗位目标责任制的普及。1989 年 12 月举行的第二次全国监察工作会议指出，行政监察机关的基本职能"既包括效能监察，又包括廉政监察"。这次会议确立了"以效能监察解决廉政问题"的思路，是利用绩效评估来推进绩效问责在我国的最早探索。效能监察在山东省实施的最为广泛，仅在开始的三年间就提出建议 3037 项，依据效能监测结果立查案件 1412 起，处分党员干部 1005 人。[1] 与山东稍有不同，深圳市的效能监察强调对大型公共项目的控制，北京市效能监察强调改善管理效能。在这些改革典范的影响下，后来效能监察扩展到了全国 23 个省区市。社会服务承诺借鉴了英国的"公民宪章"制度，它通过政府公开承诺的方式，以"对标建设"的思维来评估每项工作与公开承诺绩效水准的差距。1994 年 6 月，烟台市建委率先实施社会服务承诺制，此后中宣部和国务院纠风办决定在全国推广该项制度。机关效能建设是福建省在 20 世纪 90 年代率先垂范的改革探索，它最早兴起于漳州市，后来在福建全省推行并走向全国，成为浙江、江苏、上海、北京、陕西等地的普遍性做法。2002 年，习近平同志曾简明扼要地概括了效能建设的内涵："效能建设是一个新生事物，它是以效能为基本目标，把管理的诸要素有机结合在一起的高层次管理活动。主要内容包括深化行政审批制度改革、推进政务公开、实施效能告诫等，追求的目标是提高工作效能，提高党政机关为基层、为群众、为企业服务的质量。"[2]

(二) 偏重 GDP 评价阶段

20 世纪 90 年代中后期的分权化、市场化改革，在我国体制改革史上有着分水岭的意义。从 1994 年开始实施的分税制改革使中央与地方之间由行政性分权迈入了经济性分权阶段，迈出了实现社会主义市场经济的关键一步，它使得地方政府享有了发展地方经济的剩余索取权，激励了它们主动、积极地采用更有效的方式激励所辖地区的政府、领导干部做出更大的贡献。同时，由于这种制度也保障了中央从地方发展中获得应得的收益，中央也有了动力激励地方政府充分发展经济。在这两方面共同作用下，以偏重经济指

---

[1] 尚虎平：《我国地方政府绩效评估基础问题研究》，光明日报出版社 2013 年版，第 47 页。

[2] 郝婕、杨勇：《机关效能建设是推进政府职能转变的有效载体——福建省省长习近平谈机关效能建设》，《人民论坛》2002 年第 3 期。

标 GDP 的政府绩效评估形式便逐渐在各地兴起，最严重时甚至发展到了"唯 GDP 论"的程度。这便是我国政府绩效评估探索的第二个阶段，它开始于分税制改革后的几年，一直持续到 2002 年《党政领导干部选拔任用工作条例》出台。

1995 年 2 月，中共中央颁行了《党政领导干部选拔任用工作暂行条例》，开始探索将领导干部绩效评价导向与分权化体制改革相匹配，它明确提出，选拔任用领导干部必须坚持"注重实绩"。在新的党政干部任用条例的指导下，中组部于 1996 年出台了《县级党政领导班子政绩考核办法及考评标准体系》，确定了经济发展、社会发展、精神文明建设和党的建设四大类实绩评价指标。1998 年，中组部下发了《党政领导干部考核工作暂行规定》，指出"地方县以上党委、政府领导班子的工作实绩主要包括""各项经济工作指标的完成情况，经济发展的速度、效益和后劲……"。2000 年，中共中央办公厅出台了《深化干部人事制度改革纲要》，提出要"研究制定以工作实绩为主要内容的考核指标体系"。

为了在全国推进县级政府绩效评价工作，中组部在 1996 年成立了干部考核委员会，由它推动在全国 16 个地市、150 多个县市进行了大范围试点政绩考核工作。中组部的实验带动了全国各地、各级政府在中央新政策精神指导下的各种绩效评价探索。山西、浙江、广东、福建、陕西等地开始探索凡是由各级人大选举任命的领导干部，都需要向同级人大常委会述职，由人大常委会进行评议的制度。这种评议是对 GDP 增长、财政增长、公共服务改善等方面进行"当面锣、对面鼓"的逐项报告与审查，是一种"对答、质询"式的绩效评估方式。据统计，1996 年之后，浙江省各级人大对所选领导干部的政绩评议比例超过了 90%，山西省的比率甚至超过了 95%。这项活动在全国引起了较大反响，各地人大竞相学习效仿，曾先后召开了 5 次全国性的经验交流会。① 与此同时，河北省还探索了一种整合性机制，将目标责任机制、考核评价机制、激励约束机制纳入一个评价系统，山东、山西、江苏等地也跟进了这种绩效考核模式。总体来看，虽然这些评价也强调社会发展、党的建设等指标，但主要侧重点都聚焦在了经济类指标上。在经济类指标中，又以 GDP 所占的权重最大，受到的重视最多，它甚至直接左右了领导干部最终的晋升。周黎安的统计结果也证明了这一点。他统计了 1979 至 2002 年间中国省级领导干部的升迁情况，发现"省级官员的升迁概率与省区经济绩效尤其是 GDP 的增长率呈显著的正相关关系""如果省区平均 GDP 实际增长率提高 6 个百分点，那么，省级领导的晋升概率可提高 2.4 个百分点"②。

（三）突破"唯 GDP"评价阶段

过于偏重 GDP 的评价模式使得各地只重视"形象工程""面子工程"等显绩，却忽视了人民幸福、长远发展、资源节约等潜绩，引发了社会各界的反思与批判。于是，从中央到地方都开始探索突破过度看重 GDP 的评价模式。这种探索最早开始于 2000 年左右沈阳、珠海、南京等地推行的"万人评议政府""群众评议政府"活动，以 2002 年《党政领导干部选拔任用工作条例》出台为标志，它在旧有绩效考核指标"德、能、勤、绩"之外又增加了"廉"，明确了不仅要看 GDP 这种显绩，还要考察获得显绩的同时所呈现的廉洁状况、责任状态。此后，全国各地探索了各类不同的模式，力图摆脱唯 GDP 评价的刻板印象，使得评估更加科学。

突破唯 GDP 评价的探索萌芽于中国式"行政民主"的探索，这种探索力图在政府绩效评价中引入群众参与，以参与民主的模式来评价政府的好

---

① 吴江：《基于价值管理的政府绩效评估体系研究》，博士学位论文，吉林大学，2007年，第 91 页。

② 周黎安：《转型中的地方政府：官员激励与治理》，格致出版社、上海人民出版社 2008年版，第 92 页。

坏，其背后的逻辑就是"金杯银杯不如老百姓的口碑"。1998 年沈阳市率先摸索实施了"市民评议政府"活动，在此之后全国各地纷纷跟进。1999 年珠海市开始实施"万人评政府"，2000 年广州市实施了"市民评政府形象"活动、邯郸市开始推行"市民评议政府及政府部门问卷调查"活动，2001 年南京市开始推动"万人评价机关"的改革，2003 年北京市开始了"市民评议政府"的尝试、锦州市开始了"市民评议政府机关"的探索。2004 年甘肃省进行的"第三方评估"政府绩效、厦门市思明区的网民评价政府绩效也具有"市民评议"的性质。

突破唯 GDP 评价的另一类尝试是对地方领导干部的环境保护绩效进行评判，这种探索首先萌发于广东。2001 年 8 月，广东省委组织部和环保局联合下发了《关于实行市县党政领导环境保护实绩考核的意见》，将环保考核范围从城市延伸到县、镇（乡），第一次明确党政一把手必须承担环境保护责任。2003 年，广东省继续深化环境保护考核改革，制定了《广东省环境保护责任考核试行办法》和《广东省环境保护责任考核指标体系》及实施细则。广东省的做法很快被湖南邵阳市所仿效，2002 年邵阳开始推行"优化经济环境综合测评"，此后，上海、江苏、山东均跟进推广环境绩效评价工作。

还有一种突破唯 GDP 评价的模式是将原有的效能建设升级成新的模式。2005 年，烟台市尝试在行政审批中心推行标准化管理体系，采用了 ISO9001 标准化质量管理体系来改进政府服务方式，在这种新体系中，政府就是服务"提供者"，社会公众就是来政府办事的"顾客"，通过这种"顾客——服务"的标准管理体系，政府就可以为社会提供高质量的公共服务。在当年稍晚，杭州市开始对原有的政府考评办法进行了大规模改革，推行了融目标考核与满意度评价于一体的新型考核模式，在保证 GDP、财政收入等刚性发展指标的基础上，充分兼顾了群众的感受与满意问题。

2005 年 1 月 17 日，时任浙江省委书记习近平在《浙江日报》头版"之江新语"栏目以"哲欣"为笔名发表了《"潜绩"与"显绩"》一文，辩证地指出了突破唯 GDP 价理论的基础在于弄清潜绩与显绩的关系："'潜'与'显'是对立统一的一对矛盾。'潜,是'显'的基础,'显'是'潜'的结果,后人的工作总是建立在前人基础之上的,如果大家都不去做铺路石,甘于默默无闻地奉献,'显绩'就无从谈起,就成了无本之木、无源之水,即使有'显绩',充其量也只是急功近利的'形象工程'。"自此,浙江省率先开始探讨潜绩与显绩结合的综合评价模式,真正突破了唯 GDP 是论的做法。"浙江模式"在很短的时间内就成为全国学习的对象。

2006 年,中组部颁发了《体现科学发展观要求的地方党政领导班子和领导干部综合考核评价试行办法》,这标志着探索突破唯 GDP 考核进入了国家顶层设计的范畴,我国政府绩效评估进入了新阶段。

（四）科学化与顶层设计阶段

虽然之前我国政府绩效评估的各种模式也都源于中央特定政策的促动,但这些政策主要还是诱导性质的,它们的主要功用在于激发地方政府的创造性、积极性,这一方面表现在激发它们创造形式各异的政府绩效评估模式,另一方面期望它们能够使用合理的绩效评估模式激发领导干部的积极性,带动地方的发展。在突破唯 GDP 式绩效评估的过程中,中央逐渐意识到应该在各地分散探索的基础上,从不同地区政府共性的角度出台政府绩效评估的顶层设计,以之统筹全国的政府绩效评估工作。这个阶段始于《体现科学发展观要求的地方党政领导班子和领导干部综合考核评价试行办法》的实施。就本质而言,这个过程目前依然在持续完善中,但在 2013 年新一轮机构改革中,因为绩效评估职能与各级纪委监察部门所承担的主体职能的相异性,在该职能被调整出各级纪委监察部门之后,政府绩效评估工作的推进有所放缓,故而我们将这之后的实践归为一个新的阶段,即"巩固、反思与提高阶段",它依然属于科学化与顶层设计范畴,只是在新时代出现了新情况而已。

2008 年,中共中央、国务院出台了《关于深化行政管理体制改革的意见》，将推进政府绩效评估提高到了完善国家行政管理体制的高度，它明确提出要"推行政府绩效管理和行政问责制度"；"建立科学合理的政府绩效评估指标体系和评估机制"。2009 年，中共中央办公厅颁行了《关于建立促进科学发展的党政领导班子和领导干部考核评价机制的意见》，就在同年，中组部颁布了《地方党政领导班子和领导干部综合考核评价办法（试行）》，使得政府绩效评估的顶层设计更加全面、系统化。在顶层设计的制度基础上，中央开始探索成立顶层中央机构来推动政府绩效评估工作在全国的普及。2010 年 7 月，中央纪委书记办公会批准成立了中央纪委监察部绩效管理监察室；2011 年 3 月，国务院批准建立了政府绩效管理工作部际联席会议制度。在此基础上，经国务院部署，财政部、质检总局、北京市、吉林省、深圳市等 14 个国家部委局与一批地方政府开始试点在全国推动政府绩效评估工作。

在国家顶层设计的推动之下，政府绩效评估在全国各地蓬勃发展，到2012 年底，全国已有超过 27 个省区市在全面推行政府绩效评估工作，各地甚至出现了政府绩效评估"模式割据"的热闹局面。从 2012 年的统计来看，当时全国就已经存在着超过 100 多个冠名为"模式"的政府绩效评估改革实践，比如"岳阳模式""思明模式""北京模式"等。[1] 虽然各地的绩效评估从名称上看似乎异质性越来越大，但实际上它们在顶层设计的"宏观调控"之下，在我国的国情大背景下，各地的政府绩效评估在形式上逐渐趋同，整个管理流程趋于高度一致，它们基本上都包含了绩效战略制定、绩效目标分解、绩效指标筛选、绩效指标赋权等环节。

（五）需要巩固、反思、提高阶段

党的十八届三中全会出台的《中共中央关于全面深化改革若干重大问题

---

[1]　尚虎平、赵盼盼：《绩效评估模式泛滥与绩效不彰困境》，《中国行政管理》2012 年，第 11 页。

的决定》再次强调要"完善发展成果考核评价体系""改革政绩考核机制，着力解决'形象工程'、'政绩工程'以及不作为、乱作为等问题"。这显示了我国政府绩效评估工作依然是国家顶层设计中不可或缺部分。然而，随着我国新一轮机构改革的落实，随着各级纪委监察部门职能梳理、机构设置更为科学，政府绩效评估工作在从各级纪委移出之后却有所停顿，虽然这是政府绩效评估事业螺旋式上升过程中的正常现象，但它或多或少预示着我们应该对其进行反思，以便有针对性的改进，就此而言，这也可以看作是一个新阶段。这个阶段从各级纪委新一轮机构改革开始。

2013 年，中央纪委监察部按照中央转变职能的要求，对本部门的内部机构进行了大范围改革与重组，将那些职能交叉、职能重叠的机构进行了合并，经过改革其内设机构由 125 个精简到了 39 个。这次机构调整，"按照履行职责的要求，对确需纪检监察机关参加的予以保留、属于其他部门职责范围的不再参与，其核心是明确定位、转变职能，有利于分清责任、做好本职。"① 地方各级纪委及监察部门也按照中央的体制模式进行了改革，加强了本身职能建设。为了让"专业人做专业事"，各级纪委、监察部门将各类与纪律检查、廉政职能无关的工作转移了出去，这其中就包括政府绩效评估与管理事项。在改革的过程中，政府绩效评估职能被移交给了各级编制委员会，但这却使得原来开展的卓有成效的改革事业有所放缓。就职能设置的初衷而言，各级编制委员会是"统一管理各级党政机关，人大、政协、法院、检察院机关，各民主党派、人民团体机关及事业单位的机构编制工作"的单位②，它自身职能使命在于处理好机构编制工作，缺乏政府绩效管理与评估的基本经验，尤为关键的是，它们也缺乏专业人才储备、知识储备。各级编制委员会中仓促设置的政府绩效管理与评估办公室，更像是个临时机构而非常设性地推进这项工作的部门。这大大制约了我国政府绩效评估工作的进一

---

① 黄树贤：《中央纪委监察部议事协调机构由 125 个精简至 39 个》，《求是》2013 年第 13 期。

② 中央机构编制委员会：《编办职责》，见 http：//www. scopsr. gov. cn/zybbzzjg/。

步开展。在这种情况下，我们就需要深入反思我国政府绩效评估事业，洞悉其中的经验与不足，以便巩固科学合理的做法，弥补各类不足，使这项为政府"掌舵"的事业继续向前发展。

二、我国政府绩效评估取得的成就

从国家治理能力现代化的宏观视野来看，改革开放后近四十年的政府绩效评估探索对于我国政府管理能力现代化有着巨大的促进作用。

（一）塑造了不断追求实绩的上进行政文化

公共管理作为一门学科存在的一个基本理论命题是：与私营组织相比，公共组织天然倾向于低绩效。故此，这门学科就需要寻求使得以政府为代表的公共组织不断提升绩效的规律和方法。在所有提升政府绩效的措施中，最难但却具有基础性、持久性作用的就是塑造新型绩效型行政文化了。就本质而言，行政文化是政府管理意识形态的有机组成部分，塑造新型的行政文化，有助于完善已有的政府管理意识形态体系，使其更为科学、合理。

改革开放伊始，政府绩效评估之所以在我国兴起，就源于邓小平同志对我国各级政府效率低下"官僚主义是总病根"的诊断。要解决人浮于事、门难进、脸难看、话难听、事难办这些政府效率欠佳问题，就需要倡导追求实绩、干实事的理念，甚至要逐渐将这种理念塑造为一种行政哲学，内化为政府领导干部、公务人员的基本工作意识，使其在下意识之间不断创造政府管理的高绩效。回溯历史来看，作为政府绩效评估制度的先声，1979 年中组部出台的《关于实行干部考核制度的意见》特别强调了"考核干部的工作成绩，主要看对现代化建设直接或间接所作的贡献"。中共中央在 1995 年出台的《党政领导干部选拔任用工作暂行条例》直接点明了绩效考核需要遵循"注重实绩"原则。此后，中央出台的各类政府绩效评价指导性政策也都明文规定了考核的"实绩"导向，如 2002 年出台的《党政领导干部选拔任用工作条例》提出要"注重考察工作实绩，深入了解履行岗位职责、推动和服务科学发展的实际成效"，2006 年印发的《体现科学发展观要求的地方党政领导班子和领导干部综合考核评价试行办法》要求绩效考评需要遵守"持德才兼备、注重实绩、群众公认原则"，2009 年颁行的《关于建立促进科学发展的党政领导班子和领导干部考核评价机制的意见》强调"坚持注重实绩、科学发展"的原则。在中央不断的实绩导向下，各地在不同时间段探索确定的各类政府绩效评估模式，也都实践、贯彻了实绩评价原则，甚至有些地方、有些模式在"结果导向"的追求下，将"实绩评价"原则贯彻的有些过度，形成了"拜物教"倾向。①

　　正是在这种强调实绩的"结果导向"促动下，各地逐渐形成了政府管理的实绩文化。这种文化强调政府作为公共财政资金的使用者，必须要为此承担公共受托责任，"要继续努力，把人民的期待变成我们的行动，把人民的希望变成生活的现实。"②"干在实处，走在前列"是对这种新型行政文化的凝练表述，"撸起袖子加油干"是对这种文化的形象化表述。随着实绩导向行政文化逐渐成为我国各级政府共同的管理哲学，各级政府以及其中的领导干部、公务人员逐渐形成了一种勇于做事、积极干事的行政意识。这有力地推动了我国各地政府干实事，促进了地方政府以经济建设为中心，激发了地区之间竞相发展经济、改善各类基础设施。③ 目前，这种行政文化已经基本定型，它持续地影响着各级政府继续踏踏实实"撸起袖子加油干"，以各项实绩服务于人民群众。经济合作发展组织（OECD）统计发现，绩效文化的形成是一个成功的现代政府必不可少的因素④。实绩导向的新型行政文化在

---

① 周志忍、徐艳晴：《政府绩效评估中博弈行为的防范之道》，《中国行政管理》2015 年第 6 期。

② 习近平：《新年贺词》，《中国青年报》2015 年 1 月 1 日。

③ 尚虎平：《我国地方政府绩效评估悖论：高绩效下的政治安全隐患》，《管理世界》2008 年第 4 期。

④ ［澳］凯思·麦基：《建设更好的政府：建立监控与评估系统》，丁煌译，中国人民大学出版社 2009 年版，第 16 页。

我国的扎根，无疑从侧面证明了我国现代化政府建设的成效。

（二）构建起了政府管理的科学化机制

在政府绩效评估的实践中，我国逐渐形成了从管理的制度化（法制化）、绩效评估操作流程的标准化、利用绩效评估结果及时纠错与"自净"的科学管理机制，使得实绩导向文化能够落实到日常管理中去。

首先，在政府绩效评估的过程中实现了行政管理工作的制度化甚至法制化。全国各地的政府绩效评估工作展开的第一步工作基本上都是制定本地、本部门政府绩效评估的实施"办法""通知"等，并将其在本地人大通过，或者依照党纪政纪在专门的绩效评估工作会议上通过，然后在网络、媒体上公开。后续的绩效评估工作都依照这种公开的管理制度依规进行。从公开资料来看，即使基层政府如南京六合区、嘉禾县城关镇、兴化市戴窑镇的政府绩效评估工作，其首要步骤也都是制定本地的政府绩效评估"办法"。① 像深圳、青岛、哈尔滨这些具有地方立法权的政府，甚至出台了专门的绩效评估法规，然后将政府绩效评估工作作为行政执法的必然内容。行政管理工作本身属于执法行为、贯彻规则的行为，实现行政管理科学化的首要原则便是"有法可依""有规可循"，我国政府绩效评估实践在这方面积累了丰富的经验，有助于其他各类政府管理工作的借鉴和学习。

其次，政府绩效评估在探索中形成了较为优化、标准的流程。我国政府绩效评估在科学化的探索中，各地模式虽然有所差异，但其流程却逐渐趋向一致，逐渐标准化。这种标准化的流程有着较为确定的环节与"工序"：将五年计划分解为年度绩效目标→绩效目标向部门、岗位分解→筛选评估绩效目标实现程度的指标体系→对指标体系进行赋权→确定"一票否决"指标→收集各类绩效信息展开半年度（月度、季度）绩效评估→检查半年度（月度、季度）"一票否决"指标得分与"否决值"的差距→计算半年度（月

---

① 尚虎平、雷于萱：《政府绩效评估：他国启示与引申》，《改革》2015年第11期。

度、季度）绩效得分并进行绩效报告→半年度（月度、季度）绩效结果沟通→半年度（月度、季度）绩效干预→收集各类绩效信息展开年度绩效评估→检查年度"一票否决"指标得分与"否决值"的差距→计算年度绩效得分并进行绩效报告→年度绩效结果沟通→年度绩效结果使用。这个流程与西方国家使用的绩效评估标准流程在实质上是一致的，但又有基于我国国情的独创性，这种独创性主要表现为"一票否决"式评估的使用。它在国际上盛行的"关键绩效指标"（Key Performance Indicators，KPI）评价法的基础上，融入了刚性责任制法。它将某个或者几个关键指标的权重设为+a（0<a<1）和-100%，也就是说，在实际评估中，如果该项指标得分大于规定的得分及格线，则按照实际得分×权重的方式计算结果，若该项得分小于规定的得分及格线，则不仅该项指标不计分，且此次评估的整体结果（所有指标加和的总分）也计为不及格甚至为0。"一票否决"指标要求政府要对特定事项负刚性责任，如果没有达到责任要求，则视同该评估期所有工作不达标，这是对"关键绩效指标"法的发展和升华，有着鲜明的中国特征。

最后，在绩效评估结果的使用过程中，形成了政府管理的及时纠错与"自净"机制。在绩效评估的标准化流程中，"半年度（月度、季度）绩效干预""年度绩效结果使用"两个环节是保证绩效评估工作不流于形式的"保障机制"。"半年度（月度、季度）绩效干预"是根据半年度（月度、季度）的绩效评估结果，对那些偏离了绩效目标、浪费了公共财政资金、损害了群众利益的行政管理、公共服务行为进行干预、矫正与问责。这属于政府组织的及时纠错行为，它有着对政府及时"体检"与"治病"的效果。"年度绩效结果使用"是根据年度绩效评估结果，奖励那些绩效优异的部门与个人，惩罚那些绩效低下的部门与个人，矫正那些偏离了绩效目标、浪费了公共财政资金、损害了群众利益的行政管理、公共服务行为，同时晋升绩效优异的个人、团队，训诫甚至降级那些绩效不佳的个人、团队。这种绩效结果使用本身起着激浊扬清的组织"自净"、及时纠错问责作用。

（三）以政府管理机制的科学化带动了政治体制上的发展进步

从我国改革的宏观制度安排来说，以政府管理机制的科学化来带动政治体制上的进步，是一种符合国情、降低改革成本、渐进的改革模式，从改革四十多年的历程来看，这是一条保持繁荣昌盛、社会进步的"中国经验"，政府绩效评估就是形成这种经验的关键性管理机制之一。

首先，政府绩效评估的科学化、标准化实现了及时行政问责。这是利用绩效评估结果进行及时干预、及时奖惩与约束的另一种功能。在我国绩效评估的标准化操作中，"半年度（月度、季度）绩效干预""年度绩效结果使用"属于干预、约束环节。若政府绩效评估结果不佳，或者低效结果源于政府领导干部的蓄意、失职、渎职，则这种绩效结果使用、绩效干预与约束行为就会直接针对这些人员展开问责、追责，使得问题及时解决，不致养成大患。这种根据月度、季度、半年度、年度绩效评估结果展开的对领导干部的问责行为，较之于由纪委、党委等机构展开的问责行为，其经济成本、社会成本要小得多，它不需要额外的公共财政预算投入，也不需要专门发动群众和党的纪律检查力量，是一种"积小胜为大胜"的组织行为。

其次，政府绩效评估以群众参与评估的方式创新了新时代群众路线方略。我国政府绩效评估在实施的过程中，灵活运用了党的根本工作路线，吸纳群众参与政府绩效评估，"让群众做裁判"，以"金杯银杯不如老百姓的口碑"作为评判政府绩效的依据。比如南京市"万人评议机关"自 2001 年就提出了"让人民评判"的目标，每年动员上万群众参与评价政府绩效；杭州市每年都要动员超过 12000 名群众参与绩效评价；青岛市在 2010 年主动将政府置于"考生"位置，面向全市邀请了约 2500 名市民来做自己的"考官"，对政府部门"向市民报告、听市民意见、请市民评议"的现场述职活动进行评估打分；上海浦东区推行了"问绩于民"，每年发放给公众的调查问卷有 7000 多份，将群众的评价放在第一位。① 通过这种参与式评估，实现了政府管理的"一切为了群众，一切依靠群众""从群众中来，到群众中去"，创新了新时代的群众路线实施战略。

最后，绩效评价以"程序民主"实践了中国特色社会主义直接民主。社会主义民主的本质在于人民当家作主，"民主集中制""议行合一"的制度保障了人民当家作主，也为进一步细化人民在日常生活中当家作主打下了基础。这种细化、日常化当家作主的方法在我国政府绩效评估实践中得以逐渐落实。从杭州、青岛、南京等地的实践来看，各地政府在设置五年计划式绩效目标、年度绩效目标的过程中，往往都吸纳辖区内民众代表参与设置本地的绩效目标。这种参与还通过现代科学技术、管理科学方法来保证其真实性。在技术的具体使用上，往往选择身份证号码、户口本编码、社保卡编号等作为数据源随机选择有参与意愿的成年公民参与政府绩效目标制定。同时，这些地方政府还吸纳群众参与绩效指标的选择与确定，吸纳群众参与绩效数据的获取，以防止政府自身设置对己有利的指标，防止政府在绩效数据上弄虚作假。在绩效数据获得之后，人民群众继续参与绩效指标赋值、绩效结果报告、绩效结果使用。这种全过程参与绩效评估的行为，实际上是一种真实落地的人民当家作主，它在绩效目标确定过程中，将群众的诉求变成了政府的行动，政府的所作所为实际上就是在按照人民的需求在行动。公民全过程参与式绩效评估本质上属于"行政民主"，它在西方也是难以实现的"奢侈品"。"参与评价"以过程性民主的方式，将人民当家作主落实到了具体的日常管理中，真正保证了人民当家作主，这可以说是一种"动起来的民主"，它重在人民当家做主的实质而非轰轰烈烈的竞选形式。

三、 我国政府绩效评估存在的不足

反思我国政府绩效评估实践，它还未纳入国家立法的范畴，还有着执法

---

① 于文轩、马亮、杨媛：《政府绩效外部评估》，《甘肃行政学院学报》2016 年第 5 期。

过程中"无法可依"的问题，也缺乏专业的职能机构来负责此项工作，尚未处理好"第三方评估"与"外行评价内行"问题。

第一，政府绩效评估作为政府行政执法行为的一种，目前依然缺乏国家层面的法律对其进行规制。政府作为执法机构，其行政管理行为本身属于执法活动，绩效评估作为政府的行政管理活动当然也不例外。从执法的基本规律而言，"有法可依"是依法行政的首要条件。横向对比来看，国外政府绩效评估也都建立在"立法先行"的基础上，比如英国在1989年出台了《中央政府产出与绩效评价技术指南》，美国在1993年通过了《政府绩效与结果法案》，日本在2002年出台了《政府政策评价法》，加拿大在2004年颁布了《管理问责制框架》，新西兰在2008年颁行了《绩效评估：关于如何建立有效框架的建议和实例指南》。[①] 从这些经验来看，政府绩效评估作为政府执法行为的一种，必须要有国家法律的授权、指导和规制，否则就存在着"无法可依"的问题，甚至会使得这项行政行为本身存在着违法风险。虽然我国某些地方政府在绩效立法方面做了探索，但现在依然缺乏国家层面的专门法律对政府绩效评估进行规制。

第二，自中央到地方，我国缺乏专业的负责政府绩效评估工作的职能部门。虽然自改革开放之始中央就一直在通过各种制度、方法鼓励地方政府推进政府绩效评估工作，激发地方的积极性，但中央一直未明确指定具体负责这项工作的机构。随着政府绩效评估在各地的普及，其推动地方发展的功效逐渐显现，中央决定由中纪委监察部来负责这项工作。然而，随着中纪委监察部机构改革的推进，这项工作由于与它的专业使命差距过大被调整到由中央编制委员会负责，但这项工作与中央编制委员会的专业职能也不相融，这使得该项工作依然缺乏专业职能机构负责。地方上的情形与此基本一致。

第三，未处理好"第三方评估"中"外行评价内行"问题。我国理论

---

① 尚虎平：《政府绩效评估中"结果导向"的操作性偏误与矫治》，《政治学研究》2015年第3期。

界和实践界对政府绩效评价普遍有一种误解，认为它可以截然不同地分为"内部评估"和"第三方评估"两种。在这种误解之下，我国由政府推动的绩效评估往往不采用"第三方评价"思维，在绩效评估实施中完全以政府内的公务人员作为评价执行者去实施各类绩效评估工作，但这往往受制于内部人员的知识结构、本位主义、上下级关系，使得绩效评估的功能难以完全发挥。而由政府外部所谓"第三方"发起的政府绩效评估中，又生硬地将政府工作人员排除在外，但这些评估机构本身并不了解现实中政府的运行情况，以致产生了"外行评价内行"的问题，最终使得绩效评估结果明显偏离了实际。甘肃省在2004、2005年曾委托学术界进行了"第三方评价"，但其结果与现实差距过大，使得省政府最终放弃了这种理论上科学，但现实中"外行评价内行"的做法。目前我国缺乏融合内外、兼顾理论与实践、充分考虑了利益相关方参与的政府绩效评估做法。

第四，"一票否决"指标泛滥，地方政府不堪重负。"一票否决"这种极端的绩效问责式评价模式，充分吸纳了关键绩效指标评价法（KPI）的优点，有效促进了地方政府的责任意识。然而，随着"一票否决"的泛滥，地方政府所承受的压力越来越大，由此引发的荒唐事逐渐增多，并有愈演愈烈之势。为了对付"信访一票否决"评价，不少基层政府耗费大量人力财力进行截访，甚至在国家信访局门口常年派驻截访工作队，看见"长得像上访的"就抓；曾经有地方政府限定下级必须在一个月内实现"绿化达标"，否则便"一票否决"，当地基层干部只好强迫农民把树枝砍了连夜插在路边；更有甚者，某市直单位被盗窃价值不菲的财物，但单位领导担心年底考核被"安全事故一票否决"，宁肯承受损失也不报案。针对"一票否决"的泛滥，全国人大代表李东辉直言："否决越来越多，工作都很重要，让地方官员无所适从。"[1]

第五，我国政府绩效评估工作缺乏专门的公共财政经费支持。我国政府

---

[1] 亦菲：《也要防"一票否决秀"》，《羊城晚报》2006年3月8日。

绩效评估工作是在中央政策引导下各地进行摸索，但中央政策并未明确这项工作的经费来源，这使得每个地方在推进绩效评估改革中，都必须从自身预算的宽裕程度来"量入为出"地筹划改革的范围和对象，都必须在本单位既有人员条件、物资条件的约束下来谋划具体的评估工作。这就使得地方政府在推进政府绩效评估中难以充分考虑它的科学性、合用性，因为科学、周全的绩效评估往往需要更多的经费投入。在没有经费保障的前提下，地方政府"量入为出"来策划绩效评估工作，虽然可以"花小钱，办事情"，但却难以保证把事情做周全。目前我国亟需一种绩效评估的物质保障长效机制，需要国家通过制度保证在各级政府预算中设置"绩效评估"类的专门预算科目。

第三节　新中国行政管理制度中服务性的发展

服务性是公共性与效率性的集合形态和输出方式。如果说公共性主要取决于行政的结构、体制，效率性主要取决于行政的机制、运行，那么，服务性主要取决于行政在公平与效率的兼顾中的属性。政府的服务性是行政摄取体制、机制中的能量时可以赋予行政对象的服务和保障。这三种特性既紧密相联系又有明确区别，共同作用于行政管理制度体系创新的历史范畴。

一、服务性在行政管理制度中的发展历程

中华人民共和国成立七十多年来，特别是改革开放四十多年来，随着生产力的解放和发展，随着社会主义民主政治和市场经济体制的建立和完善，服务观念在全社会得到增强，人们享受到的服务领域在拓宽，服务设施在改进，服务质量在提高，服务的便捷性、多样性在增强。行政管理中的服务，与市场服务、社会服务同时发展起来。制度性行政服务的不断发展，标志着行政管理制度的现代化程度也在不断提高。

中国的古文里没有"服务"这个词，只有"服"和"务"两个汉字，其中"服"是服侍，接近于服务。《论语》有"子夏问孝。子曰：色难。有事，弟子服其劳"。"服其劳"，就是提供体力上的服侍。近现代"服务"这个词是日本根据英文里的 service 创造出的汉字词汇，日语发音作"Fukumu"，意思就是服侍性的事务，简而为"服务"。1944 年 9 月 8 日，陕北延安举行张思德追悼大会，毛泽东发表即席演讲，后秘书将其整理成文，毛泽东看后在文章上方写下"为人民服务"这 5 个大字，成为这篇讲演的标题，同年 9 月 21 日，《为人民服务》以新闻稿的形式在《解放日报》发表。1945 年 4 月，在党的第七次全国代表大会报告中，"全心全意地为人民服务"被确立为党的根本宗旨。

服务理念在中华人民共和国行政管理制度发展中经历了三个阶段，实现了三次转型。第一阶段从中华人民共和国成立初到"文革"以前（1949—1966 年），是"行理式"服务。第二个阶段从党的十一届三中全会到十六届三中全会（1978—2003 年），是"管理式"服务。第三个阶段从党的十六届三中全会提出建设服务型政府（2003 年），特别是十八届三中全会提出国家治理、政府治理、社会治理体系和治理能力现代化以来（2013 年至今），开启了"治理式"服务的新阶段。

（1）"行理式"服务

"行理"一词在《左传》和《管子》中都有提及。在《左传》中的意思是指受命出征的使者。《左传·昭公十三年》说"行理之命，无月不至"，是讲受命出征的使者每个月都要催问贡税。在《管子》中"行理"的含义是"行道践理"。《管子·正第》说，"立常行政，能服信乎？中和慎敬，能日新乎？……能服信政，此谓正纪。能服日新，此谓行理。"大意是说，订立规矩与执行政事，怎么才能让人信服？为人处事的中正平和、谨慎恭敬，怎么通过道德修养炼成？为政，取信于民，这叫作端正纲纪；做事，替天行道，这叫作行道践理，即"行理"。毛泽东在《为人民服务》中指出："我们这个队伍完全是为着解放人民的，是彻底地为人民的利益工作的。""中国人民正在受难，我们有责任解救他们，我们要努力奋斗。"① 我们理解为，"行理式"服务就是肩负解放普罗大众使命的人们，要救人于危难中，必行为民做主之理，唯服务才能服人，才能带领人民前行。"行理"又可以解释为工具，因为古字"理"和"李"通用，"行理"即"行李"，是出征者旅途中必备的工具。"行理式"服务，就是把管理者自己当作管理对象的工具。邓小平在1956年党的八大上所作的关于修改党章的报告中曾深刻指出："工人阶级的政党不是把人民群众当作自己的工具，而是自觉地认定自己是人民群众在特定的历史时期为完成特定的历史任务的一种工具。"② 这是强调要将制度主体的党和政府自身直接转化为人民的工具、人民管理国家的工具，才能真正达到服务人民的目的。

周恩来是"行理"的化身、人民"工具"的典型。他早年就立志于"服役"社会大众，"为中华之崛起而读书"。作为大国总理，周恩来更是先忧后乐，行胜于言，鞠躬尽瘁，死而后已。他的故事为世人传颂已有半个世纪之久，然而一旦再及，仍有震撼人心之力量。一次，周恩来听到群众反映北京市公共交通拥挤，马上安排时间，亲自乘坐公交车，在北京城里走了大半圈进行调查，回来后立即找有关方面负责人要求研究拟定改进方案。现尚保存的20世纪60年代初期我国粮食计划分配表，共有32页，其中有周总理自己动手核算调度、批点指令的密密麻麻的笔迹竟多达994处。③

"行理式"服务最突出的特征是强调服务的精神因素和意识形态性，比如特别注重张扬济困扶危的献身精神，担当责任的奋斗精神，忍辱负重的强者精神，雷厉风行的工作精神。"行理式"服务在实施中往往以领导、指挥、命令、计划等面目和方式出现。毛泽东说："领导的责任，归结起来，主要

---

① 《毛泽东选集》第三卷，人民出版社1991年版，第1003页。

② 《邓小平文选》第一卷，人民出版社1994年版，第218页。

③ 中国行政管理学会编：《周恩来行政管理思想与政府建设》，知识出版社1998年版，第108—109页。

地是出主意、用干部两件事。"① 邓小平也说，"一个总结经验，一个使用人才，这两点是我的正式建议"②。总结经验也是出主意的一种形式。这些都是强调服务即"行理"。

（2）"管理式"服务

改革开放初期，一位美国马里兰大学教授来华讲学时谈到，到中国来，最为欣赏的一条标语就是为人民服务。他认为管理就是服务，领导就是服务，这让大家感到新鲜。一般人认为，领导就是管理，而服务就是被领导。让领导者为被领导者服务，颠倒了主次。③ 事实上，将服务意识融入管理，实施管理式服务，是时代的进步。管理是社会分工的产物。行政管理与行政相对人也是一种分工。分工与合作是结伴而生的，管理者对资源进行配置，引导和组织被管理者实现组织目标，本身就是一种目标服务，这种服务涉及的人、财、物、信息、时空等的所有权都是被管理者让渡的，因此服务应当互相理解、互相支持、互相帮助。这一特殊关系就是服务关系。因此，当"行理式"服务发展为"管理式"服务的时候，服务的内容更加丰富了，形式更加灵活了，样式更加多元了。

"管理式"服务一般体现在以管理主体为中心，以数量增长为重点，以量化考核为抓手，以标准化、规定性、长效机制为目标。"管理式"服务在实施中，往往以绩效、规划、技术、指标等手段和方式出现。在管理主义指向下，行政管理制度建设重点是提高效率。而借鉴别国行政改革经验，提高我国行政管理的效率成为制度创新、制度现代化主维度。邓小平指出："行政管理的效率，资本主义国家在许多方面比我们好一些。"④ 学习西方先进的管理是为了把中国的事情办得更好。这些都是强调服务即"管理"。

（3）"治理式"服务

---

① 《毛泽东选集》第二卷，人民出版社 1991 年版，第 522 页。
② 《邓小平文选》第三卷，人民出版社 1993 年版，第 369 页。
③ 余莲：《"管理就是服务"再认识》，《教育教学论坛》2012 年第 14 期。
④ 《邓小平文选》第三卷，人民出版社 1994 年版，第 240 页。

随着中国特色社会主义事业的深入发展，社会主义市场经济体制基本建立起来后，行政管理制度要为完善这个体制服务，建立现代政府治理体制和社会治理体制。2003年召开的十六届三中全会提出：深化行政审批制度改革，切实把政府经济管理职能转到主要为市场主体服务和创造良好发展环境上来，完善政府的公共服务职能。2004年2月，温家宝首次提出了"服务型政府"的概念。胡锦涛指出："最佳的管理方式是在服务中实施管理、在管理中体现服务，通过强化社会服务提高社会管理实效。"[①] 党的十七大、十八大和十九大都进一步提出"建设人民满意的服务型政府"。十八届三中全会提出了全面深化改革的总目标是完善和发展中国特色社会主义制度，推进国家治理体系和治理能力现代化。用服务理念、治理的理念取代传统的统治理念和近代以来的管理理念，建立起服务型的政府治理模式，服务成为一种基本理念和价值追求，政府定位于服务者的角色，政府的存在、运行和发展都是为社会、为公众服务。[②] 这标志着行政管理制度从"全能管理型"转向"服务治理型"。

"治理式"服务在实施中往往以统筹、协商、沟通、互动等方式出现。从习近平关于治理的许多重要论述中我们可以清晰地看到，系统性、综合性、协同性、法治性、源头性，成为新时代行政管理制度创新的指导理念。这些都是强调服务即"治理"。

从"解放就是服务"，到"管理体现服务"，再到"建设服务型政府"，形成了中华人民共和国行政管理制度创新中服务理念的三次重大飞跃。服务理念在再造和拓展中不断深化、内化、具化。

二、行政管理制度中服务性的要义和特征

中国行政管理制度中所蕴含的服务性之要义和特征，集中体现为四个

① 《胡锦涛文选》第三卷，人民出版社2016年版，第506页。
② 张康之：《限制政府规模的理念》，《行政论坛》2000年第4期。

方面：

（一）服务性建构在科学基础上

毛泽东指出："一切狡猾的人，不照科学态度办事的人，自以为得计，自以为很聪明，其实都是最蠢的，都是没有好结果的。"① 服务理念的建构过程，就是一个科学化的过程。汲取全部人类的科学文化和制度文明营养建构的服务理念，才有资格成为建设和发展行政管理制度的基石。

（二）服务性植根于历史唯物论信念中

人民群众是历史的创造者，这是历史唯物主义的基本原理。将相信人民、相信人民的力量、相信群众的智慧作为行政管理制度的哲学基础和基本信念，才能正确处理公众与个人、民主与集中的关系，才会掌握密切依靠群众、发挥群众历史主动精神的工作方法。1960 年，毛泽东在会见来自亚非拉地区的外国朋友后，在修改新闻稿时，把原稿中"中国人民伟大领袖"、外宾"称赞中国人民在毛泽东主席领导下所取得的伟大成就"这样一些话删去。他对起草人熊向晖说，人民是决定的因素，领导人不应站在人民之上，不应站在人民之外，必须站在人民之中，是人民的一部分。所以，必须突出"决定的因素"，突出人民，决不要突出个人。立足于深邃的哲思，使服务理念成为行政管理制度中最耀眼的光芒。

（三）服务性耸立于核心价值观上

政府必须把自己的价值同实现人民群众的利益紧密地结合在一起，真正做到一切言论行动，以合乎广大人民群众的最大利益，为最广大人民群众所拥护为最高标准。毛泽东认为，"不反映人民群众的要求，哪一个人也不

---

① 《毛泽东文集》第八卷，人民出版社 1999 年版，第 324 页。

行"①。李先念在中华人民共和国成立初期指出："联系群众、动员群众、学习群众以及深入教育群众的一个好方式好方法""一个重要原则，即为人民服务当勤务员的态度问题，那就是老老实实……态度老实一点，人民就会爱你，那么你们的'价值'也就提高和贵重了。"②"人民拥护不拥护""人民赞成不赞成""人民高兴不高兴""人民答应不答应"，是衡量行政管理和政策制定的根本标准，也是政府核心价值观，服务理念就是建立在这个价值观基础上的。以富强民主、文明和谐、自由平等、公正法治等价值追求为导向树立起来的服务理念，成为行政管理制度时代性和先进性的标志。

（四）服务性寓于人民监督之内

服务的理念是平等意识的延伸，领导者与被领导者应该彼此平等地交换意见。周恩来常常说他是"人民的勤务员""总服务员"。③ 他要求从制度上完善民主监督，"让人民找政府的'岔子'""政府则应该让人民代表批评自己的错误，提出质问"，要允许"唱对台戏"，上下左右互相监督，起制约作用。他主张多讲错误，博得监督。他在大会小会上多次说过："有错误要逢人便讲，既可取得同志的监督帮助，又可以给同志们借鉴"，使其避免犯类似错误。他对待批评、对待部下工作中出现的问题或错误的态度，是经常主动为下级承担责任，绝不文过饰非，诿过于人。他善于倾听不同意见，择其善者而从之。他经常指出：一个好的领导者，要能主动地造成一种下面同志敢同你争论问题的风气，即使事后证明你是对的，别人是错的，也不要紧，切忌一言堂，一言堂多了很危险。④ 服务就要接受抱怨、批评和监督，

---

① 《毛泽东文集》第八卷，人民出版社 1999 年版，第 324 页。

② 《李先念建国初期文稿选集》，中央文献出版社 2002 年版，第 118—119 页。

③ 中国行政管理学会编：《周恩来行政管理思想与政府建设》，知识出版社 1998 年版，第 148 页。

④ 武树帜、宋德慈、高小平：《学习周恩来行政思想 发扬周恩来奉献精神》，《人民日报》1998 年 2 月 10 日。

这是回归服务本意，又是重大创新。将人民监督思想内置于政府服务理念的范畴之中，对于建设权力关进"笼子"里的行政管理制度，具有重大意义。

三、服务性发展演化的原因分析

中华人民共和国行政管理制度中的服务理念演化的原因是多方面的。服务理念本身既是制度变迁的重要组成部分，又成为制度变迁的原因和动力。这种互为因果、相互作用是理论与实践互动关系的一种特殊形式，成为理念变化的动因。

（一）党的理论创新，为服务理念的发展提供了指导思想和变革方向

我国行政管理制度七十多年的发展，是在党的理论创新、发展引领下的伟大而生动的实践。中华人民共和国成立后，在毛泽东思想指导下，制定了宪法，召开了党的八大，提出了国内主要矛盾已经不再是工人阶级和资产阶级的矛盾，而是人民对于经济文化迅速发展的需要同当前经济文化不能满足人民需要的状况之间的矛盾。政府围绕发展社会生产力制定了一系列行政管理制度，建立了计划经济的管理体制和运行机制。在全面建设社会主义的十年中，政府组织开展了大规模建设，全国工业固定资产按原价计算，十年增长了三倍。[①] 但是，从 1966 年至 1976 年，由于"文化大革命"的破坏，毛泽东思想不能得到有效执行，国家已初步建立的较为行之有效的行政管理制度受到极大摧残。十一届三中全会开启了党在思想、政治、组织领域的全面拨乱反正，确立解放思想、实事求是的思想路线，形成了邓小平理论，在中国特色社会主义行政管理制度建设中发挥重要的指导作用。江泽民继承和丰富了邓小平理论，形成了"三个代表"重要思想，为建立与社会主义市场经

---

① 参见《关于建国以来党的若干历史问题的决议》，1981 年 6 月 27 日中国共产党第十一届中央委员会第六次全体会议通过。

济相适应的行政管理体制提供了理论基础。胡锦涛捍卫和发展了邓小平理论、江泽民"三个代表"重要思想，创立了科学发展观的理论体系，明确提出建设服务型政府，初步建成了覆盖全社会的公共服务体系框架。习近平接续和发展了邓小平理论、"三个代表"重要思想、科学发展观，形成习近平新时代中国特色社会主义思想，为全面建设社会主义现代化国家、实现中华民族伟大复兴指明了方向，开拓了新的伟大征程。党的理论持续创新，一次次地提升了从制度层面认识行政管理服务性的高度，深化了服务理念，指引制度创新不断前行。

（二）人民的实践活动，是服务性产生发展的摇篮和沃土

中华人民共和国七十多年来取得的成就，是党的领导力量、人民的主体力量、市场的配置力量、政府的服务力量形成合力的结果，归根结底是人民的实践力量所创造的奇迹。历史活动是群众性的事业，人们自己创造自己的历史，这种创造是通过人民的实践完成的，实践是上接"天气"、下接"地气"的创造。① 一部新中国史，就是人民的创世纪。实践创造了社会的物质财富、精神财富和制度财富，提供了服务赖以产生的条件。实践提供了人与人的交往和合作机会，实现了人在社会关系中的制度性服务价值。实践创造了服务理论，孕育了为人民服务的真理，实践又检验辨别了服务的效率和质量，发展了顺应历史潮流、顺乎民心民意的理论和实践，解放了人们的服务思想，社会收取了享有服务的制度硕果。从 20 世纪 50 年代热火朝天的社会主义建设实践，到 80 年代开始的激动人心的改革开放实践；从民族独立、民族振兴、民族复兴的伟大跨越，到"五位一体""四个全面"的战略实践；从经济增长逻辑，到以新发展理念重构的"五大发展理念"；从农村联产承包责任制，到全面深化改革的总目标"国家治理体系和治理能力现代

① 《积极投身新时代改革开放伟大实践——来自新的社会阶层人士庆祝改革开放 40 周年专题研讨会上的声音》，《团结报》2019 年 1 月 2 日。

化";从社会主义市场经济,到中国特色社会主义民主政治……人民的社会实践转化为服务人民的理念,是行政管理制度的服务理念产生的摇篮,发展的沃土。

(三) 服务经济的发展,成为服务性发展的催化剂和加速器

服务经济是近50年来崛起的新经济形式。伴随信息革命和新技术的飞速发展,服务性的经济形态出现新的发展状态和趋势,在国民经济构成中占的比重和地位大大提高,不仅涵盖了原来传统意义上的服务业,而且包括与对外贸易相关的广阔市场经济门类与形式,这引发了全球经济发生一场结构性的变革,这一变革的结果是"服务经济社会"成为一种新的社会形态,先进国家率先进入这一时期。中国服务经济快速发展,已成为经济增长主动力,到2018年,服务业对经济增长的贡献率接近60%。[①] 服务经济的发展,不仅将服务的想法、服务的冲动、服务的热情注入社会意识,从而植入行政管理人员的思想,而且在物质层面对行政管理制度产生了冲击。服务经济与以往经济形态的主要区别是人的主观性行为和智慧成为直接的生产力,这就要求行政管理制度更多地关注人、服务于人、服务于人的新需求,减少对人的不必要干预。因此,政府必须更好地为人提供服务,更多地提供公共产品,而要做到这一点,政府必须深化制度改革。以简政放权、放管结合、优化服务为主要内容的"放管服"改革,正是回应了这一要求,将政府职能转向更多地为生产、生活需要服务,增强市场自身活力和社会内在创造力。

时代性、世界性公共领域的改革,是服务理念演化的条件和方法。中国踏上改革开放之路,与国际上进行大规模行政改革,推行新公共行政、新公共管理和新公共服务几乎是同步的。尽管在社会发展阶段、政治制度、遇到的问题以及治理状态和水平等方面中国与西方国家有着很大的区别,但是中国行政领域借鉴国际上的变革理念和做法,还是不能低估的。新公共服务强

---

① 李克强:《政府工作报告》,《人民日报》2019年3月17日。

调修正原有的行政目标和行政过程，强调注重效率与公平的均衡，强调公民参与、政策民主化、决策回应性、社会责任性，特别是重视公共服务供给方式的改革，降低行政成本。当代国际上公共管理及全球治理的理论与实践不断发生着变化，既改变了公共部门管理的实践模式，也改变了公共部门管理的理论形态以及知识体系。改革开放使我们可以更好了解把握外部世界与引进借鉴国外先进的公共管理理论方法。① 一大批行政改革举措被广泛应用，公共服务生产制度、供给制度、监督制度、评估制度不断得到创新，政府信息公开制、公共项目招投标制、政府集中采购制、行政听证制等，大都是立足国情，借鉴国际经验的结果，为行政管理增添了制度性约束条件，促进服务理念浸润到制度本体之中。

四、服务性对行政管理制度创新的影响

服务性的发展对行政管理制度创新的影响是全方位、多层次、大力度的，主要集中在以下几个方面。

（一）促进政府职能转变

政府职能转变是一个需要较长时间、经过艰苦努力才能实现的制度变革，服务理念的持续创新对行政管理职能制度创新的推动作用具有导向性和连续性。这种影响的途径从两个方面开辟：一是通过行政体制改革和机构改革中的思想教育，增强转变职能的自觉性；二是通过行政管理制度变革使公务员与人民群众共同增强获得感和成就感，释放改革的能量。服务理念重塑了行政制度的本质。

---

① 陈振明：《中国公共管理学 40 年——创建一个中国特色世界一流的公共管理学科》，《国家行政学院学报》2018 年第 4 期。

（二）提升政府治理能力

现代政府治理能力是在权力分享、资源开放的条件下，与社会共同合作承担责任的能力。信任是合作的基础。当我们从严格的等级管理时代转为关系更为多元复杂的治理时代，政府必须着力营造与其他部门、私人部门、第三部门、志愿性群体、公民个人、公民之间的相互信任机制。服务是信任的前提。在公共信任度较低的社会里，尤其需要增强政府服务能力，只有实现服务现代化，才能建立互信机制。服务能力成为治理能力中最重要的方面。公务员服务意识强不强，还有赖于行政管理制度能不能有效调动积极性。在不搞政治运动、不滥用科层制压力的情况下，领导就是服务，上级为下级服务，解除他们工作中的后顾之忧，为他们的全面发展提供保障，就能调动广大公共管理人员的积极性，让他们积极主动为社会服务。

（三）推动信息技术应用

用科学技术成果改进行政管理的结构、功能和流程是制度创新的重要动力。但是这是一个被动服务的过程，往往受制于政府的主观态度。只有增强行政的主动服务精神，才能提高新技术应用的自觉性。在科技发展速度加快的情况下，特别是随着数字时代的到来，行政管理绩效在很大程度上取决于信息化技术。公众参与管理、决策和治理，也对政府服务的技能提出了更高的期待和要求。我国与很多国家一样，长期致力于运用信息通信技术推动政府管理模式创新，近年来取得了突破性发展。一是运用信息技术推动在线政务服务；二是运用信息技术推动政务服务改革，优化和重组行政管理组织；三是运用信息技术将行政管理制度创新嵌入政府业务流程创新之中。[1] 如果没有服务理念的不断增强，这些信息化方面的改革举措便难于应用，即使应

---

[1] 翟云：《全球在线政务服务模式创新及对中国的启示》，《行政管理改革》2019 年第 4 期。

用也难以持续。

（四）建设优良行政作风

改进行政作风，是顺利贯彻执行党和政府的理论、路线、方针、政策的重要保证。周恩来在担任国务院总理 26 年期间，亲手培育了国务院机关"兢兢业业、忠于职守；艰苦奋斗、廉洁奉公；严肃认真、谦虚谨慎"的优良传统和行政作风，被一代一代传承下来，发扬光大。① 好的作风需要有好的思想作为基础。马克思主义的人民观，为人民服务的理念，对于培养服务行政的优良作风发挥了重要作用，对于行政管理制度建设找准切入点、制高点、出发点和落脚点，发挥了重要的作用。

第四节　改革开放以来行政管理制度创新实践

中国改革开放四十多年来，党和国家全面推进制度创新，破除体制机制障碍，形成了包括经济制度、政治制度、公共管理制度、法律制度在内的中国特色社会主义制度体系。各方面的制度建设与行政管理制度创新都有着密切的关联。按照适应社会主义市场经济、建设社会主义民主政治以及公共管理自身发展的要求，行政管理制度体系在实践中不断改革完善，开创了科学化、民主化、法治化、现代化的制度创新历程。

（一）恢复与重建阶段

改革开放之初，恢复与重建经济秩序，凝聚社会共识，建立有利于经济社会迅速发展的新制度，是人心所向。一系列得以重新确立和相继出台的探索性改革举措，对改革开放起到了巨大的推动作用。具体可以总结出如下五个方面：恢复高考制度、家庭联产承包责任制、经济特区制度、干部退休制

---

① 张华林：《在中南海的日子里》，档案出版社 1992 年版，第 117 页。

度和国家公职人员考试录用制度。

可以说，恢复高考制度不仅彻底改变了一代人的命运，而且为改革开放伟大事业培养大批人才提供了制度保障，影响极其深远；而 1980 年，家庭联产承包责任制得到中央的肯定，这一重大制度创新，极大地激发了亿万农民的积极性，引领和推动了其他各个领域的改革；经济特区制度则是宣示"开放"的标志性事件，其制度的建立，在中国改革开放历程中具有里程碑意义，是全面推动改革开放的重大制度创新。

（二）开创与规范阶段

改革开放是一项前无古人的伟大事业，因而需要各个领域的开创性制度建设。如何在"破"旧规的同时"立"起新规，将"革故"与"鼎新"有机统一起来，建立新型制度规范，防止社会失序，就成为面临的重大任务，可以总结为九个方面：招投标制度、居民身份证制度和户籍制度改革、九年义务教育制度、股份制改革、社会保障制度、"三定"制度、公务员制度、政务公开和政府信息公开制度、行政管理科研和教学制度。

例如，股份制改革就经历了一个开创和规范的过程。党的十一届三中全会后，一些农村社办企业开始探索集资入股、股份合作、股金分红的办法。1983 年，深圳宝安联合投资公司正式成立。1990 年，上海证券交易所和深圳证券交易所先后成立。股份制改革对发展宏观经济、促进民营经济、建立现代企业制度，具有重大意义。

同样，实践领域制度变革呼唤行政管理理论创新，也对人才培养提出了更高要求。1986 年国家教育行政部门批准大学开办行政管理专业，1997 年公共管理设为一级学科，2001 年批准开办公共管理专业硕士学位（MPA）教育。行政管理科研和教学制度的创新，有效推动了行政管理制度的理论研究和实践人才培养，加快了政府管理的科学化进程。

（三）跨越与进步阶段

改革开放使中国迅速崛起，后发优势使我们在诸多领域都实现了跨越式发展，其背后是制度创新优势的发挥。一系列有助于推动经济社会快速健康发展的公共管理制度创新，在实现政府自身进步的同时，有效地促进了国家的政治、经济、社会、文化等各个领域的发展进步。具体体现在如下八个方面：政府信息化制度、行政诉讼制度、国家赔偿制度、分税制和营改增财税体制改革、行政听证制度和政府采购制度、村级民主选举制度和取消农业税。

一个例证是取消农业税。自 2004 年开始，吉林、黑龙江等省试点全部或部分免征农业税，2005 年全国有 28 个省全面取消了农业税。2005 年，第十届全国人大常委会第十九次会议高票通过废止《中华人民共和国农业税条例》，决定自 2006 年 1 月 1 日起全面取消除烟叶之外的农业特产税，全部免征牧业税。延续了两千多年的"皇粮国税"正式退出历史舞台。这一改革切实减轻了农民负担，促进了生产力解放，具有划时代意义。

（四）整合与发展阶段

改革创新是一个整体，不能孤立地进行某些领域的改革，需要"点"与"面"结合，整体推进，将方方面面的力量凝聚成浩浩荡荡的合力，才能使制度创新发挥更大的作用。随着改革开放的深入，很多制度建设立足于整合资源，促进社会主义市场经济和民主政治全面发展。在改革开放的进程中，以下十项是整合与发展的典范：城镇职工住房制度改革、最低生活保障制度和基本公共服务均等化制度、新型农村合作医疗制度和城镇居民基本医疗保险制度、基本药物制度、行政审批制度改革、行政问责制、绩效管理制度、应急管理制度、大部制和重大决策社会稳定风险评估制度。

以行政审批制度改革为例，2001 年，国务院下发《国务院批转关于行政审批制度改革工作实施意见的通知》。2004 年，《中华人民共和国行政许可法》实施。2008 年，国务院办公厅转发监察部等部门《关于深入推进行政审批制度改革意见的通知》。2013 年，国务院宣布本届政府要再削减三分之一以上的行政审批事项。审批制度改革有效推动了简政放权、放管结合、优化服务。

（五）完善与优化阶段

进入新时代以来，如何在制度层面完善已经初步建立起来的社会主义市场经济体制，进一步优化制度设计以形成新的发展动力，实现国家治理能力和治理体系现代化，是改革面临的重要问题。在此背景下，一系列优化政府职能、促进社会治理创新的制度安排相继出台。以"完善与优化"为关键词，可以总结出以下八个方面：政府清单管理制度、商事制度改革、公务用车制度改革、国家监察制度、大督查制度、自贸区制度、生态红线制度和"三治"基层社会治理制度。

以政府清单管理制度为例，党的十八大以来，围绕国家治理体系和治理能力现代化，公共管理制度创新进入了一个新阶段，通过全面深化改革，使改革开放中逐步形成的制度体系越来越完善，趋向定型。2013 年，党的十八届三中全会明确提出："推行地方各级政府及其工作部门权力清单制度，依法公开权力运行流程。"2015 年，国务院发布《国务院关于实行市场准入负面清单制度的意见》，标志着正式开始实施权力清单、负面清单制度等清单管理制度。政府建立包括权力清单、责任清单、负面清单在内的各类清单管理制度，对促进政府职能转变、加强权力运行制约、激发外资投资热情，具有重要而深远的影响。

纵观改革开放以来行政管理制度创新实践，在政治层面，是马克思列宁主义、毛泽东思想、邓小平理论、"三个代表"重要思想、科学发展观、习近平新时代中国特色社会主义思想指导的结果，是解放思想、实事求是、理论联系实际的产物，体现了现代政府治理以人民为中心的宗旨；在管理层面，是不断适应经济社会发展需要，遵循公共行政发展规律，自我革命的成果，体现了政府治理科学化的要求；在服务层面，是树立先进文化、平衡生态环境、促进制度文明的结晶，体现了以服务型政府为载体的行政管理制度创新的本质。

第四章 政府组织制度创新

本书前三章对行政管理制度理论基础做了研究，重点提出了国家治理现代化背景下研究行政管理制度体系创新的分析框架，分析了国家治理、国家行政管理的演进以及行政管理学术发展对于研究中国行政管理制度体系创新理论的线索性思考。本章开始将进入对现实行政管理制度的研究。这一章我们先分析政府组织制度创新。

第一节 党的十八大以前的政府组织制度创新

政府组织制度是对政府机构设置及变更、职能确定及变更的规定。政府组织制度在行政管理制度体系中居于中心部位，是结构性制度的主体。政府组织制度创新包括两个部分，一是行政组织法体系创新，二是政府机构改革。在一个相对恒定的历史时期中，行政组织法保持稳定，如《中华人民共和国国务院组织法》于 1982 年 12 月 10 日第五届全国人民代表大会第五次会议通过，直到现在未有改变。《中华人民共和国地方各级人民代表大会和地方各级人民政府组织法》于 1979 年 7 月 1 日第五届全国人民代表大会第二次会议通过，在 1982 年至 2015 年期间做过 5 次部分内容修正，主体性规定一直实施到现在。这一现象是由法律的特殊稳定性决定的，这种稳定性较之一般意义上的制度稳定性要高出一个"量级"。本书重点研究在社会发展进程中与外部环境变化互动性较强的一种制度创新——政府机构改革。

一、政府机构改革的缘起

作为国家权力结构和运行的核心载体，我国的各级人民政府机构承担着执行中国特色社会主义制度和行使国家治理权力的重要任务，依法履行经济调节、市场监管、社会管理、公共服务、生态保护等重要的行政职能。如同人体的骨骼系统起着支撑身体的作用，既是人体结构复杂性的基础，又是生物形态进化的限制性因素一样，政府组织制度也是行政系统结构复杂化的基础，也会成为行政形态进化的限制性因素。改革开放四十多年来，我国先后经历了八次较大规模的政府机构改革，深刻体现了党和国家与时俱进、持续创新的勇气和决心。

（一）中华人民共和国成立初期对制度本体的设计

中华人民共和国成立初期，依照《中华人民共和国中央人民政府组织法》的规定，在组建中央政府机构时，按照"精简、统一、效能"的政府机构设置基本原则，根据当时战争、剿匪、建政、恢复工农业生产等繁多任务，必须加强集中统一领导的需要，设立了政治法律、财政经济、文化教育、人民监察等4个委员会和内务、外交、公安、财政、贸易、工矿、文化、教育、交通、民族、侨务等30个部、会、院、署、行机构，以利于管理新中国百业待兴、千头万绪的行政事务。随后，曾有几次根据社会政治、经济形势的发展变化，及时调整政府机构设置，重点调整专业经济部门机构，增设综合性职能机构。大体在第一个五年计划期间（1953—1957年），我国建立了适应高度计划经济需要的行政管理制度体系和政府机构体系，标志着社会主义行政管理制度体系"骨骼"的开始形成。

这种制度体系在"文化大革命"中受到一定程度的破坏，主要表现在行政系统的相对独立职能的取消，党的十一届三中全会公报描述为"党的一元化领导"，以及"党政企不分、以党代政、以政代企的现象"。周恩来为了开展行政工作不得不在国务院成立了 8 个专为他本人服务的"总理办公室"，夜以继日地工作，以应付大量迫切需要解决的经济社会运行中的严重问题。

中国行政系统在制度方面存在一定的先天不足，主要并不完全是由经济体制决定的，而是由经济体制与政治体制共同决定的，而且主要的、直接的、致命的是由政治体制决定的。理解中国行政管理制度的本体性特征，如果仅仅从计划经济对行政体系的这个维度去分析，是远远不够的，甚至是隔靴抓痒的。因此，分析行政管理制度，尤其是中国的情形，结构——政治性、运行——经济性、保障——社会性，这样的思路是我们独立提出并得到验证的制度理论。当然也应该看到，在结构性制度中，政治性规范虽然起到直接的作用，但这种政治规范最终是由经济诉求决定的——希冀通过纯粹的公有化经济制度达到快速发展现代工业的假设，如苏联曾经一度给人在这方面以很强的"制度自信"。

(二) 改革开放初期的制度创新

"文化大革命"结束后，面对百废待兴的乱局，为了快速恢复经济建设、推进社会发展，党和国家将工作重心从"以阶级斗争为纲"转到"以经济建设为中心"上来，行政系统迅速增设了很多经济管理部门。在 1977 年到 1981 年的五年时间内，国务院共增设了 48 个行政机构。到 1981 年，国务院共设有行政部门 100 个，其中，部委机构 52 个、直属机构 43 个、办公机构 5 个。在国务院的 100 个工作机构中，行使经济管理职能的有 71 个。一方面适应了当时经济社会发展的需要，另一方面也进一步加剧了原有计划经济体制下政府机构臃肿、行政效率低下等问题。1980 年，国务院发布《关于经济改革的初步意见》，正式提出经济体制改革的重点是要体现自觉运用经济规律，变单一计划经济为计划指导下的商品经济的意见。在此背景下，政府机构存在的突出问题很快凸显出来。

实际上，邓小平早在 1978 年就已经注意到政府机构臃肿、效率低下的问题，开始思考实施政府机构改革。邓小平认为，党的思想路线、政治路线确立以后，最关键的问题就是组织路线问题，而机构臃肿问题是组织路线问题的重要方面。1978 年 12 月，十一届三中全会正式确立把"全党工作重点转移到社会主义现代化建设上来"的改革思路，明确提出要"多方面改变与生产力发展不相适应的生产关系和上层建筑，改变一切不适应的管理方式、活动方式和思想方式"。1979 年 7 月，邓小平在接见中共海军委员会常委扩大会议全体同志时明确指出："组织路线方面还有其他的问题，如机关臃肿怎样解决，退休制度问题怎样解决等等。"① 可见他已经正式开始思考政府机构改革问题。1980 年 8 月，邓小平提出，要改革党和国家的领导制度，废除干部领导职务终身制。② 1982 年 1 月，他在中共中央政治局扩大会议上发表题为"精简机构是一场革命"的讲话，指出精简机构是一场革命，并就机构改革的性质、任务和方针原则等提出重要意见，认为"让党和国家的组织继续目前这样机构臃肿重叠、职责不清，许多人员不称职、不负责，工作缺乏精力、知识和效率的状况，这是不可能得到人民赞同的"③。之后，中共中央政治局正式通过机构改革方案，改革开放后的首次机构改革正式启动。

1978 年以前，我国经济基础是以计划管理为主的经济体制，上层建筑是政府权力高度集中的以管制为主要职能的行政管理体制。党的十一届三中全会公报提出："应该着手大力精简各级经济行政机构""实行分级分工分人负责，加强管理机构和管理人员的权限和责任，减少会议公文，提高工作效率，认真实行考核、奖惩、升降等制度"。从 20 世纪 80 年代开始，我国经济改革从农村到城市，从发展商品经济到建立市场经济，逐步打破了僵化的计划经济体制，社会性因素活跃，国民经济迅速得到恢复和发展。同时，我

---

① 《邓小平文选》第二卷，人民出版社 1994 年版，第 192—193 页。
② 《邓小平文选》第二卷，人民出版社 1994 年版，第 342 页。
③ 《邓小平文选》第二卷，人民出版社 1994 年版，第 396 页。

国连续进行了多次比较集中的行政管理体制改革和机构改革。这使得政府努力适应市场放开后经济社会环境的变化，而且政府逐步成为主动推动经济改革的重要力量，用行政改革促进经济改革，用行政改革的成果巩固经济改革的成果。

1982年的政府机构改革主要针对机构臃肿、人浮于事、效率低下、干部队伍老龄化等问题，以精简机构、提高效率、废除事实上存在的领导干部终身制、实现干部队伍年轻化为侧重点。通过精简、合并，将国务院部委、直属和办事机构从100个减少到61个，人员编制数缩减约25%。[1] 省级政府工作部门平均减少20个，市县政府职能部门都有较大精简；取消了领导干部终身制，开始推行干部退休制度；政府各级领导干部的职数减少67%，国务院副总理由13人精简到2人；国务院部委领导干部平均年龄从64岁下降到60岁，司局级领导干部平均年龄从58岁下降到50岁。[2] 改革成效显著。然而，受多方面因素的影响，这次改革没有从根本上触动既有的计划经济管理体制，没有从转变政府职能的视角来设计机构改革，甚至也没有就邓小平在1981年1月13日中共中央政治局中央机构精简问题讨论会上提出的"规定编制，规定定额，规定各单位和个人的职责界限"[3] 做出实质性规定，没有触动导致机构臃肿、人浮于事、效率低下等表象后面的深层次根本性体制和制度原因。从实际成果来看，此次机构改革最突出的重大成果是干部任期制的出台和岗位目标责任制的实施。政府机关的思想观念、工作制度、管理体制、工作方法和工作作风等方面都有明显的改进。

---

① 高小平、沈荣华：《推进行政管理体制改革：回顾总结与前瞻思路》，《中国行政管理》2006年第1期。

② 申坤、穆江峰：《中国政府机构改革60年的历史变迁与思考》，《河北青年管理干部学院学报》2012年第3期。

③ 《邓小平文选》第二卷，人民出版社1994年版，第396页。

二、政府机构改革的深化与制度创新的特点

由于 20 世纪 80 年代初期实施政府机构改革后，一些既定政策没有实施到位，加之随着经济体制改革的深入，行政管理制度变迁的内在呼声日益高涨，机构数量在精简之后又继续膨胀，到 1987 年，国务院所属行政机构再一次从 61 个增加到 72 个，一些部门内部又新增了一些司局和处室，不能适应提高行政效能的要求。于是，1988 年，新一轮政府机构改革正式启动。

这次机构改革提出了"转变政府职能是机构改革的关键"这一重要命题，按照精简、统一、效能的原则，推进政企分开，通过转变政府职能，实现精简机构和人员、理顺关系、提高效率的目的。此次改革另一个重要特点是，开始实施"三定"，通过定职能、定机构、定编制来促进转变职能、控制机构和人员数量，并按照专业化的要求，着手研究建立公务员制度。通过改革，政府转移、下放了一些职能，撤并了一些专业经济管理机构，将国务院机构从改革前的 72 个缩减到 66 个，人员编制精简了 20%。

这一阶段改革最大的特点是人们思想认识的大提高，看到了政府机构存在的问题是一种体制性障碍，核心是政府机构的规范性制度不合理，政府职能设置需要按照经济社会发展的需要特别是商品经济发展的需要进行转变，只有这样才能走出计划经济下机构改革"精简—膨胀—再精简—再膨胀"的循环。此外，这一时期政府各部门、各地区普遍推行了岗位管理制度和目标管理制度，政府行政管理科学化、民主化、法制化、现代化进程大大加速，也是这一阶段机构改革的重要成果。虽然此次机构改革后即发生了国家进行经济治理整顿，政府职能转变的进展较为缓慢，原定开展的地方政府机构改革也向后延迟，但是这次改革树立了改革政府机构从职能转变入手，加强科学管理制度建设等理念，对当时和后来的改革发挥了极为重要的解放思想作用。

从 1978 年的党的十一届三中全会到 1992 年邓小平发表南方谈话，在这

个时间段中进行的 1982 年和 1988 年两次机构改革，充分体现了邓小平对政府机构改革的指导作用，是邓小平理论在行政制度和政府工作领域的伟大创造。

一是政府机构改革是党和国家领导制度改革的重要内容，要从"总病根"上动手术，重点是简政放权。邓小平同志在《党和国家领导制度的改革》中指出，"我们的各级领导机关，都管了很多不该管、管不好、管不了的事，这些事只要有一定的规章，放在下面，放在企业、事业、社会单位，让他们真正按民主集中制自行处理，本来可以很好办，但是统统拿到党政领导机关、拿到中央部门来，就很难办。谁也没有这样的神通，能够办这么繁重而生疏的事情。这可以说是目前我们所特有的官僚主义的一个总病根"①。这体现了抓住要害推动政府机构改革的深邃思想。

二是政府机构改革是政治体制改革的重要内容，要拟定正确的标准，积极稳妥推进。邓小平同志反复强调，机构改革是经济体制改革和政治体制改革的客观需要，"现在经济体制改革每前进一步，都深深感到政治体制改革的必要性。……政治体制改革的内容现在还在讨论。这个问题太困难，每项改革涉及的人和事都很广泛，很深刻，触及许多人的利益，会遇到很多的障碍，需要审慎从事。我们首先要确定政治体制改革的范围，弄清从哪里着手。要先从一两件事上着手，不能一下子大干，那样就乱了"②。"我们评价一个国家的政治体制、政治结构和政策是否正确，关键看三条：第一是看国家的政局是否稳定；第二是看能否增进人民的团结，改善人民的生活；第三是看生产力能否得到持续发展。"③ 这体现了推动政府机构改革的政治方向和评价标准。

三是机构改革是一场革命。④ 邓小平以革命家的宽阔胸怀和过人胆识，

---

① 《邓小平文选》第二卷，人民出版社 1994 年版，第 342 页。
② 《邓小平文选》第三卷，人民出版社 1993 年版，第 178 页。
③ 《邓小平文选》第三卷，人民出版社 1993 年版，第 213 页。
④ 《邓小平文选》第三卷，人民出版社 1993 年版，第 178 页。

在对机构改革的精准定位和高度理论自觉的基础上，提出把政府机构改革当作"革命"，提出著名的"精简机构是一场革命"的论断，影响极其深远。

这两轮政府机构改革作为改革开放以来首开的改革先河，不仅打开了计划经济体制下的政府组织结构体系的缺口，初步建构了适应商品经济和民主政治需要的政府机构格局和运行机制，取得了多方面令人瞩目的成就，而且明晰了转变政府职能、提高行政效能的主要改革任务和路径，为后来的改革积累了经验，探索了道路，明确了方向，体现了中国共产党人对政府机构制度本体的理性扬弃。

三、改革开放峰值期的制度创新经验

1992 年，邓小平发表南方谈话，进一步推进了经济体制改革，为了尽快改革政府机构以适应日益发展的社会主义市场经济体制建设的需要，中共十四大按照邓小平建设有中国特色社会主义理论的指导，正式提出建立社会主义市场经济的经济体制改革目标，同时宣布将按政企分开，精简、统一、效能的原则推进政府机构改革和行政管理体制改革。由于上一轮改革在转变职能上没能得到切实推进，也由于 1988 年之后经济社会建设的现实需要，我国政府机构迅速膨胀，到 1993 年，国务院常设机构已经由 1988 年改革后的 66 个增加到 86 个，非常设机构由 49 个增加到 85 个。[①] 机构臃肿、职能重叠、人浮于事、官僚主义、效率低下、政企不分等问题日益突出，已经严重阻碍了社会生产力的发展和党群、政社关系，难以适应发展社会主义市场经济的需要，到了非改不可的境地。时任中共中央总书记江泽民同志指出："机构问题不解决，上述弊端不消除，国有企业就很难真正走向市场，社会主义市场经济体制就难以建立起来，改革开放和现代化建设就迈不开更快的步伐，我们在日益激烈的国际竞争中就难以立于不败之地。现在，进行机构改革不但势在必行，而且条件已经具备，时机已经完全成熟，必须坚定不移

---

① 谢庆奎：《中国行政机构改革的回顾与展望》，《学习与探索》1997 年第 6 期。

地搞好。"①

　　1993 年的政府机构改革是在社会主义市场经济体制改革进程加快的背景下展开的。此次改革承继了 1988 年政府机构改革的主要理念，以推进转变政府职能和政企分开为重点，按照从中央到地方的顺序逐步展开，对政府综合经济部门、专业经济部门、社会管理部门、直属机构、办事机构和非常设机构，提出不同改革要求，基本原则是加强宏观调控和监督部门、强化社会管理职能部门、减少具体审批事务和对企业的职能部门，理顺国务院各部门之间的关系，合理划分职责权限，避免重复交叉，调整机构设置，精简各部门的内设机构和人员，提高行政效率，目的是做到宏观管好、微观放开，建立适应社会主义市场经济要求的行政管理体制，使市场机制发挥资源配置的基础性作用。国务院在机构改革中撤销了 7 个部，保留 34 个部委，新组建 6 个部，改革后国务院共有 59 个机构，比改革前减少了 27 个，人员减少20%。此次改革是第一次面向市场经济体制建设的政府机构改革，设计了较为详细完整的改革方案，抓住了改革专业经济部门这个重点，并坐实了 1988 年改革的实施"三定"制度，协调解决了一些部门间职责交叉重叠的问题。此次改革的另一个重要内容是在"三定"之后开始正式实施公务员制度。

　　随着市场经济的进一步发展，1997 年 9 月中共十五大再次提出要按照社会主义市场经济的要求，转变政府职能，实现政企分开，把生产经营管理权力交给企业，根据精简、统一、效能的原则进行机构改革，建立办事高效、运转协调、行为规范的行政管理体系，提高为人民服务水平，改组综合经济部门为宏观调控部门，调整减少专业经济部门，加强执法监督部门，培育和发展社会中介组织。按照十五大精神，1998 年 3 月，全国人大九届一次会议审议通过国务院机构改革方案，新一轮政府机构改革启动。这一轮机构改革的目标是适应经济发展和社会全面进步的要求，建立办事高效、运转协调、行为规范的行政管理体系，完善国家公务员制度，建设高素质、专业化的国

---

① 《江泽民文选》第三卷，人民出版社 2006 年版，第 233—237 页。

家行政干部队伍，提高为人民服务水平。

与以往几次改革不同，此次改革除继续按照社会主义市场经济的要求，进一步转变政府职能、推进政企分开、调整组织结构和部门职责权限、实行精兵简政外，还按照 1997 年党中央提出的依法治国方略，正式提出按照依法治国、依法行政的要求，加强行政法制体系建设。另一方面，与以往历次机构改革主要关注机构和人员数量，将精简机构和人员作为主要目标和任务不同，此次改革开始探索政府职能转变，在集中一些宏观管理职能的同时，下放了一些微观管理职能，并向社会让渡了一些社会服务职能。

1992 年和 1998 年两次政府机构改革是在邓小平理论和"三个代表"重要思想指导下展开的。既坚持邓小平对政府机构改革提出的重要指导意见，又融入了中国特色社会主义理论的新成果，在方案制定、制度建构和推行实践中体现出很强的创新性。江泽民把机构改革作为党和国家领导制度改革的重要任务和政治体制改革的重要内容，提出"政府机构属于上层建筑，应该适应经济基础的要求，经济基础是在不断发展的，上层建筑也要随之不断调整和完善。这是人类社会发展的一条普遍规律。我们是社会主义国家，要从我国国情和维护广大人民群众的根本利益出发，自觉进行调整和改革，以利把社会主义制度的优越性充分发挥出来"①。他指出，改革党和国家制度，不是要削弱党的领导，而是要强加和改善党的领导，改革要在克服官僚主义、提高工作效率的同时，始终保持党和国家的活力，要按照我国自己的实际情况来决定改革的内容和步骤，不断扩大基层民主、加强和完善党内民主，调动基层和工人、农民、知识分子的积极性。② 这两次改革继续按照邓小平提出的加强和改善党的领导、改革党和国家领导制度的要求，推进机构精简、转变职能、政企分开、下放权力，推进政府职责、机构、编制实行严格的"三定"，促进政府机构实现规范化、专业化。同时，按照"三个代

---

① 《江泽民文选》第二卷，人民出版社 2006 年版，第 1—49 页。
② 《江泽民文选》第三卷，人民出版社 2006 年版，第 233—237 页。

表"重要思想的要求，提出改革是为了在新形势下加强行政法制建设的命题，探索与机构改革相配套的人事行政制度创新和社会组织创新。①

这十年的两轮改革体现了中国共产党人对政府机构制度本质的理性反思，成为改革开放以来政府机构改革承上启下的关键性阶段，改革成果对于推动经济社会快速发展起到了极为重要的体制支撑作用。

三、行政组织制度的创新发展成果

1998 年的政府机构改革魄力非凡，在政企分开上取得了很大的成效，为进一步转变职能、调整结构、理顺关系、完善政府管理体制奠定了厚实的基础，开创了良好的前景。随着经济体制改革持续深入，特别是在加入 WTO 的现实背景下，政府管理体制如何适应 21 世纪社会主义经济社会发展的需要这一重大命题被提出来，机构改革的必要性又在新的条件下凸显。

2003 年 3 月行政组织制度改革再次启动。此次改革的指导思想是按照完善社会主义市场经济体制和推进政治体制改革的要求，坚持政企分开、精简、统一、效能和依法行政的原则，进一步转变政府职能，调整和完善政府机构设置，理顺政府部门职能分工，提高政府管理水平，形成行为规范、运转协调、公正透明、廉洁高效的行政管理体制。机构改革以深化国有资产管理体制改革、完善宏观调控体系、健全金融监管体制、推进流通管理体制改革、加强食品安全和安全生产监管体制建设为重点，设立国有资产监督管理委员会、中国银行业监督管理委员会，改组成立国家发展和改革委员会，组建了商务部、国家食品药品监督管理局，变原为二级局的国家安全生产监督管理局为国务院直属机构，把原国家计划生育委员会更名为国家人口和计划生育委员会。改革后的国务院组成部门为 28 个，地方政府机构改革随后推进。

2003 年的改革在转变职能、重组机构等方面取得实质性进展。此次改革提

① 《江泽民文选》第二卷，人民出版社 2006 年版，第 107—110 页。

出了要求各地要按照巩固、完善、探索、深化的总体要求，结合本地实际，巩固和完善已经取得的改革成果，积极探索符合各地特点的改革路子，同时说明机构设置不搞一刀切、不要求完全上下对口，只要各地重视做好职能衔接，保证国民经济正常运行，保持企业改革重组及其他各项工作的连续性，维护社会稳定即可。这些要求在很大程度上体现了新一届领导集体和中央政府在特定历史阶段的政治智慧，也体现了治理中国这样一个人口众多、区域特征明显的大国必然需要的因地制宜和发挥地方政府改革创新积极性和智慧的重要性，为提升地方行政管理体制改革创新积极性、增强地方活力，探索具有中国特色的政府行政机构设置和行政管理体制、制度创新，注入了动力。同时，2003 年改革提出了"决策、执行、监督"三权协调的问题，开展了"行政三分制"的试点。这既是此次改革允许地方因地制宜、改革创新的重要体现，也是对进一步探索政府机构改革和行政管理体制创新的有益尝试。

随着各领域改革的深入，政府机构设置和行政管理体制不能适应社会主义市场经济和政治发展要求的问题日益显现。2007 年，党的十七大提出了加快行政管理体制改革、抓紧制定行政管理体制改革总体方案的要求，提出要加大机构整合力度，探索实现职能有机统一的大部门体制，以解决机构重叠、职能交叉、政出多门的问题，降低行政成本，提高工作效率。党的十七届二中全会专题讨论《关于深化行政管理体制改革的意见》和《国务院机构改革方案（草案）》。2008 年 3 月，十一届全国人大五次全会表决批准国务院机构改革方案，新一轮政府机构改革再次启动。此次改革按照积极稳妥的方针，以转变职能为核心，着力理顺部门职责关系，精简和规范议事协调机构及其办事机构，并提出抓紧进行地方政府机构改革、适时推进事业单位改革的要求，目标是合理配置宏观调控部门职能，加强能源环境管理机构，整合完善工业和信息化、交通运输行业管理体制，以改善民生为重点，加强与整合社会管理和公共服务部门。

此次改革的最突出特点是提出大部制改革，提出政府机构改革目标实现的时间表，明确建立比较完善的中国特色社会主义行政管理体制，提出深化乡镇机构改革，加强基层政权建设的任务。

2003、2008 年两次机构改革是进入 21 世纪，党和政府在邓小平理论、"三个代表"重要思想、科学发展观指导下展开的。有三个十分鲜明的特征：

一是强调政府管理体制改革不仅要适应社会主义市场经济的需要，而且要适应社会主义民主政治的发展需要。党的十六大报告提出"发展社会主义民主政治，建设社会主义政治文明"的目标，从政治文明建设的高度对政府机构改革提出了新要求。党的十六届二中全会提出，"深化行政管理体制和机构改革，是推进政治体制改革的重要内容，是完善社会主义市场经济体制的客观需要，也是贯彻落实十六大精神的重要举措"。

二是提出建设与科学发展观要求相适应的政府职能体系。2005 年胡锦涛在政治局集体学习会上指出，"推进行政管理体制改革是贯彻落实科学发展观、完善社会主义市场经济体制、建设社会主义法治国家的必然要求……要通过推进行政管理体制改革，加快转变政府职能，改进行政管理方式，加强行政法制建设，形成有利于转变经济增长方式、促进全面协调可持续发展的机制，推动经济社会发展转入以人为本、全面协调可持续发展的轨道"①。党的十六大报告第一次明确提出，政府主要职能是经济调节、市场监管、社会管理、公共服务。此后党中央国务院进一步提出建设服务型政府的改革目标，强调政府职能转变的重点是加强社会管理和公共服务，提出按照大部制改革的要求整合公共服务管理部门，提高为人民服务的水平。

三是继续推进职能创新、理顺关系，推进各级政府的"三定"规定的刚性化约束，不再增加编制总额，同时将事业单位改革与政府机构改革联动，推进事业单位分类改革，使得政府机构改革在原有基础上得以拓展内涵，细化施工，不断"积小胜为大胜"。

这两轮改革实践充分表明，政府机构改革只有坚持以科学发展观理论为

① 胡锦涛：《稳妥推进行政管理体制改革 加快转变政府职能》，2005 年 12 月 21 日中共中央政治局第二十七次集体学习时的讲话。

指导，坚持发展是第一要务，坚持全面、协调、可持续的发展理念，在理论创新的基础上进行实践创新，才能实现政府机构制度发展的理性超越。这两轮改革为后续新时代继往开来的政府机构改革打下了坚实的基础。

第二节　新时代政府组织制度重构

改革开放向纵深发展，对政府机构改革提出了新期待。中共十八大吹响了全面深化改革的号角，进一步为政府机构改革指明了方向。2013年2月，中共十八届二中全会讨论通过《国务院机构改革和职能转变方案》。2013年3月，十二届全国人大一次会议审议通过《国务院机构改革和职能转变方案》，新一轮机构改革付诸实施。

此次改革在实现国家治理体系和治理能力现代化的总目标引领下，把"创造良好发展环境、提供优质公共服务、维护社会公平正义"确定为转变政府职能的总方向，深入推进政企分开、政资分开、政事分开、政社分开，建设职能科学、结构优化、廉洁高效、人民满意的服务型政府。继续推进大部制改革，实行铁路政企分开，不再保留铁道部，组建国家卫生和计划生育委员会、食品药品监督管理总局、新闻出版广电总局、国家海洋局、国家能源局。改革后的国务院设有25个组成部门。

2018年3月十三届全国人民代表大会一次会议审议通过国务院提交的《国务院机构改革方案》。在本轮机构改革中，许多以往制约发展的体制方面问题得到化解，办成了许多过去想办而没有办成的大事，推动国家治理体系创新。比如，理顺市场监管体制，推进政府监管职能综合化，加强监管协同，形成市场监管合力；组建应急管理部，整合先前分散在13个部门的应急管理职能，基本完成了自然灾害和事故灾难领域内的全灾种管理；理顺行政执法体制，统筹配置行政处罚职能和执法资源，相对集中行政处罚权，整合精简执法队伍，解决多头多层重复执法问题；理顺自然资源和生态环境管理体制，设立国有自然资源资产管理和自然生态监管机构，完善生态环境管理制度，统一行使全民所有自然资源资产所有者职责，统一行使所有国土空间用途管制和生态保护修复职责，统一行使监管城乡各类污染排放和行政执法职责，解决"九龙治水"的管理体制。本次改革国务院减少8个正部级机构、7个副部级机构。对改革的时间制定了严格的进度表，要求国务院机构改革在2018年底前落实到位，地方机构改革任务在2019年3月底前基本完成。改革的广度、深度、力度、速度前所未有。

这次改革有以下几个关键特点：一是立足社会主义初级阶段的国情，审时度势，积极主动适应正在不断转化的社会主要矛盾，把解决不平衡不充分发展作为政府机构改革的重点领域；二是进一步突出党对政府工作的全面领导，将党的全心全意为人民服务宗旨更直接更全面地体现到政府机构改革中；三是提出政府治理现代化的要求，将实现政府治理体系和治理能力现代化这个全面深化改革的总目标进一步具体化；四是在转变职能方面创造性地进行简政放权、放管结合、优化服务"三管齐下"改革；五是将党、政、军、群机构以及中央和地方机构改革协同推进。

2013年以来的政府机构改革，是在邓小平理论、"三个代表"重要思想、科学发展观、习近平新时代中国特色社会主义思想指导下，在习近平同志直接主导下进行的，全面体现了习近平治国理政的新理念、新思想、新战略。新时代政府机构改革成为推动上层建筑适应经济基础的重要力量，成为全面深化经济体制改革和政治体制改革的重要推手，体现了中国共产党人对政府机构制度体系创新的理性重构。

——建设人民满意的服务型政府。以人民为中心，是习近平新时代中国特色社会主义思想的根本立足点。政府机构改革贯彻以人民为中心的思想，就是要深化转职能、转方式、转作风，提高效率效能，使政府治理体系适应推进"五位一体"总体布局和"四个全面"战略布局的要求。党的十九大报告提出，"统筹考虑各类机构设置，科学配置党政部门及内设机构权力、明确职责。统筹使用各类编制资源，形成科学合理的管理体制，完善国家机构组织法。转变政府职能，深化简政放权，创新监管方式，增强政府公信力和执行力，建设人民满意的服务型政府"。

——建设现代政府治理体系。党的十九届三中全会第一次把建设"职责明确、依法行政的政府治理体系"作为深化党和国家机构改革的目标之一，做出了全面部署，提出了具体要求，为进一步优化政府机构设置和职能配置、加快转变政府职能、深化行政体制改革指明了方向，明确了任务。虽然经过改革开放以来的多次机构改革，使政府职能得到转变，但对微观干预过多过细、宏观经济调节不完善、市场监管问题较多、社会管理亟待加强、公共服务比较薄弱的问题还广泛存在，不依法行政的现象也屡见不鲜。习近平指出：建设现代政府治理体系的关键是转变职能，其实质上是"要解决政府应该做什么、不应该做什么，重点是政府、市场、社会的关系，即哪些事应该由市场、社会、政府各自分担，哪些事应该由三者共同承担"①。他同时指出，"抓住主要矛盾和重点问题，按照转变职能的总方向，科学界定政府职能范围，优化各级政府组织结构，理顺部门职责分工，突出强化责任，确保权责一致，既巩固以往的改革成果，又着力破解重大难题"②。深入推进依法行政，加快建设法治政府，既是日常工作，又需要在进行机构改革时集中突出地进行，以改革精神强化各级行政机关依法履行职责的意识，坚持法定职责必须为、法无授权不可为。习近平强调，"政府职能转变到哪一步，法治建设就要跟进到哪一步。要发挥法治对转变政府职能的引导和规范作用，既要重视通过制定新的法律法规来巩固转变政府职能已经取得的成果，引导和推动转变政府职能的下一步工作，又要重视通过修改或废止不合适的现行法律法规为转变政府职能扫除障碍"。在《关于〈中共中央关于全民推进依法治国若干重大问题的决定〉的说明》中，习近平提出："各级政府必须坚持在党的领导下，在法治轨道上开展工作，加快建设职能科学、权责法

---

① 《习近平总书记系列重要讲话读本》，学习出版社、人民出版社 2016 年版，第 175—178 页。

② 习近平：《在党的十八届二中全会第二次全体会议上的讲话》，2013 年 2 月 28 日。

定、执法严明、公开公正、廉洁高效、守法诚信的法治政府。"

——建立权力分解制约机制。习近平同志指出，"决不允许任何组织或者个人有超越法律的特权""要强化制约，科学配置权力，形成科学的权力结构和运行机制"。① 党的十九届三中全会就政府机构职能、权限、程序、责任法定化，机关内部重大决策合法性审查，政府法律顾问制度，重大决策终身责任追究制度及责任倒查机制，综合行政执法改革，政府内部权力制约监督，政务公开等与机构改革相关问题做出了一系列规定。

从改革开放以来政府机构改革的四个阶段进程中可以清晰地看到，党的理论创新是指导政府机构改革不断深化的一根红线，中国特色社会主义理论的每一步重大发展都成为推进政府机构改革的巨大理性力量。

恩格斯在关于历史唯物主义的论述中，运用力的平行四边形的比喻批判地继承和发展了黑格尔关于理性的思想。他说："历史是这样创造的：最终的结果总是从许多单个的意志的相互冲突中产生出来的，而其中每一个意志，又是由于许多特殊的生活条件，才成为它所成为的那样。这样就有无数互相交错的力量，有无数个力的平行四边形，而由此就产生出一个总的结果，即历史事变，这个结果又可以看作一个作为整体的、不自觉地和不自主地起着作用的力量的产物。因为任何一个人的愿望都会受到任何另一个人的妨碍，而最后出现的结果就是谁都没有希望过的事物。所以以往的历史总是像一种自然过程一样地进行，而且实质上也是服从于同一运动规律的。但是，各个人的意志——其中的每一个都希望得到他的体质和外部的、终归是经济的情况（或是他个人的，或是一般社会性的）使他向往的东西——虽然都达不到自己的愿望，而是融合为一个总的平均数，一个总的合力，然而从这一事实中决不应做出结论说，这些意志等于零。相反地，每个意志都对合力有所贡献，因而是包括在这个合力里面的。"② 因此，所谓理性的力量，

---

① 习近平：《深入推进党风廉政建设和反腐败斗争》，见《习近平谈治国理政》，外文出版社 2014 年版，第 395 页。

② 《马克思恩格斯选集》第四卷，人民出版社 1995 年版，第 697 页。

实质就是人民的力量，是亿万人民伟大智慧的汇合、凝聚、创造、升华。

纵观四个阶段的政府制度创新历程，一路走来，充满了艰难险阻，之所以能够攻坚克难，坚定前行，取得积极成效，关键就在于党和政府对改革开放中的新情况、新问题、新矛盾及时做出新的客观分析和理性回应，在于党和政府对改革主体和对象的本质诉求、变化趋势做出准确把握、深刻揭示和科学预见，在于党和政府善于聆听时代的声音，回应人民的呼唤，顺应历史的潮流，找到发展的规律。归根结底，在于形成了中国特色社会主义理论，并运用这个理论，研究解决政府机构体系中存在的重大而紧迫的问题，通过实践创新推动理论再创新，进而推动理论与实践的互动，形成理论联系实际的科学理性精神。

党的理论创新推动政府机构制度创新的理性历程，是破与立的统一，革故与鼎新的统一，重构与继承的统一，再造与优化的统一，突变与稳定的统一，跨越与连续的统一，通过一轮接一轮递进式的改革，不断击破传统计划经济的桎梏，在组织制度、运行制度、工作制度等各方面建立适应社会主义市场经济、民主政治、和谐社会需要的政府管理和服务体系。其发展脉络就是与党的社会主义市场经济理论、党和国家机构建设理论、科学发展理论和治国理政理论不断丰富和发展相一致。这种指导政府机构改革的理论创新作为中国特色社会主义的一个重要组成部分，将继续指引今后的改革实践。

第三节　行政权力配置结构的创新

行政权力是政治权力的一个分支，它是国家行政机关依靠特定的强制手段，为有效执行国家意志而依法实施对全社会进行管理的一种力量。政府组织制度创新的最终目的和基本逻辑是对行政权力的配置格局以及行使方式进行优化。换个角度看，政府组织制度创新是通过对权力的改革实现权力的运行轨迹、权力服务的对象发生变化。

一、行政组织制度创新的转折点

改革开放以来，我国政府机构改革和行政管理体制的调整，以历史分析法研究，可以得出如下结论：行政组织制度从"政治指向"的对经济社会事务进行管控性、内聚式、规制化的制度创新，逐步转向"非政治指向"的对市场主体、社会成员进行服务性、释放式、治理化的制度创新。权力秩序的内涵发生了演变，前一个阶段强调"管得住""管得了""管得好"，后一阶段知道了不是所有经济社会事务都"管得住""管得了""管得好"，需要分清政府、市场、社会的边界，对"不需管""管不住""管不了""管不好"的行政权力进行删除、撤销或下放，集中精力"管住管好该管的"。这一转折开始于20世纪90年代末，关键节点发生在21世纪初，由管理主义、科学主义、技术主义等非政治力量倡导、开拓和推动，在价值主义、人文主义、人本主义的精神高扬中渐次进入。

1978—2002年，是行政权力"转向"为主的制度创新，改变的是常量中的部分量，是在原有体制框架内实施的，是以行政权改造行政权的方式进行的变革；2002年以后是"转型"为主的制度创新，是在突破原有体制的前提下实施的，是以非行政力量、市场的和社会的力量聚集后形成的多元化推动力改造行政权的方式实现的变革。

为什么会在那一时间点发生行政组织制度创新的突变性转折？这是改革开放以来我国大力推进经济体制改革，逐步建立和完善社会主义市场经济体制，由市场这只"看不见的手"推动的；是经济快速发展，国际地位大幅提高，全球化快速发展，中国加入世界贸易组织①，由外部环境这只"无形的手"推动的；是中国迈向积极社会协调发展、生态可持续发展，公共事务管

---

① 2001年11月10日，在卡塔尔多哈举行的世界贸易组织第四届部长级会议通过了中国加入世贸组织的法律文件，它标志着经过15年的艰苦努力，中国终于成为世贸组织新成员；也标志着中国在经过了15年的歧视待遇之后，终于有了享受与其他世贸成员同等待遇的权利。

理呈现高度复杂性，需要更好地变革政府自身，探索民主政治和市场经济结合的规律，掌握行政权命运的结果，是由政府运用这只"看得见的手"推动的。

二、行政组织制度创新的重点

经过改革开放 20 年左右的努力，在 21 世纪之初，我国经济、政治、社会都发生了深刻变化，行政管理制度体系也有了一定的改变。2002 年，江泽民在党的十六大上郑重宣布："社会主义市场经济体制初步建立"，同时提出要"深化行政管理体制改革"。市场经济体制的建立意味着计划经济体制的结束。宣告社会主义市场经济体制初步建立也就意味着宣示行政管理体制改革的目标即将改变。

从行政权力配置的意义上分析，行政组织制度创新的重点主要集中在以下几个方面：

（一）对组织制度创新的决策层次逐步提高

关于政府组织机构的改革方案，都是经过中共中央审议通过后，建议国务院将方案提交全国人大会议审议。但是党内对之审议的层级是不同的。在 1993 年以前是由中共中央政治局审议，1993 年的改革方案改为由中共中央全会（党的十四届二中全会）审议①，2003 年（党的十六届二中全会）以及之后，不仅政府组织制度的改革方案交由中共中央全会审议，而且每次还要将全国各级行政管理体制改革政策提交中共中央全会审议。以全会的领导方式对政府机构改革和行政管理体制改革提出全面、正式的要求，标志着政府组织制度建设问题在党的决策体系和程序中，重要性提升了，决策阶位更高了。这无疑为后来进一步加大制度创新力度打下了基础。

---

① 《中国共产党第十四届中央委员会第二次全体会议公报》，《人民日报》1993 年 3 月 8 日。

（二）对行政组织制度创新的目标做出调整

在此之前，行政组织制度创新的目标是适应建设社会主义市场经济体制的要求，破除计划经济条件下的行政管理制度体系，在进入 21 世纪前后调整为适应完善社会主义市场经济体制的要求，建设中国特色社会主义行政管理体制。这个总体性目标的正式提出，是在党的十七届二中全会上。此次全会不仅通过了新的《国务院机构改革方案》，而且通过了《关于深化行政管理体制改革的意见》这样一个"一揽子"推进行政管理制度体系创新的文件。全会提出，到 2020 年建立起比较完善的中国特色社会主义行政管理体制的总目标。

（三）对行政组织制度创新的"纲"更加明确了

行政组织制度创新的"纲"是政府的公共服务，纲举目张，以加强政府公共服务职能为纲，才能带动其他职能和制度的创新。政府注重公共服务，使公共资源更多地向社会和公共领域倾斜，才能体现政府为人民服务的根本要求，才符合政府职能转变的基本方向；公共服务是政府全方位的最基本职能，为各个部门、各层级政府所共有，而其他职能则往往以某个层级、某些部门为主，服务型政府的表述，概括了我国各级政府及其部门的共有职能，强化了政府的共同属性，符合现代政府共性规律，有助于推动各级、各区域政府全面履行职能；改进政府管理方式，就是要更好地为经济发展服务，为社会公众服务，管理要体现服务，管理要与服务统一起来，寓管理于服务之中，一个致力于履行公共服务的政府，必然体现政府管理创新的客观要求。所以，公共服务制度建设是全面创新行政管理制度最主要、最基本的内容。

（四）提炼行政组织制度创新的精髓

在"服务型政府"的总概念基础上形成了一批新理念、新举措，如

"公共管理""制度建设和创新""职能有机统一的大部门体制""决策权、执行权、监督权既相互制约又相互协调"等。① 科学地提出这些系统性很强的组合式概念，有利于准确把握我国行政管理制度创新的定位、方向和主要内容，有助于科学界定政府职能边界，明确体制改革的重点和关键，有助于转变行事作风，创新行事方法，提高行政绩效。

---

① 关于"公共管理"的概念，很多学者认为政府没有专门应用过，事实上，2004 年 3 月 8 日，时任国务院总理的温家宝在全国人民代表大会开会期间来到陕西代表团所在的人民大会堂陕西厅参与讨论，温家宝说："政府职能的四条：经济调节、市场监管、公共管理、社会服务。有的领导干部对第一条的理解不是经济调节，而是经济管理，政府职能要从对经济的直接干预跳出来，变为对经济的宏观调节。第二项任务是市场监管，要保证市场有一个公平公正的竞争环境，不能有假冒伪劣，不能伤害群众利益。""对政府职能后两项任务公共管理和社会服务，一些领导干部过去知之不多，工作力度不大。而这两项任务恰恰是政府极为重要的职责，恰恰是政府最为薄弱的环节。去年抗击非典教育了我们，使我们懂得了处理公共突发事件，搞好公共管理的重要性。还有，社会服务这项任务太重要了，管理就是服务，我们要把政府办成一个服务型的政府，为市场主体服务，为社会服务，最终是为人民服务。把政府职能这四条完整准确地认识并掌握好，文山会海就会减下来！"参见贺劲松：《政府要抓好"两个四"》，《人民日报》2004 年 3 月 10 日。

第五章　政府职能创新和行政审批制度改革

在行政管理制度体系中，结构性制度包括对政府机构的制度规定和对政府职能的制度规定。上一章我们分析了政府机构改革，这一章将研究政府职能创新，是对行政结构性制度的延续性分析。由于政府职能创新除了在每次机构改革时对职能进行重新界定这样一种方式进行外，在平时不可能经常性地更改职能，因此在实践中很大程度上依赖日常的行政审批制度改革，我们将行政审批制度改革放到职能创新部分一起讨论。

第一节　转变政府职能与机构改革的关系

转变政府职能，是改革开放以来中国行政管理制度创新的实质和要害，在整个行政管理体制改革的系统中属于最重要的环节。

一、行政体制改革不仅仅是机构改革

在 2003 年以前，许多改革文件都以机构改革来指代行政体制改革。许多人也把行政体制改革等同于机构改革，在评价行政体制改革时，往往关注机构调整的数量，认为行政体制改革就是要削减机构设置、压缩人员编制，

把机构和人员的精简幅度作为行政体制改革力度大小的衡量指标。其实行政体制改革涉及机构、职能、运行机制等诸多方面。机构的调整必须通过职能转变才能发挥作用，如果不能规范政府与市场、政府与社会的权界，仅仅就机构论机构，那么机构的调整就如同堆积木，形状虽然变了，但本质没动。因为机构和人员规模的调整只是"物理性"变化，而职能转变才是"化学性"反应。物理变化只是形式上量的调整，而化学变化才是根本性的质的改变。没有职能转变这一"化学性"反应，多设几个机构与少设几个机构，其实质意义区别不大。

自党的十七大首次提出"大部门体制"以来，大部门体制改革广受关注。其实大部门体制是我们从西方引进的一个概念。至于大部门体制的实质是什么，推进大部门体制改革的方向和重点是什么，目前还缺乏共识。实质上，党的十七大提出的"探索实行职能有机统一的大部门体制"，其精髓正在于"职能有机统一"这几个字。大部制改革的重点应是通过职能转变来提高政府效能。推行大部制改革，如果仅限于机构数量的简单加减，而没有相应的职能整合、权力结构调整、运行机制创新，合起来的大部门实际运行效果可能适得其反，甚至会造成行政权力的进一步扩张。可见，大部制改革只是政府职能转变的一个途径，决不能脱离职能转变这一根本点，不能本末倒置。

二、行政体制改革要以职能转变为龙头

党的十七届二中全会通过的《关于深化行政管理体制改革的意见》明确提出，深化行政管理体制改革要以政府职能转变为核心，这是因为政府职能是行政管理中的基本问题，是政府一切活动的起点。职能定位是否准确，是政府能否正确行使权力、发挥作用的前提和关键。行政体制改革致力于职能转变，可以说是抓住了行政体制改革的牛鼻子。

党的十八届二中全会公报以相当的篇幅强调政府职能转变问题，把政府

职能转变放到行政体制改革的突出位置。这一改革取向，符合当前经济社会发展的要求，符合社会各界的共同期待。转变政府职能，就是要以简政放权为重点，把不该由政府管理的事项逐步转移出去，推进政企分开、政资分开、政社分开，充分发挥市场配置资源的基础性作用，充分发挥公民和社会组织在社会公共管理中的积极作用；以完善政府职责体系为途径，把该由政府管理的事项切实管好，不断完善经济调节、严格市场监管、加强社会管理和公共服务，全面正确履行职能。

当前，我国政府已由市场发育初期的经济建设型政府向市场逐步成熟的公共服务型政府转变。这就要求政府把"效率"机制交给市场，把工作重心转移到建立促进社会公平正义的制度环境上来。行政体制改革要顺应政府职能转变趋势，正确把握好政府与市场之间的关系，始终把职能转变作为改革的主要任务抓紧抓好。

三、政府职能转变的重点任务

政府职能转变是一个持续不断的长期过程，不可能一蹴而就，一次调整到位。只要社会经济还在发展，这一过程就不会停止。虽然职能转变是长期的、经常性的，但每次的任务应根据具体情况有所不同，尤其在当前全球经济复苏乏力，发展前景不容乐观，国内经济增长下行压力和产能相对过剩矛盾加剧的情况下，更要区分政府职能转变的轻重缓急，着力解决当下面临的紧迫问题。

一是向市场放权，激发企业和个人创业积极性。党的十八大报告指出，要处理好政府与市场的关系，更加尊重市场规律，更好发挥市场在资源配置中的基础性作用。应当明确，经济发展的主体力量在市场，企业和公民才是创造财富的主体，政府职能要转到为市场主体服务、创造良好的发展环境上来，尊重人民群众的首创精神，激发社会成员创造财富的积极性，增强经济发展的内在活力。

二是向社会放权，激发社会活力。党的十八大报告指出，中国特色社会主义事业是亿万人民自己的事业，要最广泛地动员和组织人民依法管理国家和社会事务、经济和文化事业。应当看到，政府对经济领域的放权尽管有诸多不尽如人意之处，但还是比社会领域的放权大得多。随着人民群众维护自身权益的意识和能力越来越强、参与社会管理的积极性不断高涨，必然要求政府加大向社会领域的放权力度，让人民群众依法通过社会组织实行自我管理服务，更好地发挥人民主人翁精神，推动社会和谐发展。

三是强化宏观管理，为市场和社会提供优质公共服务。当前政府承担的微观经济管理职能较多，突出表现是仍然把很多精力放在抓项目、抓审批上，这已不适应新形势下政府的职能定位要求。应当看到当前政府在市场监管领域的能力还不够，社会管理和公共服务水平还有待提高，特别是本轮改革加大市场、社会放权的力度以后，将对政府的管理水平提出更高的要求。这就要求政府加大对经济社会各方面的估量分析及科学预测，制定相应的方针、计划、目标、政策和制度，该扶持的扶持，该规范的规范，该放手的放手，该加强的加强，确保做到"放而不乱"，为经济社会的健康发展保驾护航。

四、服务型政府是机构改革和转变职能的目标

党的十七大提出"加快行政管理体制改革，建设服务型政府"，一是明确了行政改革的基本方向，二是主要从政府职能转变的角度和层面提出了行政改革方向。政府体制改革的目标不是单一的，建设法治政府、责任政府、廉洁政府、效能政府等是从不同层面、不同领域提出的要求，都是不可或缺的，而从行政管理体制改革的核心——转变政府职能而言，建设服务型政府是管总的，是行政改革的总抓手。①

把建设服务型政府摆在突出位置，有着重要的现实意义。第一，按照科

---

① 高小平：《行政管理体制改革关键是转变政府职能》，《人民日报》2008 年 2 月 27 日。

学发展观和构建社会主义核心价值体系的要求，人民政府更好地为人民服务，政府更加注重社会管理和公共服务，使公共资源更多地向社会管理和公共服务倾斜，建设服务型政府体现了政府的根本职能和职能转变的根本方向；第二，公共服务是政府全方位的最基本职能，为各个政府部门、各个层级政府所共有，而其他职能则往往以某个层级、某些部门为主，服务型政府的表述，概括了我国各级政府及其部门的共有职能，强化了政府的公共属性，符合现代政府共性规律，有助于推动各级、各区域政府全面履行职能；第三，改进政府管理方式，就是要更好地为经济发展服务，为社会公众服务，管理要体现服务，管理要与服务统一起来，寓管理于服务之中，建设服务型政府，充分体现了政府管理创新的客观要求。所以，服务型政府建设是全面创新行政管理最主要也是最基本的内容。提炼出"服务型政府"的概念，有利于准确把握我国政府改革的定位、方向和主要内容；有助于科学界定政府职能，明确行政管理体制改革的关键是转变政府职能；有助于政府转变作风，创新方法，提高绩效。建设服务型政府，这是一项重大创新，需要做艰苦的努力和不懈的求索。

2008年2月23日，胡锦涛在中央政治局第四次集体学习时指出："要增强建设服务型政府的紧迫感和责任感，切实把建设服务型政府列入重要议事日程，制定工作规划，确定重点任务，加强领导，精心组织，积极推动，不断取得新进展。"这里提出的制定建设服务型政府的"工作规划"的要求，是与党的十七大提出的"要制定行政管理体制改革总体方案"一致的。将行政管理体制改革的长远目标与阶段性目标相结合，全面推进服务型政府建设与重点突破公共服务领域的薄弱环节相结合，改革实践与创新理论相结合，是新一轮行政改革的亮点所在。《中共中央关于深化行政管理体制改革的意见》本身可以看作是一个行政改革的"顶层设计"，但是这个意见不是服务型政府建设的规划，也不能取代行政管理体制改革的总体设计。国家和地方的"十二五"规划中大量涉及公共服务发展的指标和体制机制建设，是带有服务型政府建设规划性质的重要文件，但是往往散见于经济、社会、文化和生态建设的各部分，由不同的政府部门落实，难以体现服务型政府建设的总体要求和各项公共服务之间的内在联系。有的地方已经制定或正在制定《服务型政府建设规划》，是很有意义的，值得提倡。

近些年来，行政管理实践与公共管理学术研究交汇的一个集中点，就是建设服务型政府，这不是偶然的。将新时期行政改革的重点放到创新上来，放到服务型政府建设上来，也不是偶然的，它是改革深化的结果，也是知识经济时代的必然要求。历史唯物主义告诉我们，生产方式的变革是客观的、不以人们意志为转移的，上层建筑只有适应这一客观变化而变革，才能推动社会发展，反之，就会阻碍社会发展。历史发展了，生产方式变了，行政的基本形态也要变。我国现处于社会主义初级阶段，工业化和信息化同时并举，既要继续运用传统的改革工具，又要学会创新革新工具，不断主动地把改革和创新结合起来，才能为我国经济社会发展创造强大的动力，让社会和谐稳定，充满生机活力。

第二节　行政审批制度的属性与问题

行政审批是政府部门为应对经济社会发展进程中市场失灵和社会自律不足等问题而采取的必要的前置性管理手段。① 行政审批制度的改革和创新是简政放权改革中的一项重要内容，也是在机构改革推进中配套的一项综合性改革，在行政管理体制改革中发挥了"突破口"的作用。

一、作为改革时期"替代品"的行政审批制度

我国在实行计划经济的时期，行政管理的主要方式是计划、比例、命令、指挥以及直接参与经济和社会活动实现管制，行政审批作为一种政府行

---

① 张定安：《行政审批制度改革攻坚期的问题分析与突破策略》，《中国行政管理》2012年第9期。

为，虽然普遍存在，但不是主要手段，只是辅助性管理工具，只在极少数领域、部门和事务的管理上才主要靠审批的手段。总的看，计划经济条件下，行政审批不是作为一种基本制度形态出现的。

改革开放以后，随着计划经济的解体，直接的行政计划、行政命令等手段开始弱化，同时，法律的真空状态又导致多领域内缺乏管理的统一标准和依据，于是，行政审批作为政府间接管理方式的"替代品"大量出现，几乎渗透到所有领域，成为一种基本制度形态的管理手段。我国政府通过建立覆盖全面的、法律范畴内的行政审批制度进行管理，把全部经济活动和一切基本的、普遍的社会活动都纳入行政审批的作用范围。可见，行政审批是政府在未实施转变职能的情况下，转变管理方式的重要途径，它作为一项制度在我国从计划经济体制转向社会主义市场经济体制和民主政治、和谐社会体制过程中发挥了重要作用。

二、行政审批制度的"两面性"

行政审批制度是政府为其实现行政管理目的所布置的一张"过滤网"。世界各国政府都把行政审批作为实施行政管理的重要手段，广泛运用于经济、社会生活的各个领域。但是，各个国家的行政审批在行政管理中的作用与地位各不相同，每个国家在不同历史阶段也有所不同。在成熟市场经济国家，市场是配置资源的主要渠道，行政审批则是辅助性的，即使是这些国家，也会根据不同的经济情况和形势，增加或减少行政审批事项。比如20世纪80年代至90年代，很多国家开展了"放松规制"运动，如美国的"里根经济"、英国的民营化改制、日本的《前川报告》，都是打破政府限制，为推动市场化运作发挥了积极作用。进入21世纪以来又有"加强"的趋势，就是这种不断变化的表现。

随着我国改革开放的深入和社会经济的进步，传统行政审批暴露出行使权力过大、审批过程冗余等弊端，一定程度上制约着经济社会的活力的释放，降低了资源要素的运转效率。从 1998 年开始，国家开始推进行政审批制度改革，将其作为推动政府转型的一种制度创新举措。

行政审批制度的历史和现实作用，是由其本质属性所具有的两面性决定的。这种两面性表现在三个层次。第一个层次是，一方面，行政审批作为政府应对市场失灵、社会自律不足等现象采取的必要干预，在防范市场风险、保障社会安全、分配稀缺资源、提高管理水平等方面发挥着重要作用；另一方面，行政审批作为前置性的管理手段，如果过多过滥，会严重抑制市场创造力、打压社会活力、降低经营效率、增加市场主体经营成本，甚至阻碍经济发展。[①] 这个层次揭示的是行政审批制度的"质"的规定性。第二个层次是，行政审批的行政强制力和管理效率居于"中位"，即较之行政命令而言，行政审批的强制力和管理效率要低一些，较之市场和社会的自我管理而言，行政审批的强制力和管理效率则高得多。这是从行政审批的"量"的规定性得出的结论。第三个层次是，行政审批制度在处理政府、市场、社会的关系方面，从价值判断和理念导向意义上看，具有"中性"特点，即相对于政府的直接干预而言是一种间接管理方式，对市场和社会具有明显优于计划经济色彩的管理优势，基本趋向于"善"的治理结果，但相对于市场和社会内在需求、内生力量而言，又是外力作用，带有强烈的直接管理特征，极容易导致"恶"的治理结果。这个层次揭示的是行政审批的"质"与"量"相统一的规定性。

三、行政审批制度存在的问题

我国随着市场经济和民主政治的不断发展，行政审批制度越来越不能够适应现实的要求，而且由于这项制度在最初的意义上是从属于政府管制的范畴、以权宜之计的形式出现的，在实施行政审批制度改革的进程中，指导思

[①] 姜明安：《追求法治政府：〈行政许可法〉的贡献》，《法学》2003 年第 10 期。

想也是不断发展的,① 因此，日益暴露出各种各样的弊端。

（一）行政审批事项过多

一方面，审批规范性框架限定多。我国现行行政审批事项，除了法律法规规定的外，许多是由部门规章和地方政府规章规定的，规章以下的规范性文件设定的审批事项较多。另一方面，审批机构遍地开花。从设定行政审批的机关看，上自全国人大及其常委会、国务院，下至乡政府，甚至连乡政府派出机构行政管理区，都在设定行政审批事项。行政审批事项设定权限不明确，随意设置审批事项的情况较为严重。

（二）行政审批程序随意性大

一是程序不完善。许多行政审批事项没有规定申请对象应当具备的申请条件及申请办法，也没有明确规定行政机关对申请对象进行审查与核实的方法，更缺少行政机关对申请对象提出的申请，不依法及时、按期予以办理应承担的责任。二是内容不公开。许多行政审批缺乏政策和法规依据，不是依法审批、按章办事，审批的内容、条件、方法不明确，有的事项只规定了一些原则性条件，这种审批条件的模糊性，使审批人员的自由裁量权和随意性过大，缺乏公开、公平、公正的审批环境。三是监管不到位。我国许多地方还没有建立起有效的事后监管制度和事后责任追究制度，致使有些审批项目取消后市场出现管理混乱和无序经营的状态，重大责任事故无人负责。

（三）行政审批成本过高

一是审批费用无明确标准。审批的速度取决于审批机关的工作效率，多一道审批，工作效率就低一些，产生的审批费用就会增加。二是推诿扯皮增

---

① 张康之：《行政审批制度改革：政府从管制走向服务》，《理论与改革》2003 年第 6 期。

加时间成本。多部门联合审核常会遇到审批机构之间缺乏协调，无故拖延、推诿扯皮的现象不可避免，审批权力的交叉重叠、多头管理，势必会增加申请对象的经济开支等负担。三是权钱交易滋生腐败的温床。审批权是行政权的一个组成部分，审批事项设置过多，就等于扩大了行政机关的权力，如不加以控制和制约，多设置一道审批关卡，就可能多一次权钱交易，对于防止腐败极为不利。

四、行政审批制度改革进展及问题

我国各级政府从 1998 年开始实施行政审批制度改革，通过持续性改革，从国家层面到基层政府，行政审批事项大大减少，审批时间长、步骤多、重复作业、效率低、服务差等现象有了明显改观。在制度改革中建立完善审批项目动态清理工作机制，定期取消和调整审批项目，落实了"应减必减、该放则放"的原则，做到了"四个下放"和"四个不放"，即对公民或法人能够自主决定、市场竞争机制能够有效调节、社会组织能够自律管理、基层部门能够组织实施的审批权限，政府坚决放权，回归社会；对事关党的执政地位、法律有明文规定、事关科学发展、事关民生民利的审批权限，政府予以保留。

但是，制度创新存在很大的阻力，改革中需要解决的问题仍然很多。

（一）认识不到位，创新动力不足

有的同志认为，行政审批制度改革已经搞了多年，该减的都减了，存在"差不多"的思想。有的同志认为，深化行政审批制度改革主要是针对上面的，基层只要把上面放下来的接好就行了。还有的同志担心改革过了头，放松了必要的管理。有的领导同志在内心深处认为，行政审批是"臭豆腐"，闻着臭，吃着香，现在公务员待遇不高，也不能把干部搞得太"苦"了。这些不正确认识，导致在改革行动中存在着"慢""等""看""拆分"（把原来一项审批事项拆成多个，减去其中的一部分）、"凑数"（把多年也没有遇到的审批事项减掉）、"避重就轻"（减那些对经济社会生活制约影响小的项目，而制约影响大的真正应该减的倒不减）等现象，"壮士断腕"般大刀阔斧改革创新的动力不足。

（二）审批职能分散，流程不够优化

中央要求各级政府行政审批工作要实行"两集中、两到位"，即一个行政机关的审批事项向一个处室集中，行政审批处室向行政审批服务中心集中，保障进驻行政审批服务中心的审批事项到位、审批权限到位。但目前完全做到"两集中、两到位"的地方并不是多数，审批职能分散的问题依然比较严重。同时，实行"两集中、两到位"也无法解决省、市、县职能交叉的问题，有不少行政审批权在上级职能部门，下级政府只能做"配角"；有的是因受客观条件制约，"多点办事"一时难以解决，审批项目既要跑市、县审批中心窗口，又要跑有关职能部门窗口的现象还有不少。审批流程没有做到持续创新，程序复杂化、要求多态化、行为机械化的问题又开始出现，制约了行政审批效率的提高。

（三）工作作风"冷热病"，服务不到位

行政审批制度改革为机关作风改进提供了制度基础，但工作人员责任心的增强和能力的提升需要有个过程，不可能一蹴而就。当事人去窗口办事的时候，面对的既是"死"的制度，又是"活"的人，当事人和公务员之间从权力、权利到信息都是不对称的，当事人总会拿制度、权利来要求公务员，而公务员则未必一定按制度来行事。行政审批人员还存在知识不足、本领恐慌的问题，诸如政策法规不熟悉，基层情况不了解，审批业务不精通，这些问题都会导致审批效率不高。在此情况下，很多地方存在着上面抓一抓，作风好一阵，稍一放松，就老毛病重犯，由制度规定的流程滑回潜规

则。群众称之为政府的"冷热病"。

第三节　行政审批制度创新的走向和启示

我国大力推进行政审批制度改革，取得了两个重大突破。一是大幅度减少行政审批项目数量，全国共取消和下放审批项目80%以上。二是各地普遍建立了行政服务中心这种综合性行政服务平台。该平台通过渗透到行政管理体制内部的方式，将某些（或多数）部门的行政审批职能从原生机构中暂时剥离，交由统一管理的专门机构（平台）行使，以弥补机构改革的不足。

然而，行政审批制度改革在深化过程中遇到了瓶颈。这些制约行政审批制度改革的因素绝大多数是由体制性、职能性制度造成的，而机构改革和"三定规定"不可能朝令夕改，需要保持相对稳定性，那么，解决问题就必须另辟蹊径——从运行性制度这个角度进行研究。行政审批制度既具有结构性制度的基本特征，又具有运行性制度的很多特征，其流程性、程序性、综合性都很强，行政自由裁量权较大，制度创新的空间机会多。若将行政审批制度作为运行类制度进行研究，透过它可以抓住制度创新的另外一些特点和规律。

从简政放权的"减审批项目"，到打造审批服务的"零障碍"，再到实施标准化管理和公共资源交易活动一体化的"零传统审批"，下一步制度创新的逻辑走向和发展趋势是迎接"零审批"（法律规定的行政许可之外没有审批）时代。

（一）在"体制-机制-保障"三位一体中创新行政审批制度

通过对行政审批的历史、两面性、弊端、改革进展及经验的分析，我们不难看出，传统的审批绝大部分不是法律授权的，而是行政机关自身设定的，即所谓"红头文件"的规定，这些审批事项从总体上看，都应该依法取消，确需暂时保留的应该通过立法程序予以法制化。但是，仅靠现在的思路和方法，缩减数量、优化程序和改进作风，还不能完全实现"零审批"，需要引入新的制度创新思路。

按照制度创新的逻辑，可以将所有非行政许可类审批事项进行分类，涉及体制性的应纳入法制轨道，属于机制性的可以用事中或事后监管的方式取代，属于保障性的可以用服务的方式更替。

对依法设立的行政许可类审批事项继续深化制度改革，重点放在进一步推进相对集中审批权，建立行政审批的决策、执行、监督这三种权力相互分开、相互协调上。首先，做"实"行政审批专门机构，将分散的审批权集中交由行政审批机构行使，使之成为具有相对独立职能的政府直属机构。其次，做"虚"政府其他职能部门的审批职权，这些部门主要负责决策和监管。再次，做"强"专门的审批后评估和监督机构，对行政审批的决策和执行情况进行评价和监管。最后，做"大"行政审批权与行政监督权、行政处罚权相对分离的缝隙，实现决策、执行、执法和监督分权制衡。

加强日常管理，将依法进行的行政许可事项以及保留的审批事项，改变工作方式，转化为政府主动进行的常态业务。比如，一个单位的门卫审查并批准进门人资格，然后决定是否放行，这在过去是按照行政审批流程办理的，现在改为日常工作职责，只要来访者符合条件（如出示身份证）即可放行。只要行政方面的法律制度更加健全了，公务员依法办事的能力提高了，管理的职责和流程都规范了，该按照《中华人民共和国行政许可法》办的许可事项都按法办理了，再加上事中事后的监管到位了，那么我们现在意义上的"审批"就和保安审查进门人资格的行为一样，是平平常常的服务性工作。到那时，要办审批事项，只要公务员输入电脑，把需要了解的情况通过网络与相关部门联系，经过强大的地理信息系统、社会数据系统和法律政策规划系统的机读和审查过滤，然后就可以自动生成并输出批准还是不批准的结果，你想"设一个卡""拖延一下"，都不可能。而公务员的任务就是加强平时的调查研究，把包括政策法规、客观事实以及前因后果等各种资料充实到数据库并经常更新。逐步实现传统行政审批为"零"，是全面建设服务型政府的需要。服务型政府要扭转的不仅是政府的职能，加大公共服务的力度，而且是政府的整个行政管理形态。这个行政管理的基本型态就是服务当头，寓管理于服务之中，从管理理念的服务化，到管理体制、制度、机制的服务化，从职责内容的服务化到工作形式的服务化。行政审批的旧版本升级为行政服务的新版本，是题中应有之义。

（二）专业分工与统一服务相结合

行政审批制度改革指向行政权的相对集中，在建设统一服务平台的同时，仍要客观看待人员专业分工的差异。原有专业人员在调入统一平台后，所负责的事项有些许变化，需进一步对其进行业务能力的培养。窗口工作人员与民众的接触最为直接，其对行政审批制度改革具体内容的把握程度影响了民众的满意度。将专业分工与统一服务相结合，建立针对不同分工人员的科学合理的绩效评估体系，更加注重细节建设，这是对行政审批新模式的优化设计。

将线下平台与电子政务相衔接，在探索线下平台建设的同时，应利用微信公众号、微博等新媒体加大线上宣传的力度。在网络时代，地方政府要重视政务网站的建设，促进其良好运行。应及时在网上发布最新政策举措及其相关解释，应将行政事项的审批与大数据充分结合，更好地提供便民服务，及时通知民众所办事项的处理进度与结果。线下平台与电子政务的结合有利于实现办公自动化，提高行政效率，节约社会资源。

（三）地方创新与中央推广相统筹

我国的行政审批制度改革重视鼓励地方创新。地方政府结合自身实际充分探索行政审批新模式，但这仅为政策扩散的前提。地方创新取得成效后，还需经过中央的充分调研以及肯定与推广。央地二元互动中的不同改革路径与行动策略，体现为中央"简政放权"和地方"相对集中"。① 中央与地方政府发挥各自特定的作用，有利于不断探索具有适应性与创新性的模式，推动国家治理现代化。

我国行政审批制度改革在二十几年的历程中呈现渐进性、长期性等特点。新时期，随着理念的不断更新，地方政府在行政审批制度改革方面进行了一系列探索。地方政府所创新的"四网一单"和"行政审批局"模式等取得了一定成效，通过简化行政审批事项，提高了基层行政效率，提升了民众满意度。在看到其成果的同时，探讨其不足亦是促进地方行政审批制度改革进一步发展的动力。我国行政审批制度改革成果一定程度上得益于鼓励地方创新，这也是"中国经验"的重要内容。地方政府结合自身实际，提出符合发展需要的行政审批新模式、新方法，并经过实践检验。这些新模式、新方法经中央推广，在更多地区的普遍应用又推动了行政审批制度改革在更大范围内的开展。新时期，将行政审批制度改革作为政府职能转变的突破口，实则是以行政审批制度改革促进政府职能转变，以地方创新促进中央推广。同时，针对改革所面临的标准化、问责制建设等问题，需进一步探索解决路径。随着我国行政审批制度改革的不断发展，相关研究不断深入，其关注点从最直接的现实改革扩展至改革理论层面，这值得我们关注。

---

① 许天翔：《央地二元互动下地方政府行政审批权"相对集中"的内在逻辑》，《中国行政管理》2018 年第 8 期。

第六章　政府绩效管理制度创新

前一章我们讨论了政府职能创新和行政审批制度改革，从制度的结构性分析转到了运行性分析。本章我们研究运行性制度，选择政府绩效管理制度作为对象，考察制度运行的理论、中国的实践特色以及创新机理。

第一节　政府绩效管理制度创新的理论

从 1906 年亨利·布鲁埃尔（Henry Bruere）等人成立纽约市政研究局开展公共部门效率考评开始，政府绩效评估和管理就一直伴随公共部门的改革进程得到发展，特别是 20 世纪 70 年代新公共管理运动之后，绩效管理已成为公共管理领域符号性很强的政府治理模式，被视为改善政府运行机制、提高行政管理绩效、推动政府治理创新的有效工具。①

一、政府绩效管理制度的基本概念

研究政府绩效管理制度需要回答三个基本问题：什么是绩效管理？为什么进行绩效管理？怎样进行绩效管理？政府绩效管理制度创新就植根于这三

---

① C. Pollitt, "The Logics of Performance Management", *Evaluation*, Vol. 19, No. 4, 2013, pp. 346-363.

个方面之中。

(一) 绩效管理

20 世纪 70 年代末兴起新公共管理运动，公共管理从企业管理领域引入绩效的概念，作为政府获得合法性的重要手段，并逐渐衍生出诸如治理绩效、环境绩效、制度绩效等概念。关于绩效的概念，有的学者从结果的层面做了明确的定义，认为绩效是对在特定的时间内，由特定的工作职能或活动所创造的产出的记录或工作的结果。[①] 有的学者从行为的角度，认为绩效是与一个人在其中工作的组织或单元的目标有关的一组行为。[②] 还有的学者把绩效管理视为管理组织对其行为绩效的管理过程。从综合性意义上看，西方政府绩效管理主要是基于新公共管理理论，强调公共部门绩效的战略规划、年度绩效计划，持续性绩效管理，绩效评估、报告和信息利用等实践。

参照制度学派的视角，制度变迁主要有内生型和外源型两种模式，我国政府绩效管理的来源因此也有三种观点：一种是在我国传统官僚体系中考课考绩制的基础上，结合我国现代行政体制中的纵向权威、干部考核内生而来；另一种是学习新西兰、英国等新公共管理盛行的西方国家实践，是"舶来"的概念；还有一种认为是西方管理理念和中国绩效管理实践的结合。

(二) 战略管理

梳理"什么是绩效管理"的研究可见，"为什么进行绩效管理"的答案已蕴含在其中："实现战略目标和完成任务"[③]。英国学者杰克逊（Jackson）和帕尔默（Palmer）提出了基于战略框架的绩效管理模型，整合了战略管理

---

① H. J. Bernardin, R. W. Beatty, *Performance appraisal: Assessing Human Behavior at work*, Boston: Kent Publishers, 1984.

② K. J. Murphy, J. N. Cleveland, *Performance appraisal: An organizational perspective*, New York: Allyn & Bacon publishers, 1991.

③ 刘帮成、[美] 赫尔曼·阿吉斯：《绩效管理：既爱又恨的现实局面》，《行政管理改革》2013 年第 1 期。

和流程管理；美国公共行政学会（American Society for Public Administration，ASPA）所属的责任和绩效中心（Center for Accountability Performance，CAP）开发出由环境分析、建立使命和愿景、设置目标体系、制定整合各种资源的行动方案、评估和测量结果、实施跟踪和监控环节逐级递进构成的政府部门绩效管理的战略模型。国内学者郝云红等探讨了基于战略管理框架的政府绩效评估机理①；谢凤华和彭国甫进行了基于战略能力的政府绩效评估体系构建研究②；王群峰探讨了政府部门的战略绩效管理模式问题③；胡税根等在总结福建模式和甘肃模式的基础上，提出了基于战略视野的省级政府绩效评估体系④；柴茂探讨了平衡计分卡在地方政府战略管理绩效评估中的应用⑤；李虹等建立了基于战略成本管理的政府绩效评价体系⑥；方振邦等阐述了战略导向的政府绩效管理的动因、模式及特点，认为战略导向的政府绩效管理是"以一个系统的概念，将战略管理与绩效考核、组织绩效与个人绩效以及绩效管理中的各个环节有效地整合在一起，使各个构件共同发挥出整体的协同效应"⑦；韩峰等在战略管理框架下提出了绩效管理系统评估与分析流程⑧；王汝发建立了基于模糊分析的战略成本视角下的政府绩效评价体系⑨。

---

①　郝云宏、曲亮：《基于战略管理框架的政府绩效评估机理》，《科技进步与对策》2005年第1期。

②　谢凤华、彭国甫：《基于战略能力的政府绩效评估体系构建研究》，《科技管理研究》2006年第12期。

③　王群峰：《政府部门战略管理模式构建》，《商业时代》2008年第13期。

④　胡税根、陈彪：《基于战略视野的省级政府绩效评估体系》，《甘肃行政学院学报》2008年第5期。

⑤　柴茂：《平衡计分卡在地方政府战略管理绩效评估中的应用》，《重庆工学院学报（社会科学版）》2008年第6期。

⑥　李虹、蔡吉臣、刘晓平：《建立基于战略成本管理的政府绩效评价》，《中国行政管理》2009年第2期。

⑦　方振邦、鲍春雷：《战略导向的政府绩效管理：动因、模式及特点》，《兰州学刊》2010年第5期。

⑧　韩峰：《战略管理导向的政府绩效管理特点、效能及应用》，《技术与创新管理》2011年第1期。

⑨　王汝发：《基于模糊分析的战略成本视角下的政府绩效评价体系》，《西华大学学报》2010年第4期。

总之，正如路易斯·克鲁特（Louise Kloot）所言："自 1992 年随着平衡计分卡财务、客户满意度、内部流程和创造性学习四个维度工具的发明，绩效管理开始真正走向战略性绩效管理。"①

（三）公共价值

20 世纪 70 年代末，新公共管理运动兴起，公共领域的私有化改革与政府合法性危机促使政府和学界重新思考公共行政的价值问题。如何在治理体系下寻找价值共识，实现价值重塑，提高治理能力和增进公共权力的合法性，已成为现代公共管理研究的关键问题。传统公共行政将政治决策与行政执行分开，坚持公共性的价值取向，即共享性与非排他性的价值集合；新公共管理理论引入企业管理的理念，重视对绩效的管理，强调公共活动中的效率追求；新公共服务理论则在两者的基础上，提出在政策制定过程中应树立民主与公平的规范性价值，在政策执行过程中应突出效率追求的市场性价值。公平、效率、服务等公共管理实践中的各种价值开始不断综合。1994年，美国学者马克·H. 穆尔（Mark H. Moore）在研究公共部门战略管理时，提出公共价值（Public Value）的概念，认为就如同企业追求利润一样，公共部门的价值追求是为公众创造公共价值，公共政策应围绕公共价值创造展开，公共产品和服务的供给应紧密结合公众的需求。穆尔在《创造公共价值：政府战略管理》一书中给出公共价值的创造的三条途径，即"对什么是有价值和有效的实质性判断（substantive judgement）、正确地判断各种政治期望（political expectations）、对可行性有清醒的认识（feasibility study）"。②公共价值理论为公共管理实践提供重大理论指导，逐渐成为西方公共行政学

① Louise Kloot, John Martin, "Strategic Performance Management A Balanced Approach to Performance Management Issues in Local Government", *Accounting Research*, Vol. 11, No. 2, 2000.
② ［美］马克·H. 穆尔：《创造公共价值：政府战略管理》，伍满桂译，商务印书馆2016年版。

研究的关键概念工具。我国学者从公共价值内涵①、类型结构和关系②等多个层面展开研究，并将其凝练为组织通过使命管理、政治管理和运营管理三个方面创造公共价值。

二、政府绩效管理制度的本质

通过上述分析可以看到，政府绩效管理制度涵盖了绩效管理、战略管理、公共价值三大组合型范畴。绩效，即产出，这种产出不管是经济形态的，还是政治、社会、文化、生态形态的，都需要来源于社会的认可，方可成为构筑政府合法性基础的绩效，或者说只有最终根植于社会、与社会需求高度一致的政府绩效，才能生产出可持续提升的、可建构价值体系的科学管理产出。绩效管理制度本质是一种社会建构，是社会价值、人的价值的实现。

20世纪90年代开始，政府绩效管理作为一种新的管理理念和方式逐渐进入我国，在理论研究方面，对政府绩效管理中的计划、指标、考核、反馈与改进等环节，对绩效管理的价值、资源、体制、机制、技术等方面都做了多维度研究；具体实践中，目标责任制、社会服务承诺制、效能监察、效能建设、组织绩效评估等各具特点的政府绩效管理模式也相继出现。分析中国政府绩效管理制度，考察其运行机理可以得出以下结论：

（一）以公共价值为基础，以发展战略为导向

政府绩效管理在实践中运行是以环境复杂性、多样性和变化性为前提的，是以有效、有用解决当代社会面临的公共事务为指向的。这种绩效管理

---

① 赵景华、李宇环：《公共战略管理的价值取向与分析模式》，《中国行政管理》2011年第12期。

② 包国宪、王学军：《以公共价值为基础的政府绩效治理——源起、构架与研究问题》，《公共管理学报》2012年第4期。

按照客观、全面提供、增进和创造公共价值为根本总值，以战略、执行和绩效的整体性和协同性为特征；这种绩效管理要将政府使命和目标转化为政府职能、履职方式，将战略治理转换为公共治理，将政府的产出转换为绩效的衡量，形成具有可操作性的政府管理模式。

（二）以管理体系和指标体系为主体，以动力传递、激活管理为主线

从实践出发，政府管理制度可以解释为以公共价值与绩效战略相互有机融入为基准，以战略管理为导向和中介，以使命管理、政治管理和运营管理为体系和指标，以评估管理、过程管控、问题诊断、绩效改进为流程和方法的环圈的模型。这个环圈围绕着绩效战略来运转，以公共价值为目标建构闭环。

这个分析是基于政府不同于以创造利润为核心的私人企业的本质属性而来的。政府战略由人民意志、国家使命、政治诉求和公共利益共同构成，总体目标是创造公共价值；这一战略通过具化为绩效使命，传递给政府系统中的各相关者，使组织的绩效使命与公共价值保持一致，又通过指标管理，获得普遍约束力的权威性与规范性，排除有碍于公共价值实现的权力干预，避免组织因个体追求私利而偏离公共价值，协调利益相关者关系并获得支持，保持政府绩效管理有序运行；再通过管理流程和方法，渗入政府组织内部，激活要素管理和节点管理，提升组织能力，指导战略计划转化为战术行动。

（三）以个人业绩和组织绩效统一为手段，以问题诊断和绩效改进为重点

在政府绩效管理的诸多环节中，改进是一个关键。改进工作分为个人改进和组织改进两个方面。政府绩效管理制度通过任务分解、战略规划细化等手段，从个人业绩考评、组织绩效评估、评估结果运用、过程持续改进等运

行机制的层面，建立服务使命管理的绩效管理协同型体系，把对政府部门业务工作的考核与转变职能的考核有机结合起来，把各个部门分割开来的考核与部门之间统筹性考核有机结合起来。探索巩固政治管理的综合性绩效管理指标，如评估公务员在管理、服务、保障等方面的客观作为和主观态度，以期矫正一些公务员的不正确心态和不作为状态的情况；构建助推运营管理的信息化绩效管理方法，如应用绩效管理的基础数据，将信息化手段应用于制度实施、事中事后监控和绩效服务等各个绩效管理阶段，实现绩效管理制度的"体系-方法-指标"一体化运行，促进政府在制度创新中提升绩效。

三、政府绩效管理制度创新的价值

正如绩效管理制度有其特定的价值一样，政府绩效管理制度创新的价值也是需要研究的一个命题。政府绩效管理制度创新或许可以在制度刚性建设中有一席之地，也就是经过某些方面的运行系统改进对政府组织结构和职能产生影响，但这并不会是其主要的贡献。政府绩效管理制度创新的价值重点体现在它提供了一种思路，供决策者和管理者在行政管理体制一定的情况下，巧妙运用机制性因素的微小变化，获取增量绩效。他们可以通过分析组织内外部环境，整合要素资源，估算其采取有效行动的必要性和效能提升的可能性，以辅助重大决策和日常管理。

绩效管理制度是系统性很强的行政工作，如果缺乏管理创新和制度创新，整天局限于"考什么、如何考"等技术层面的繁杂事务之中，难免陷入多部门"围攻"的窘境，管理的碎片化以及功能减衰将不可避免。创新绩效管理制度需要构建协同型绩效管理体系，将绩效管理的使命目标和战略规划置顶于工作体系之上，统领于政府职能履行、机关自身建设、日常管理创新之中，服务于全面回应公民诉求、实现政府价值目标和提高政府公信力执行力。

第二节　中国绩效管理制度的优势

中国各级各地政府开展绩效管理，到目前为止已基本做到全覆盖，形成了独特的制度创新优势。

一、中国政府绩效管理的阶段性

从组织体系、运行方式、实施效果等角度观察，中国政府绩效管理可以分为四个阶段：

第一阶段是 20 世纪 70 年代末到 90 年代初，是以岗位责任制、目标责任制等形式出现的加强政府机构内部管理的措施，属于"准绩效管理"时期。

第二阶段是 20 世纪 90 年代初到 21 世纪初，是各地积极探索引入外部参与的管理制度，以各种形式的考核、评价、评估的形式出现，属于"绩效评估"时期。我国从 20 世纪 90 年代初山东烟台市首创"社会服务承诺制"开始，2004 年修订《国务院工作规则》时，把"建立健全公共产品和服务的监管和绩效评估制度"写入，说明这一进程由地方进入中央政府。

第三阶段是 2008 年到 2017 年，是各级各类考核、评价、评估再次回归性进入综合管理制度建设的视野，政府内部严格管理的制度与社会公众评议、第三方评价有机结合，对政府绩效产生更重要的影响，这一时期属于"绩效管理"时期，从 2008 年国务院总理在《政府工作报告》中提出加强政府绩效管理和问责制，到 2013 年召开党的十八届三中全会提出对干部考核、生态环境评估、社会稳定风险评估等 6 个方面评价和评估，说明国家在社会发育、社会参与方面发生了较深刻的变迁，推动了政府绩效管理的进一步发展。

第四阶段是 2017 年至今，是"全面绩效管理"时期。党的十九大报告站在新时代国家治理体系和治理能力现代化的新高度，从政府绩效管理的认识、实践和制度建构不断深化的层面，以长期性、持续性的战略议题为目标，提出"全面实施绩效管理"。这体现了党和国家对政府绩效管理的认知达到了新的境界。

这四个阶段，在历次党的代表大会和中央决议中得到印证，党的十六届三中全会在推进财政管理体制改革中提出"建立预算绩效评价体系"；党的十七届二中全会提出"推进政府绩效管理和行政问责制度""建立科学合理的政府绩效评估指标"；党的十八大报告提出"创新行政管理方式，推进政府绩效管理"；党的十八届三中全会提出，加快转变政府职能、优化政府组织结构，"严格绩效管理，突出责任落实，确保权责一致"；党的十九大报告中提出"全面实施绩效管理"，标志着我国绩效管理的发展始终是在理论引领、政治指导下进行的。

二、中国绩效管理制度创新的特色

纵观实施政府绩效管理的情况，有多方面显著鲜明的特色。

（一）始终正确把握和树立绩效发展的导向

各地在实践中虽然在局部领域也出现过"GDP 一票否决"① 的不良倾向，但是就整体而言，我国政府绩效管理作为推动经济社会发展的重要力量，牢牢扭住提升政府的履职能力和绩效水平这个关键环节，使得绩效管理服从于、服务于贯彻落实全面建设社会主义现代化国家、全面深化改革、全面依法治国、全面从严治党战略布局。

---

① "GDP 一票否决"是指在地方政府绩效评估指标设置中存在的过分夸大"地方国内生产总值"的偏向，将 GDP（国内生产总值）指标的权重定得太高，使之在评估中的作用达到了决定性的地位。

（二）不断优化绩效管理指标体系和权重结构

绩效管理通过科学确定指标体系和指标权重，合理、动态调整经济增长等指标的数量和权重，逐步增加依法行政、创新创优、公共服务、民生保障、环境保护等指标和权重，有效扭转部分地方政府单纯追求经济增长、局部利益、眼前发展的发展理念。通过建立促进职能转变的指标，切实推动把该放的权力放开放到位、把该管的事情管好管到位，使市场活力竞相迸发、创新源泉充分涌流、人民利益牢固保障，不断增强发展的动力和后劲。

（三）建立科学的绩效管理流程

绩效管理通过"目标规划—评估实施—反馈整改—再评估"的运行流程，加强滚动管理和过程控制，强化对政府职能履行的持续推动和动态跟踪。通过目标规划，约束各部门按照法定职能开展管理、提供服务，不断提升政府行政效率和公共服务水平。通过实施评估，及时发现突出问题和深层次矛盾，为政府改革创新提供方向。通过反馈整改，推动问题的解决、促进工作的改进。通过再评估，改变评估"一锤定音"的传统做法，建立起基于评估的管理闭环，促进政府职能转变持续提升。

（四）关注绩效诊断与改进

通过绩效诊断和绩效改进，绩效管理有效激励约束政府正确履行职能。绩效管理通过将评价结果与奖励、责任挂钩，对政府形成较强的激励和约束，对工作成效明显、成果突出的，给予一定形式的表彰奖励。对不作为、乱作为的，如急功近利、脱离实际、虚报浮夸搞"形象工程""政绩工程"的，要严格追究相关人员责任。奖励惩戒不仅与部门挂钩，还与部门领导、单位工作人员直接挂钩，以此调动各个部门、各个层级人员的积极性。

（五）提高人民满意度

绩效管理突出服务导向，以"民之所望，施政所向"为根本宗旨，阳光开放，通过平台对接、社会评议、第三方评估等多种形式，广泛吸纳民意，能够更加全面、客观、准确地评价政府履职情况。绩效管理注重绩效沟通，信息公开，鼓励和引导各部门及其工作人员积极参与绩效管理各个环节，有助于提高评价的公信力，增强各方面对绩效管理的认同，实现政府与社会公众之间的良性互动，回应社会关切，推动政府持续改进管理方式和工作作风，建设人民满意的服务型政府。

第三节　政府绩效管理制度的机理

最近几十年来，企业界、政府、公共机构和学术界对绩效管理制度倾注了大量精力，形成很多成果。行政管理实际工作者和理论工作者对政府绩效管理中的计划、指标、考核、反馈与改进等环节，对绩效管理的价值、资源、体制、机制、技术等诸方面都做了多维度研究，但绝大多数研究都把侧重点放在管理技术层面上，或者就绩效管理谈绩效管理，且多是针对单个组织或个体的。政府绩效管理不仅是技术，也是科学，不仅是对行为的管理，也是对制度的管理。是"技术求绩"还是"制度求绩"，存在着两种绩效路径。从行政管理制度体系看，政府绩效管理当属于以制度求绩效，求的是政府的运行性制度绩效。

一、制度"类型学"机理

类型学是一种分组归类的方法体系，通常称为类型。类型的各成分是用假设的各个特别属性来识别的，这些属性彼此之间相互排斥，而集合起来却又包罗无遗，这种分组归类方法因在各种现象之间建立有限的关系而有助于论证和探索的深入。按照这个原理，在一个类型中只需研究一种它特有的属性，就可以获得该类事物的各种变量和对转变中的各种情势的把握，并可根据研究者的目的和所要研究的现象，引出一种特殊的次序，而这种次序能对解释各种数据的方法有所限制。运用类型学的这个方法，可以得知政府绩效管理制度与机构设置制度基本无关，属于不同的类别，机构设置和职能配置是组织制度、结构性制度，绩效管理是在机构发生调整后相对比较稳定的时期中广泛应用的一种常规制度，其突出的功能是对运行系统的管理，是将运行系统作为变量，追逐组织结构与功能效用的因变量。

绩效管理制度的类型学本质是化繁为简。在一个具有不确定性的复杂系统中抽出某些确定性指标，在系统中对繁多的种类进行区隔，把系统之间的交互作用当作不变量，通过用模拟开放性替代真实开放性，用少量复杂性替代大量复杂性，用有限层次性替代无限层次性等技术手段，计量出自身难以计量的数据。

我国各级政府从 20 世纪 90 年代开始引入绩效评估和管理，在推进行政体制改革和管理创新、提高行政管理效率和质量等方面，取得明显成效，但总的看还处于起步阶段，水平有待提高，应用范围需要扩大，多头式评估需要整合。促进绩效管理制度健康发展，就需要进一步确定其核心导向功能，防止多头分散，顾此失彼。这就需要用机制的统一性化解组织目标的多元性，建立协同性运行的绩效管理机制，提升整体绩效，解决系统中部分"冒进"、部分"拖后腿"，"快"和"慢"不协调，以及每个部门中大多数人疲于奔命而组织总体绩效却不高等问题。

二、统筹型绩效管理制度

统筹型绩效管理制度是为了解决绩效管理所忽略的系统复杂性转而影响和降低绩效管理的科学性、执行力、公信度和可持续性的问题。统筹型绩效管理制度是对绩效概念的内涵、依据、特征等进行再分析，提出的管理转型。统筹型绩效管理与传统绩效管理的区别是，传统绩效管理是以某一组织（包括该组织内的部门和个人）的提升绩效为目的，而统筹型绩效管理更多地关注某组织（包括部门）与其他组织（包括部门）的关系，以协同性绩效提升为主要目的。因此，这是绩效管理的制度创新。

统筹型绩效管理首先是以统筹的理念为导向的。这一点就显著地与机构制度区别开来了。人类进入工业化时代以来，世界各国政府机构都是按照科层制结构建立的，无论多少次机构改革，都未跳出其窠臼。这种结构化的组织，导致任何统筹的理念和行为都只能在体制外存在和发展，而无法进入内部，于是体制内的协同性始终是一个难题，行政学提出了"协调"的概念，实践中有沟通、协作、协调、协商等方法。运行性类型的制度则不仅可以实现统筹，而且将统筹写在了自己的旗帜上，高扬起来，它通过提高组织中系统的各要素、各层次以及子系统之间的协同性运行程度的提高，促进系统的整体绩效的提升。

政府绩效管理制度解决统筹问题有两个思路，一是立足于在绩效评估指标体系中设立具有统筹意义上的某个指标或某组指标，如"协同配合""协调能力"等，或者在已设的该指标中增加指标的权重，在数量上放大；二是综合运用协同学和系统论方法，深入到管理系统中各个对象、要素的活动规律之中，通过绩效管理达到系统协同绩效提升的目的。

可以将两种思路加以整合，一方面绩效管理制度要解决外部协调的关系，即组织间关系、政府间关系、部门间关系；另一方面要内化为解决每个组织自身内在的运行速率和系统整体绩效的关系。根本的要义是通过协调各部分目标达成的效率，实现系统性的统筹功能效应。这种绩效管理制度具有互动性、协调性、同幅性的特点。

——互动性。复杂多变的外部环境和日益频繁的社会交流合作对管理系统提出了新的要求。原先通过各部门独立工作或按简单机械分工来实现整个系统目标的做法，已然不符合时代的要求。只有通过建立多元分工合作机制，保证各管理要素有效互动沟通，多元配合运转，才能避免产生阻碍目标达成的消极性冲突，形成相互促进、共同发展的良好氛围，从而更好地实现系统效应。

——协调性。传统的管理活动容易存在两方面的问题：或是因为过分强调专业分工与部门分置而造成部门间互动协调不足，或是因为拘泥于寻求组织所需的资源而使得组织不能对动态环境变化做出及时的反应。较之传统的管理活动，统筹型绩效管理一方面强调部门间互动协作的重要性，力图打破僵化的科层界限；另一方面通过系统与环境的适应性调整，加强与利益相关者的协调和互动，实现个性理性与集体理性的统一。

——同幅性。统筹型绩效管理强调组织运行时系统各部分在时间、空间和速度上的同幅性，即要求各要素遵循共同的时间参照系，在空间上合理布局，在速度和力度上张弛有度、松紧衔接。统筹型绩效管理要求同幅性，避免各部门的无序运行，促进了系统形成协调一致的整体运动，从而达到预期目标。

要实现以上要求，需要在处理问题的方法以及看待问题的视角上做重大改进，关键是要使系统按照"自组织""自学习"和"自协调"的目标，成长为学习型组织、协同型组织、任务型组织。绩效管理不能简单地通过某些指标来进行管理，而是要以"问题"为导向，"深入其内""发乎其外"，把绩效管理的每一个环节与组织自身的成长性有机结合起来，使统筹的要求融入所有绩效指标、贯通到全管理过程。统筹型绩效管理强调"统筹导向"，这与"结果导向"既有联系又有区别。结果导向作为一种理念，意在提倡减少对过程的烦琐评估，而不是不要对管理全程（包括管理方式方法）加以关注。结果导向并不否定其他导向。在这个意义上，统筹导向的绩效管理与结果导向的绩效管理是兼容的，只是角度不同而已。但是，结果导向容易被理解为结果是唯一导向或主要导向，如果是在这个意义上使用"结果导向"，一般应该在组织体系中各项管理制度健全、组织与外部环境总体相互适应的条件下才能实行。我国尚在建设法治政府的进程之中，各方面制度不健全，不能简单地以结果为唯一导向。应该把管理结构、管理过程、管理机制和管理方式等综合起来，统筹考量其总体绩效。

第四节　政府绩效管理制度创新的方向

行政管理制度创新是一个全面协调可持续性的进程，政府绩效管理制度创新的方向就是打造"升级版"。这需要用科学理论和方法，建立绩效管理制度创新体系。

一、政府绩效管理制度创新的理论样式

2010 年，中国行政管理学会、中国监察学会与福建省机关效能建设领导小组联合福州市召开"机关效能建设研讨会暨全省机关效能建设工作会议"，时任福建省委书记孙春兰在会上介绍了 21 世纪之初，习近平在任福建省省长时大力倡导和推动机关效能建设，并在全国率先开展起来，他调离福建省后，福建继续加强绩效管理工作方面的情况，并传达了不久前习近平致她和时任省长黄小晶的回信。习近平的回信全文如下："十年前，我在福建抓机关效能建设这项工作时，强调要牢记人民政府前有"人民"两字，在便民利民上采取了一些措施，取得了一些实效，在全国引起了一些关注。近些年来，福建省委省政府对此项工作常抓不懈，在构建服务型政府方面积累了许多好作法，为福建经济社会健康发展提供了坚强保证。希望你们以全省机关效能建设工作会议的召开为契机，把深化机关效能建设作为贯彻党的十七大和十七届三中、四中、五中全会精神的重要举措，认真总结经验，继续扎实推进，不断巩固和拓展机关效能建设成果。"①

---

① 《全省机关效能建设工作会议召开》，《福建日报》2010 年 11 月 25 日。

(一)"补短板"式创新

"短板原理"又称"木桶原理",即木桶的盛水量是由箍成木桶的木板共同决定,并受最短的木板所限制的,最短木板是木桶盛水量的"限制性因素",起到了支配和决定的作用。在一个系统中,"限制性因素"决定是否能够实现整体功能的最大化。在系统管理中,往往效率最低、分配资源最少的组织决定系统是否能够实现最优。因此,统筹型绩效管理要求注意"限制性因素"的选择,做到资源分配的合理性、组织绩效的同步性,通过互动协作,适当突出对"限制性因素"的管理,使系统各部分均衡发展。如在经济宏观调控中,既要立足当前,又要着眼长远,使经济运行处于合理区间,经济增长率、就业水平等不滑出"下限",物价涨幅等不超出"上限"。

(二)"防役使"式创新

"役使原理"是协同学中的概念,指在系统演化过程中,到接近状态变化的临界点时,"快变量"由于变化太快,以致未对系统施加影响就消失或变化了,而极少数"慢变量"变化相对缓慢,成为支配和主宰系统演化的序参量。序参量由子系统的竞争与协同产生出来,同时又支配子系统。子系统伺服于序参量,序参量协同合作形成有序的宏观结构。进度最慢的组织或项目决定着系统的进度。统筹型绩效管理就是要克服部门间效率的不同步问题,以保证整体按照理想状态推进工作。如在处理教育发展与教育公平的协调关系上,既要考察全体国民平均受教育年限,又要考察教育在地区发展上的不平衡,建立教育发展与教育公平两者兼顾的财政转移支付制度和教育公平的监测评估体系。

(三)"个体理性和集体理性"式创新

博弈论关于非零和博弈的"囚徒困境"例子表明,个人最佳选择并非组织最佳选择，这揭示出个人理性和集体理性间的冲突和矛盾。每个组织按着各自利益最大化的方向发展必然导致系统整体绩效的偏离。在价格竞争、军备竞赛、关税战、环境保护中，此类情况很多。统筹型绩效管理要求在经济和社会管理中，不能简单地做"刺激—反应式"决策和"单边式"管理，而要兼顾政府和市场、政府和社会、公共非营利性组织与营利性组织，充分发挥市场、企业、公共组织和社会组织的作用。

（四）"线性和非线性"式创新

在线性管理模型中，组织的活动对目标函数的贡献或对资源的消耗与活动水平成比例关系，因而目标函数或约束函数是决策变量的线性函数。而在实际工作中，往往遇到活动对目标函数的贡献或对资源的消耗与活动水平不成比例关系的情形，即目标函数或约束函数不是决策变量的线性函数，而是非线性函数。我们称此类问题为非线性管理问题，这里绩效的衡量，需要引入非线性绩效管理。在线性状态下，全局最优解也是局部最优解；而在非线性状态下，全局最优解不一定是局部最优解。所以，非线性绩效管理与线性绩效管理的区别在于，如果线性管理问题有一个最优解，那么一定是可行域中的一个极点；而非线性管理的可行域就不一定是凸集了，即使可行域是凸集，最优解也未必是可行域中的极点。一般而言，非线性管理问题的最优解不会在可行域的边界上。那么，按照非线性理论，可考虑应用一种最常用的黄金分割法，又称0.618法，就是将一线段分成两段，使整段长与较长段的长度比值等于较长段与较短段的比值。例如，某公司由于接到了一批特别订单，需要调出一部分工人，这样剩余工人为了最大限度地利用生产能力就必须加班工作。管理层曾考虑过使用临时工来避免加班造成额外的费用，但是如果工人缺乏经验会降低工作效率，这就必须对临时工进行培训，从而增加培训费用。同时在完成额外订单后工厂就恢复正常生产不需要临时工。所以，管理层最后还是决定采取加班的措施。在政府绩效管理中，事情不多的部门反而得分高的问题时有发生，我们就可以采用黄金分割法加以探索解决，将强力部门与非强力部门的权重按照1.2:1的比例加以区分。

二、政府绩效管理制度的综合性创新

（一）绩效管理制度在时空维度上的创新

在空间上，绩效管理需建立横向环节的协同结构，促进各要素之间的协调配合；在时间上，需建立纵向层次的衔接结构，保证各要素之间的顺次衔接。具体在管理实践中，更多地发挥专司绩效管理机构的作用，有助于组织横纵结构化的建设和时空同步性的提高。在较大型的组织中，一般都设有专司绩效管理的机构，但其作用往往未得到充分发挥，主要原因是对专职机构的功能定位偏窄，仅负责本组织内部的绩效管理。充分发挥综合性绩效管理机构的作用，有助于实现绩效管理从单一型、线性模式向多元型、非线性模式绩效管理转变。可考虑将这些机构的职责拓展为既负责本组织绩效管理，又兼顾与上一个层面的其他机构进行绩效协调，同时还可承担综合性、全局性、缺位性（拾遗补阙）绩效管理任务。如我国目前由各职能部门实施的领导班子绩效考核、行政部门绩效评估、公务员绩效考评、社会稳定风险评估等，除了绩效计划、绩效目标、结果应用外，其他业务可交由一级党委政府的专门绩效管理工作机构负责，即可将拟订绩效指标、开展评估管理、控制评估成本等具体事务性工作从评估本体机构剥离，由专业绩效管理机构负责提供统一的评估和服务。这样更符合绩效管理的统一性、规范性、标准化和专业化原则，有助于解决粗放式、随性式管理的问题，提高绩效管理的技术水平，有利于解决多头管理、重复劳动和标准不一等问题，形成绩效管理的合力。

在政府绩效管理制度基本框架中，构建全面系统科学的绩效管理制度要素，是时空维度全面创新绩效管理的关键。应由组织目标、制度规范、执行落实、衡量评估、教育内化等五个要素组成，分别对应绩效计划、绩效管理、绩效评价、绩效反馈、绩效提升等五个环节。在各要素和环节上充分运用大数据的海量信息资源和数据分析技术，明确绩效管理目标，落实岗位职责，构建绩效责任体系，健全绩效运行机制，完善绩效评估指标，促进绩效整体提升。要运用大数据技术实现考核内容、考核标准从模糊向精准转变，考核方法从简单向复杂转变，考核主体从单一向多元转变，考核程序信息从纵向垂直向多向互动转变，考核结果运用从虚向实转变，考核保障制度从软向硬转变，有效实现公共部门人员绩效管理的大数据化和良性循环体系。

（二）绩效管理制度在过程维度上的创新

从管理过程看，组织系统各环节间要建立先后协调的流程，控制缝隙距和时间差；在同一环节上，要建立各子系统同步协调的流程，实现速度的可控性和差异性。统筹型绩效管理要对这个过程进行管理，重点是对速度的可控性进行绩效管理，使各要素之间保持最合适的进度。其运行机制好比接力比赛，在充分了解每名运动员速度的基础上，合理安排接力顺序，恰当控制交接时间，通过对整体中处于弱势地位的"限制性因素"巧妙安排，使得整场比赛或系统运行整体取得"田忌赛马"的卓效。这里的实质问题是，要根据政府部门和岗位的职责性质，在经济社会发展中的作用及在政府整体中的作用，来确定其运行速度方面的要求，该快的要设计出"提挡""踩油门"的指标，该慢的要设计出"降挡""踩刹车"的指标。如果一个机关中人人、天天都在加班，这个单位的总体绩效一定有问题。

在管理过程维度上的创新，一个很重要的方面是扩大公众评议和第三方评估的参与。公众评议和第三方评估的概念是与政府绩效评估、政府绩效管理联系在一起的。没有公众评议和第三方评估，或者对公众评议和第三方评估重视不够的绩效管理是不全面的绩效管理。在近几年各地的探索实践中，公众评议和第三方评估越来越引起重视。但是仍然存在着独立性不足和权重不够等问题。为保证评估结果公正性和权威性，一方面需要改进公众评议的方式，强化第三方评估的专业性；另一方面需要改善政府部门的自我评价，政府系统内上下级之间、政府部门之间的评价，将这些评价与公众评议、第三方评价有机结合起来。防止盲目追求参与公众评议的人数，简单了事交予第三方机构。例如杭州综合考评体制。杭州市采取综合考评的体系，较好地解决了"公民本位""独立评价"和"注重实效"这三个方面的关系。该考评体系设计由目标考核、社会评价和领导考评三部分组成，总分值为 100 分，目标考核分值是 45 分，社会评价分值是 50 分，领导考评分值是 5 分。将公众评议、第三方评价政府绩效的权重定在 50%，这在全国的城市管理中比较少见。公众的结构组成覆盖 9 大代表层，分别是：市党代表，市人大代表，市政协委员，区、县（市）领导代表，区、县（市）机关代表，社会组织代表（含社区居委会负责人、行业协会负责人、民办非企业单位负责人），社会监督代表（含老干部、专家学者、省直机关、新闻媒体、绩效信息员及市行风评议代表），企业代表，市民代表（含城镇居民、外来创业务工人员、农村居民）。在 9 大代表层面中，市民代表样本量为 6000 个，企业代表样本量为 2000 个。样本总量为 12000 个，均实行随机抽样产生。

（三）绩效管理制度在组织机制上的创新

从管理机制看，要确保系统实现整体绩效的最大化，需要建立有效的沟通、协调和矫正机制，使各子系统或要素能更好地产生协同效用。在沟通机制和协调机制方面，可通过"任务型组织"的运行来考量其统筹绩效。党政机关"工作领导小组"的机制，一类是非常设机构，如"财政经济工作领导小组"及办公室、"外事工作领导小组"及办公室、"农村工作领导小组"及办公室、"宣传思想工作领导小组"及办公室等；另一类是临时性机构，如"南水北调工程建设领导小组"及办公室。这类组织一般是为了推动某项重大公共政策而设立的，属于"任务型组织"。这种系统沟通交流绩效的平台，通过其运行绩效，可以看出政策、政令能不能有效执行，上情下达、下情上达、左右协调的绩效如何，是否能够有效降低执行过程中的摩擦成本。在矫正机制方面，主要是分析统筹过程中管理成本和利益分配的问题。从成本角度看，统筹型绩效管理要求绩效增加所带来的收益要大于对组织系统中各要素和子系统的统筹协调成本，达到各要素和子系统的运行成本小于实现整体运行成本的要求。过度统筹协调不仅不利于整体绩效的提高，反而会因为增加统筹协调成本从而使整体绩效降低。从利益分配角度看，统筹型绩效管理强调组织系统中各要素和子系统利益的分配主要以其对实现同步同幅所起作用的重要性或"贡献"大小为依据，以此决定人力、资本、技术、信息等稀缺资源的配置。在管理过程中，避免因为利益分配不合理和整体与个体目标不统一而产生的冲突，是实现整体绩效最大化的重要措施，无法避免的需要矫正。在这方面，政府绩效评估可通过对问责制的建立及作用发挥情况的评估发现问题，改进和提升绩效。

组织机制上的创新还包括加强和改进对公共管理人员的绩效管理制度建设。对政府工作人员及事业单位工作人员的绩效考核一直是我国政府绩效管理的"短腿"。2018 年 5 月 20 日，中共中央办公厅印发《关于进一步激励广大干部新时代新担当新作为的意见》，强调"充分发挥干部考核评价的激励鞭策作用"，既要扭转"不作为"的风气，又要"宽容干部在工作中特别是改革创新中的失误错误，旗帜鲜明为敢于担当的干部撑腰鼓劲"。放管服改革中涉及利益相关者较多，大数据环境下的政府绩效管理，应该改进以往简单的德、能、勤、绩、廉五个维，"大一统、不分类"的绩效考核方法，综合采取系统型绩效考评方法，包括合成考评法、图解式评价量表法、评价中心法等，利用大数据的现代信息分析技术，将各种考核管理系统进行综合、计算、合成、分析，最终得出人员的绩效成绩。虽然在选择考评要素时考虑的因素较多，会产生"晕轮效益"等偏差，但随着大数据的应用，部门可以通过大数据技术对不同职级的员工多次的考评数据收集分析来降低影响。同时，利用大数据实时性的特点，将人员绩效及时反馈至被考核者本人，起到实时监测、及时调整的作用和效果。在绩效目标、绩效指标、权重确定、信息采集、结果运用之间找到合适的平衡点，从组织、项目、人力资源三个层面考量个人绩效，提升政府人员考评的客观性和公正性，激发干部内在活力。

（四）绩效管理制度在工作方式上的创新

管理方式与组织的体制、职能、责任、义务有着紧密的关系，不能离开管理方式来研究结构、过程和机制，也不能离开管理方式来评估绩效。研究政府管理方式、履职方式对绩效的影响，实质是采取"倒逼"路径，从方式方法的角度看政府是不是把该管的事情管住管好，是不是解决了缺位、错位、越位等问题，推动绩效管理为转变职能服务，为提高效率、降低成本和改进作风服务。但目前实施的绩效管理往往对管理方式关注不够。可考虑按照"适应职责性质、提升治理品质、优化人员素质"的要求，衡量政府履职效率、管理效能、服务效果，构建管理方式上的统筹型绩效管理创新体系。所谓依据"适应职责性质"评估管理方式，就是要看政府及部门是不是善于学习和采用当今公共领域不断涌现的新知识群和"行政业态"，在实践中有没有应用政策营销、问责制、网络行政、方格化管理、压力管理、沟通管理、冲突管理、风险管理、合作治理等方式且效果如何。所谓依据"提升治理品质"评估管理方式，就是看行政机关在创造良好的社会治理结构中的作用发挥得如何，是不是在权力运行方式中做到权力与责任紧密挂钩、与权力主体利益彻底脱钩，能不能保障市场竞争性配置资源作用，行业组织和中介机构自律性管理作用以及公民、法人和其他组织自治性管理作用的发挥。所谓依据"优化人员素质"评估管理方式，就是看政府及部门的实际能力和人员素质是不是匹配，有没有采取得力措施提高人员素质。政府官员面临竞争发展的压力，履职方式创新是一个变压力为动力的过程。因此，政府管理方式得当与否，与人员素质直接相关，通过人员素质的状况可以了解组织的统筹绩效状况。

　　工作方式的创新重点要放在优化绩效指标制定、遴选和管理的方法上。一是探索把评估指标与考核指标适当分开。评估指标可以略多设些，比如领导有要求、部门有提议、群众有期盼的行政管理和公共服务事项，原来没有设为考核指标的，或者被压缩掉的指标，也可以"试设"，在"试设"期间权重暂时为"0"，在指标编号上使用"X+"的形式，不增加指标总数，但是同样具有导向和约束作用。这样有助于在一定程度上解决领导和政府部门为推动工作要求把许多专项工作纳入绩效考核的问题。二是建立"指标库"。这个库有多方面的功能，比如，为了缓解不同地区、不同部门的客观基础存在现实差异的矛盾，采取每年在"指标库"中随机抽取指标的办法，以机会公平解决众口难调的问题。对不同地区的 GDP、财政收入、固定资产投资、专利申请量、查处违法用地和违法建筑等指标的数量差异大的问题，可设置"总量指标""人均指标""速度指标"等，在实施考核前进行随机抽签，抽到什么考核什么。对不同部门的行政审批数量、督查事项难度、行政执法对象以及每个被评估单位承担的业务量不同等复杂问题，也可以采取上述办法。又比如，将入库的指标分为两大类，一类为"评建合一"的，就是通常的考核指标；另一类是"评建分离"的，从操作层面看，事先不公布，实行入库前征求意见，入库后及时更新，使用前严格保密。类似于领导同志调研过程中突然改变线路，进村入户，让被评估者防不胜防。三是把一些重要的、专职的"领导小组办公室"这类任务型组织纳入绩效评估体系，作为评估对象，既有助于做到绩效管理全覆盖，又可以充分利用他们掌握情况比较全面、部门利益相对较少、站位高、较超脱的优势，在数据采集、结果审核、过程监督等方面发挥作用。

第七章 "放管服" 改革

前面三章我们研究了行政的组织制度、职能制度、审批制度、绩效管理制度等领域的创新，剖析了制度的结构机理和运行机理。本章将注重以系统性、整体性、协同性为要求，研究"放管服"改革，进一步考察行政管理制度体系创新的形成及其方法，侧重分析其中制度的赋能性机理。

第一节 作为综合性行政管理制度的创新

"放管服"改革是简政放权、放管结合、优化服务改革的简称。这是改革开放以来贯穿行政管理制度体系创新的一根红线，是政府转型、职能转变、方式创新的总体要求、全面实践和核心议题。在全面推进国家、政府治理能力和治理体系现代化的背景下，"放管服"改革是增强制度创新的系统性、整体性、协同性的关键。

一、"放管服" 改革逻辑

中国改革开放以来，为发挥经济领域的市场制度优越性，将民主政治制度优越性与市场经济制度优越性加以融合，先后提出了发展社会主义商品经济、建立社会主义市场经济体制、发挥市场在配置资源中的基础性、决定性作用等极为重要的命题，不断推进经济体制从计划经济转变为中国特色社会主义市场经济体制。相应地，行政管理制度体系也由全能型政府、行政命令管理方式向有限型政府、多元化管理方式转变。

正式提出"放管服"改革，是2015年5月12日李克强总理在全国推进简政放权放管结合职能转变工作电视电话会议上。他指出，"当前和今后一个时期，深化行政体制改革、转变政府职能总的要求是：简政放权、放管结合、优化服务协同推进，即'放、管、服'三管齐下"。此后，国务院出台了多份关于"放管服"改革的规范性文件，国务院部门出台数十份行政规章及工作文件，从2016年开始，每年的国务院《政府工作报告》都对此改革进行具体部署。据不完全统计，这些"放管服"改革共涉及行政法规和部门规章600余份，国家层面出台的政策性规定有380多条硬性举措。

从"放管服"改革的内在逻辑出发，把握历史发展趋势，解析"放管服"改革的制度杠杆和政策工具，可以得出这样的结论："放管服"改革是行政管理制度的战略性转变，具化为政府、市场和社会各自属性以及相互之间边界的重新定位。

二、"简政放权"的维度

"放管服"改革有三个基本维度，简政放权是第一个也是最重要的维度。

简政放权，向下级政府放权、向市场放权、向社会放权，是行政管理制度战略性转折的逻辑起点，成为起始阶段的重点。鉴于中国"纵向嵌入式治理"[①]的特点，即中央、国务院职能部门或省级政府等通过法律法规、战略规划、条例规章等形式，依托层级权威，纵向嵌入公共事务治理之中，"放"的维度起步阶段的主要工作是，地方和部门对涉及的规章、规范性文件进行清理，陆续废止和修改相关规定。以中央政府及各部门行政审批事项总数目

---

① 邢华：《我国区域合作治理困境与纵向嵌入式治理机制选择》，《政治学研究》2014年第5期。

变化为例，从 1998 年到 2002 年 5 年间取消、下放和调整的行政审批事项占原数量的一半，2002 年至 2018 年 17 年间，又在此基础上取消、下放和调整行政审批事项 3701 项，占 2002 年行政审批事项总数的 85% 左右。

"放"的维度体现的是从权力治理到权利治理的制度变迁。在权力的治理模式中，政府行为的主要目标是管制、征收，以及提供被看作是具有政府专属特性的产品和服务（公共物品）。政府并不仅仅是一种选择，它还是一个机构，被广泛地认为拥有独断的权力，可以合法地使用强力或以强力为威胁，来使一些人可以合法地强制另一些人。在大多数人同政府打交道的经验中，最大的刺激是官僚政治的傲慢。而基于"权利"的治理是借助于平等交易的治理，强调构建其他行为主体能有效参与的体制框架，并在相应的宪法规定和民主授权的基础上，对这个体制框架进行评估，以确保其良好运行。政府"放"的改革目的是为了让市场起决定性的作用和更好地发挥政府作用，为企业和群众除烦苛之弊、施公平之策、开便利之门。这就意味着，政府有权力但止于权利，政府的治理基础要从权力转向权利，还权于民，不与民争利。①

"放"的维度表达了从"管理者"出发到从"顾客"出发的制度变迁。政府立点的下沉，导致治理平面的扩大。管理的本质是一种社会建构，是社会价值、人的价值的实现。在一个相对稳定的社会中，从管理者出发，就无从实现这些价值。邓小平反复强调，我们要把人民拥护不拥护、赞成不赞成、高兴不高兴、答应不答应作为制定各项方针政策的出发点和归宿，作为检验政府一切工作的根本标准（简称"四个人民"）。"拥护"的实质，是政府的工作以问题为导向，以取得群众和上级的支持。"赞成"的实质，是政府的决策以目标为导向，从群众中来，人民参与决策，决策符合民主、科学、法治的要求。"高兴"的实质，是政府的管理以需求为导向，按照供给

① 毛寿龙、刘茜：《政府"放管服"改革及其"获得感"的秩序维度》，《江苏行政学院学报》2018 年第 1 期。

侧改革的要求，尊重社会需求的变化，做到各项改革创新由群众"点菜"、政府"端菜"、人民评判。"满意"的实质，是政府的服务以人民获得感、幸福感为导向，不断提高群众对公共服务的满意度。

把"四个人民"作为行政管理新模式，是新时代政治发展的根本要求，是中国语境下简政放权的理论观照和改进行政管理制度的顶层设计。

三、"放与管结合" 的维度

管理出效益，科学管理产出经济、政治、社会、文化、生态等各种形态的效益。发端于 20 世纪 70 年代的新公共管理改革，在市场机制引入行政管理以后也带来了管理的分化、离散化、过度利益化，造成价值扭曲。面对日趋复杂的公共事务，治理碎片化困境愈发凸显。对此，传统公共组织的应对策略是继续完善科层制，理顺纵横之间的体制关系，纵向划细、横向整合，使得条块功能分明、职界功能放大。然而，作用效果并不明显。西方学者认为，后公共管理时代政府面临的最大问题是联合性问题（Joined-up problem），需要反思传统的功能性组织（Functional model）模式，以战略性、整体化治理对功能性组织进行革新。[①] 20 世纪六七十年代，美国学者 A. D. 钱德勒（A. D. Chandler）提出"结构跟随战略"的命题,[②] 将战略（Srategic）、结构（Structure）和绩效（Performance）三者关系作为管理的关键性要素。在此基础上，理查德·P. 鲁梅尔特（Richard P. Rumelt）提出"战略—结构—绩效"范式,[③] 即将战略和组织结构的互动关系扩展到组织绩效层面。该范式在公共管理领域产生了较大影响。

"放与管结合"改革的理论，与"战略—结构—绩效"的理论框架不谋

① Propessor Perri, D. Leat, K. Seltzer & G. Stoker, *Towards Holistic Governance：The New Reform Agenda. Basingstoke*, UK.：Palgrave, 2002.

② A. D. Chandler, *Strategy and Structure：Chapters in the History of Industrial Enterprise*, Cambridge：MIT Press, 1962.

③ Richard P. Rumelt, *Strategy*, *Structure*, *and Economic Performance*, Cambridge, Mass.：Harvard University Press, 1974.

而合，"战略定位—结构变革—监管改进"依次推进，逐渐形成战略定位奠基、机构改革跟随、监管绩效改进导向的实践线条，使各个创新要素相互联通、相互促进，以进一步推动改革的深化。

在实践中我们看到，通过推行"放到位"的改革战略，将市场机制高调引入政府管理理念，重新界定政府权力边界，职能转变速度力度加大；通过实施"管到位"改革政策，政府组织结构和部门跟随战略调整而转变，政府监管得到加强；通过运用"放与管结合"改革策略，权力退出与监管进入紧密融合，实现机构和人员精简高效，政府监管的包容性、有效性、前瞻性增强，行政、市场和社会功能与活力提高，行政成本降低。

四、"优化服务" 的维度

优化服务是"放管服"改革的落脚点和归宿。推动政府为经济社会发展环境服务、直接或间接提供优质公共服务、为维护社会公平正义秩序服务，尤其是为创造公平竞争的环境与激发市场主体的活力服务，是当代中国政府治理改革的重中之重，也是"放管服"改革的核心指向。①

行政管理制度创新围绕战略调整、机构改革、监管创新来进行，旨在带来政府服务绩效的改进，简政放权和放管结合改革最终结果要看"服务"，即公共服务的有效供给，服务质量和效能的提高，服务的便利和品质。这是由当代政府的基本价值观决定的。1994 年，美国学者马克·H. 穆尔在研究公共部门战略管理时，提出政府价值即公共价值（Public Value）的观点，认为就如同企业追求利润一样，政府部门的价值追求是为公众创造公共价值，公共政策应围绕公共价值创造展开，公共产品和服务的供给应紧密结合公众的需求。② 穆尔还在《创造公共价值：政府战略管理》一书中给出公共

---

① 陈振明：《中国政府改革与治理的目标指向和实践进展》，《东南学术》2020 年第2 期。
② M. H. Moore，"Public Value As the Focus of Strategy"，*Australian Journal of Public Administration*，Vol. 53，No. 3，1994.

价值的创造的三条途径，即"对什么是有价值和有效的实质性判断（substantive judgement）、正确地判断各种政治期望（political expectations）、对可行性有清醒的认识（feasibility study）"。① 公共价值理论为"公共管理实践提供重大理论指导"②。"逐渐成为西方公共行政学研究的关键概念工具。"③我国学者也积极跟进，从公共价值内涵、类型结构和关系等多个层面展开研究。④

从当前改革遇到的阻力和现实难点看，在"放""管""放与管"三个方面都存在不到位的问题，如在"放"的过程中对审批事项进行"打包"或者"拆分"处理，放小不放大，放虚不放实，避重就轻，重量轻质；"管"的领域存在着市场监管能力不足，监管缺失与过度监管并存；"放与管"结合很难落地，存在着一放就乱，一管就死，"运动式执法"等问题。这些问题与"服务"没有跟进，政府服务体系不健全，服务能力和服务意识不强有着密切关系。

"放管服"改革的目标是加强服务，包括政务服务、社会服务、公共服务。党的十八大以来，围绕"放管服"改革的脉络和要求，运用公共管理制度和政策，探索新的发展理念、制度安排和推进路径，发挥行政审批制度改革和政府绩效管理在政府职能转变工作的"助推器"和"指挥棒"作用，都成为深化"优化服务"改革的现实选择。2018 年 6 月，李克强总理在全国深化"放管服"改革转变政府职能电视电话会议上强调，"放管服"改革是一场重塑政府和市场关系、刀刃向内的政府自身革命，也是近年来实现经

① ［美］马克·H. 穆尔：《创造公共价值：政府战略管理》，伍满桂译，商务印书馆 2016年版。

② G. Strker, "Public Value Management：A New Narrative for Networked Governance?", *American Review of Public Administration*, Vol. 36, No. 1, 2006.

③ I. Williams, H. Sheareer, "Appraising Public Value：Past, Present and Futures", *Public Administration*, Vol. 89, No. 4, 2011.

④ 赵景华、李宇环：《公共战略管理的价值取向与分析模式》，《中国行政管理》2011 年第 12 期；杨博、谢光远：《论"公共价值管理"：一种后新公共管理理论的超越与限度》，《政治学研究》2014 年第 12 期。

济稳中向好的关键一招，必须坚持不懈向前推进。

第二节　"放管服"改革的重点

"放管服"改革的重点是正确处理政府和市场、社会的关系，建设一个为市场、社会，以及市场主体、社会主体服务的现代化政府。

一、理论创新和模式构建

"放管服"改革是一项复合性、复杂性很强的综合创新，简政放权面临的是权力和利益的调整，监管体系改革面临的是市场多元化信息化的现状，优化服务面临的是公共服务能力不足。我们可以通过一张废报纸的故事来看当下政府工作的高度复杂性。

某年秋日的一个午后，一张废报纸在秋风吹拂下飘在空中，即将落到 B 市郊区小镇中心街上，后果会是怎样呢？谁该去管理？后果责任谁来负？答案可以依据不同的情形给出多种选择：（a）如果它落在了马路中间，由于这条路是市级公路，清扫者应该是 XX 路桥养护有限公司 Y 处（科）下属的公路服务站，就是说责任由这个提供准公共产品的事业单位负责；（b）如果这张废报纸落到了马路牙子上，那么此时的清扫责任将落在镇环境卫生管理中心身上，就是说责任由这个提供准公共产品的事业单位负责；（c）如果废报纸飘到了街边店铺的台阶上，这属于"门前三包"的范围了，店铺主人应当在城管的监督下承担起清扫责任，就是说具体清扫责任是私人部门的，但如果没有尽到义务，其监管部门即从事城市管理的行政执法部门要负责；（d）废报纸飘落到店铺侧面的胡同里，此时它已进入某村的卫生保洁区域，村里雇佣的环卫工人该出手了，就是说责任由城市政府转向了农村管理者，而具体责任是不清晰的，因为各地是不是设有提供公共服务的单位，这些单位有没有对此负责的义务，是不确定的；（e）如果遇到一阵狂风，废报纸飘着过了小桥，落到了与南北向的中心街道呈 90 度的东西向的那段无名路上，由于这是一段尚未正式交付使用的路段，因此法定的清扫责任为公路建设方 XX 建设集团所属的 Y 分公司，就是说责任由这个企业承担，而相关政府部门如环境保护部门要进行监督。还有没有其他选项？有的，（f）如果一阵足够大的风将废报纸吹出了镇，飞到了农村，落到了田野里，还会有人去清扫吗？如果说，前面几种可能性属于公共管理的常规问题，那么（f）就可能成为一个前沿的公共管理问题——新农村建设中公共环境卫生的责任归属与治理机制。这时候，废报纸问题已被公共管理研究者穷尽了吗？没有。最不幸的事情出现了，（g）大风把废报纸刮到了中心街上正在疾驶的一辆汽车前方，不偏不倚正好蒙在了汽车挡风玻璃上，司机猝不及防，视线被遮挡，手中的方向盘失控，汽车撞向路边的超市，导致 10 人受伤，5 人当场死亡。这个废报纸问题（g）将常态的公共管理问题转化为非常态的应急管理问题，就是说责任由提供公共安全服务的应急管理部门负责。

一张废报纸的困惑，折射了"放管服"在行政管理制度体系创新中的困境，这是不能简单地用一个办法或几个办法解决的。

从逻辑分析和行为轨迹看"放管服"改革，"放权""监管"和"服务"三个维度具化了政府职能转变，具化了符合现代治理要求的政府型态。这一过程既呈现出空间协同型创新的态势，又表达为时间持续型创新的历程。"放权"始于重新界定政府、市场、社会边界，以适应建立市场经济的战略调整，起到发端与撬动的作用；"监管"嵌于政府机构改革带来的结构创新和管理方式创新，实现跟进与拓展的功能；"服务"融于公共产品的输出和行政体系的更迭，推进绩效与质量提升。这个发展走势在国务院先后发布的一系列政策文件中得到体现。如"放管服"改革之初颁布了《关于进一步做好"放管服"改革涉及的规章、规范性文件清理工作的通知》，改革推进中颁布了《关于成立国务院推进政府职能转变和"放管服"改革协调小组的通知》，深化改革进程中颁布了《关于印发全国深化"放管服"改革转变政府职能电视电话会议重点任务分工方案的通知》等，"放管服"改革的政策措施一步一步深入，政府组织绩效和公共服务绩效在制度创新升级中得到持续提高。

"放管服"改革起步阶段旨在通过精简行政审批和许可事项等，激发市场和社会活力、动力和创造力，虽然取得一些成效，但是仍存在精简审批事项强调数量而忽略质量，甚至将审批"偷换概念"为备案、登记、核准等职能，向下级政府放权时只开放审批权限但不匹配"人、财、物"；向市场放权时各种限制较多，变现审批时有发生；向社会放权时，含金量不足，出现"准入不准营"；某些领域重复出现"一放就乱"的端倪等。可见，在政府机构和职能总体未改的情况下，单维度的简政放权存在着局限性。

于是，政府机构改革一轮接着一轮地推进，支撑了简政放权和监管创新。机构改革的优势是直接通过准立法的方式（政府向立法机关提交方案并获得通过，以及依法编制"三定"规定），对政府职能进行重新配置。然而，"放管服"改革进入发展阶段后，一方面强调政府监管作用，创新监管方式，"管"出公平和秩序；另一方面继续推进简政放权工作，明确清理范围，强化清理责任。2013年第七次机构改革以及2018年第八次机构改革，围绕政府职能转变的核心议题，在推进政企分离和深化大部制改革基础上，统筹推进"五位一体"总体布局、协调推进"四个全面"战略布局要求、加强党的领导，为"放管服"改革提供结构性制度支撑。

随着政府机构设置和职能配置优化，制度性交易成本持续降低，政府治理能力提升。然而，政府监管能力的瓶颈在市场复杂性提高的情况下显现出新的问题，基层针对网约车、共享单车等新兴业态，一些地方包容审慎监管经验不足，市场监管体制变动频繁，市场主体难有稳定的预期，行业市场秩序难以巩固。政府服务质量亟待提升，"放管服"改革需要新的发展理念、制度安排和推进路径。

二、"放管服" 改革的制度实现方案

自中央明确要求简政放权、放管结合、优化服务以来，各地积极探索改革路径，有的地方检查政府职能配置和履行中存在的问题，运用职能放权实施全面改革，有的以法制开路，用权力清单、责任清单、负面清单等形式约束行政行为，依法公开，接受社会监督，有的将绩效系统嵌入管理体系，以建立事中事后监管制度，提高政府监管的有效性，更多的地方将公共服务和政务服务系统建设作为龙头，带动流程管理再造，提高"放管服"改革水平。

20 世纪 80 年代以来，创新公共服务提供模式逐渐成为政府改革的焦点，以新公共管理、企业家政府、新公共服务等理论来创新公共服务提供方式的改革潮流在全球范围内兴起。一时之间，不创新公共服务提供模式的政府，似乎成了"懒政""不作为"的代名词。地方政府作为提供公共服务的关键主体，承担着大部分公共服务供给的直接责任，它们必须通过创新来改进公共服务提供效率，满足民众需求。在我国，当前社会面临着急剧转型，人民群众对政府的期待与诉求也日趋多元化、精细化与复杂化，这就需要各级地方政府以创新应对社会治理中的现实问题和突出矛盾。目前，我国地方政府创新已经从政治改革转向了公共服务领域，这种以增量方式推进的政府创新，回避了争议与矛盾，有效促进了社会福利的增长。对于公共服务这类"微观先行"的创新导向，一些学者认为这是当前地方政府创新动力严重不足的表现，只能退而求其次谋求微观层面的"小修小补"。事实上，这种创新"靶点"转移不仅符合"创新公共服务提供模式"的全球化改革潮流，且立足于中国现实发展情境和发展阶段，它使得创新权利"飞入寻常政府中"，而不像过去那种动辄对体制等大问题的创新，只能由经济发达地区政府、行政级别很高的政府推动。

在我国不断推进"以人民为中心"的改革中，政府创新的出发点应该逐

渐聚焦于改善公共服务、提升公共服务效率，最终建设好人民满意政府。如果地方政府不能及时创新地回应人民群众"个性化、具体化、即时性"的服务需求，就无法切实提高人民群众的获得感和幸福感，无法做到实现"以人民为中心"的社会主义治理宗旨。要实现公共服务生产与提供模式的创新，就需要把握这类创新的规律性，以在未来更好地推动此类创新。

已有的研究对地方政府创新类型、特征、动力机制已经做了非常周到的研究，这为我们探索政府"放管服"改革的制度公共服务实现方案提供了宝贵的基础，用全过程式视角观察，"放管服"改革在公共服务创新的生成中厘清了"放、管、服"三者的关系，这种创新生成的内在逻辑与运作机制就是推进政府在国家治理体系与治理能力现代化中的服务。当地方政府既面临着经济增长的任务要求，又要求全面实施简政放权和强化监管，唯一可以使用的便捷的政策工具就是提供公共服务和政府自身创新。理论上说，任何创新的背后都是多样化因素共同驱动的结果，这些因素通过不同的传导机制作用于不同主体形成某种合力，而当这种合力超过一定的阈值时，创新行为就可能随之出现。尽管面临着类似的宏观环境，为何一些地方的政府创新项目"层出不穷"而其他地方却"屈指可数"？事实上，外部环境压力到改革者的创新行动之间存在一个复杂的连锁反应过程，我们需要研究，这种作为"原初动力"的外部压力如何转化为地方政府创新的"直接动力"，并最终塑造了地方官员的"自觉行动"。进一步地讲，各种创新要素简单叠加无法形成对地方政府创新行为的有效解释，无论是主客观要素还是直接与间接动力的共同作用机制，这种"结果有效"的分析路径只能适用于研究者视域范围内的适当情境。正是出于这种判断，我们不仅寻找影响创新生成的"关键变量"，而且试图"深描"这些"关键变量"如何塑造创新生成的各个阶段实现递进式发展，并最终生成地方公共服务创新。

三、"放管服"改革的制度创新趋势

（一）构建协同化制度体系，增强改革的系统性

政府行政管理是一环扣一环的系统工程，实施全面绩效管理必须构建协同型绩效管理体系。协同型绩效管理体系包括两个层面的含义：一是政府内部绩效管理协同机制建设。通过政府战略为统领，把对政府部门业务工作的考核与"放管服"改革的考核相结合，把各个部门分割开来的考核与部门之间统筹性考核相结合，将绩效目标与清晰的部门职能和岗位职责相结合，促使各部门和各岗位"权、责、利"的一致。具体可根据各地区、各部门的实际情况和发展战略，推进结果导向的战略性绩效评估，实现上级部门有效监管下级部门绩效，同时保证战略目标不偏离，构建绩效管理纵向协同机制；在各部门的考核量表中设置协同性绩效指标，比如基于整体绩效的分享类指标或者工作流程的合作性指标，旨在加强部门间合作，避免同级政府"搭便车"或者"不作为"，构建绩效管理横向协同机制。二是加强公众评议和第三方评估，增加政府绩效管理回应性，重视政府外部绩效管理协同，更好地体现政府决策科学化。"决"和"策"是可以分开的，政府的决策权可分为"决断权"和"策议权"。"决断权"就是拍板，"策议权"就是提供备选方案。科学的决策机制应当是两权分开的，政府执掌"决断权"，将"策议权"交给社会、交给专业智库。政府绩效管理制度的改进也要有决心和魄力把"策议权"交出去，发挥第三方评估、公众评议、专家学者参与的作用。

（二）设置综合化管理指标，完善改革的整体性

政府绩效考核指标可围绕"上下支持、科学决策、适应需求、公众满意"基础性考评维度，构建职能目标、共性目标、创新目标、满意目标。"职能目标"的追求，重点考核"上下支持度"，看职责履行是不是自上而

下、自下而上形成合力，是不是得到领导高度重视，有没有建立健全新发展理念的相关制度，有没有在实践中扎实推进，具体考核指标可包括政府工作报告规定的重点工作、本部门三定规定的主要职责、行政审批制度改革等改革任务、规划约束性指标、年度经济社会发展指标等。"共性目标"的追求，重点考核"科学决策和管理的执行力、公信力"。看政府能不能落实以人民为中心的理念，做出精准科学的决策，能不能实施有效的行政管理，有没有拍脑袋决策的现象发生，比如可设依法行政、党建、督查、机关管理等指标。"创新目标"的追求，重点考核"适应形势发展和满足社会需求"。看政府推动治理现代化是不是从社会主要矛盾转化这一现实出发，抓住重点，抓准热点，抓牢兴奋点，不断创新工作，考核诸如数据开放、权责清单、公共服务、信息公开、督促检查、应急管理、机关内务等政府工作的重点领域。"满意目标"的追求，重点考核"公众满意度和各方面的评价"。看政府对当前正在进行的"放管服"改革是不是真正"落地"，保证全体人民在共建、共治、共享中发展，反映出公众对居住条件、交通出行、生态环境、生活品质、基本公共服务、公共安全、社会保障等的民意舆情。

（三）推进数字化管理方法，提高改革的科学性

数据是绩效管理的基础性资源。随着信息技术的发展，文字、数字甚至以前不可计算的、非结构化、非量化的图像、音频、视频等信息，通过互联网+、大数据等得以实现数据科学化和度量精准化。因此，推进数据化政府绩效管理方法，是实施全面绩效管理的必然趋势，也是落实创新发展理念的必然要求，对于深化简政放权、放管结合、优化服务具有重要功能。通过对过程绩效中的各个数据点进行实时采样、储存、传输和处理，构建公共事务信息数据库，扩大海量数据容错度，实现绩效数据信息化；通过数据集中运算，共享数据管理方法，开放绩效数据，实现绩效平台开放化；通过多维时空视角和技术工具，管理规模数据，克服以前数据点析和单线的缺陷，实现

绩效分析综合化；通过大数据技术对绩效计划、过程和评估结果的综合分析，快速判断不同用户的数据需求并适应其需要，实现绩效评估可触化；通过对各类原始数据、处理数据、输出数据的分析，发现部门运行特征、存在问题和绩效影响因素，实现绩效过程可测化；通过大数据对工作环节和管理流程的实时监控，评析结构化和非结构化的多元信息，细化绩效管理的颗粒度，实现绩效管理精细化；通过数据反馈系统，结合大数据平台矩阵集群中的绩效信息，不断查正失误率，串联关键节点，进行数据渗透分析，实现绩效反馈实时化。

第八章　行政管理制度创新案例研究

前面我们从"概化"的视角研究了行政管理学理与制度创新的关系，从"物化"的意义上研究了行政管理制度创新的理论与实践，后面将从"具化"的层面对行政管理制度创新进行研究。本章通过若干个案的分析来研究制度创新，第九章运用循证分析方法研究制度创新，第十章探讨智库对制度创新研究需要遵循哪些一般规律，第十一章是对国家治理现代化背景下行政管理制度体系创新的建议。

第一节　结构性制度创新（上）："双创"

双创，即大众创业、万众创新，是党的十八大以来国务院提出的重要举措，在培育经济新动能、提高社会活跃度、增强群众获得感等方面发挥了积极作用，成为引领科学发展、加快创新型国家建设、实现国家治理体系和治理能力现代化的重大制度创新。本节侧重从结构性制度的角度研究"双创"对行政管理制度创新的影响。

一、双创全面推进国家治理现代化的进程

（一）双创通过创新经济制度解放和发展生产力

社会主义初级阶段的根本任务是进一步解放和发展生产力。[①] 双创通过有效优化市场制度要素的组合，创新经济制度，促进经济结构调整和增长方式转变，催化新生产力快速成长，有效地释放了国家经济活力。

1. 双创全面优化生产力宏观体系结构

党的十八届三中全会将"实现国家治理体系和治理能力现代化"确立为全面深化改革的总目标。生产力是国家治理的基础，发展生产力是治理现代化追求的根本目标。习近平总书记提出"共同构建更符合世界生产力的全球治理体系"[②]，为治理体系创新指明了方向。中国的生产力是全球生产力的重要组成部分，毫无疑问，我国实现治理现代化必须符合解放和发展生产力的需要，这也是各项改革的根本任务。生产力是由具有劳动能力的人、资本、技术相结合而形成的改造自然的能力。人是构成生产力的基本单位。从制度层面看，关于人的制度成为生产力中的供给侧。双创抓住了"人"这个生产力当中最活跃的因素，出台了一系列打破阻碍人的聪明才智、活力充分展现出来的旧制度，初步建构了任何人都可以改变命运机会的新制度，形成了解放生产力的制度性变革。双创抓住了"资本"这一关键要素，以互联网金融管理制度、科技金融管理制度、众筹制度等为代表的制度创新，降低了资金使用成本，拉近了资本与价值的距离。双创抓住了"技术"这一核心要素，放手让科技人员向创业人才转型，在全社会形成创业热潮，发挥创新示范效应，激励不同人群选择不同的方式实现自身的比较优势，将长期积累的科研成果加速向市场需求转化，使一切"可能的生产力并入生产过程，转变

[①] 《毛泽东思想和中国特色社会主义理论体系概论》，高等教育出版社 2015 年版，第120 页。

[②] 《习近平同奥巴马举行中美元首第二场会晤》，《人民日报》2013 年 6 月 10 日。

为现实的生产力"①。双创把"人——资本——技术"紧紧联系在一起，形成互相促进、良性循环的态势。人的活力增强，对技术进步提出了新要求，资本随之跟进配置，获得收益后人的积极性更高，创新能力就更强，这样一来，劳动、资金和科技在推动经济增长中形成了闭环，生产力的发展就有了结构性动能。

双创推动中国经济转型和生产力快速发展，培育新的增长点和提高发展质量，发挥的巨大作用正在持续显现。

2. 双创有力增强生产力微观体系活力

科学技术是第一生产力。通过双创，大大加快了我国科技进步的节奏。在新一轮工业革命过程中，市场发生了巨大变化，个性化需求呈倍数或几何级增长，这就需要生产力微观制度体系创新，使得生产经营者具有灵活的管理模式和组织方式。中小企业船小好调头，可以发挥适应性强的优势，率先增强企业在微观经济中的创新驱动功能。在双创中这种优势得到放大，催生了大量的中小微企业，它们在活跃市场的同时，形成了竞争格局中的"鲇鱼效应"，带来了整个市场的创新创业动力，也形成对大型企业的传导压力。一大批中小企业的快速发展，带动了大型企业的创新，以海尔、富士康、航天科工、大连冰山等为代表的大企业在激烈的市场竞争中将双创引入企业内部，通过建立创业云、创新平台等，鼓励员工利用企业资源进行创新，发掘市场上的个性化需求，将需求的定制化与生产的标准化结合起来。万众创新形成了企业创新的基础，企业利用内部创新提升了创业能力；通过开放内部创新创业平台，企业充分利用市场上的双创资源，形成了大小企业在双创中的内外互动。新经济模式使央企与中小微企业不再是简单的上下游配套关系，而是优势互补、相互服务、利益共享的产业生态关系，大、中、小、微各类企业在市场中的竞争与合作极大地增强了微观经济发展动力。

双创已成为覆盖一、二、三产业和各类企业的全域式创新型制度体系，

① 《资本论》第三卷，人民出版社2004年版，第728页。

其强大的生命力正在生产力领域全方位展现。

（二）双创通过政府职能转变创新生产关系

在我国社会主要矛盾已经转化为人民日益增长的美好生活需要和不平衡不充分的发展之间的矛盾后，适时调整不适应生产力发展要求的生产关系，是解决社会主要矛盾的基本方法。党的十八届三中全会提出发挥市场在配置经济资源中的决定性作用和更好发挥政府作用，是适应新时期生产关系领域变革要求所做出的积极调整和重大创新。双创通过转变政府职能，有效地提高了政府调控市场、市场引导企业的能力。

1. 政府自身改革有效推动双创政策落实

在国家治理体系中，政府、市场、社会这三个要素如何定位，它们之间的边界如何划分，是一个关键性问题，其中的核心点可以凝聚为政府职能。作为全面深化改革特别是供给侧结构性改革重要内容，多维度、全方位、复合型推进政府自身改革，是政府在行政改革方法论上的一大创新。其突出的特征是三管齐下，按照放得彻底、管得到位、服务得好的要求，综合配套、统筹兼顾、协同推进改革，已取得阶段性重要成果，继续深化集成式改革必将推动市场环境更加优化，政府职能制度体系早日完善和定型。

2. 双创推动政府履职方式的转变

双创释放出市场的活力，既是政府改革的结果，又成为深化政府改革的起点。一方面，双创催生了创业创新大潮，大幅度增加了政府的工作量，不简政放权、转变工作方式便无以为继；另一方面，双创中出现的新产业、新市场、新业态，对原有的政府部门管理模式、传统的履职方式形成了严峻的挑战，使得政府不改变以"审批、认证、发证"为主的管理方式便无以为继。在双创的推动下，政府引入企业创新精神，进行了一场履职方式的革命。如在商事制度改革中推出的"多证合一，一照一码，证照分离"，打破了政府各个部门之间的隔阂，推动了部门工作机制重构，再造了行政流程。

政府通过在工作量上做加法和在放权让利上做减法，获取双重推动力，换来行政模式的创新，这方面的经验还有待进一步总结和提炼，以形成中国特色的政府创新路径。

（三）双创通过提升服务能力创新公共治理制度

现代治理的本质是服务，即各个治理主体的相互服务。治理现代化的重要特征是治理主体多元、治理依据多样、治理方式动态、治理环境开放。在众多治理主体的相互服务中，政府发挥着主导作用，只有整合公共行政服务与公众协同服务两个方面，才能产生有效的、良好的公共治理。双创将行政系统外部的治理压力转换为政府内部的创新动力，政府公共治理能力特别是公共服务能力得到提升，一方面政府充分挖掘各种管理工具的潜力，提高服务水平，另一方面要把管理工具交给社会，重视网络社会中组织之间的平等对话与合作共治，共同推进服务型政党建设、服务型政府建设和服务型社会建设。

1. 双创倒逼政府公共治理行为创新

公共治理行为创新是加强政府自身制度创新和公务员队伍建设，改善运行机制的具体表现，也是公共行政制度转型发展的必然结果。在这一转型过程中，双创发挥了积极的推动作用。双创对政府治理行为改革的作用主要体现在三个方面：一是培养新的行为体验和习惯，将服务性从"外置式"转化为"内嵌式"。以往公共行政讲服务，往往是政治动员、制度约束和体制规范使然，属于一种外在的要求。实施双创后，随着市场和社会点燃创新热情，行政体系被带动起来，开始真切地受到外部愉悦的感染，进而进入了心理体验的过程，从内心为"刀刃向内"的改革创新点赞。① 二是重新审视行政行为，纠正"为官不为"，探索"创新作为"。检视实施双创政策以来的

---

① 人民日报评论员：《要拿出刀刃向内、自我革命的勇气》，《人民日报》2017年2月16日。

政府行为不难发现，在放大市场和社会功能的实践中，不可避免地压缩了行政的空间，出现了改革动力不足的问题，致使政府大力支持的创业创新行为在逐步走向社会、走入企业的同时，却被部分止于政府大门之外。严格地说，这种"为官不为"其实是一种"选择性不作为"，是在传统管理行为不能适应新形势需要的情况下出现的消极行为，是在面对各种市场创新形式感到无所适从后产生的畏惧心理、采取的老旧做法。实施双创后，政府加强了干部考核和绩效管理，完善评价机制，把"严管"和"厚爱"结合起来，建立激励与约束并重的机制，鼓励创新与容错纠错统一的机制，筑起了以作为给机会的行政价值平台。三是推动创新编制管理，让需要增强的政府职能有人去做事。编制是中国特色的执政资源，是行政管理的重要工具。近几年来，我国各级政府严防死守，坚决控制住行政编制的总量，使得政府在实施双创、不断增加经济社会管理和公共服务工作量的情况下，没有增加编制，编制总额没有突破，保障了改革成果的正当性、合法性和合理性。如果行政改革的成功是建立在编制总量突破的基础上的话，那么其成果就会被稀释、冲淡甚至抵消。本届政府强调绝不能突破总量，通过创新编制管理，优化存量，调剂余缺，解决急需加强职能的人员短缺问题，对于降低行政成本、提高工作效能，具有很强的现实意义。事实上，在双创中政府一直在探索"行为方式创新"，通过激发政府内生的创新活力，换取更好地服务双创、适应现代治理的公共治理行为。各地在开展向社会公开权责清单的同时，将清单管理机制引入内部，制定机关权力和责任管理制度，明确各部门、各岗位的绩效任务，划定行为底线，加强监督，压力下传，倒逼创新，就是很好的例证。

一个以制度创新导向建立起来的公共治理行为体系，必将奠定服务型政府的行动逻辑，为政府更好地服务民众提供有效、有为、有力的支撑。

2. 双创强化公务员服务能力和公共精神培训

在双创这项新制度面前，公务员比较普遍地暴露出"能力不足""本领恐慌"等问题，尤其是在传统的"部门行政"条件下形成的"行政本位"

"官本位"思想与国家治理现代化的要求格格不入。这些年来,党和政府加大了对公务员公共服务能力培训的力度,突出表现在两个方面。一是重点将公共精神的启发式灌输与现代化管理知识教育相结合,将政策落实与基层公务员能力提升统一起来,使思想武装寓于技能培训之中,将双创作为一种为人民服务的意识形态引入公务员队伍建设的领域。二是以大数据、互联网+、云视频、微传播等新技术手段创新培训方式,精确定位和刻画公务员的需求,提高培训的针对性、有效性和适用性。

公务员理论和思想水平的提高,必将促进行政能力的增强和行为方式的转变,与双创政策落实相对接,就成为创新公共治理制度的人力资源。

(四) 双创通过促进社会和谐创新社会治理制度

从党的十六届四中全会首次提出"社会建设""社会管理体制创新""构建社会主义和谐社会",到十八届五中全会提出"构建全民共建共享的社会治理格局",体现了我们党对经济建设、政治建设与社会建设关系的新认识、新探索、新成果。"社会治理"这一创新理念,是在对社会系统进行重构,实现管理者与被管理者、控制者与被控制者并存发展、双向互动、多方参与、共建共享的基础上建立起来的,是由多元主体按照共同的社会规范来协调社会关系、解决社会问题的持续互动性过程。① 双创推动了社会领域的治理结构改善,有助于化解社会矛盾,维护公平正义,建设和谐社会。

1. 双创提高社会成员的参与度

从制度设计角度看,我国的政治体制和行政体制都为社会的每一个阶层、每一个成员提供了参与国家事务管理的法定权利,但是要转化为具体的管理权利还需要实际参与才能实现,这就要有一系列制度加以保障。从政策过程角度看,政策问题建构主体在科学化、合理性的追求中拥有了更大的建

---

① 杨建军、闫仕杰:《共享发展理念视域下社会治理精细化:支撑、比照与推进》,《理论与改革》2016 年第 5 期。

构权，常常导致主客体之间的对立，甚至以社会冲突对抗的形式出现，为了解决这一问题，公众参与的理念和做法被引入政策问题建构之中，公众的参与使得主客体的分界变得模糊了，精英与公众都成为政策建构的行动者。[①] 双创通过搭建大众施展聪明才智的舞台，点燃了人们内心潜在的动机和激情，为公民参与国家事务增添了很多现实可行的有利条件。比如，返乡务工人员、新型农民在双创政策支持下开辟了农产品销售、乡村旅游等网络，带动了农民增收；蓝领工人利用企业内部双创平台，发挥技术优势，实现创业梦想，分享了创新成果；创新创业者的大量涌现并取得成功，改变了低收入者的命运，扩大了中等收入阶层的数量，留住了一批高收入者在国内工作；双创开辟了社会成员的多种收入渠道，提高了个人价值，促进了社会成员之间的流动，扭转了阶层固化的趋势。

政府推动双创制度的常态化发展，将使人的自由性在创新创业中得到越来越多的展现，进一步形成公平正义的社会治理格局、良好的社会秩序和制度环境。

2. 双创激活社会"末梢神经"

末梢神经是把外部刺激传递到中枢神经，又把中枢神经的指令传递到身体各个器官的前沿神经，是大脑管理各部分组织的最重要最基础的系统。社会建设在我国各方面的发展中是一块短板，虽然政府逐年增加财力物力方面的投入，但依然存在较大的缺口，尤其是公共服务领域中与群众息息相关的看病、上学、养老、交通等"末端需求"难以满足。双创为激活社会"末梢神经"提供了解决方案。在双创中发展起来或由双创放大了效应的凡人创业、科技创新成果正扑面而来，日益成为人们身边的生活工作好帮手。借助互联网的远程诊疗系统，使边远地方能够同步享受优质医疗资源；通过智能手环实时监控老年人身体指标，可有效防控突发性疾病，降低死亡率；共享

[①] 张康之、向玉琼：《走向合作的政策问题建构》，《武汉大学学报（哲学社会科学版）》2016年第4期。

单车解决了城市交通的"最后一公里"，回归了节能减排的健康出行；互联网支付手段使得生活更加便捷了，促进了捐助方式的改变，凡人善举、乐捐善助逐渐成为社会风尚……双创促进社会服务末端的供给，不仅弥补了政府公共服务的不足，形成政府服务与社会服务的互动、互补、互利，更重要的是触发了社会治理制度的创新，建立起政府密切联系群众的机制和社会自我服务、相互服务的制度。

二、双创推动制度创新的机理

（一）双创是增强社会治理制度创新的新动力

社会是一个具有自适应、自协调、自组织等多重特性的复杂巨系统，发展是其最重要、最本质的属性。社会发展的动力是在人的实践活动以及人与自然界的广泛联系中形成的，最终是由社会基本矛盾运动决定的。马克思主义理论因为揭示了社会的现实性、具体性、实践性、公共性、发展性以及发展的客观性、发展动力的矛盾性等基本问题，使得人们对社会的研究进入到科学的境界，"社会发展动力"也就成为历史哲学的逻辑综合范畴。双创对形成社会发展新动力的作用正是循着这条逻辑线索展开的。

双创在动力形成机制方面呈现在宏观、中观和微观的各个层面。宏观层面，重点是推出"简政放权"的一系列举措，深化政府职能转变。例如，整合政府部门，将职责相近的机构合并重组，实施大部制；深化行政审批制度改革，自上而下大量削减审批事项；推行减税降费，创新税收体制，改革税务体系，推进涉税事务办理便利化。中观层面，重点是实施"放管结合"的一系列举措，构建包容审慎、科学有效的行政监管机制。例如，政府裁撤烦琐管理制度，实施公开监管、随机抽查，提高监管效能；健全跨部门、跨地区行政执法协作机制，推进市场监管领域综合执法改革；加强新兴业态领域的监管和服务；推行了普惠制，对内外资企业在双创支持政策上一视同仁。微观层面，重点是采取"优化服务"的一系列举措。如推出"最多跑一次"

改革，实行"一窗办结"制度，推动实施一个窗口登记注册和限时办结；推行"多证合一"登记制度改革，将组织机构代码证、税务登记证以及涉及企业登记、备案等有关事项和各类证照合到一张营业执照上；对支持双创的政府部门及公务员实行宽容失误的保护性措施，对新就业形态、新型业态主适用免责条款，鼓励创新。

（二）双创适应人民群众实践的社会性变化，强化创业创新的社会政策供给

人民群众是社会实践活动的主体，在社会转型过程中实践正在发生深刻的变革，政策供给必须适应变革的需要。据不完全统计，自2015年初至2018年3月底中央和地方共出台双创相关文件999件，其中国务院和国务院办公厅文件46件，国务院部委文件256件，省级政府文件697件，仅国务院及各部门2017年就出台了《关于强化实施创新驱动发展战略 进一步推进大众创业万众创新深入发展的意见》（国发〔2017〕37号）等100余件重要文件。纵观这些文件，有三个突出的特点。一是双创已经不是仅仅针对某些领域、某些行业、某些方面的政策，而是面向整个国民经济和社会事业的一项总政策，成为打造社会全面发展动力的重要制度。二是双创政策不断演化，从最初的以经济政策为主，重点扶持社会主体创造价值，到以社会政策为主，重点创新社会群体运行机制，再到以综合政策为主，重点创造社会创新生态文化。三是政策供给从单项性、个性化的政策到多项性、共性化转变，从部分人获益朝着多数人获益发展，呈现出政策供给纵深、精准、多领域、广覆盖等特点，适应了亿万大众创业创新实践发展的需要。

上述三个特征的行政管理制度和公共政策创新，蕴含了双创的动力源、动力传导系统、动力结构系统的三个"三位一体"。"三位一体"的动力源，即整合政府、企业、社会三方资源，形成更强劲的原动力。"三位一体"的动力传导系统，即创业创新支撑平台（众创、众包、众扶、众筹平台）、创

业创新服务体系、创业创新保障机制。"三位一体"的动力结构系统，即面向创业创新人群的正向激励、面向管理人群的负向免责、面向社会群体的普遍受惠。在这个系统中，参与双创的主体、客体和受体都获得了动力。就主体而言，由于实行了税收征管、社会保障、信用体系、风险控制、责任豁免等方面的制度联动，推动了政策、技术、资本等各类要素向创业创新群体迅速集聚，社会个体和社会资本的积极性被极大地调动起来，以市场化机制促进多元化供给与多样化需求得到较好对接，社会资源获得优化配置，提高了社会成员对社会活动的参与度。就客体而言，公共管理新形式大量涌现，社会治理主体多元化，科技成果在全社会范围实现共享的概率大大提高，双创活动逐渐演化为大规模文化性社会建设，有效增进了中国特色的制度自信和文化自信。就受体而言，在消费者权益得到保障的前提下，大量创业创新成果转化为社会化服务，共享经济、共享服务、共享出行、共享充电宝、共享房屋……"共享+"快速发展，公众拥有了更多的体验机会，改革成果更公平地惠及全体人民，促进了社会公平正义，政府、企业、社会良性互动的创业创新氛围正在形成。

（三）双创适应人际交往关系的泛化，催化创业创新的社会人才成长

人是社会关系的总和。人际交往是人的高层次需求，良好的人际交往有利于促进社会和谐、维护社会稳定、加快人才成长。随着城市化、信息化的发展，人际关系出现了很多新变化，对社会治理提出了很多新要求。双创在促进人员流动、激发人的聪明才智、保护人的创造性权益等方面有效适应了人际交往的需求。

例如，在促进人员流动方面，近几年来政府出台了人才引进、人员流动的相关政策，鼓励科技人员、中高等院校毕业生、留学回国人才、农民工、退役士兵等有梦想、有意愿、有能力的群体更多投身创业创新，较好地突破

了制约双创发展人才瓶颈。国家采取的具体措施包括，改变签证实施办法，明确外国人申请和取得人才签证的标准条件和办理程序，全面实施外国人来华工作许可制度，简化外国高层次人才办理工作许可证和居留证件的程序；建立外国高层次人才服务安居保障、子女入学和医疗保健服务通道，允许外国留学生凭高校毕业证书、创业计划申请加注"创业"的私人事务类居留许可；实施留学人员回国创新创业启动支持计划，吸引更多高素质留学人才回国创新创业；推进两岸青年创新创业基地建设，推动内地与港澳地区开展创新创业交流合作；开展"万侨创新行动"，建设华侨华人创新创业基地，建立华侨华人创业创新综合服务体系。

在激发人的聪明才智方面，政府通过加强科研机构、高校、企业、创客等主体协同，促进大中小微企业优势互补，推动城镇与农村创新创业同步发展，形成创新创业多元主体合力汇聚、活力迸发的良性格局；通过建立人才激励机制，拓展创新创业人才覆盖的广度和深度，推动创业创新群体更加多元化发展；通过发挥大企业、科研院所和高等院校的领军人才作用，有效促进各类主体在人才领域的融通发展；通过提升专业技术人才、高技能人才的创造潜能，强化基础研究和应用技术研究之间的有机衔接；完善高校和科研院所的科研人员绩效考核办法，在核定的绩效工资总量内高校和科研院所可自主分配。

在创造性权益保护方面，出台了突破科技成果转移转化政策障碍的系列政策，知识产权保护取得重要进展，搭建了集专利快速审查、快速确权、快速维权等于一体，审查确权、行政执法、维权援助、仲裁调解、司法衔接相联动的知识产权保护制度体系；探索建立海外知识产权维权援助机制；发挥国家知识产权运营公共服务平台枢纽作用，加快建设国家知识产权运营服务体系；破解创新创业企业"融资难"问题，完善金融财税政策，做到既有效防控风险，又创新金融产品，扩大信贷支持，发展创业投资，优化投入方式；建立健全"创新券""创业券"的管理制度和运行机制，探索创新券、创业券跨区域互通互认流通；支持双创的用地，加大新供用地保障力度，鼓励盘活利用现有用地，引导新产业集聚发展，完善新产业用地监管政策。

通过推动双创，把精英和草根、线上和线下、企业和科研院所的创新活动连接起来、融合起来，以千千万万社会主体的"微行为"，汇成创新发展的"众力量"，使创业创新人才不断涌现，很多地方已形成"洼地效应"，比较优势明显，社会人文环境优良，对人才具有很强的吸引力，从而形成各地独特的社会发展竞争优势和动力优势。

4. 双创促进社会发展动力机制的形成

评价双创对社会发展动力机制形成的绩效和价值，实质上就是评价制度创新对社会治理现代化的贡献程度。可按照常规的绩效评估基本模型和维度设计方法，以"向度""量度""协同度"三项指标对双创进行衡量，看是否适应社会主要矛盾的转化，是否适应人的社会实践活动的发展和新型人际交往关系的建构。

向度，是指动力方向。从社会发展动力的向度来看，双创着力克服发展不平衡、不均衡，刺激了人们的需求，增进了个体需求与社会需求的协调共生，增加了就业机会，加速了科技成果转化，是与促进社会公平正义的总体发展目标相一致的，对解决社会主要矛盾发挥了积极作用，因此方向是正确的。

量度，是指动力的大小和强度。从社会发展动力的量度来看，双创急速增加了人们社会实践的宽度、广度和深度，丰富了实践体验的样式，无论从数量统计还是质量考量，都提高实践的预期值和实现程度，形成了人的实践发展与利益追求之间的张力，展示了提升实践能力与需求层次升级之间的拓延空间，同时，党和政府坚持紧紧依靠人民的实践推进改革，从人民实践创造的经验中完善创新政策，通过新的实践给人民带来更多获得感，因此从量度看，社会发展的动力是强大的。

协同度，是指各种动力之间的协调和优化配置水平。双创着力解决以往存在的政策不配套、不一致、不健全的问题，克服政策与实际存在不适应、不协调、不衔接的问题，使各项政策相互配合、协调发力，制度体系的综合协同效应正在形成。双创着力塑造新型人际关系，一大批创业创新人士从"单位人"变成了"社会人"，从"一棵树上吊死"变成了"人往高处走"，是对传统社会体制、用人体制、单位制的变革。双创着力改善局部社会动力畸形发展的问题，系统优化诸种动力的配置，发挥推动社会发展的合力功能。因此从协同度看，社会发展的动力是均衡的。

近几年来，双创有力地促进了经济转型升级，推动了发展新引擎的锻造和新旧动能转换，同时对社会发展产生了积极的作用。

（二）双创是激发社会治理制度创新的新活力

社会动力和社会活力是互为条件、互为表里、互相依赖、互相转化的一对范畴。动态地看一个较长的历史阶段，社会动力是社会发展的内在力量，社会活力是社会发展的外在表现，社会动力决定社会活力，动力不强、活力就低；静态地看一个社会或一定范围的社会，社会活力是社会发展的内在力量，社会动力是社会发展的外在表现，社会活力决定社会动力，没有社会活力，社会就发展缓慢或停滞甚至倒退。现实中，社会活力的高低，取决于社会中个体的活力、组织的活力和生态的活力。党的十八届三中全会《决定》提出"创新社会治理""提高社会治理水平""增强社会发展活力"，就是要通过社会改革创新，提升社会治理水平，激发社会发展活力，进而增强社会发展的动力。双创通过社会治理制度创新，提高了社会治理水平，激发出社会发展的勃勃生机和活力。

1. 创业创新的社会个体活力显著增强

人民群众中蕴含着无穷的智慧和力量，这是社会发展活力的源泉。推进社会治理体系和治理能力现代化，关键是要使社会个体焕发活力。2015年以来，随着双创政策的渐次推出，逐步形成了创业创新的三维推力。一是政府集中治理制约创业创新的体制机制性难点和堵点，创业创新的成本降低，社会环境持续改善。二是社会服务不断加强，社会保障日益健全，基本公共服务均等化快速发展，劳动者在教育、就业、医疗、健康和公共安全等方面解除了后顾之忧，公众预期如期实现，获得感、幸福感、安全感更加充实、更有保障、更可持续。三是扩大社会自治，充分发挥社会成员自我管理和自我服务的功能，按照人人为我、我为人人的原则，平等协商、互帮互助，依法依规管理社会事务和社会生活，建立多元治理主体之间的合作关系，实现社会和谐、有序、安宁，实现公共利益最大化。社会个体受到这三个方面的推动，活跃度大幅提高。这种个体活力突出体现在"大众创业万众创新"活动周上。政府每年组织的"双创活动周"，连续取得圆满成功，全国双创活动周参与人次从 2015 年的 170 万人次跃升到 2017 年的 1 亿人次。

2. 创业创新的组织活力不断强化

从双创的角度看组织活力，包括两个方面。一是作为市场主体的营利性组织在双创中的作用。随着数字时代的到来，基于互联网+、大数据、云计算、人工智能等新技术的经济和社会活动空前活跃，双创新业态新模式不断涌现。一大批国有大中型企业和百度、腾讯、阿里、华为、航天科工等行业领军企业纷纷通过重新布局构筑产业森林，实施组织战略再造，打破企业能力边界，实现要素重组，推动内部创业，完成开放、共享、价值增量交换，形成企业活力的全新格局。猪八戒网打造基于互联网的服务众包平台模式，集合千万服务商为企业、公共机构和个人提供定制化的解决方案，将创意、智慧、技能转化为商业价值和社会价值。海尔集团将企业互联网转型发展同双创有机融合，整合全社会创新创业资源，与开放的创业服务组织合作共建孵化器空间，以用户需求为中心，利用平台优势开放链接资源，打破企业内部壁垒和外部边界。大批高等院校和科研院所积极建设双创基地和双创平台，开放创业创新资源，推动大中小企业融通发展。企业和教学科研机构在双创中发挥了社会耦合、"黏合剂"的作用，实现了市场主体与社会主体的双赢。

二是作为社会主体的非营利性组织在双创中的作用。社会组织是社会治理的主体。社会组织业务范围广，覆盖行业多、门类全，劳动力与技术、知识密集行业并存，就业和创业相结合，能吸纳大量、不同层次的人员就业，具有就业弹性大、就业潜力大等特点，是促进创业创新的一个重要渠道。没有社会组织的活力，就无法实现"党委领导-政府服务-社会协同"的社会治理创新，也无法正确处理"政府-市场-社会"三者的关系，进而也无法正确处理国家政治治理体系中的"党的领导-依法治国-人民当家作主"三者关系。2016 年 8 月，中共中央办公厅、国务院办公厅印发了《关于改革社会组织管理制度促进社会组织健康有序发展的意见》；国务院和国务院办公厅印发的涉及推进社会组织双创的文件 11 件；国务院部门印发的涉及推进社会组织双创的文件 3 件；地方党委和政府印发的涉及社会组织双创的文件 106 件。这些文件对社会组织建设、激发活力、规范行为、维护权益做出了部署，开启了社会治理创新的"窗口"，引发社会组织大量建立和发育，政府进一步服务社会组织的发展，充分发挥社会组织在治理中的作用。在双创政策支持下，双创类组织大量涌现，空前活跃，在创造出经济价值的同时，也阐释了社会组织的重要价值。政府通过向社会组织购买服务，通过发挥市场机制与作用，把政府直接向社会公众提供的一部分公共服务事项，按照一定的方式和程序，交由具备条件的社会力量承担，并由政府根据服务数量和质量向其支付费用。2013 年至 2016 年间，全国新增市场主体年均增速 13.4%，新登记企业年均增速 30.3%，其中大多数是小微创业创新型企业。越来越多的双创企业走向成功，得益于一大批创业创新类的社会组织大量涌现。截至 2018 年 3 月底，全国创业创新类社会团体已达 5213 家，较 2015 年有大幅度增加。

3. 创业创新的生态活力逐步显现

生态活力是用来描述生物与环境、物质和能量的转换关系的概念，反映环境综合作用的适宜性以及生物的活性、抗性和能力状态。双创必须具备吸收外部能量的能力和代谢能力，才能提高成功率；同样，外部社会生态环境也要与双创形成有机互动。李克强总理在 2017 年全国双创周的批示中明确要求，"要进一步培育融合、协同、共享的双创生态环境"。生态化的双创正在成为数字经济深刻变革中社会发展的大势所趋。双创与互联网+、大数据、物联网、人工智能等深入融合，促进了相关新一代信息技术加速进入创业创新领域。这种双创的生态性活力，将对参与双创的组织和个体产生极为深刻的影响，将成为双创升级的重要机遇。

（三）双创是营造社会治理制度创新的扩散力

社会治理创新的生命力在于扩散。如果一个地方的社会治理创新经验、一项社会治理制度创新的做法不能被广泛复制、难以得到有效扩散，其本身的生命力就不会很强。双创的本质是经济与社会的双向扩散、多向建构，其扩散效应是由这一特性决定的，且扩散的形态也呈现为多维性，包括要素的扩散、区域和层级的扩散、全球扩散等，并以双创强大的生态活力，改善社会生态，推动社会治理创新。

创新扩散理论是传播效果研究的经典理论之一，是由美国学者 E. M. 罗杰斯（E. M. Rogers）于 20 世纪 60 年代提出的关于通过媒介劝服人们接受新观念、新事物、新产品的理论，侧重大众传播对社会和文化的影响。目前，国内一些学者已运用这一理论来研究制度和政策创新扩散效应。我国实施双创政策以来，最明显的政策扩散就是科技政策创新的扩散。有研究表明，在众多的双创政策中，与科技有关的政策最多，超过了经济政策和社会政策。

1. 向科技扩散

在双创科技政策引领下，多年来难以解决的科技投入不足的矛盾得到有效缓解。2016 年全国研发经费投入总量达 1.57 万亿元，同比增长 10.6%。科技进步对经济增长的贡献率提高到 57.5%，2017 年规模以上高技术制造业和工业战略性新兴产业增加值同比增长 11.1%，2018 年同比增长 11.7%。

2. 向创投扩散

创投（Venture capital investment）是创业投资的简称。创业投资是指专业投资人员（创业投资家）为以高科技为基础的创新公司提供融资的活动。

与一般的投资家不同，创业投资家不仅投入资金，而且用他们长期积累的经验、知识和信息网络帮助企业管理人员更好地经营企业。所以，创业投资机构就是从事为以高科技为基础的新创公司提供融资活动的机构。创投机构对双创政策最具敏感性。截至 2019 年底，中国的创业投资机构数量总规模位居世界第二。

3. 向地方扩散

双创作为中央政府提出的重大战略和基本政策，起步于国家层面的制度建构，落地于地方的创新扩散，双创利国利民的优势迅速在基层开花结果。各地在实施促进双创的工作进程中，发挥了主动性和创造性，出现了上下联动、你追我赶的局面。根据 2015 年以来各地出台促进双创的政府文件数量统计，下发文件在 10 件以上的省级行政区域有宁夏（140 件）、安徽（84 件）、广东（66 件）、海南（39 件）、黑龙江（38 件）、福建（36 件）、山东（35 件）、北京（25 件）、上海（22 件）、江苏（22 件）、浙江（18 件）、四川（18 件）、重庆（15 件）、天津（12 件）、河北（13 件）、山西（12 件）、江西（12 件）、辽宁（11 件）、青海（11 件）。双创向地方扩散对于实现稳增长、促改革、调结构、惠民生、防风险产生了积极的效果。

4. 向管理工具扩散

双创政策创新，既包括政策内容创新，也包括政策管理工具创新。政策管理工具是达成政策目标的手段，是针对政策执行的特性而选择的具体方法。双创对政府部门和各行各业的管理带来了挑战，也提供了机遇。针对不同类型的双创活动群体，各地围绕改革市场准入，拓展投资渠道，完善创业创新平台等进一步加大工作力度，不断推出产业引导基金、众创空间、知识产权、负面清单、责任清单、离岗创业和休学创业一系列新的政策管理工具。针对专利行政执法、专利纠纷案数量均成数倍增长，小微企业知识产权质押融资额快速增长的实际情况，一些地方创建了小微企业知识产权纠纷快速处置机制，质押投融资服务不断加强。支持双创的政策绿色通道、专业化服务通道、资本输出通道、人才成长空间正在不断拓展，双创政策有力促进了创新创造能力的提升。

5. 向国际社会扩散

从 2017 年开始，双创走出国门，同步在美国、以色列、德国、澳大利亚等很多国家及组织开展海外"双创周"活动，为双创国际化创造了有利的条件，中国的创新文化和创业创新模式得到世界认可。正如李克强总理在 2016 年双创活动周"中外创客领袖座谈会"上所说，"我们的创业创新是开放的，要总结经验，吸引更多国家的企业带着资金来、带着技术来、带着人才来，在合作中实现共赢"。2017 年 4 月联合国大会通过决议，将双创理念正式写入联合国决议，呼吁各国政府支持大众创业、万众创新。

（四）双创推动社会治理制度创新的内在逻辑

双创对社会治理制度的创新呈现为三个层次：第一是有利于形成"发展动力"的制度创新，第二是有利于生发"发展活力"的制度创新，第三是有利于驱动"发展扩散力"的制度创新。社会发展动力是创新的触发点，有了发展动力才有社会成员、社会组织和社会生态的创新活力；社会发展活力是社会治理制度创新的基础，没有社会活力就没有创新，而创新的扩散又反过来增添了社会活力，同时，扩散力成为创新动力的新来源，以及创新价值所在和目标追求，没有扩散力，创新的意义和创新的能力就会逐渐降低、日渐式微，直至消失。

与此相对应，社会治理制度体系创新分别是结构性制度创新、运行性制度创新、保障性制度创新。双创通过社会管理体制创新，将原先零星、分散、微弱的社会动能转变为海量、聚合、强劲的社会发展动力；通过社会治理机制创新，将原先集中在体制内的重叠、牵制、耗损、僵化的社会动能转变为体制外的和谐、多元、互动、灵便的社会发展活力；通过社会服务性制度创新，将体制创新与机制创新成果加以巩固和发展，形成保障制度权力结构配置与社会高效运行规则相融合的"发展扩散力"。

进一步与此相对应的行政管理制度创新分别是，双创对行政结构从机构归并到职能转变产生了倒逼力量，加快了政府转变职能的步伐；双创对政府运行机制从封闭到开放产生了裂变力量，加速了流程再造的进程；双创对公共领域保障制度从管制到服务产生了强制力量，增进了公共服务的社会福祉。

近几年来，我国对社会领域的行政管理制度体系改革的重点主要包括，在结构性制度创新方面，主要是推进大部制改革、基本公共服务均等化制度改革、自贸区制度改革试验、实施结构性减税和清理规范行政事业性收费制度、商事制度改革等，促进了行政管理体制、机构、职能、编制、财政等方面的全面创新；在运行性制度创新方面，主要是推进法治政府建设，政府和社会资本合作制度改革，建立和强化权责清单制度，绩效管理和第三方评估制度等，促进了行政管理机制、流程、管理方式等方面的全面创新；在保障性制度创新方面，主要是深化行政审批制度改革、问责制度、信息公开和数据开放制度以及督查制度改革等，促进了行政管理资源有序调配、行为能力和监督能力方面全面创新。

通过这样的分析我们得知，双创对于社会治理体系的创新是制度供给和制度需求共同作用的结果，是供给侧结构性改革与社会治理体系改革双向互动的结果，是时代变迁与政策连续之间张力和均衡的结果，是制度的创新主体、创新方式、创新路径、创新程序相互作用，创新的历史背景、思想理念、价值目标、管理工具、技术手段共同凝聚的结果。总之，双创是建构中国特色国家治理体系和治理能力现代化视域下的社会治理制度创新的整体性战略和策略的杠杆。

不仅如此，通过双创在社会治理领域的制度创新，还为探索国家治理和政府治理制度体系创新的基本规律积累了经验：制度创新体系不断完善，制度创新规范条款不断规范，制度创新对变化着的社会适应能力不断增强，制度创新量渐趋充足，制度创新总系统与子系统及制度创新条款之间的互补性和嵌套性不断协调，制度创新体系的持续发展，将逐步形成制度创新的合力。

在中国经济从高速增长向高质量发展转变的背景下，双创必须在社会治理质量方面提升到一个新的水平。实现中国经济社会高质量发展的关键，不仅在于拥有资本和劳动力的数量，也不仅在于单纯的科学发现和技术突破，更在于能否聚集人气、激发才智，在于构建有利于创业创新人才脱颖而出的社会治理生态。相较于技术创新和资本投入而言，社会治理制度建设和创新更具战略性和系统性，对于双创水平的整体性提升将起到关键性作用。

三、通过双创把握行政管理创新的特征

（一）系统性治理创新：营造双创的制度环境

传统治理演化为现代治理，是社会发展、管理革命的产物，主要是由客观环境变化，社会发展出现了高速度、高精度、高复杂性等现象决定的。现代国家治理与传统治理的根本区别之一，就是针对新出现的现象而设计的具有高度系统化的治理体系。通过对双创政策制度体系的研究，可以发现在国家治理体系和治理能力现代化的进程中，行政管理制度创新中最突出的特征是系统性进一步增强。

1. 双创制度环境创新的实践探索

政府与市场主体和社会成员的创新创业行为之间是什么关系？这是分析行政管理制度创新所具有的系统性特征首先要厘清的问题。古人说，"明分职，序事业，材技官能，莫不治理"。分清该谁做的事情谁来做，关键在于正确处理好政府、市场、社会三者的关系。创新创业离不开政府的支持，政府从人才、成果、资金、平台等多个层面发挥作用，加速建构双创生态，深刻影响到创新创业的发展前景。但是，政府不是在双创之外进行管理和服务，政府本身也是双创生态中的重要角色。这要求政府深化改革，提升双创生态服务能力。党的十八大以来，政府大力推动"放管服"改革，从创造良好的市场环境、深化营商环境改革、优化服务能力等层面，为双创发展保驾

护航。

公平竞争是市场经济的基本原则，是市场机制高效运行的重要基础。为营造公平竞争的市场秩序，国务院出台了《关于在市场体系建设中建立公平竞争审查制度的意见》，建立公平竞争审查制度，建立统一透明、有序规范的市场环境。针对制度环境的变化，政府出台了多项政策，为双创提供良好的制度环境。如，颁发了《关于新形势下推进监管方式改革创新的意见》《企业信息公示暂行条例》《关于运用大数据加强对市场主体服务和监管的若干意见》等，建立统一的信息化市场监管业务平台，确立了企业信息公示和发布制度，强化了信用在市场监管中的作用，完善以信用管理为基础的创业创新监管模式。国家印发了《"十三五"市场监管规划》，为市场监管提供一个明确的框架，形成综合监管与行业领域专业监管、社会协同监管分工协作、优势互补、相互促进的市场监管格局。为了更好地适应双创发展需要，国家不断创新监管手段，推行了"审慎监管"，对需要培育壮大的新兴产业本着鼓励创新、包容审慎的原则，专门制定有别于其他行业管理规则的、既有必要的"安全阀"又能包容创新发展的审慎监管体制机制，使新动能健康成长。探索"底线监管"，在审慎监管领域建立"红线叫停"制度。实施"平台化监管"，政府主动与新经济平台进行协作，将平台作为政府和个体之间的媒介与缓冲，政府管平台，平台管个体，并在与平台的协作和互动中，将其中一些具有普适性的规则上升到国家法律法规的层面，对于一时看不准的东西，由平台为主，继续在各方互动中逐渐探索清晰，形成"平台化治理"模式。有的地方还探索"谁家的孩子谁抱走"式的监管。政府部门对新经济现象承认其"新"，承认其可能超出了政府已有的认知范围，承认现有的监管规则可能是不适用的，在此基础上再讨论和实施如何监管。

2. 双创制度环境创新的价值

大众创业、万众创新与政府治理、社会治理之间有着紧密关系，双创对于治理制度创新的作用巨大。双创通过优化行政制度安排、强化社会政策供给、催化人才成长，正在形成全社会发展动力机制；通过增强经济社会个体活力、组织活力和生态活力，为国家治理制度创新提供了新活力；通过促进治理制度创新的扩散，营造国家全方位治理制度创新的氛围，提高社会成员的参与度和获得感。双创已成为新时代创新治理制度的有力杠杆。

管理的有序性来源于控制，而治理的有序性来源于服务，把控制转化为服务，并实现管控与服务的统一。当前，我国政府正在转变职能，简政放权，建设服务型政府。市场在资源配置中逐步发挥决定性作用；与政府、市场的力量相比较而言，社会力量在社会治理中发挥作用的能力显得比较薄弱，因此要着力提高社会自治能力和社会组织活力。社会组织是社会治理的重要载体和依托，在多元主体的社会治理体系中，它是政府、市场之外对资源进行配置的第三种力量。改革社会组织登记管理制度，既着力培育发展，又加强监管，提高社会组织的能力，激发社会组织活力，有利于发挥其在社会治理多元主体中的作用。要发挥社区组织作用。基层群众自治组织和社区社会组织与人民群众联系最直接最紧密，是组织群众依法有序参与社会治理的重要力量。

政府系统治理体系建设和双创能力的关系是结构与功能的关系，硬件与软件的关系。政府治理体系的现代化具有本质属性，是治理结构的转型，是体制性"硬件"的更换。只有实现了政府治理体系的现代化，才能培养出双创能力。同时，双创能力又反作用于政府治理体系，执政者、行政管理人员的能力强不强，作用发挥得好不好，对双创结果会产生积极或消极的影响。

（二）制度化治理创新：打造双创的制度动力

双创在开始启动的一段时间中，主要运用政策工具，政府相继出台了大量宏观政策、结构性和社会政策，强化财税金融、市场准入、科技等领域改革，创造公平竞争的制度环境，鼓励中小企业加快成长，后来逐步进入制度创新的领域，以制度所具有的属性提升双创政策的功效，表现双创政策的价值，实现双创的政策驱动与制度巩固的相互融合。双创的制度化，逐步从消除不利于创业创新发展的各种制度束缚和桎梏，有效破除妨碍创业创新发展的体制机制和政策弊端，向创立新的有利于企业和社会健康发展，促进中小企业以及整个国民经济发展的新动能制度体系转变，走向依靠制度激活亿万民众智慧及其创造力，实现资金链引导创业创新链，创业创新链支持产业链，产业链带动就业链的形成和健康发展，促进我国经济持续健康发展的更宽阔的道路。

双创政策转化为制度，主要是在政策集成化、人才资源化和资本集聚化等方面推进的。

1. 推动政策集成化，提高治理的系统性

从 2012 年开始实施双创以来，国务院以及国务院办公厅颁发的文件已达 45 件，初步形成了强有力的政策供给。政府在政策供给的同时，采取制度创新的举措，每隔一定的时间，出台一部综合性的制度，以系统化、规范化的方式推动政策落地。2012 年 2 月 8 日国务院出台第一个推动双创的文件《关于批转促进就业规划（2011—2015 年）的通知》开始，到 2015 年 6 月前共出台了 25 个文件。2015 年 6 月 16 日颁布了《国务院关于大力推进大众创业万众创新若干政策措施的意见》。该文件在总结前一阶段充分认识推进大众创业、万众创新的基础上，从双创的重要意义、创新体制机制、优化财税政策、搞活金融市场、扩大创业投资、发展创业服务、建设创业创新平台、激发创造活力、拓展城乡创业渠道、加强统筹协调完善协同机制等多个方面，综合性、一揽子提出了双创"政策群"，发挥制度建设和制度创新的优势，推动双创在更大面积、更多层面深化发展。此后，又在颁发了 20 个文件之后，于 2017 年 7 月下发了《国务院关于强化实施创新驱动发展战略进一步推进大众创业万众创新深入发展的意见》，在系统回顾双创取得成就的基础上，立足于制度创新、观念更新和管理方式创新，从强化制度供给、提高创新效率、缩短创新路径入手，进一步系统性提出了在更大范围、更高层次、更深程度上推进大众创业、万众创新，优化创新创业生态环境，释放市场和社会活力，释放全社会创新创业潜能，推动新旧动能转换和结构转型升级，催生市场新生力量，稳定和扩大就业，促进中国经济突破发展瓶颈行稳致远的重要意见。两年后，2019年9月，国务院提出了《关于推动创新创业高质量发展 打造"双创"升级版的意见》。该文件从促进创新创业环境升级、推动创新创业发展动力升级、推进创业带动就业能力升级、推动科技创新支撑能力升级、促进创新创业平台服务升级以及进一步完善创新创业金融服务、加快构筑创新创业发展高地、切实打通政策落实"最后一公里"的34条意见。以期通过双创的"制度升级"推动双创高质量发展。此外，国家发展改革委从2015年开始，每年发布一份《中国大众创业万众创新发展报告》白皮书，全面梳理双创的年度进展和政策汇总。

这种阶段性推出法制性强的政策，将分散在中央政府政策、中央政府部门政策、地方政府及地方政府部门政策中的关键性举措加以聚焦、整合和提升的做法，其实质是探索以制度价值为导向，引领政策集成性创新，以政策的集成性提高政策的系统性，以政策的系统性促进制度结构化功能得以最大限度地发挥，实现政策与制度的"双管齐下"，双双提高政策和制度自身的绩效。这种创新力度和创新方式，在国际上都极为鲜见。

2. 推进人才资源化，提高治理的执行力

人才资源是创新活动中最为活跃、最为积极的因素。但是，人才与资源之间并不能简单地画等号，人才必须通过一定的制度，才能转为资源。这就需要有一整套鼓励人才成长、激发社会各群体创新创业热情的政策，并将政策制度化，才能发挥人力资源的作用。

国家致力于完善人才发展的支持机制。中央印发了《关于深化人才发展体制机制改革的意见》，强化人才体制机制的"顶层设计"，拉开了全面深化人才体制机制改革的大幕。出台《"十三五"国家科技人才发展规划》，推进人才发展体制改革和政策创新，建立具有国际竞争力的人才制度优势；发布《关于深化产教融合的若干意见》，培养大批高素质创新人才和技术技能人才，促进教育链、人才链与产业链、创新链有机衔接；印发《关于加强基层专业技术人才队伍建设的意见》，建立稳定的基层人才队伍。从顶层到基层，从机制到队伍，多层次支持各种专业技术人才成长，逐渐形成了全面的人才发展支持格局。

政府着力于提高对海外人才的吸引力，修改了《中华人民共和国外国人入境出境管理条例》，在普通签证项下增设了人才签证，积极引进外籍高层次人才。印发了《国务院办公厅关于推广支持创新相关改革举措的通知》，简化来华工作手续办理流程，新增工作居留向永久居留转换的申请渠道。国家及时出台"千人计划"等，引起了出国人员的归国热潮，大力吸引海外留学人员在国内创新创业，用好国内国外两个人才市场。

致力于激发社会各群体的创新创业热情。政府印发了《关于支持和鼓励事业单位专业技术人员创新创业的指导意见》，鼓励事业单位的科技人员从创新走向创业。出台《关于支持农民工等人员返乡创业的意见》，发布《关于促进新时代退役军人就业创业工作的意见》，支持农民工、大学生和退役士兵等人员返乡创业，创业热潮从科技人员拓展到各行各业。国家还支持外国留学生在国内创业，外国留学生可申请加注"创业"的私人事务类居留许可。创业成为全社会普遍接受的价值追求。

对人才重视的政策与制度效应，正在从中央向地方扩散，国家人才政策的效果正逐步显现，人才作为创新创业第一资源的地位更加稳固。

通过制度创新，实现人才资源化，推动政策运行的速度制度，其原理是由制度的运行机制决定的。制度结构化程度是运行速度的前提，而政策的现实执行力还取决于制度的运行机制。人是运行机制中最核心、最活跃的因素。双创的政策创新紧紧抓住人的积极性这个环节，是运用了制度创新的机理，实现了以人民为中心的社会制度的根本性革命。

3. 加速资本聚集化，提高治理的稳定性

资本集聚化是通过进一步完善财税政策和融资制度体系，集中资本，为创新创业补足短板。创业创新是高风险行为，过程中往往伴随着巨大的挑战。即便创业人才及成果都已具备，缺乏启动资金也会使创新创业功亏一篑。为了支持创业融资，国家从财税、金融服务、创投体系建设等方面采取

众多措施，满足创业资金需求。

完善财税政策，扶持创业。国务院出台了《关于大力推进大众创业万众创新若干政策措施的意见》，从加大财政资金支持和统筹力度，完善普惠性税收措施，发挥政府采购支持作用等方面支持双创。国家税务总局发布了《"双创"税收优惠政策指引》，公布国家税收优惠政策 500 多项，助力广大创业创新者更好地享受税收政策红利。截至 2019 年 6 月我国针对创业创新主要环节和关键领域陆续推出的 89 项税收优惠政策措施，覆盖企业从初创到发展的整个生命周期。其中，2013 年以来出台的税收优惠有 78 项。

强化融资服务体系。国家发布了《关于深化投融资体制改革的意见》《关于进一步深化小微企业金融服务的意见》，通过优化资本市场，支持符合条件的创业企业上市或发行票据融资，并鼓励创业企业通过债券市场筹集资金。创新银行支持方式，提高针对创业创新企业的金融服务专业化水平，不断创新组织架构、管理方式和金融产品。丰富创业融资新模式，完善债权、股权等融资服务机制，为科技型中小企业提供覆盖全生命周期的投融资服务。

健全创业投资制度体系。国家出台了《关于促进创业投资持续健康发展的若干意见》《中央引导地方科技发展专项资金管理办法》《国务院办公厅关于进一步激发社会领域投资活力的意见》《国务院促进创业投资持续健康发展的若干意见》等文件，培育各具特色、充满活力的创业投资机构体系，鼓励包括天使投资人在内的各类个人从事创业投资活动，鼓励有条件的地方按照"政府引导、市场化运作"原则推动设立创业投资引导基金，有序扩大创业投资对外开放。

经过多年制度建设的努力，我国已经形成了包括政府引导资金、融资担保基金、早期投资、资本市场、非股权融资等多种创业融资渠道，投资规模持续增长。截至 2018 年，仅国家科技成果转化引导基金一项，总规模就达到 247 亿元，创新创业投资紧张的情况得到一定程度的缓解。

以制度化治理方式推动双创发展，正确处理政府、市场、社会三者关系，是行政管理制度创新的具体体现，是发挥制度配置资源的关键性作用和更好发挥党的领导、政府主导作用的必然要求，是把国家治理体系的制度能力转化为制度能量的有效路径。

（三）源头性治理创新：建立双创的制度保障

如果说政策、人才和资本是双创的发动机，那么科技成果转化、知识产权保护则是激发创新创业活力的燃料和助燃剂，在双创的发动和前行中起到源头能量的保障作用。加速双创的源头性治理制度创新，是促进潜在生产力向现实生产力转化，推进创新型创业发展、创新创业与实体经济深度融合的重要途径。

1. 通过源头性治理，增强成果转化的制度保障力度

在双创制度建设领域，注重"源"与"流"的关系，强调正本清源。创新创业的本质是人们自主探索的创造性劳动行为，制度源头在于能不能将这种创造性成果价值化以及能不能给予法定的保障。为此，国家坚持完善知识产权保护制度，建立科研成果转化制度，激发科研院所和高校的科技成果转化动力，确保双创机构以创造成果转化获得收益。

在强化知识产权保护方面，国务院发布了《关于新形势下加快知识产权强国建设的若干意见》以及《知识产权综合管理改革试点总体方案》，对知识产权建设做出全面部署，推动建立完善的知识产权运用和快速协同保护体系，加快推进快速保护由单一产业领域向多领域扩展，探索建立海外知识产权维权援助机制，将知识产权服务推向国际，加快建设国家知识产权运营服务体系。通过在试点地方深化知识产权综合管理改革，推动形成权界清晰、分工合理、责权一致、运转高效、法治保障的知识产权体制机制。

在促进科技成果转化方面，国务院印发了《实施〈中华人民共和国促进科技成果转化法〉若干规定》《促进科技成果转移转化行动方案》，围绕科技成果转移转化的关键问题和薄弱环节，加强系统部署，抓好落实，形成以

企业技术创新需求为导向、以市场化交易平台为载体、以专业化服务机构为支撑的科技成果转移转化新格局。科技部印发了《关于技术市场发展的若干意见》等文件，从技术市场的分类布局、功能提升、服务创新、市场化发展、完善法律法规等层面，加快形成以专业化服务为支撑、资金为纽带、政策为保障的现代技术市场，支持创新人才合理合法享有创新收益。

在激发高校和科研院所的创新创业活力方面，国务院颁布了《关于强化实施创新驱动发展战略 进一步推进大众创业万众创新深入发展的意见》《关于优化科研管理提升科研绩效若干措施的通知》《关于加强高等学校科技成果转移转化工作的若干意见》，强调大力推动科研院所和高校落实国家科技成果转化法律法规和政策，强化激励导向，提高科研院所成果转化效率。实施科研院所创新创业共享行动，鼓励科研院所发挥自身优势，进一步提高科技成果转化能力和创新创业能力，进一步开放现有科研设施和资源，推动科技成果在全社会范围实现共享和转化。2018 年，我国全社会 R&D（研究与试验发展）支出占 GDP 比重为 2.15%，研发人员总量、发明专利申请总量和授权总量三项数据都居世界首位，国际科技论文总量和被引次数稳居世界第二。截至 2018 年底，我国高新技术企业达到 18.1 万家，科技型中小企业突破 13 万家，全国技术合同成交额为 1.78 万亿元，科技进步贡献率达58.5%，国家综合创新能力列世界第 17 位。科技创新能力大幅增强，主要科技创新指标稳步提升。

大众创业、万众创新和"互联网+"紧密结合，在政府"放管服"改革的推动下，创新创业显示出极大的生命力。截至 2019 年 6 月底，我国众创空间数量超过 6900 家，科技企业孵化器超过 4800 家，创业投资机构超过3500 家，创客经济、分享经济、平台经济、数字经济等新产业、新产品、新业态、新模式蓬勃发展。另一方面，通过与先进制造业和现代服务业融合发展，不断改造传统动能，云计算、大数据、人工智能等方面的高科技创新与实体经济深度融合，支撑高技术产业、战略性新兴产业加快发展。新动能对经济增长的贡献率超过三分之一，对城镇新增就业的贡献率超过三分之二，我国经济逐步走上依靠创新提质增效的发展路子，不少领域从产业链低端向中高端迈进，实现了新旧动能接续转换和经济结构优化升级，顶住了经济下行压力，促进了高质量发展。

为了发挥行政性制度在源头上的规范作用，国务院决定从 2015 年起，用 3 年时间对中华人民共和国成立以来的所有国务院文件进行全面清理，对发现与现行法律法规不一致、已被新规定涵盖或替代、调整对象已消失、工作任务已完成或者适用期已过的文件随即宣布失效，停止执行，不再作为行政管理的依据。这一重大举措对于促进大众创业、万众创新，激发市场活力和社会创造力，加快建设法治政府，维护国务院文件的权威性、严肃性具有深远意义。全面清理存量制度，本身就是一种制度创新，对涉及的 3 万多件红头文件做一次过滤，这一做法属于"高位式"制度创新方式，通常较少运用，我国只有在改革开放初期使用过。国务院做出这个决定，充分体现了中央政府从源头上全面深化改革的坚强决心和铁一般的手腕。

2. 通过源头性治理，实现双创的全程性制度保障

源头治理在管理学上与前置化管理、溯源管理、预管理有关，是一种关口前移、预防为主、未雨绸缪、抓主动权的工作方法。源头治理最早是在生态环境治理领域提出来的，生态学原理可以加深对源头治理的理解。比如，生态学有一个"生态位"理论，是指在生态系统中每种生物都有所必需的生存环境的合理位置，错落有致，各得其所，有的处于生态位的高端，如鹰击长空，有的处于生态位的低端，如鱼翔浅底，呈现出生态分布的有序性。这就给我们很多启示，在双创的生态系统中，科技成果转化处于系统的前端，没有成果转化，就没有经济发展的动力。而如果从更大的系统来观察双创，就可以发现，各级政府实际上是双创的源头，如果政府各个部门各司其职、各尽其能，全面履行政府职能，不断推进政府职能转变，那么政府就成为双创快速发展的源头。不少地方政府主动将群众反映科技成果转化中存在问题的各种意见搜集起来，梳理出具体需要哪一个层级的政府、哪一个政府部门解决的问题，这样就明确了政府的双创的源头性职责，把联系群众的窗口转化为政府改进工作的"机会窗口"。

作为一种思维方式和管理模态，源头治理是跳出过去传统的常态管理的眼界，以"大管理"的视野来看待管理，将风险管理、应急管理、危机管理等纳入进来，以往这种非常态管理主要应用在预防、化解和减少风险和危机。双创中运用源头治理思维和方式，主要应当体现到为治标管理进到治本管理。这就需要政府监管部门增强风险防范意识，进行风险教育，建立风险预警体系，及早发现风险并加以提示和处理，保障企业的良好运营和投资人的利益。在这方面政府做了大量的工作。如，2016 年 3 月由证监会试点推出一种专门针对创新创业企业的公司债双创债试点，初期的目标为拟上市、已经或计划在新三板挂牌的中小企业，重点面向节能环保、新一代信息技术、生物技术、高端装备制造、新能源、新材料、新能源汽车等战略性新兴产业，其他高新技术产业及现代服务业企业。双创债的发行对双创企业有两方面意义。一是切实解决了公司发展的资金问题，给企业生产改造、技术创新带来资金助力。与股权融资以及银行贷款相比，双创债的发行流程较为简便。二是双创债的发行主体由于经营状况恶化，投资者会面临发行企业到期不能部分或全部偿还或拖延偿还本息的风险，即存在到期不能兑现的风险。双创债的发行主体创新型中小企业，虽具有广阔的发展前景，但由于企业管理层相对缺乏经营经验，企业经营状况易受外界环境影响，经营业绩波动性较大，信用等级较低，这会加大双创企业违约的可能性，存在着较大的流动性风险隐患。因此，政府监管部门要加强信用评级建设，硬性规定双创债发行主体在债券存续期内披露中期报告、影响偿债能力或债券价格的重大可能性事件。同时，企业自身要构建完整和真实有效的企业信息库，做好信息更新工作，监督企业将所募资金真正用于创新，提高投资者的风险识别和承受能力。

双创的源头治理如同双创中的"末梢神经"，它是接收外界刺激、把神经冲动传递到机体组织中的第一环节。而政府通过对双创实施源头治理，创新管理、政策和制度，攻克治理"难点"、破解社会"痛点"、打通发展

"堵点"，开辟了治理变革的一条新的重要路径，开通了政府治理的新前端。

以源头治理方式推动双创发展，在行政管理中实现风险管控、过程服务、结果评价的统一，是行政管理制度创新的新鲜经验，是发挥制度优化配置资源的时间有效性和空间能动性双重作用的有益尝试，是把国家治理体系的制度执行力转化社会生产力的关键一招。

（四）综合化治理创新：建设双创的制度平台

现代化是一个社会急速变革的历史进程。面对不断变化的时代，在推进国家治理体系和治理能力现代化的条件下，只有按照整体性政府的要求，以综合化施策的方略进行治理制度创新，才能建立有利于双创的行政管理制度体系。整体性治理是一种新的公共治理范式，重点解决的是治理创新理念问题。综合化治理是整体性治理在政府现代治理体系构建中的重要内容，旨在解决治理主体间密切联系、凝聚资源、促进协同、提高效率的问题。综合化针对的重点是具体实践。

1. 通过综合化治理，实现双创平台化

创新创业是一个连续性的动态工程，既需要政府和社会各方面的持续支持，也需要创新创业机构和个人接续努力。在这种需求的牵引下，我国双创出现了众多的创新空间、创新园区等专业性的创新平台，成为国家制度力量全面支持创新创业的综合性载体，能吸引创新创业活动集聚，减少创新创业风险，培养浓厚创新创业文化，提升创新创业服务质量。从平台到基地，从培训到赛事，我国社会性创业服务一步一步成长壮大，大大激发了各行各业的双创热情。双创已经从小微企业扩展到大型企业内部，截至 2017 年底，我国制造业骨干企业"双创"平台普及率近 70%，开放的社会资源为创新创业提供了更广阔的空间。

推动众创空间转型升级。众创空间是双创的重要阵地和创新创业者的聚集地，从诞生开始，政府就出台了《关于发展众创空间推进大众创新创业的指导意见》，大力支持众创空间发展。国家印发了《发展众创空间工作指引》，指导和推动众创空间科学构建、健康发展。在众创空间发展到一定规模之后，政府又发布《关于加快众创空间发展服务实体经济转型升级的指导意见》，引导众创空间发挥科技创新的引领和驱动作用，紧密对接实体经济，继续推动众创空间向纵深发展。印发《国家科技企业孵化器"十三五"发展规划》，推动科技企业孵化器事业持续健康发展，完善创新创业生态系统。

建立完善的创业示范基地。平台经济是互联网经济的重要形式，政府印发《关于加快构建大众创业万众创新支撑平台的指导意见》，推动众创、众包、众扶、众筹等平台快速发展。发布了《关于推动发展第一批共享经济示范平台的通知》，进一步鼓励共享经济繁荣。出台《关于建设大众创业万众创新示范基地的实施意见》，先后在全国建立起两批共120个双创示范基地，涵盖了从区域到高校、从企业到院所等多种形态。政府还借鉴双创示范基地经验，印发了《关于推动小型微型企业创业创新基地发展的指导意见》《关于促进农村创业创新园区（基地）建设的指导意见》，将示范基地扩展到小微企业和农业农村领域。政府广泛推广自贸区经验，实质上也是一种着眼于制度平台的探索。在自贸区扩大负面清单管理模式，大幅提升了平台服务能力。

推动创业文化平台发展。创新创业文化是创新生态中的重要因素。自2015年以来，国家每年举办"全国大众创业万众创新活动周"，参与人数越来越多，活动也越来越丰富，社会影响不断扩大。各地也都举行了各种形式的创新创业大赛，创新创业氛围越发浓厚，社会化创业辅导和培训机制不断创新。科技部实施了"中国火炬创业导师行动"，教育部建立了"全国万名优秀创新创业导师人才库"，开展了深化创新创业教育改革示范高校认定工作，印发《关于深化高等学校创新创业教育改革的实施意见》，将创业辅导和培训机制延伸到高校教育。人社部发布了《农民工等人员返乡创业培训五年行动计划（2016—2020）》等，构建了创业孵化人才的职业化培养体系。

2. 双创平台化推动综合化治理制度创新

通过综合化治理体系的改进，创新创业服务水平全面升级。反过来，创新创业资源共享平台的逐步完善，又对政府治理综合化提出了新要求，需要将综合化制度平台化，以制度的平台拓展市场化、专业化的众创空间功能，推动创新创业服务平台能力提升，以及用制度平台发现制度短板，以平台巩固和完善制度。这种互动形态的平台转化机制，可以更好地将系统治理、依法治理、源头治理等治理方式整合起来，持续促进创新创业投资增长，更多关注和培育早中期科技型企业，促进新兴创新创业服务业态成熟。

通过综合化治理体系的改进，出现了创业带动就业的新景象。在双创平台上，培育出众多充满活力、持续稳定经营的市场主体，带动就业的效果明显提升，直接创造更多就业岗位，带动关联产业就业岗位增加，促进就业机会公平和社会纵向流动，实现创新、创业、就业的良性循环。

通过综合化治理体系的改进，出现了创新带动创造的新局面。双创的平台，成为科技成果集聚的区域，科技型创业加快发展，产学研用更加协同，科技创新与传统产业转型升级结合更加紧密，形成多层次科技创新和产业发展主体，成果转化应用能力大大增强，支撑战略性新兴产业加快发展。高质量创新创业集聚区的涌现，发挥了"双创"示范作用，一批可复制的制度性成果加快推广，这些"双创"示范点大多落户在国家和地方的高新区、自主创新示范区等各类功能区中，使得它们的优势得以进一步发挥，打造出一批又一批创新创业新高地。

通过综合化治理体系的改进，出现了大中小企业创新创业价值链有机融合的新态势。一批高端科技人才、优秀企业家、专业投资人成为创新创业主力军，大企业、科研院所、中小企业之间创新资源要素自由畅通流动，内部外部、线上线下、大中小企业融通发展水平不断提升。国际国内创新创业资源深度融会，拓展创新创业国际交流合作渠道，推动形成了很多国际化创新创业基地，将"双创"拓展成为我国与包括"一带一路"倡议相关国家在内的世界各国合作的平台。

在综合化的平台建设中，出现了信息技术全面带动新技术发展的新格局。在双创平台上，互联网、大数据、云计算、人工智能等现代信息技术很快与其他新兴技术结合，促进生物工程技术、新型材料技术、新能源技术创新，甚至还影响到空间技术、海洋技术、地球物理技术创新。这些新技术在引发社会生产和生活方式发生深刻变化的同时，给政府治理带来机遇和挑战。政府引入大数据等新技术推进国家治理体系现代化，提高了资源集聚能力、网络构建能力、流程创新能力、问题回应能力等各方面治理能力。

以综合化治理推动双创，体现了国家在全面深化改革中更加注重战略性、整体性、协同性，也体现了行政管理制度创新更加注重科学化、民主化、现代化的特征，体现了治理制度创新更加注重实践的价值取向。

双创引发的制度创新价值意蕴是深刻的。近十年来，国家创新能力和营商环境发生了深刻变化。在世界知识产权组织发布的"全球创新指数"（GII）排名中，中国的地位持续提升，2019年在全球190个经济体当中位居第14位，在中等收入经济体中连续7年居"创新质量"之首，有18个集群进入科技集群百强。世界知识产权组织前总干事弗朗西斯·高锐（Francis Gurry）说，中国等"经济大国在全球创新指数排名中的上升改变了创新的格局，体现了政策行动有意促进创新"。在2018年世界银行公布的营商环境全球排名中，中国从2017年的第78位上升到第46位，位次跃升了32位，成为营商环境改善幅度最大的经济体之一。双创对提高创新能力和改善营商环境的贡献很大。

营造双创的制度环境，打造双创的制度动力，建立双创的制度保障，建设双创的制度平台，这四个方面是关于双创的整体性制度安排，环环相扣，层层递进，相辅相成。双创制度的故事，表达了国家应对由于新经济现象、新社会现象的"颠覆性创新""破坏性创新"所持有的制度创新理念、理论和制度创新行动。随着行政管理和公共管理事业的发展，行政管理制度创新正在实现从破除既有利益格局向重构政府制度体系、体制机制、方式方法的重大转折，行政管理制度创新越来越与外界形成互动，并由这种互动产生新的制度变迁动力，推进行政管理制度创新加速。

政策调整的对象主要是公共事务，制度规范的对象则兼顾行政内部管理与外部公共事务管理。行政管理学、公共管理学、公共政策学都将政策和制度作为自己研究的对象，但是在具体研究中以往是对两个领域分别进行研究的，政策与制度之间的关系研究较少。通过分析双创政策和制度，我们发现行政管理学如果仅仅把重点研究领域定位在政府自身行政制度，公共管理学如果仅仅把重点研究领域定位在公共事务，公共政策学如果仅仅把重点研究领域定位在公共政策，可能会导致难以全方位看清楚双创政策创新、双创制度创新的整体性价值和机理。

应当将围绕大众创业、万众创新的行政制度、公共事务、公共政策融合起来研究，才能全面展示双创所涉及的公共领域创新意义和发展趋势。双创的政策，正在由点状政策向群状政策转型，由分散性政策向集合性政策转型，由一般公共政策向国家总体性政策转型，由政策体系向制度体系转型，由政府日常管理制度向国家治理现代化重大制度转型。这一现象表明，政策与制度具有内在一致性，重要的政策（特别是政策群）如果不但包含对需求侧的规范，而且包括对供给侧的规定，那么我们就可以将这一类政策（总政策）确定为制度，这种制度研究便具有更广泛的学理价值和现实意义。

深化双创制度研究，既要以公共管理的视野关注社会领域，要立足公共政策的基点关注政策领域，更要聚焦行政管理制度，探究行政管理制度创新发展之路，探究行政管理制度创新、公共管理制度创新、公共政策创新与国家治理体系和治理能力现代化协同发展之路。

第二节　结构性制度创新（下）：“最多跑一次”

如果我们把行政管理制度创新理解为能量的运动，那么“双创”是以外源性为主、以辐射方式引爆的向外扩散的物理性能量运动，而“最多跑一次"改革则是以内源性为主、以聚合方式在行政管理体制内产生进而向外扩散的化学性能量运动。"最多跑一次"先由浙江首创,后得到国务院在全国推广。本节重点研究浙江省实施该项改革所形成的结构性制度创新以及结构性创新与运行性创新的结合对整体制度创新的功效。

一、"最多跑一次" 改革的由来

(一) 政府改革从"1.0版"到"3.0版"

为实现有效治理,政府需要转变职能。1999年,浙江在全国率先启动行政审批制度改革,标志是建立"一站式"便民服务大厅。1999—2012年,浙江先后进行了三轮行政审批制度改革,削减了上千项行政许可和非行政许可审批事项,并创新审批方式,全面建立行政服务中心或一站式办事大厅、"政务超市"等,提高审批效率。[①] 2013年初,浙江启动第四轮行政审批制度改革,确立把浙江省打造成"审批事项最少、办事效率最高、投资环境最优"的省份的改革目标,进一步下放审批权限,非行政许可事项全部取消;明确"四张清单"(政府权力清单、企业投资负面清单、政府责任清单、省级部门专项资金管理清单)厘清政府职能权限;运用"一张网"(浙江政务服务网)创新行政审批流程与方式,通过互联网技术,优化服务,提高效能。

1999—2012年浙江省的审批制度改革被看作是政府改革的1.0版。这一阶段的主要任务是削减政府审批事项,各地进行政府效能改革与行政审批一体化改革;建立行政审批中心,提供"一站式"审批服务。[②] 1999年9月,

---

① 徐邦友:《浙江省行政审批制度改革概览》,《党政视野》2003年第6期;沈文:《浙江审批制度改革概述》,《浙江经济》2013年第4期;谢双成:《必须积极推进服务型政府建设——浙江省开展行政审批制度改革的实践和体会》,《中国纪检监察》2013年第5期。

② 《浙江的效能建设是这样从温州发端的》,《领导决策信息》2004年第9期;蓝蔚青:《政府治理体系和治理能力现代化的积极探索——评嘉兴行政审批一体化改革》,《浙江经济》2015年第7期。

浙江省上虞市成立了首个"政府服务超市"——便民服务中心，成为全国第一家行政服务中心，把分散在不同部门的审批、审核、办证、办照事项分离出来，集中到一个大厅进行办理，创新行政审批模式。① 而后，一站式"审批服务模式在全国范围内推广。同一时期，为了提高审批效率，以政府管理流程再造为重点，温州、杭州等地还进行了政府"效能革命"。②

经过十多年的改革，浙江的审批制度改革取得很大成就，改革步伐走在全国前列，但仍存在不少问题：政府职能转变仍不到位，审批事项依然很多；审批程式标准化和透明度不够；政府工作人员办事效率和作用达不到企业和群众的期望和政府管理与行政改革要求。其中，核心的问题依然是政府职能的不清晰，以及由此引发的政府权力边界的模糊性和随意性，从而导致政府效能低下。为此，2013年浙江省提出了"四张清单一张网"，以推进行政审批制度改革。"四张清单"目的是将"政府关进笼子"，以清单形式明确政府权限，"让政府规规矩矩用权，又明明白白花钱"。③ "一张网"是"互联网+政务"的全方位实践，运用互联网技术推进政府改革。

"四张清单一张网"是审批制度改革的深化，也被看作是政府改革的2.0版。在"四张清单一张网"改革中，权力清单是关键——清权、减权和放权，明确权力边界，规范权力运作，依法行政、公开透明，利用互联网平台，提高政府信息的透明度和公共服务的效率，强化评估与监督，提高群众的满意度。在依法约束政府"乱作为"的同时，还要避免政府"不作为"，这就需要一个责任清单。责任清单明确政府职责、职责边界，并强化监管和公共服务，打造"有为""有效"政府。对于企业投资，政府在提供便利审批服务的同时，要加强市场监管功能，出台企业投资负面清单，明确告知投

---

① 王君祥：《上虞市创办"便民服务中心"》，《中国民政》2000年第2期。
② 《以行政管理流程再造为重点温州确立"效能革命"四大目标》，《领导决策信息》2004年第23期。
③ 陈广胜：《"四张清单一张网"的浙江逻辑》，2015年5月25日，见http：//echinagov.com/viewpoint/48949.htm。

资者负面项目，推行企业依法承诺制、备案制，变事前审批为事中事后监管。一张"清单"，是"财政专项资金管理清单"，目的是管住政府的钱。对于财政专项资金进行清单式管理，监督政府专项资金利用，提高资金使用效率。"一张网"是"浙江政务网"。依托这张网，最终建立真正的"政务超市"：审批事项集中进驻，网上服务集中提供，政务信息一网公开，数据资源集中共享。①

2016 年底，在"四张清单一张网"的基础上，浙江省提出了"最多跑一次"改革，浙江政府改革进入 3.0 版本。②

"最多跑一次"改革既是对"四张清单一张网"改革目标的继续推进，也是政府审批制度、效能改革的可视化、可量化要求，通过压力传导深化政府自身改革。③ 经过一年多的努力，浙江省"最多跑一次"实现率达到 87.9%。④ "最多跑一次"改革，从地方的创新实践变成了国家的政策倡导。⑤

（二）社会压力、技术动力与民众监督

进一步讲，"最多跑一次"改革之所以被看作是政府改革的 3.0 版本，区别于"四张清单一张网"，这跟"最多跑一次"的动力机制有关。以往的地方政府改革，无论是机构改革、编制改革、审批制度改革，包括效能革命，属于政府自身的权责定位、组织变革和作风建设，这些改革的实施，或者是地方政府完成中央政府的改革要求，或者是地方政府自身面对外部环境

---

① 周盛：《走向智慧政府：信息技术与权力结构的互动机制研究——以浙江省"四张清单一张网"改革为例》，《浙江社会科学》2017 年第 3 期。

② 付翠莲、申爱君：《理念·逻辑·路径：浙江"最多跑一次"改革的三重维度》，《行政科学论坛》2018 年第 1 期。

③ 秦诗立：《深刻理解和推动"最多跑一次"改革》，《浙江经济》2017 年第 5 期。

④ 董碧水：《"最多跑一次"撬动浙江系列改革：创新服务打造有为政府》，《中国青年报》2018 年 1 月 31 日。

⑤ 叶晓楠、师悦、崔潇宇：《从浙江经验走向全国，"最多跑一次"书写简政放权新篇章》，《人民日报（海外版）》2018 年 4 月 10 日。

变化和压力挑战下的主动调适和创新，或者是地方主政官员的权力自觉和理念转变，也有对地方民众推动的地方创新的响应与吸纳。在这几种改革类型中，均缺少民众自下而上、由外而内的对于政府改革的参与。而官僚机构自身的惰性使得自身改革的成效大打折扣。尽管改了好多年，但政府权责不清、边界模糊，办事流程拖拉，"衙门"作风很重，"门难进、脸难看、事难办"现象仍然存在。这一切，都与这些改革是"以政府部门为主体"有关，"始终未能彻底清理大量不必要的、重复的行政审批事项"。① 因此，政府改革仍是进行时，且需要获得新的动力。

浙江经济发展进步以及民众生活水平的日益提高，都对政府治理与公共服务提出了更高的期望。政府需要改革以回应市场和民众的诉求，应对经济社会发展的要求。这些因素，构成了历次政府改革的外部压力。同时，技术的发展也为改革提供了新的动力。浙江省的"最多跑一次"改革，是在"四张清单一张网"改革的基础上，借助互联网和大数据技术进行的政府全面改革。浙江省在新信息技术上的优势，尤其是互联网、大数据以及云计算，为"最多跑一次"提供了工具上的助推力量。

（三）"最多跑一次"产生的革命效应起点是数据整合

"最多跑一次"基于互联网革命带来的大数据处理和应用，借助技术力量带来的信息和数据的便捷传输和即时共享，发展电子政务平台，整合行政资源，再造行政流程，创新服务形式，转变工作作风，提高政府效能，实现以人民为中心的公共行政和公共服务。更重要的是，"最多跑一次"改革不仅有来自自上而下的、高层强力推动的体制内压力，也有来自政府承诺的、可量化的民众监督的外部压力。和以往的政府改革实践不同，"最多跑一次"改革，让人民群众做考官，以极其直观的衡量标准，依靠群众监督，倒逼政

---

① 郁建兴、高翔：《浙江省"最多跑一次"改革的基本经验与未来》，《浙江社会科学》2018 年第 4 期。

府职能转变和全面改革。群众以监督服务的形式，参与到"最多跑一次"改革中来，评价改革成效。从这个意义上来说，"最多跑一次"成为新的改革的切入点。以市民、企业等的办事体验为出发点倒逼政府及其部门改革。政府从服务承诺开始，转变工作作风，从提高效能到审批权力进一步削减和下放，从数据共享到机构整合，改革层层递进，层层加码，不仅有助于打破"精简—增设—再精简—再增设"的怪圈，推动政府职能的根本性转变，而且进一步通过机构有机整合和政府流程再造，改善地方治理结构，实现地方治理优化。[①]

2016 年底浙江省开始实施"最多跑一次"改革，便是地方政府进行自我革命、推进地方治理现代化的积极尝试。2018 年 3 月，"最多跑一次"写进了李克强总理的政府工作报告，得到了中央的认可和支持，并在全国推广。

二、"最多跑一次" 撬动了什么

浙江省全面启动的"最多跑一次"改革，是指政府通过优化办理流程、整合政务资源、运用新技术手段，向群众和企业（自然人、法人和其他组织）做出承诺：到政府办理"一件事情"，在申请材料齐全、符合法定要求的情况下，减少跑路次数，最多跑一次，最好不用跑，实现一次性办成事。

（一）深化"放管服"改革，政府职能归位

对于政府来讲，面对"最多跑一次"承诺的压力，有些审批事项，最好能够"不要跑"，这样的话，自然会加速审批事项的整合或者取消，不可逆地推进行政审批制度改革。简言之，"最多跑一次"改革的关键词有这样几个。（1）"简"和"减"，减政放权，大道至简。通过对政府监管与服务事

---

① 何显明、张鸣：《重塑政府改革的逻辑：以"最多跑一次"改革为中心的讨论》，《中共浙江省委党校学报》2018 年第 1 期。

项的分类，将事项分为取消的、不用跑、跑一次，能减少的就减，能简化的尽量简化。浙江省各级政府、各部门都出台了"最多跑一次"事项目录。（2）"合"，事项归并，办事流程和环节整合，机构重组，政务数据和信息共享、归并与整合。（3）"放"，事权下放，服务落地，落实有限政府理念，向市场和社会充分放权与有效授权。

"最多跑一次"改革，是高层政府的强力推动，同时也来自外部社会力量的倒逼。政府高层的意志，借助群众的监督，合成为改革的推进力，向官僚机构的惰性开刀，倒逼政府职能归位。在经济领域，撬动经济体制改革，科学授权和科学监管。通过加快投资审批等事项的改革，深化商事制度改革，同时完善监管制度，处理好政府与市场的关系，明确政府在经济活动中的环境营造者角色，更好地发挥政府的作用，创造亲商宜商的市场环境，以激活市场活力，进一步推动经济发展。在社会领域，撬动社会体制改革，倒逼社会保障、劳动就业、教育医疗等各领域改革，实现政府对于公共产品的有效提供，优化公共服务。

（二）落实便民惠民理念，规范政府权力运作

一项政府改革能否取得成效，关键是从上到下改革者的理念能否发生真正转变。浙江"最多跑一次"改革，从便利群众办事入手，改革政府审批流程，目标是打造"审批事项最少、办事效率最高、政务环境最优、群众和企业获得感最强"的省份。

"最多跑一次"的改革目标，体现了服务型政府的诉求和宗旨。"最多跑一次"改革重审公共服务伦理。"最多跑一次"改革从与群众和企业紧密相关的办事窗口开始，改善工作作风，简化办事流程，"一窗受理，集成服务"，让大家办事少跑腿甚至不跑腿，促使政府从理念上摆正公共权力的位置，使得各级政府工作人员端正服务态度，提升工作绩效。公共服务提供中，受理与审批分离、审批与监督评价分离，改变当前部门自我受理、自我

审批、自我评价的工作格局，用直观的、可核查的标准，激活外部监督，推动政府为民服务。

"最多跑一次"改革提升人民群众满意度。"最多跑一次"改革，以人民满意度为标准和考量，通过政府办事服务的便民惠民举措，提升人民群众的满意度和获得感。这是政府对人民群众的承诺，从行政伦理上摆正了政府与市场、政府与民众的关系。通过办事窗口和办事程序的整合与优化，通过"代办制""承诺制"等举措的实施，创新公共服务方式，明确政府的人民勤务员角色，全心全意为人民服务，落实以人民为中心的发展。

"最多跑一次"改革推动服务型政府建设。"最多跑一次"不仅仅是对政府办事窗口和行政执法程序的改革，更是一场由表及里、有作风效能到流程再到组织结构变革的层层递进的改革。对于整个官僚机构和政府权力运作体系来说，"最多跑一次"是从权力运作的客户端入手，从官僚的作风和服务质量入手，撬动权力理念、运作流程以及组织机构的全方位深层次变革，迫使政府权力谦卑，[1] 服务增强。

（三）倒逼政府流程再造，推动整体性治理

"最多跑一次"改革的政府承诺，需要政府各部门进行内部协调与整合，以系统性、整体性的思维，创新政府内部权力运作，再造政府流程，实现整体性治理。"最多跑一次"改革的"一窗受理"，窗后是整个政府系统。"集成服务"意味着政府的流程再造。

"最多跑一次"改革，"它以人民群众的体验感、获得感、满意度为出发点，倒逼政府机构、流程的再造"[2]。政府流程再造，也叫政府再造，目的是为了提高政府效率、效能、适应性以及政府能力，运用企业家精神，"变革组织目标、组织激励、责任机制、权力结构以及组织文化等"来进行

---

① 王宇：《谦卑地站在市场之外——〈政府与市场：变革中的政府职能〉译者序》，《当代金融家》2014 年第 8 期。

② 郁建兴：《"最多跑一次"改革的浙江探索》，《浙江日报》2018 年 4 月 12 日。

政府根本性的转型。①

　　"最多跑一次"改革倒逼政府流程再造，推动政府大部制改革，合理调整政府系统内部纵向横向的权力结构，优化政府运行程序；理清和规范部门间权责关系，着力解决部门间职责交叉、公共资源碎片化、部门间推诿扯皮等问题；打破条块分割、各自为政造成的"信息孤岛"问题，推动纵向整合与横向协调，提高政府效能。②"最多跑一次"改革倒逼部门合作，变群众办事找"部门"为找"政府"。③

　　因此，"最多跑一次"改革以公众需求和满意度体验为核心，推动对政府部门原有组织机构和工作流程的优化、整合和重组，调整政府内部的决策、执行、审核与监督系统，建立各种形式的部门间整合与协调组织，实现大部制的、跨部门协同的工作机制，克服专业分工和部门利益阻隔带来的政府部门权力分散和公共治理的"碎片化"，建设政府日常管理与行政改革合二为一的整体性政府。④

（四）整合数据资源，打造数字政府

　　无论是效能政府、服务型政府还是整体性政府，不仅需要先进的治理理念的引领，还需要先进的治理技术的支持。有效的政府，一定是有治理能力的政府。服务型政府、整体性政府建设，意味着政府治理能力的同步提升。政府的有效性和能力，其中最重要的一点是运用和处理数据的能力。在新信息技术时代，如何利用大数据进行有效治理，是政府适应性、学习能力和创新能力的重要标志。

---

　　① ［美］戴维·奥斯本、［美］彼得·普拉斯特里克：《再造政府》，中国人民大学出版社 2014 年版，第 14 页。

　　② 蓝蔚青：《以"最多跑一次"推动全面深化改革》，《浙江日报》2018 年 1 月 28 日。

　　③ 车俊：《坚持以人民为中心的发展思想将"最多跑一次"改革进行到底》，《求是》2017 年第 20 期。

　　④ 郁建兴、高翔：《浙江省"最多跑一次"改革的基本经验与未来》，《浙江社会科学》2018 年第 4 期。

随着互联网技术在社会生活中的应用，互联网、大数据以及云计算的发展，数字化政府呼之欲出。"最多跑一次"改革便是在大数据时代，浙江省委省政府充分运用"互联网+政务"全面推进政府改革的重大举措。[①] 浙江"最多跑一次"改革之所以能够做到，就在于"数据共享、数据跑路、互联互通"。前台"一窗受理"之所以能够实现，就在于后台的"一网通办"。"最多跑一次"改革的顺利推进，和浙江省作为大数据应用大省的技术支持和数字化生存的社会氛围密不可分。而"最多跑一次"改革的推进，以及网上办事、移动服务的发展，促使各级政府、政府各部门能够打破数据壁垒，改变公共数据的"信息孤岛"现象，实现数据互认共享。在这方面，浙江省出台了一系列文件，推动数据整合与共享。2017年2月，浙江出台《浙江省公共数据和电子政务管理办法》，对公共数据和电子政务管理与应用、安全与保障等做出规范，用规章形式破解公共数据共享难的问题。3月，浙江省办公厅下发第一批《省级公共数据共享清单》，向各级政府机关、行政服务中心先行开放29个省级部门、2600个公共数据项的共享权限。其中涵盖全省人口、法人基础信息和社保、民政等相关数据，以及部分专业资格证书、资质证照、信用信息等"干货"。目前，浙江省已经基本完成个人综合库、法人综合库、信用信息库数据归集，数据量超过60亿条；57个省级单位3600余项数据被开放共享。[②] 而且，浙江省还发挥市场主体参与社会治理的作用，充分借助阿里巴巴公司的技术优势，与企业合作，利用企业的技术支持，建设一个政务数据的"中央厨房"。这个"中央厨房"就是后台的政府，既能对社会经济运行、信用、市场监管、安全生产等进行分析监测，也能为政府精准决策和高效治理提供支撑，打造"智慧政府"，进一步深化政

---

① 邓蓉敬：《"最多跑一次"改革中数据壁垒破解策略研究》，《图书情报导刊》2018年第2期。

② 邓崴、金春华等：《让数据驱动治理转型——浙江"最多跑一次"改革调查》，《浙江日报》2018年1月3日。

府数字化转型。①

三、"最多跑一次" 为什么能"跑" 向全国

从 2016 年 12 月底开始起跑，2017 年，浙江省"最多跑一次"事项办件量占全部年办件量的 90%以上，实现了"最多跑一次是原则，跑多次是例外"的年度目标。截至 2018 年 3 月，浙江省市县三级梳理公布的"最多跑一次"事项分别占同级总事项数的 95.68%、95.33% 和 93.85%。"通过'最多跑一次'改革，浙江已有 13500 多个可共享数据项，数据共享月均近 1000 万次，数据每调用一次，就意味着数据代替群众交了一份材料，群众少跑了一次腿。"②

浙江"最多跑一次"改革产生了重要影响，已有很多省市开展了类似的改革。2018 年 1 月，中央全面深化改革领导小组审议了《浙江省"最多跑一次"改革调研报告》并予以肯定。2018 年 3 月，"最多跑一次"被正式写入政府工作报告。2018 年两会期间，时任浙江省委书记车俊在回答记者提问时表示，经第三方评估，浙江"最多跑一次"改革实现率达到 87.9%，群众满意率达到 94.7%。③

检验一项政府创新是否成功，可以从两个方面来衡量。一是这项改革试点是否达到了改革的初衷，群众满意度如何；二是这项试点有没有得到复制和推广。从这两个指标来看，浙江"最多跑一次"改革目前看来是成功的。群众到政府部门办事，绝大多数事项可以做到"最多跑一次"；用了一年多的时间，这项创新就从浙江跑向了全国各地，得到了复制和推广，成为当前最热门的政府改革举措。通过对浙江"最多跑一次"改革的全面考察，我们

---

① 《浙江的"最多跑一次"，背后有阿里云这个神助攻》，《参考消息》2018 年 3 月 6 日。

② 陈佳、施安南、王璐怡：《浙江"最多跑一次"改革入选数字中国建设年度最佳实践成果》，《浙江在线》2018 年 4 月 24 日。

③ 贾世煜：《浙江省委书记车俊："最多跑一次"改革实现率已达 87.9%》，《新京报》2018 年 3 月 8 日。

会发现，有这样几个因素，保证了这项地方政府创新的成功。

（一）以人民为中心的改革理念

改革是为了解放和发展生产力，是为了更好地实现人民的利益，推动以人民为中心的发展。浙江是一片改革的热土。用车俊的话说，浙江是"吃改革饭"的。浙江的改革长期领跑全国。浙江各级政府，虽然经过多轮的审批制度改革，以及多种形式的政府创新实践，但政府的官僚主义作风依然存在，政府行为依然是从管理本位出发，为民服务的理念没有真正得到贯彻。"最多跑一次"改革是坚持以人民为中心的发展思想的集中体现。"最多跑一次"改革并不是单纯的科技变革。科技变革、技术条件和因素固然重要，但也只有在先进的执政理念和行政体制框架下才能发展起来。① 发展的宗旨是为了人民。浙江"最多跑一次"改革是以人民为中心发展思想的浙江探索与实践，是浙江省委省政府向人民立下的"军令状"，② 是对以人民为中心的发展观的落实。改革是为了提升人民的满意度和获得感，更好地实现便民惠民，落实为人民服务的执政宗旨。

（二）党政主导与顶层设计

浙江"最多跑一次"改革的初步成功，很重要的一个因素是浙江省党政高层的全力推动，以及组织和机制上的保障。和大多数地方改革创新实践一样，党政主要领导的强力推动，保证了改革的顶层设计和组织动力。浙江"最多跑一次"是省委省政府主要领导主持推动的政府改革项目。

党的十八大以来，浙江省委省政府针对习近平总书记对浙江精神的新要求，落实人民为中心的发展和改革理念，"干在实处、走在前列、勇立潮头"，继续深化政府改革。2016 年 12 月，时任浙江省委副书记、代省长车俊

---

① 许耀桐：《"最多跑一次"是深刻的行政革命》，《浙江日报》2018 年 4 月 12 日。
② 蓝蔚青：《以"最多跑一次"推动全面深化改革》，《浙江日报》2018 年 1 月 28 日。

首次提出"最多跑一次"改革，在 2017 年 1 月份的省政府工作报告中，车俊再次提出"最多跑一次是原则，跑多次是例外"的年度目标。

在"最多跑一次"改革的推进中，浙江省委省政府出台了一系列文件。通过顶层设计，浙江省建立了全省统一的"市场准入标准、政务服务标准"，规范和推动各地改革实施。（1）梳理事项。政府向民众承诺做到"最多跑一次"，这就需要对政府审批事项进行分类梳理，哪些事项可以取消，哪些事项"最多跑一次"。2017 年 2 月 16 日，省政府办公厅印发《关于加快推进"最多跑一次"改革全面梳理公布群众和企业到政府办事"零上门"和"最多跑一次"事项的通知》，启动"最多跑一次"事项梳理工作。3 月 31 日，全省公布截至 3 月底前两批梳理完成的企业和群众到政府部门办事"最多跑一次"事项，其中省级单位 958 项（省直单位 695 项，直属部门在浙单位 263 项），设区市本级平均 1002 项，县（市、区）平均 862 项，7 月 31 日，又梳理公布了第三批"最多跑一次"事项。（2）领导部署。作为政府自身改革的新举措，"最多跑一次"需要顶层设计，自上而下进行制度设计。2017 年 2 月 20 日省政府印发《加快推进"最多跑一次"改革实施方案》，对"最多跑一次"改革进行全面部署。（3）建立规范和标准。改革要能够顺利推进，需要建立规范，以及标准化运作。2017 年 2 月 23 日省政府常务会议审议通过《浙江省公共数据和电子政务管理办法》，自 2017 年 5 月 1 日起施行。2017 年 3 月 3 日，省政府办公厅下发第一批《省级公共数据共享清单》。以标准化规范改革。5 月 21 日，由省质监局、省编办等部门制定的《政务办事"最多跑一次"工作规范第 1 部分：总则》省级地方标准正式发布，"最多跑一次"省级地方标准建设取得实质进展。6 月 28 日，发布《政务办事"最多跑一次"工作规范第 2 部分：一窗受理、集成服务》。11 月 30 日，省质监局发布《法人库数据规范》，这是数据共享的基础性规范之一。12 月 31 日，省质监局发布《政务办事"最多跑一次"工作规范第 3 部分：政务服务网电子文件归档数据规范》和《政务办事"最多跑一次"工作规范第 4 部分：服务大厅现场管理》，"最多跑一次"改革标准体系框架基本建立。

(三) 大数据等新信息技术的支持

浙江"最多跑一次"改革的成功,在理念、组织和机制保障之外,还离不开技术的支持。在新信息技术时代,政府治理要充分发挥科技的作用。以大数据、云计算、移动互联网等为代表的新一代信息技术,为浙江"最多跑一次"改革提供了方法和技术上的支持。"最多跑一次"改革能够实现群众不跑、少跑、最多跑一次,是因为"数据跑路"。支持"一窗受理、集成服务"的,是后台的"一网"——浙江政务网。浙江政务网采取多种形式,包括手机 App,构建起跨部门、跨区域、跨行业、跨系统的政务服务平台,实现公共数据的即时传递和平台共享,一方面,数据跑路,让企业和群众少跑路;另一方面,也使得群众能够快捷方便地实现网上办事,"不用跑",让群众切实体验到办事的方便。"最多跑一次"改革"让数据多跑路、群众少跑腿甚至不跑腿",是"互联网+政务"的深度融合。

2015 年,浙江省就成立了"大数据资源管理局",以整合数据资源。浙江省政府针对数据共享问题,召开多次专题会议,打破信息孤岛、实现数据共享,推进"最多跑一次"改革。2017 年 11 月,省数据管理中心在数据共享问题上集中攻坚,70 多亿条数据汇入统一的数据仓,实现共通共享共用。2018 年 2 月,省级办件量前 100 高频事项实现系统对接和数据共享正式通过验收。①

浙江省"最多跑一次"改革所依托的浙江政务网,是"数字浙江""智慧政府"的重要载体,也是数据共享、服务聚集、管理集成的统一政务平台。浙江政务网打破了部门之间的信息孤岛,加快推进了公共数据整合和共享利用,帮助老百姓像逛淘宝一样在政务服务网上办事。其背后是阿里巴巴

---

① 金春华、董洁:《"最多跑一次"省级办件量前 100 高频事项实现数据共享》,《浙江日报》2018 年 2 月 27 日。

的阿里云。从 2014 年起，阿里云就为"浙江政务服务网"的上线提供技术支持，整合了 40 余省级部门、11 个地市和 90 个县（市、区）政务服务资源，实现省市县的数据直连，这也是全国首个搭建在阿里云上、省市县三级采用一体化模式建设的网上政务服务平台。"阿里云正与浙江省有关部门组成数据专班，探索深化'最多跑一次'改革，设计技术顶层，最终实现政府业务流程梳理和政府部门间的数据共享，帮助老百姓和企业精简办事流程和提高效率。"①

（四）地方竞争的创新文化

浙江的地方创新，一直都在全国前列。在治理改革领域，上虞的"一站式"办事大厅、武义的村务监督委员会、舟山的网格化管理、绍兴的人民调解制度等，都得到了全国性的推广。浙江各个地方政府的这些创新试点，经过当地官员长期坚持和努力后，得到了上级政府的认可，从而通过法规和政策的形式，得以大面积复制。这些成功的地方创新，给当地社会带来了积极的影响，优化地方治理，改善政府与民众关系，提高政府效能，推动地方经济社会发展。同时，不可否认，成功的地方创新，反映了地方主要领导先进的治理理念和行政能力，也为地方政府主要领导带来了政绩，从而使得主政官员容易得到升迁。因此，无论是从地区发展的角度，还是领导政绩考量的维度，浙江省所形成的地区竞争的创新文化在全国都具有典型性。各地结合自身具体情况，相互学习，以争先恐后的赶超热情，创造性地落实"最多跑一次"改革承诺，涌现出很多新鲜的做法，也为这项改革提供了多重样本和检验空间，在竞争中选择合适路径和改革模式。

四、"最多跑一次" 改革的制度创新意蕴

目前看来，"最多跑一次"改革，运用大数据技术，很多事项已经可以

---

① 《浙江的"最多跑一次"，背后有阿里云这个神助攻》，《参考消息》2018 年 3 月 6 日。

做到"一次也不用跑",改革成效明显,创新前景广阔。为什么一项"口语化"改革会引发如此大的效应?我们可以从制度创新的意义上分析其价值。

(一)法治与创制统一

对政府来说,任何行为都要于法有据,"法无授权不可为",行政管理制度创新必须在法治的前提下进行。但是制度创新的过程很可能会出现"离经叛道"。这就形成对创新的合法性约束与"不容已"① 的反约束的挣脱性之间的矛盾。比如,"一窗受理、集成服务、一次办结"等环节中必须重视的行政主体授权问题,"一网通办、一证通办"等带来的行政监督与责任问题。"至少还需要把下列两种情形排除在'最多跑一次'的范畴之外:一种是当事人依照法律规定的程序而实施的'跑';另一种是当事人为行使其权利而出现的'跑'。"这两种"跑",都不可能"跑一次"完成。而且,"相当数量的行政行为,需要履行规定的程序以后才能向当事人发放证照或者法律文书"。②

不可否认,在法律没有规定的情况下,法律法规自相矛盾的情况下,在法律和政策打架的情况下,创新面临着一些未知的风险。在"最多跑一次"改革过程中,关注与现行的法律法规的适应性,坚持依法行政。针对改革暴露出来的法律法规问题,属于地方性立法范围内的事项,通过地方立法程序予以调整;属于顶层设计领域的法律事项,通过各种渠道推动国家层面的立法予以调整和修改。真正处理好法治与创制的辩证关系,是进行结构性制度创新的重要环节。

---

① "不容已"是朱熹提出的概念。"若果见得不容已处,则自可默会矣。"参见谭春生、张斯珉:《论李贽与耿定向的"不容已"之争》,《社会科学战线》2013年第6期;孙歌:《鲁迅的"不容已"》,《读书》2019年第10期。

② 陈柳裕:《提高运用法治思维和法治方式能力》,《浙江日报》2017年9月13日。

（二）放与管结合

大道至简，改革的目的是提高政府效能，降低成本，不能适得其反。要区分政府的市场监管和公共服务职能，不能为了便民服务而放松监管职责。这是制度创新的公共性要求，也是创新运行性制度的关键。"放管服"改革的要求是"放权"与"有作为"的统一性，即"有所为有所不为"，有效发挥政府的市场监管、公共管理和公共服务功能。各级政府在推进深化"最多跑一次"改革中，创新各种举措简化行政审批流程、环节、佐证材料、印章等，甚至可以"容缺"（缺少材料，承诺以后补上）受理。[①] 这些创新，就需要事中、事后的监管跟上，准确认识简政放权与强化监管的关系。[②]

"最多跑一次"是政府的承诺，对于企业和办事群众，要进行宣传和教育，有相应的提供真实信息的义务。行政审批、行政执法和公共服务，是政府与市场、政府与社会的双向互动。目前的"最多跑一次"改革，更多的是政府一方的服务承诺和宣示，各种监督措施也是指向这一方。作为服务对象的企业和群众，无论在信息获取还是资料提供方面，也得遵守法律规定。政府监管的重心要后移，用多种方式，继续强化事中事后监管。

（三）存量与增量改革

存量改革，是对现有政府运作模式和机制体制的改革。增量改革，是在新的领域中获取体制机制的能量。比如政府以往的制度对权力的获取规定得多，对监管的事管得多，而对公共服务提供得少，那么增加公共服务就是增量改革。相比增量改革而言，存量改革是对现有利益格局的冲击，难度更大。把存量与增量改革融汇起来，从群众体验的客户端入手，倒逼政府审批制度、政府机构以及权力运作方式的改革，是对"存量"的倒逼。建立综合

---

① 章韵：《我市在全省率先亮出"最多跑一次"清单》，《台州日报》2017 年 2 月 13 日。
② 郁建兴：《将"最多跑一次"改革进行到底》，《浙江日报》2018 年 1 月 26 日。

性功能齐全的行政审批中心、政务办事大厅，强化政务服务能力建设，是做大增量。梳理政府制度的不同类型，将属于保障性、赋能性的制度做大做强，也是"最多跑一次"改革的创新价值。

第三节　运行性制度创新："稳评"

自 2004 年四川遂宁在全国率先建立重大决策社会稳定风险评估制度（以下简称"稳评"）以来，该制度的功能和价值得到了实务界和理论界的高度认可，不仅成为国家的顶层设计而在全国迅速推开，也成为社会治理领域研究关注的焦点。然而，受制度设计不完善、运行偏差以及政治环境等因素制约，稳评制度在实际操作中也出现了"失灵"现象。本节分析 H 市出租车行业改革稳评制度，试图破解运行性制度创新机制如何实现，如何提高制度执行效能等问题。对于稳评制度而言，就是"提高预测预警预防各类风险能力，增强社会治理预见性、精准性、高效性"①。

一、稳评的两种模式

按照谁来进行稳评（评估主体）可分为两种模式，一种是专家理性模式，另一种是利益相关者（包括专家）共同参与模式。前者基于事实与价值分离原则，遵循精英主义与实证主义的行为逻辑，强调科学技术和逻辑推理，稳评主体是掌握专业知识和拥有丰富经验的技术官僚和专家；后者则基于事实与价值整合原则，主张从风险感知、利益立场、社会角色、政治制度等角度审视重大决策的社会影响，稳评主体是重大决策所有利益相关者，并强调利益相关者之间的沟通协商。

---

① 《坚决打好防范和管控重大风险攻坚战——习近平总书记在会见全国社会治安综合治理表彰大会代表时的重要讲话引起热烈反响》，2017 年 9 月 20 日，见 http：//www. xinhuanet. com/2017-09/20/c_ 1121697944. Htm。

当前，中国实行"行政决策机关为主、专家参与为辅"的分析式评估模式，该模式具有其他模式无法比拟的理性优势，但由于这一模式对政府、专家之外其他主体的参与重视不够，因而无法避免"评估失败"的结局。伴随着社会稳定风险愈来愈具有高度不确定性以及后实证主义崛起对专家和科学权威性的质疑，稳评利益相关者参与模式以利益相关者参与为基础，既避免了官僚制独白式话语和无政府主义状态，又迎合了当今社会治理领域参与式治理的发展趋势，成为稳评主体模式的理想选择。基于此，本研究重点引入利益相关者理论，分析稳评利益相关者参与模式的必然趋向，并以 H 市出租车行业改革稳评为例，归纳提炼该模式在实践中的运作过程与基本经验，进而找到构建该模式的可行路径。

目前，学界在经历了最初的主要对稳评制度的制度设计、理论溯源、价值阐释等开展研究的阶段后，步入了对稳评制度进行制度反思、创新建构研究的新阶段。在稳评制度精细化建设中，重点是优化制度设计和消除运行的薄弱环节，而主体作为稳评制度的"灵魂性"要素，其模式选择就成为关键点或者突破口。由于重大决策的制定和实施难免会引发不同利益主体对政策议题和政策风险的差异化解读，重大决策过程必然是多元利益主体因利益差异而相互博弈的过程，而稳评作为重大决策出台、实施前的"刚性门槛"，就成为重大决策利益相关者表达多元利益诉求并协调、平衡复杂利益关系的过程。然而，利益相关者参与正是当前稳评实践的薄弱环节，是稳评制度有效运转的最大短板。

二、利益相关者共同运行的稳评制度创新

（一）稳评利益相关者释义

自 1963 年美国斯坦福大学研究中心（SRI）首次提出"利益相关者"概念以来，利益相关者理论迅速成为公司治理领域的一个重要理论，并成为众多社会学科的分析工具，其在理论研究和实证检验方面成效卓著，甚至在社

会科学的广泛研究领域得到了不加界定的运用①。其中，利益相关者理论在政策评估领域也得到了广泛运用：瑞典学者埃弗特·韦唐（Evert Vedung）最先将利益相关者理论引入政策评估领域，并正式提出政策评估的利益相关者参与模式②；J. B. 考辛斯（J. B. Cousins）等学者描述了一种基于传统利益相关者模式的参与式评估方法，倡导政策制定者、目标群体、评估者以及其他利益相关者共同开展评估③；E. R. 豪斯（E. R. House）等学者提出了一种包含民主参与、有效对话以及识别利益相关者的协商式政策评估模式④。

作为政策评估的重要领域，稳评能否实现利益相关者的有效参与，决定着稳评质量的高低。稳评利益相关者是指为表达和实现各自的利益诉求，通过各种合法的方式和程序介入到稳评运行过程当中，并对稳评结果产生实质性影响的组织和个人。所谓稳评利益相关者参与模式，是指在稳评过程中各利益相关者基于合作治理的理念，以相互信任为基础，尊重和承认各自的利益差异，在沟通协商中表达各自利益诉求、共同化解利益冲突。⑤ 其实，稳评不仅具有识别和发现社会稳定风险的功能，更重要的是它可以通过利益相关者的参与，实现统一认识、平衡利益、达成信任、释放风险的目标。"有效性与民主性相互支撑，共同构成了稳评制度的两个支点。"⑥ 然而，相较于有效性功能，当前稳评的民主性功能并未得到足够的重视，尽管从中央到

---

① M. K. Tomas, "We Finished the Plan, So Now What? Impacts of Collaborative Stakeholder Participation on Land Use Policy", *The Policy Studies*, Vol. 3, 2005.

② 李瑛、康德颜、齐二石：《政策评估的利益相关者模式及其应用研究》，《科研管理》2006 年第 2 期。

③ J. B. Cousins, L. M. Earl, "The Case for Participatory Evaluation", *Educational Evaluation & Policy Analysis*, Vol. 14, No. 4, 1993, pp. 397–418.

④ E. R. House, K. R. Howe, "Values in Evaluation and Social Research", *Evaluation & Program Planning*, Vol. 23, No. 3, 2000, pp. 331–333.

⑤ 张玉磊、朱德米：《重大决策社会稳定风险评估中的利益相关者参与：行动逻辑与模式构建》，《上海行政学院学报》2018 年第 5 期。

⑥ 朱德米：《重大决策事项的社会稳定风险评估研究》，科学出版社 2016 年版，第 18—20 页。

地方的稳评政策文本中均规定了利益相关者参与是稳评的必经程序，并加强了风险沟通环节的设计，但稳评中的利益相关者参与往往流于形式。

（二）稳评利益相关者参与的必要性和必然性

作为稳评的一种新理念和实践模式，利益相关者参与模式与政府主导模式和专家理性模式相对应，更加符合稳评的功能定位与运行逻辑，更能适应日趋复杂性和不确定性的治理场域，更好地契合了打造共建共治共享社会治理格局的实践要求，成为稳评主体模式的必然选择。

1. 社会稳定风险的不确定性属性是客观依据

在风险社会背景下，风险的不确定性属性日益显现，即风险不仅具有客观性，还具有建构性。以乌尔里希·贝克（Ulrich Beck）、安东尼·吉登斯（Anthony Giddens）为代表的风险制度学派认为，风险是客观存在的，是现代性发展的结果，但风险又具有建构性，应从社会心理层面探求治理之道。[1]以玛丽·道格拉斯（Mary Douglas）、斯科特·拉什（Scott Lash）为代表的风险文化学派也认为，尽管风险有其存在的客观依据，但风险是人们的"集体建构"，是在社会过程中形成的，是人们选择和关注的结果。[2]另有学者明确指出，风险既来源于风险事件本身的客观存在，也来源于人们的主观建构。[3]风险感知是人们身上的不同信号对其收集、选择和解释事件、活动或技术的不确定的影响。影响风险感知的因素可分为风险因素、信息因素、个人因素、环境因素四类，诸如年龄、性别、职业、经历、教育水平、收入状况、社会地位以及对政府和专家的信任或不信任等个人因素，都会严重影响人们对风险严重性和接受程度的思考和判断，使不同人对待同一个风险的认

---

[1] B. Ulrich, *World Risk Society*, Cambridge：Polity Press，1999，pp. 211-229.

[2] M. T. Douglas, A. B. Wildavsky, *Risk and Culture：An Essay on the Selection of Technical and Environmental dangers*, Berkeley：University of California Press，1982，pp. 52-63.

[3] P. Slovic, B. Fischhoff & S. Lichtenstein, "Why Study Risk Perception?", *Risk Analysis*, Vol. 2, No. 2, 2010, pp. 83-93.

知往往呈现出显著差异。① 由于社会稳定风险具有较强的感知属性，很难用科学方法对其进行客观性测算和描述，缺乏理性的公众更是主要基于经验和情感视角去判断重大决策对自身可能产生的影响，因此，这就要求稳评要增加对政策问题所蕴含的社会价值的考量，把握社会稳定风险的社会心理特征，强调利益相关者参与稳评的重要性，充分考虑利益相关者的风险感知差异能否在稳评中得到有效沟通与回应。

2. 专家理性模式的局限性是直接驱动

技术-工业社会的来临使人们对科学的推崇达到了登峰造极的地步，呈现准宗教信仰式的技术乐观主义，这在评估领域里就表现为推崇专家理性模式。稳评作为一种评估形式，科学性是其应有之义，它要求评估主体基于事实与价值相分离的原则，运用科学技术识别、测量、化解风险，保证评估结论是"科学回答"而不是"价值权衡"，从而使稳评具有较好的可操作性。由此，专家理性模式越来越成为稳评的主导模式，主要表现就是稳评依靠具备专业知识和丰富经验的专业机构和专家，运用实证主义调查方法，依据科学指标评判风险等级。然而，社会稳定风险的高度复杂性以及人类理性的有限性，使其在科学上存在不可解释的"不确定"性，是一种独特的"知识与无知的结合"，很难完全比照安全评估、财务评估、环境评估等技术性风险评估来开展稳评。

一般来讲，专家在稳评中奉行理性主义的行动逻辑，站在中立立场和凭借专业优势开展稳评，中立性和专业性的双重特性保证了稳评结论的有效性。然而，受学科惯性、自利动机、利益掣肘等因素影响，专家往往在稳评实践中出现违背中立原则的角色困境。美国学者 G. 罗维（G. Rowe）在比较了专家和公众的风险感知差异后指出，尚没有经验能够证明专家的风险判断

---

① Gisela Wachinger, Ortwin Renn, Chloe Begg & Christian Kuhlicke, "The Risk Perception Paradox-Implications for Governance and Communication of Natural Hazards", *Risk Analysis*, Vol. 33, No. 6, 2013, pp. 1049-1065.

就比公众的风险感知更为客观真实，也无法断定专家在风险评估中的结论更加与事实相符。因此，不能仅仅将稳评看作是一种纯粹的科学技术过程，其本身就持有明确的①价值判断与立场倾向，被政府采纳的通过科学计算和理性分析得出的"客观结论"很难得到其他利益主体的认可。稳评需要改变既有的主要依靠官员或评估机构通过调查研究主观地得出稳评结论的做法，要求评估主体除了关注风险概率和风险-效益比率外，还应充分考虑风险社会环境、个体风险感知以及整体社会价值观，在利益相关者之间开展充分的风险沟通。

3. 稳评遵循的自下而上决策逻辑是内在要求

站在社会治理创新的战略高度审视稳评的战略意义，可以将其看作是在政府与社会之间架起的一条制度通道：它把社会力量导入重大决策过程中，推进了利益相关者的参与，将社会抗争的负能量转化为社会参与的正能量。因此，稳评实质上是一个"制造同意"的过程，它通过制度化方式将政府之外的其他主体纳入重大决策过程中，以科学化、规范化的形式吸纳民意，在一定程度上达到规范地方政府自由裁量权的目标。因此，稳评要求决策责任主体重视利益相关者的利益诉求并在决策过程中充分吸纳各方意见，其遵循的是一种自下而上的民主决策逻辑。② 然而，中国地方政府决策权的合法性来源于上级，其遵循的是一种自上而下的集权决策逻辑。显然，在当前的行政生态环境下，一旦这两种决策逻辑发生冲突，集权决策逻辑必然处于强势地位，使得稳评难以对地方政府决策发挥实质性的约束作用。因此，只有真正构建稳评利益相关者参与模式，才能抑制地方政府自上而下的集权决策逻辑，避免当前稳评实践中出现的象征性执行现象。

4. 公民社会与信息技术的发展是社会条件

稳评利益相关者参与模式的出现，不仅是因为其迎合了稳评发展趋势，

---

① G. Rowe, G. Wright, "Differences in Expert and Lay Judgments of Risk: Myth or Reality?", *Risk Analysis*, Vol. 21, No. 2, 2001, pp. 314-356.

② 田先红、罗兴佐：《官僚组织间关系与政策的象征性执行——以重大决策社会稳定风险评估制度为讨论中心》，《江苏行政学院学报》2016年第5期。

能取得更好的稳评效果，还因为现阶段其已经具备了运作的社会条件，即公民社会与信息技术的发展。受传统威权政治文化的影响，中国社会一直缺乏公民社会成长环境，公民权利意识不强，政治参与意愿和能力不高，社会组织发展滞后，利益表达渠道缺乏，既有的制度设计无论从程序到实体都严重制约着公众的稳评参与效果。然而，中国不断推进的民主化进程和分权化改革促进了公民社会的发展，这对当前政府主导的稳评模式提出了巨大挑战。首先，公民社会发展促进了公民权利意识的觉醒，公民参与稳评的积极性和责任意识大幅提高；其次，公民社会发展使得各利益相关者参与稳评能力提高，特别是民意调查、专家咨询、听证会等参与渠道的引入，增强了利益相关者参与稳评的动机和行动；最后，社会组织作为连接公民与政府的纽带，它的发展壮大为公民参与稳评提供了一种组织化制度，特别是第三方专业机构的发展促进了稳评责任主体与执行主体的真正分离。另外，随着信息技术发展尤其是 web2.0 时代的到来，因特网、自媒体、智能终端等应用的普及，特别是 QQ、微信、微博等新媒体的兴起，提高了信息公开度和决策透明度，使得信息传递不再受政府自上而下的控制，提高了稳评利益相关者的信息获取能力，进而提升了其稳评参与能力。

三、H 市出租车行业对稳评制度的创新

为顺应互联网+时代分享经济发展新趋势，促进出租车行业健康发展，2016 年 7 月国务院办公厅印发了《关于深化改革推进出租汽车行业健康发展的指导意见》（国办发〔2016〕58 号），交通运输部等七部委颁布了《网络预约出租汽车经营服务管理暂行办法》（交通运输部令 2016 年第 60 号）。《指导意见》将出租车分为巡游车和网约车两类，提出了"促进巡游车转型升级，规范网约车经营，推进两种业态融合发展"战略。交通部明确要求各城市依据两个文件并结合本地实际，在 3 个月内制定出台相关实施细则。为贯彻落实上述政策，H 市政府决定实施出租车行业改革并对其开展稳评。作

为改革牵头单位，H市交通运输局运输管理处为改革稳评责任主体，负责组织改革稳评工作。通过严格的资质审查、综合筛选后，运输管理处委托当地一家具有政策类稳评经验的第三方专业机构开展具体的稳评工作。在改革方案通过第三方稳评后，2016年12月30日，H市政府办公室正式印发了《关于深化我市出租汽车行业改革的实施意见（暂行）》（H政办发〔2016〕145号），并于文件公布之日起正式实施。改革方案充分回应和吸纳了稳评过程中利益相关者提出的利益诉求和政策建议，使改革得以顺利开展。

（一）利益相关者的准确识别和分类

美国学者爱德华·弗里曼（Edward Freeman）将利益相关者界定为"能够影响一个组织目标的实现，或者受到一个组织的目标实现过程影响的人或群体"[①]。借鉴该定义，H市出租车行业改革利益相关者是指受改革目标影响或能影响改革目标的所有组织和个人。按照政府、市场、社会三大主体类型划分，该改革利益相关者包括：交通运输局（运输管理处）及相关政府职能部门等政府主体；巡游车管理公司及其驾驶员、网约车平台公司及其驾驶员等市场主体；出租车乘客（可分为习惯乘坐巡游车的乘客和习惯乘坐网约车的乘客）、社会公众（指不经常乘坐出租车的社会公众）、稳评专业机构、新闻媒体等社会主体。同时，由于利益相关者受重大决策影响或对重大决策影响程度不一样，即各利益相关者在重大决策中的地位和重要性不同，有必要对利益相关者进行分类。根据利益相关者与改革之间的密切程度或重要程度，可以将H市出租车行业改革的稳评利益相关者分为核心利益相关者、边缘利益相关者和潜在利益相关者三种类型（见表8-1）。

1. 核心利益相关者

首先，巡游车管理公司及其驾驶员、网约车平台公司及其驾驶员以及出

[①]　［美］爱德华·弗里曼：《战略管理：利益相关者方法》，王彦华、梁豪译，上海译文出版社2006年版，第37—39页。

租车乘客，是 H 市出租车行业改革的直接目标群体和风险承担者，改革直接影响他们的切身利益，其利益诉求和风险感知对改革有着决定性影响，是稳评核心利益相关者。调查结果显示，2016 年 H 市出租车市场上共有 6 家巡游车管理公司（拥有出租车 1412 辆，驾驶员 2975 人）和 4 家网约车平台公司（网约车主约 4000 人）。其次，交通运输局作为稳评责任主体，享有制度安排的强制权和资源配置权，负责制定并执行改革方案，对出租车行业履行监管职能，是改革组织者和责任承担者，也是各方利益的协调者，其理念和行为会对改革产生重大影响，是稳评核心利益相关者。同时，H 市维稳办作为改革稳评领导主体和监督主体，全程对稳评进行指导和监督，也是稳评核心利益相关者。最后，此次改革实行第三方稳评，作为第三方的专业机构虽与改革没有直接利益关系，但由于是稳评执行主体，其稳评结论对改革有重大影响，也是稳评核心利益相关者。

表8-1　H 市出租车行业改革稳评利益相关者的分类及其定位

利益相关者		利益相关者类型	角色定位
政府主体	交通运输局（运输管理处）	核心利益相关者	稳评责任主体
	维稳办	核心利益相关者	稳评领导主体
	相关政府职能部门	边缘利益相关者	稳评参与主体
市场主体	巡游车管理公司	核心利益相关者	稳评参与主体
	网约车平台公司	核心利益相关者	稳评参与主体
	巡游车驾驶员	核心利益相关者	稳评参与主体
	网约车驾驶员	核心利益相关者	稳评参与主体
社会主体	出租车乘客	核心利益相关者	稳评参与主体
	社会公众	潜在利益相关者	稳评参与主体
	第三方专业机构	核心利益相关者	稳评执行主体
	专家学者	边缘利益相关者	稳评参与主体
	新闻媒体	边缘利益相关者	稳评监督主体

2. 边缘利益相关者

边缘利益相关者主要是指那些掌握重大决策专业知识和技能的专家学者，或者会对重大决策产生一定影响的新闻媒体以及相关政府职能部门。在 H 市出租车行业改革稳评中，专家学者通过参加风险调查、风险分析、专家评审会等途径，运用所掌握的专业知识为稳评结论和改革方案建言献策，部分专家还在 H 市地方媒体上撰文影响公众风险认知与政策偏好。H 广电、《H 日报》和《H 晚报》等新闻媒体对这次改革进行了跟踪报道和政策解读，H 水安澜、H 发布等网络媒体也对改革给予了重点关注。另外，H 市公安局、财政局、物价局、人社局等相关政府职能部门都发挥了为改革提供支持和建言献策的功能，也是稳评边缘利益相关者。

3. 潜在利益相关者

潜在利益相关者是指那些与重大决策没有直接利益关系，但在一定触发制度下可能变为利益相关者的组织和个人，一般是指包括网民在内的围观者，是稳评不容忽视的风险沟通对象。在 H 市出租车行业改革稳评中，很少乘坐出租车的社会公众成为主要的潜在利益相关者，这部分人群具有很强的分散性特征，他们或者通过网络和媒体，或者通过改革稳评责任主体和执行主体提供的调查问卷、公共邮箱、办公电话以及组织的座谈会、街头调查等形式，表达对改革的利益诉求和政策建议。

（二）利益相关者之间的风险沟通

风险沟通是指利益相关者通过利益表达和对话，针对有争议的事实和论据通过协商取得共识的过程。稳评利益相关者参与模式运作的核心，就是多元利益相关者以对话、协商、辩论等形式进行充分的风险沟通。在明确利益相关者基础上，H 市出租车行业改革稳评中利益相关者展开了充分的风险沟通，具体做法如下：

1. 政府发挥协调作用，有序组织稳评开展

由于各利益相关者存在利益诉求的差异与冲突，依然需要政府在稳评中

扮演关键角色，发挥协调作用。在此次改革中，H市政府从开始就将改革视为解决出租车领域固有问题和矛盾的机遇，以开放和包容理念促进两种业态融合发展。作为改革的牵头单位，H市交通运输局坚持尊重利益主体意见、统筹兼顾各方利益的原则，制定了详细的改革进度安排表，成立了稳评工作小组，该小组涵盖了相关政府职能部门、维稳办、巡游车管理公司、网约车平台公司、驾驶员代表、公众代表、专业稳评机构以及相关领域的专家学者，确保了稳评的有序推进。特别是运输管理处将具体稳评业务委托给第三方专业机构，自己主要做好稳评协调工作，确保了稳评的独立性、公正性和权威性。

2. 开展风险调查，搜集风险信息

巡游车管理公司及其驾驶员、网约车平台公司及其驾驶员对这次出租车行业改革高度关注，能否通过有效的风险沟通深入了解他们的风险感知和利益诉求，在很大程度上决定着稳评的成败。为此，在此次稳评过程中，政府间、政企间、政社间等利益相关者通过多种形式展开了有效的风险沟通（见表8-2）。其中，H市交通运输局会同相关政府职能部门，以办公会、座谈会等形式开展专题研究，就改革方案涉及的风险以及各方利益诉求进行了深入讨论。运输管理处开设了关于深化出租汽车行业改革两个文件的宣贯培训班，将改革方案和进度安排的相关信息完全公开，通过新闻发布会、座谈会、网站、电子邮件、信函等多种渠道特别是采用有引导的协商共识会议形式，广泛征求利益相关者意见，并深入出租车市场开展风险因素调查。同时，第三方专业机构通过实地采访、召开座谈会、问卷调查等形式，充分征求各利益相关者的利益诉求，并将这些利益诉求真实地反映到稳评报告和应急预案中。另外，H市委宣传部、市新闻办、市网信办还专门建立了出租车改革宣传联动制度，并利用《H日报》《H晚报》等市属媒体以及H发布、H水安澜等网络媒体发布与改革相关的信息，实现了政府与媒体的有效互动。

表8-2　2016年H市出租车行业改革稳评风险沟通情况

沟通关系	沟通对象	沟通形式	沟通组织者
政府间沟通	交通运输局、网信办、维稳办、信访局、法制办、公安局、财政局、工商局、物价局、商务局、国税局、人社局、住建局、规划局、质监局、总工会等	办公会、座谈会	深化出租车行业改革领导小组、运输管理处
政企间沟通	政府与6家巡游车管理公司及其驾驶员、网约车平台公司及其驾驶员	座谈会、面对面访谈	运输管理处
	第三方与6家巡游车管理公司及其驾驶员、网约车平台公司及其驾驶员	面对面访谈、座谈会、调查问卷、电话调查	第三方专业机构
政社间沟通	政府与社会公众	意见征集	运输管理处
	政府与新闻媒体（《H日报》《H晚报》、H发布、H水安澜等）	座谈会、论坛发帖	运输管理处
	第三方与社会公众	面对面访谈、座谈会、调查问卷	第三方专业机构
	第三方与专家	专家评审、面对面访谈	第三方专业机构

3. 梳理各方意见，开展风险论证

稳评利益相关者参与模式不仅是一个利益相关者共同参与、沟通协商的过程，也是识别和化解社会稳定风险的过程，其显著特点就是通过利益相关者的风险沟通来弥合利益相关者的利益差异，进而达成政策共识。在风险调查结束之后，H市出租车行业改革稳评进入了风险论证阶段。该阶段的主要任务就是对利益相关者的利益诉求和政策建议进行分门别类的汇总和梳理，从合法性、合理性、可行性、可控性四个维度对改革中存在的社会稳定风险进行论证，而论证的基础就是对稳评利益相关者利益诉求的把握。在H市出租车行业改革稳评中，各利益相关者从自身利益和价值倾向出发，通过问卷调查、座谈会等沟通渠道表达各自的利益诉求：政府职能部门希望改革既能规范和发展网约车市场，又不会对巡游车市场形成较大冲击，实现巡游车与网约车的融合发展；巡游车管理公司及其驾驶员希望政府加强对网约车及其驾驶员的监管，提高其准入门槛，并特别强调政府要加大打击"黑车"的力度；网约车平台公司及其驾驶员要求降低准入门槛，主张网约车价格由市场

调节；出租车乘客最关心出租车价格和服务质量，希望政府鼓励并规范网约车发展，切实保护乘客的合法权益；媒体主张网约车挑战巡游车的暴利模式，希望二者之间形成竞争发展态势。

（三）对利益相关者利益诉求的回应

只有利益相关者的利益诉求得到及时、主动的回应，才有利于社会矛盾和社会冲突的缓和与化解。稳评利益相关者参与模式主张从广泛的、动态变化的环境因素出发，识别并回应具体情境下多元利益相关者的利益诉求，最终形成一个更具包容性、更具共同愿景的治理方案。因此，有效回应利益相关者的利益诉求，整合多方意见，达成政策共识，是稳评利益相关者参与模式运作的最终目标。在 H 市出租车行业改革稳评中，通过社会调查、意见收集、问题聚焦等沟通过程，精准地找到了改革可能引发社会不稳定的风险源，汇聚了利益相关者对改革所持的差异化风险感知和利益诉求，并在稳评报告、改革方案中给予了有效回应。

经过周密的分析论证，H 市出租车行业改革稳评最终确定了三类社会稳定风险因素：（1）巡游车管理公司及其驾驶员利益受损问题，包括网约车总量控制失当、网约车及其驾驶员准入条件失当、网约车平台公司经营服务行为失当、对"黑车"与顺风车监管不力、巡游车管理公司转型乏力与内部利益关系不协调等问题。（2）网约车平台公司及其驾驶员利益受损问题，包括网约车及其驾驶员准入条件设置不当、网约车平台公司与网约车总量控制不当、网约车平台公司与驾驶员之间的利益冲突等。（3）公共利益受损问题，包括网约车市场培育不力或对巡游车冲击过大、改革后网约车价格太高、网约车安全问题、政府对网约车平台公司经营行为监管不力等。在这些利益关系中，巡游车与网约车驾驶员之间的利益保障与协调问题最为敏感，巡游车驾驶员的认知偏差与利益受损问题是最大的社会稳定风险因素。

在充分考量各利益相关者利益诉求及其风险因素的基础上，稳评报告提出了有针对性的风险化解措施，以平衡各方利益诉求，达成各方都能接受的改革方案。在最终出台的《关于深化我市出租汽车行业改革的实施意见（暂行）》中，充分回应了在稳评风险因素调查和风险分析论证阶段利益相关者提出的利益诉求，如出租车定价制度、网约车相关资质规定、出租车市场监管体系等（见表8-3），没有出现其他城市用车型、车价管制代替传统的数量管制、价格管制等现象，对稳评中利益相关者提出的合理利益诉求，最终改革方案都予以有效回应并得到了贯彻落实。

表8-3　2016年H市出租车行业改革方案中对利益相关者核心利益诉求的回应

核心利益诉求	方案具体内容
网约车平台公司资质	实行经营许可管理，在市区设立经本地工商注册登记的服务机构，有固定办公场所，配备相应负责人员和管理人员，加强对提供服务车辆和驾驶员的生产经营管理；同时要按照国家相关规定和标准提供运营服务，合理确定计程计价方式，公布服务质量承诺，依法提供本地出租车发票；经营区域为H市区，平台公司的经营许可期限为4年。
网约车车辆资质	坚持高品质服务原则，车辆为7座及以下乘用车；车辆为本市号牌车辆；车辆轴距不小于2650mm；车辆价格不低于12万元；安装具有行驶记录功能的车辆卫星定位装置、应急报警装置；行驶里程达到60万公里时，要强制报废；行驶里程未达到60万公里但使用年限达到8年时要退出网约车经营；网约车不得设置或者变相设置巡游出租车标志、标识。
网约车驾驶员资质	具有H市户籍或居住证；3年以上驾龄，并且无暴力犯罪记录；无交通肇事犯罪、危险驾驶犯罪记录，无吸毒记录，无饮酒后驾驶记录，最近连续3个记分周期内没有记满12分记录；持有H市道路运输管理机构核发的《网络预约出租汽车驾驶员证》。
出租车价格制度	实行巡游车运价动态调整制度，完善运价与燃料价格联动制度；网约车运价实行市场调节价。
拼车、顺风车问题	鼓励私人小客车（指7座及以下）按照公益、互助的原则提供合乘服务；鼓励和提倡合乘服务提供者和合乘者通过信息服务平台约定或者签订合乘协议的方式，明确各方的权利义务和安全责任。
出租车市场监管体系	建立政府牵头，交通运输、物价、公安、财政、工商、人社、网信、经信、质监等多部门联合监督执法制度和联合惩戒退出制度；依法查处出租汽车妨碍市场公平竞争的行为和价格违法行为，严厉打击非法营运行为。

四、重大决策社会稳定风险评估制度创新的启示

H市出租车行业改革稳评制度的实践，在一定程度上验证了利益相关者

参与公共事务治理的必要性和适用性，证实了行政管理制度中属于运行性的那些制度在创新过程必须健全多元治理机制的重要性。

（一）政府应树立合作治理理念，充当稳评的服务者和协调者

利益相关者参与模式的构建路径，是行政管理科学化、民主化的具体化、载体化。稳评利益相关者参与模式旨在吸纳重大决策利益相关者，通过充分的风险沟通促进能够在一定程度上避免稳评象征性执行以及稳评失灵现象。在稳评利益相关者参与模式下，稳评利益相关者尤其是政府要树立合作治理理念，以信任为基础，不再将政府之外的利益相关者视作"管理对象"，而是逐步开放稳评过程，将所有利益相关者都纳入稳评"治理共同体"，加强与其他利益相关者之间的合作，明确各利益相关者在稳评中的角色定位，实现稳评由"精英主导"向"大众参与"、由"经验控制"向"理性沟通"的转变。在本案例中，H市政府秉持合作治理理念，以新旧两种出租车行业融合发展和出租车市场可持续发展的战略眼光对待此次改革，并将稳评具体业务委托给了第三方专业机构，实现了稳评责任主体与执行主体的真正分离；同时又让其他利益相关者充分参与稳评过程，自身主要充当稳评组织者和协调者，保证了稳评的中立性、公正性和权威性。

（二）将风险沟通贯穿于稳评全过程，提高风险沟通的有效性

综上，稳评利益相关者参与模式运作的关键在于利益相关者间开展充分的风险沟通，协调和平衡各利益相关者的多维利益诉求。实践中，由于缺乏科学有效的制度，利益相关者参与并不一定带来政策共识，对话也不一定带来高质量的决策，甚至会为风险埋下隐患。这就要求在稳评中克服当前由地方政府主导的单向沟通方式，开展双向的、系统性的风险沟通，坚持信息公开，畅通风险沟通渠道，搭建风险沟通平台，将风险沟通贯穿于风险因素调查、风险分析论证、风险等级确定、稳评报告评审等各个环节，并明确不同阶段风险沟通的重点，采取适宜的沟通策略，将利益相关者间的意见表达、沟通协商与利益博

弈纳入制度化渠道中来，以全面掌握并有效回应各利益相关者的风险感知和利益诉求，进而平衡各方利益诉求，达成政策共识，提高风险沟通效果。在案例中，无论是政府的组织协调，还是第三方的具体实施，稳评过程始终以风险沟通为核心，各利益相关者通过政府和第三方提供的多种渠道，围绕改革方案充分表达了各自的利益诉求、政策偏好与风险感知，避免了当前很多稳评事项中出现的"盆景式"沟通，提高了风险沟通效果。

（三）提高利益相关者稳评参与能力，保障稳评有序开展

在稳评利益相关者参与模式下，每个利益相关者作为评估主体都被赋予了参与稳评的实质性权利，这就对各利益相关者的稳评参与能力提出了较高要求。为提高利益相关者稳评参与能力，保障稳评有序开展，首先，提高公众稳评参与能力。公众既要增强参与稳评的需要动机和行为能力，掌握参与稳评的基本知识和技能，防止出现公众参与稳评的被操纵行为；又能够理性表达自身利益诉求，实现公众参与稳评的有序化，克服"治理知识困境"。其次，增强第三方专业机构的稳评专业能力。鉴于第三方评估已经成为稳评领域的发展趋势，第三方专业机构要在增强自律意识的前提下，加大对所属人员的培训力度，提高稳评操作的科学化水平，改进风险调查方法，规范稳评报告撰写。最后，还要在稳评中充分发挥专家学者、新闻媒体、网络公众等利益相关者的功能和作用，建立稳评利益相关者之间良好的互信合作关系。

第四节　赋能性制度创新（上）："公民参与"

越来越多的民众通过各种途径主动介入，或者被动卷入有关公共事务决策和执行当中，这一过程被简称为公民参与。公民参与制度极大地提高了政府行政管理的民主化程度，其制度创新的价值可以通过赋能性制度的价值得到清晰观察。本节侧重从公民参与制度的分类去研究创新的形成。

一、以类型化研究公民参与制度的方法以及案例的选择

伴随公民参与一起发展的是公民参与制度。公民参与制度是指民众介入公共事务决策和执行过程中的具体途径、方式或手段。[①] 传统的公民参与制度包括通告与评论、听证会、调查问卷等。随着新技术的发展，更多选择项已经出现，如在线调查、在线提交评论和意见，等等。J. B. 罗森纳（J. B. Rosener）罗列出美国社会中常见的 39 种公民参与制度[②]，G. 罗威（G. Rowe）和 L. J. 弗鲁尔（L. J. Frewer）根据已有研究统计出了上百种公民参与制度[③]，实际生活中的公民参与制度无疑更多。类型化是研究各种公民参与制度的常见的处理方式，就是按照不同的制度特征、实质及其作用方式对公民参与制度进行分类。比较著名的包括 T. 娜芭齐（T. Nabatchi）、L. B. 阿姆斯勒（L. B. Amsler）、S. R. 阿恩斯坦（S. R. Arnstein）和 A. 冯（A. Fung）等学者提出的公民参与制度类型框架[④]；贾内尔·普拉默（Janelle Plummer）、孙柏瑛、朱德米等学者则发展出了专门针对中国的公民参与制度类型框架[⑤]。这些分类框架有着较高的学术意义和实践价值：实践者可以通过这些框架来确定特定的参与问题，缩小可能用于解决问题的机制

[①] T. Nabatchi, L. B. Amsler, "Direct Public Engagement in Local Government", *The American Review of Public Adminis-tration*, Vol. 44, No. 4, 2014, pp. 63S-88S; 孙柏瑛：《公民参与形式的类型及其适用性分析》，《中国人民大学学报》2005 年第 5 期。

[②] J. B. Rosener, "A cafeteria of techniques and critiques", *Public Management*, Vol. 57, No. 12, 1975, pp. 16-19.

[③] G. Rowe, L. J. Frewer, "A Typology of Public Engagement Mechanisms", *Science, Technology & Human Values*, Vol. 30, No. 2, 2005, pp. 251-290.

[④] T. Nabatchi, L. B. Amsler, "Direct Public Engagement in Local Government", *The American Review of Public Adminis-tration*, Vol. 44, No. 4, 2014, pp. 63S-88S; S. R. Arnstein, "A ladder of citizen participation", *Journal of the American Institute of planners*, Vol. 35, No. 4, 1969, pp. 216-224; A. Fung, "Varieties of Participation in Complex Governance", *Public Administration Review*, Vol. 66, No. 1, 2006, pp. 66-75.

[⑤] Janelle Plummer, "Community participation in China", *Earthscan*, 2004; 朱德米：《公共政策制定与公民参与研究》，同济大学出版社 2014 年版。

范围，从而提高制度选择的准确性和效率；研究人员也可能从中受益，因为他们在特定的参与类型中比较和对比的制度数量大大减少了，也有利于其对公民参与制度的作用原理及其效果进行探索。

本节我们选择了 102 个公民参与的案例进行研究。这些案例主要来源于31 种与公共管理专业相关且影响力较高的中英文学术期刊。① 通过浏览这 31种期刊在 2008—2017 年间的全部论文标题和文章摘要，最终筛选出 834 篇与中国公民参与相关的实证研究。此外，通过中国知网上的关键词查找功能，检索到过去十年间共计 138 篇和中国公民参与相关的博士论文，涉及公共管理、法学、环境生态学、城市规划、社会学、工商管理、地理等十几个学科领域，这些博士论文中的公民参与案例进一步丰富了我们的案例库。经过多次筛选，我们一共找到了 102 个合适的案例，其中部分案例在文献中反复出现，这有利于我们对案例的准确性进行比对，并对关键性信息进行相互补充和印证。

二、公民参与制度研究的内容

对公民参与制度的研究实际上可以还原到公民参与过程研究中的一个经典问题，即公民如何参与？该领域的其他经典问题还包括：谁发起（公民参与）？谁参与（公民参与）？在哪发起（公民参与）？（发起方和参与者的）动机是什么？这些问题看似相互独立，却在实践过程中相互影响，构成一个

---

① 这 31 个期刊为：《公共管理评论》《公共管理学报》《公共行政评论》《国家行政学院学报》《管理科学学报》《华南农业大学学报（社会科学版）》《华中农业大学学报（社会科学版）》《江苏行政学院学报》《开放时代》《南京农业大学学报（社会科学版）》《南京社会科学》《人民论坛·学术前沿》《上海行政学院学报》《探索》《新疆师范大学学报（哲学社会科学版）》《行政论坛》《浙江大学学报（人文社会科学版）》《政治学研究》《中国高校社会科学》《中国管理科学》《中国行政管理》《中国人民大学学报》《中国社会科学》，*Public Administration*，*Policy Analysis and Management*，*Public Management Review*，*Journal of European Public Policy*，*Journal of Pub-lic Administration Research and Theory*，*American Review of Public Administration*，*Public Administration Review*，*Public Perfor mance & Management Review*。

权变的循环整体。① 例如根据不同的动机和目的，发起方将倾向于采取不同的制度发起公民参与②；某些参与制度更有利于某一特定人群的参与③；A. 贝利（A. Briley）等人发现，公民参与活动发生地的区域规模、人口特点、政府组织形式以及政府行政层级等因素都会对活跃在该地区的参与机制产生影响④。

在众多关于公民参与过程的研究中，有关参与发起者和参与制度选择之间关系的实证研究很少，更多的只是理论探讨或学者对其自身实践和研究经验的总结；有关公民参与发生地对参与机制的影响则主要集中在西方民主国家，并且结论相互矛盾（有关公民参与发生地与参与机制选择之间关系的研究可参见 T. L. 库珀等人的成果⑤）。鉴于此，我们拟在描述中国公民参与制度主要类型的基础上，从这两个角度分析中国公民参与制度类型选择的逻辑，希望能够增进对公民参与制度类型的分布，尤其是中国公民参与制度选择背后逻辑的理解。

---

① M. G. Kweit, R. W. Kweit,"The Politics of Policy Analysis: The Role of Citizen Participation in Analytic Decisionmaking", *Review of Policy Research*, Vol. 3, No. 2, 1984, pp. 234-245.

② T. Nabatchi, L. B. Amsler,"Direct Public Engagement in Local Government", *The American Review of Public Adminis-tration*, Vol. 44, No. 4, 2014, pp. 63S-88S；孙柏瑛：《公民参与形式的类型及其适用性分析》，《中国人民大学学报》2005 年第 5 期。

③ T. L. Cooper, T. A. Bryer & J. W. Meek, "Citizen-Centered Collaborative Public Management", *Public Administration Review*, Vol. 66, No. 1, 2006, pp. 76-88.

④ A. Bailey, O. Ngwenyama, "The Challenge of E-participation in the Digital City: Exploring Generational Influences Among Community Telecentre Users", *Telematics and Informatics*, Vol. 28, No. 3, 2011, pp. 204-214；C. Ebdon, A. L. Franklin, "Citizen Participation in Budgeting Theory", *Public Administration Review*, Vol. 66, No. 3, 2006, pp. 437-447.

⑤ T. L. Cooper, T. A. Bryer & J. W. Meek, "Citizen-Centered Collaborative Public Management", *Public Administration Review*, Vol. 66, No. S1, 2006, pp. 76-88；［美］罗伯特·H. 达尔、［美］爱德华·R. 塔夫特：《规模与民主》，唐皇凤、刘晔译，上海人民出版社 2013 年版；A. L. Franklin, C. Ebdon, "Are we All Touching the Same Camel?", *The American Review of Public Administration*, Vol. 35, No. 2, 2005, pp. 168-185.

三、中国公民参与制度类型化及其测量

（一）中国公民参与制度的类型化

实现概念的类型化通常有两种方法，一种是概念性的，一种是经验性的。"概念性的构型是在一个理论性框架或者在对文献综述的基础上来界定的，经验的构型是对大样本的多变量数据进行统计分析的产物。"① 二者最关键的一个区别是概念性的构型是事先定义的，而经验性构型是从对数据的定量分析中产生的。已有的关于公民参与制度类型化的研究大多采用的是概念性的，即依据参与中的信息沟通和权力分享情况，运用演绎方法实现公民参与制度的类型化。然而对中国公民参与制度的实证研究表明，这样建构出来的类型化框架无法涵盖新时代背景下中国公民参与的诸多制度（如签名请愿、用水协会、志愿者服务队/小组、合作灌溉等），这些参与制度的共同特征是不再局限于公民与政府之间的信息交流和权力分享，其参与活动中不再以政府机构为中心，甚至不再需要政府机构的参与。

在笔者收集的 102 个中国公民参与案例中，一共识别出 76 种公民参与制度。在已有研究基础上，笔者采用经验性方法，从中归纳出公民参与制度的六种类型，它们分别是：消极行动、信息公开、信息收集、交流与沟通、协商决策以及积极行动（表 8-4 列举了六种公民参与制度类型的特征及其代表性参与制度）。

---

① F. Heady, "Configurations of Civil Service Systems", *Civil Service Systems in Comparative Perspective*, 1996, pp. 207-226.

表8-4　中国公民参与制度类型一览表

公民参与类型	类型特征	参与制度举例
消极行动	—以行动为导向； —无序化参与，具有高度的风险性和不可控性； —可能给社会、个人以及公共治理带来不良后果。	签名请愿；信访/集体信访；抗议；利用网络抵制。
信息公开	—参与目的在于公布信息； —单向信息流动，从公民参与的发起方流向公众； —即使存在信息反馈，也不是此类参与的主要诉求。	传统公示与评论；网络公示与评论；组织实地考察；发放宣传资料；民意代表旁听政府会议；在线收看政府会议直播。
信息收集	—参与目的在于收集和了解公众意见和建议； —信息单向流动，由公众提供给公民参与的发起方。	热线电话；电子邮件；在线提交意见建议；意见箱；写信；传统问卷调查；在线问卷调查/投票调查；访谈；采取其他多种方式征求群众意见；传统听证会。
交流与沟通	—信息在参与活动的发起方和参与者之间双向流动； —参与中的各方表达自己的观点； —不以达成共识为目标。	座谈会/恳谈会；方案论证会；公民代表列席政府会议（可发言）；公共咨询委员会；讨论会/协商会；民间智库；公共决策咨询委员会；市民论坛；社区议事听证会；电视问政；视频连线发言；网络板块讨论；专家与居民代表沟通会；网络虚拟会议；开放日/接待日；网络在线讨论。
协商决策	—有质量的沟通； —参与活动中的各方彼此尊重，共同分享决策权； —通过沟通，往往能对某一公共事务/问题达成共识。	焦点小组；社区议事会；村民议事会；村落理事会；自治物业工作委员会；社区物业管理会议；项目审批圆桌会；民主恳谈会；村民管理委员会；村民大会；网上社区会议；社区大会；案例处罚评审会；市民检查团；群众公议团；社区常务代表会；市民街道管理委员会；公民研讨会。
积极行动	—以行动为导向； —给社会、个人以及公共治理带来良性后果； —既可以体现为政府行政部门将公民纳入决策执行过程、充当政府决策的积极执行者，也可体现为社会自发的各种公民共同行为。	社区自治小组；"老大人"组织；弄堂管理委员会；志愿者服务队/小组；志愿者；"绿主妇"组织；"和事佬"协会；调解委员会；用水协会；项目能力建设小组；路管会；环保宣讲团；公共行动；评议小组；联合调查组；社区巡逻队；财务监督委员会；神秘旅客；社区市民环境秩序劝导队；市民评理团；聘请监督员；监督公共设施建设。

　　"消极行动"包括签名请愿、信访、集体上访、抗议示威、"集体散步"

等。此类参与往往呈现无序化，且具有不可控性和高风险性。无论是对公民，还是对国家和社会，"消极行动"都是既不经济又不理性的一种行为。

常见的"信息公开"包括通告与评论、网上公告等。在温岭泽国镇的参与式预算过程中，民意代表可旁听人大预算案（不可以发言）也是一种信息公开方式。在"信息公开"中，信息单向流动——从参与发起方流向公众，即使某些信息公开活动中存在公众意见反馈，也绝非此类参与的主要诉求。

"信息收集"是指公民参与的发起方通过各种途径收集和了解公众意见和建议。这个过程中不存在"正式对话"①，信息单向流动——从公众流向公民参与的发起方。常见的信息收集方式包括热线电话、在线征集意见建议等。传统的听证会由于缺乏听证者之间以及听证者和主办机关之间的有效交流，也被认为是一种信息收集类型的公民参与活动。②

在信息交流与沟通类型的公民参与活动中，信息在公民参与的发起方和参与者之间双向流动，但不以达成共识为目标。在我们收集的案例中，召开恳谈会/座谈会是时下中国最常见的信息交换类公民参与制度，其他常见的信息交换类的公民参与制度还包括网络在线讨论、电视问政、市民论坛等。

与其他类型的公民参与活动相比，"协商决策"往往更加结构化，并且以解决问题为导向。③ 为了达成真正的协商决策，参与活动中的各方需要对协商问题有足够的了解，并且能够提前获得做出判断所需的数据和事实；参与中的各方彼此尊重，共同分享决策权，并通过正式、有效的对话过程，寻求共识。④ 为了达到好的协商效果，往往还会在协商过程中安排"独立第

---

① "正式对话"中信息的流动应该是双向的。比如在访谈过程中，研究者通过结构性问卷对被访者进行资料收集，这一过程信息的流动是单向的，所以不属于"正式对话"。

② G. Rowe, J. Frewer, "Typology of Public Engagement Mechanisms", *Science, Technology & Human Values*, Vol. 30, No. 2, 2005, pp. 251-290; T. Nabatchi, M. Leigbninger, *Public Participation for 21ˢᵗ Century Democracy*, New Jersey: John Wiley & Sons, 2015.

③ J. Gastil, *Political Communication and Deliberation*, CA: Sage, 2008.

④ T. Nabatchi, "Putting the 'Public' Back in Public Values Research: Designing Participation to Identify and Respond to Values", *Public Administration Review*, Vol. 72, No. 5, 2012, pp. 699-708.

三方"充当会议调解人。在我们收集到的案例中,典型的"协商决策"包括浙江温岭参与式预算中的焦点小组、"微博打拐"中公民自发的公民会议以及某些基层地区的社区/村民议事会等。

"积极行动"是指以行动为导向,能够给社会、个人以及公共治理带来良性后果的公民共同行动。上海世博会期间的志愿者服务、广东省交通运输厅征集"神秘旅客"、甘肃民勤县农民自发形成的合作灌溉都是典型的"积极行动"。公民参与是以公共理性或沟通理性为合理性基础的,其本质是公民权利的实现。因此,依据公民参与中信息沟通程度以及权力分享状况,可以将其分成"浅层次参与"和"深层次参与"。上述六种类型的参与制度中,"信息公开"和"信息收集"过程几乎不存在正式的对话过程,故属于"浅"层次的参与;"信息交流和沟通"中存在更多的信息互换,但基本不存在权力分享,处于"中间"层次的参与;"协商决策"和"积极行动"中存在更真实和频繁的交流互动以及权力分享,属于"深"层次的参与;消极行动是一种具有高度的风险性和不可控性的参与制度类型,我们将其界定为"无序化"参与。

(二) 对公民参与制度类型变量的测量

依据上文划分的六种制度类型,我们将案例中出现的参与制度简单相加,便得到了该类参与制度在每一个案例中出现的指数。例如,在针对国家"十二五"规划编制展开的公民参与活动中,政府部门通过热线电话、邮件、在线提交意见建议、意见箱、写信五种方式收集公民意见,则该案例中,信息收集类型的公民参与指数为5。以此类推。在102个中国公民参与案例中,信息收集类型的公民参与制度使用最为频繁(平均值为1.46),其次是信息公开、信息交流和沟通类型的公民参与制度(平均值分别为0.60和0.56),协商决策类型的公民参与制度在案例中出现的比例最小(平均值仅为0.26),对案例中公民参与制度类型变量的具体描述见表8-5。

表8-5 中国公民参与制度类型变量的描述统计

公民参与制度类型	性质	样本数	中间值	标准差	最小值	最大值
消极行动	连续	102	0.39	0.87	0	4
信息公开	连续	102	0.60	0.76	0	3
信息收集	连续	102	1.46	1.63	0	7
信息交流和沟通	连续	102	0.56	0.82	0	4
协商决策	连续	102	0.26	0.54	0	3
积极行动	连续	102	0.39	0.72	0	4

根据前文中对不同类型参与制度中的信息沟通以及权力分享状态的划分，我们可以得出本节的第一个结论：目前中国公民参与中，浅层次参与多，深层次参与少，无序化参与也不少。

四、中国公民参与制度类型的选择

如前文所述，公民参与是权变式的（Contingent），参与过程中的各个关键元素——发起方、参与者、参与发生地点、参与动机以及参与制度之间相互制约，互相影响。笔者的主要关注点是参与制度的类型分布及其选择逻辑。鉴于该领域的研究现状，笔者选择从公民参与发起者、参与发生地规模两个方面分析中国公民参与制度类型选择的逻辑。在中国情境下，参与活动发起方、参与地规模是否影响参与制度类型选择？如影响，原因是什么？通过对102个中国公民参与案例中的主要发起方、发生地规模与参与制度之间的相关性进行检验，我们将尝试回答上述问题。

从收集到的案例情况来看，政府行政部门、非政府组织、公民都可能成为公民参与活动的主要发起方，此外还存在大量由多个社会主体合作主导的公民参与案例①。可以看出，在近半数（46.08%）的案例中，政府行政部门充当了公民参与活动的主要发起方；由公民主动发起的参与案例占全部案例的24.51%；多个社会主体合作发起的公民参与案例也不少，占全部案例的25.49%。其中，政府部门和准政府组织②之间的合作是最常见的"合作发起"方式，占"合作发起"案例的61.53%；相比之下，非政府组织充当案例中公民参与活动主要发起方的案例数量非常少，不到全部案例的5%。为此，笔者得出第二个结论：从整体上看来，政府行政部门是中国公民参与的主导力量，由公民主动以及多个社会主体合作发起的案例也不少，非政府组织在中国公民参与中的存在感不足。

我们根据公民参与发生地的政府行政级别对其规模进行划分。目前我国实际运行着中央、省级、地市级、县级、乡镇级五级政府，分别对应国家、省、市、县（区）、街道（乡镇）五类行政区域。一般认为，地区规模与其行政等级正相关，随行政等级的提高，地区人口和用地规模均呈现增长趋势。社区（村）属于基层自治地区，没有对应的政府行政单位，因此当公民参与的发生地为社区（村）时，我们将其发生地规模设为0；街道（乡镇）政府是最基层的行政单位，我们将发生在街道（乡镇）的公民参与发生地规模设为1，以此类推（对公民参与发生地变量的具体描述见表8-6）。

根据表8-6，在102个中国公民参与案例中，发生在地级市层面的公民参与案例最多（共36个案例发生在地级市层面，占全部案例的36.73%），

---

① 在阅读中国公民参与案例中，我们发现很多案例中涉及了多个、由不同主体发起的公民参与机制。比如在广州番禺垃圾焚烧案例中，既存在公民自发组织的抗议、签名请愿活动，还存在政府行政部门开展"恳谈会"形式的对公民的诉求进行回应的公民参与活动。在广州番禺垃圾焚烧事件过去以后，广州市政府采取多种方式如咨询委员会、公民自发成立环保组织等，同样可以看成是广州垃圾焚烧事件中公民参与行为的延续。在这种情况下，笔者选择将案例中最关注的、也是核心的公民参与活动发起方作为该案例的主要公民参与活动发起方。如在广州番禺垃圾焚烧事件中，笔者就将公民认定为该公民参与案例的主要发起方。

② 在我国社会转型的过程中，一些基层组织（典型代表包括城市社区居委会和农村村民委员会）承担起越来越多的行政任务，这些组织的经济来源、人事任免也多受政府机构控制，这样的组织我们将之归结为"准政府组织"。

其次是基层社区或村（27 个公民参与案例发生在社区或村属地域，占全部案例的 27.55%），省级层面的公民参与案例最为少见，不到全部案例的 5%。

表8-6　对案例中参与活动主要发起者、发生地活动规模变量的描述

1. 公民参与案例的发起方（类别变量）	案例数	比例（%）	中间值	标准差	最小值	最大值
政府行政部门	47	46.08%	–	–	–	–
非政府组织	4	3.92%	–	–	–	–
公民	25	24.51%	–	–	–	–
多个社会主体合作发起	26	25.49%	–	–	–	–
2. 公民参与发生地规模（连续变量）	98	–	2.07	1.56	0	5
社区（村）	27	27.55%	–	–	–	–
街道（乡镇）	7	7.14%	–	–	–	–
县（区）	16	16.33%	–	–	–	–
市	36	36.73%	–	–	–	–
省	4	4.08%	–	–	–	–
国家	8	8.16%	–	–	–	–

公民参与活动中的主要发起方是否影响案例中出现的参与制度类型？不同规模的参与活动发生地中的参与制度是否存在显著差异？如果答案是肯定的，其背后又隐藏了怎样的逻辑关系？我们利用 stata13.0 统计软件分别对案例中公民参与活动主要发起方、发生地规模与公民参与制度类型之间的关系进行检验。由于案例中公民参与活动主要发起方为类别变量，各种类型的参与制度均为连续变量，故采取以参与制度为因变量、案例中公民参与活动主要发起方为自变量（政府行政部门作为参照组）的一般线性回归模型对两者间关系进行检验；不同地区中的公民参与制度差异则通过 Pearson 相关分析

进行检验。① 检验结果见表8-7：

表8-7 中国公民参与：参与活动发起方、参与活动发生地与参与制度类型相关性列表

公民参与发起方	消极行动	信息公开	信息收集	协商决策	积极行动
公民	1.56***	-0.29*	-1.56***		
非政府组织		-0.89**	-1.36*		
合作发起		-0.74***	-1.82***	0.39**	0.43**
活动发生地规模		0.19**	0.44***	-0.38***	-0.25**

注：政府行政部门作为参照组；* p<=0.1，** p<=0.05，*** p<=0.01。

（一）公民参与的发起方与参与制度类型

表8-7显示，在政府行政部门单独发起的案例中，有更多"信息公开"和"信息收集"②；相比政府行政部门，在公民主动发起参与的案例中存在更多"消极行动"（相关系数为1.56），"多个社会主体合作发起"会带来更多的"协商决策"以及"积极行动"（相关系数分别为0.39和0.43）。西方研究认为，非政府组织是协商民主的主导力量。然而，这一结论在中国显然并不适用。在非政府组织充当主要发起者的公民参与案例中，浅层次参与制度（如信息公开和信息收集）的使用量（相对政府行政部门）更少，但在那些深层次参与制度（如协商决策和积极行动）的使用情况上，非政府部门

---

① 单一自变量为类别变量的一般线性回归方程，即为自变量和因变量的方差分析，类似的研究参见陈福平：《强市场中的弱参与：一个公民社会的考察路径》，《社会学研究》2009年第3期；Pearson相关分析是描述两个连续变量之间是否存在线性关系、线性关系方向（正相关还是负相关）和线性关系密切程度（相关系数的大小）的分析方法，其具体的数学原理可参见范柏乃、蓝志勇：《公共管理研究与定量分析方法》，科学出版社2008年版。

② 表8-7显示，在政府行政部门充当参照组的情况下，其他社会主体与"信息公开"之间的相关系数均为负数，且在0.05的显著性水平下都显著。这说明：与政府行政部门相比，当案例中的公民参与主要发起方为其他社会主体时，案例中的"信息公开"的数量更少。同样的情况也出现在"信息收集"类型的参与机制中。为简便起见，下文中将仅给出相关系数，而不再做出文字解释。

并没有任何突出表现①。最后，信息交流和沟通类型的参与制度在不同社会主体主动发起的参与案例中没有显著差异。

如何理解这些具体的发现？下面将逐条展开分析。

首先，在政府行政部门主导的公民参与案例中，存在更多"信息公开"和"信息收集"，这表明中国的透明政府建设已经初见成效。2007 年《中华人民共和国政府信息公开条例》颁布实施，此后信息公开和信息收集逐渐被纳入了相关的法律规定，如某些公共资金的使用是以信息收集和信息公开为法定前提的。② 这些法律规定对信息公开和信息收集在政府行政过程中的使用提出了法定的要求，从而极大地增加了其使用的频率。此外，与其他类型的公民参与制度相比，信息公开和信息收集过程的可控性更强，且不涉及政府行政部门自身权力的分享，因此当政府行政部门面临公民参与的压力和要求的时候，信息公开和信息收集类的公民参与就成为其自然的选择。今天我们打开任何一个政府网站，几乎都可以看到在线调查、投诉建议、意见征集等模块；政府信息公开也已经从早期的"信息公开"发展到"政务公开"，再到今天的"开放政府"。总之，在从封闭政府走向开放政府和参与式政府的过程中，中国政府选择了风险较小、可控性较强的信息公开和收集作为主要的公民参与制度，虽然这种参与仍然属于浅层次的参与，但是相对原本封闭的政府过程，仍然体现了政府管理方式和管理风格的改变，是对原本政府行政行为的创新和改进，也为政府部门更好地服务于公众创造了条件。

然而，"信息公开"和"信息收集"毕竟还是浅层次的公民参与。一项有关公民参与制度效果的研究表明，"信息公开"和"信息收集"类型对政府行政行为的促进效果明显，而对公民行为和社区的积极影响很少。③ 一个

---

① 笔者尝试改变参照组，但无论任何社会主体充当参照组，"非政府部门"和任何参与机制之间都不存在显著相关。限于篇幅，我们只在正文中展示了"政府行政部门"作为参照组时的情况。

② 《中华人民共和国政府信息公开条例》，人民出版社 2007 年版，第 19—22 页。

③ 肖哲、魏姝：《机制与效果：基于 102 个中国公民参与实证研究的再分析》，《上海行政学院学报》2019 年第 1 期。

良好运行的社会需要三驾马车并驱：善治的政府、积极的公民以及优质的社区。① 政府行政部门主动开展公民参与活动的目的不仅在于能够为民众做些什么，而是通过公民参与，民众本身产生了变化。② 从这个角度来看，中国政府主导的制度内参与制度建设还应该向"深层次参与"方向前进。

其次，我们在案例中发现大量公民主动发起的公民参与，此类案例中存在更多的"消极行动"。一般而言，作为理性的公民，制度化的参与是其首选，只有当制度化的参与制度不畅通或者无法满足自身需求时，才会选择消极行动。中国现实中存在几十乃至上百种制度化的参与制度，但公民仍然频繁使用消极行动类的公民参与，恰恰说明目前制度内的参与制度中存在诸多问题（如参与制度浅薄化、参与时机太晚、参与过程形式化、缺乏真实有效的协商过程等），民众不能或者不愿参与其中。当体制内参与通道无法满足自身需求时，个体只能选择更激烈的方式——消极行动来强调自己的诉求，或者表达对体制内决策（或决策方式）的不满。

一个值得注意的现象是，非政府组织在促进中国"深层次公民参与"中几乎没有存在感，具体体现在两个方面：第一，由非政府组织主动发起的公民参与在我国相对缺失③；第二，在仅有的四个由非政府组织主导的公民参与中，非政府组织是以一种积极的行动者形象出现的，主要承担危机处理和

---

① F. S. Redburn, H. C. Yong & C. A. Newland, "Government's Responsibility for Citizenship and the Quality of Community Life", *Public Administration Review*, Vol. 44, No. 2, 1984, pp. 158-163.

② M. F. Filner, "The Limits of Participatory Empowerment: Assessing the Minneapolis Neighborhood Revitalization Program", *State and Local Government Review*, Vol. 38, No. 2, 2006, pp. 67-77.

③ 在我们收集到的中国公民参与的 102 个案例中，只有 4 个案例是由非政府部门独立发起，占全部案例的 3.9%。由于我们在收集案例时并没有遵循严格的概率抽样，因此在本研究的数据结论推广到更大层面的现实生活时，我们必须更加保守和谨慎。但这也并不妨碍我们根据收集到的案例得出推论：时下中国，相比其他社会主体，由非政府组织主导的公民参与活动很少。

志愿服务工作①。相比之下，我们却很难在案例中发现非政府组织在公开场合组织民众进行有关公共事务的讨论和协商活动，更多只是通过讲座、论坛等方式宣传其自身理念。导致这一现象的原因是多重的，中国传统观念中的权力消长观念、社会转型时期的制度缺位以及非政府组织自身管理和能力不足阻碍了非政府组织的自主性发展②，也约束了其在主动发起公民参与时的制度选择。为了避免遭遇"夺权"和"妄议政策"的猜忌，非政府组织也更自觉选择通过不涉及"赋予公民权利"的参与制度来组织参与活动。这种现状是非常可惜的，也需要得到改变。发达国家的研究认为，相比正式制度中严格的官僚等级结构，非政府组织相对扁平的横向组织结构更有利于实质性对话的开展。与此同时，非政府组织还能在国家和个体之间开拓新的公共空间，这些公共空间为人们就某个公共事件达成初步共识提供了场域，也在某种程度上充当了国家和原子化个人之间的"缓冲带"③。目前我国地方层面的消极行动类公民参与不少，国家与个人在地方的直接冲突频现，与"缓冲带"的缺失不无关系。

最后，在多个社会主体合作发起的公民参与中，深层次公民参与制度（"协商决策"和"积极行动"）的使用更为频繁。在协商治理理论看来，多个社会主体在公共事务决策和执行上的合作本身即是多元治理的体现，而多个社会主体合作过程中碰撞出来的火花也有利于"参与制度"创新。然而，案例分析表明，目前我国公民参与中的"合作发起"仍然以政府行政部门和准政府组织在基层的合作为主。这种参与的好处在于，依靠政府行政部门强大的资源和动员能力，能够短时间内在广大社区（村）开展深层次的参

---

① 丁未：《新媒体赋权：理论建构与个案分析———以中国稀有血型群体网络自组织为例》，《开放时代》2011 年第 1 期；裴丽、傅荣、陈碧玉：《互联网大规模灾害响应中的志愿行动网络研究》，《公共管理学报》2012 年第 9 期。

② 王名、贾西津：《中国 NGO 的发展分析》，《管理世界》2002 年第 8 期。

③ 何增科：《公民社会与第三部门》，社会科学文献出版社 2000 年版；R. B. Reich, "Public Administration and Public Deliberation：An Interpretive Essay", *The Yale Law Journal*, Vol. 94, No. 7, 1985, pp. 1617-1641.

与活动。然而其弊端也在于此。准政府组织"行政化"倾向严重，当基层民众利益与政府行政部门的利益不一致时，如何确保准政府组织在深层次公民参与中的中立地位？从已有的研究来看，此类参与中"动员式"参与、特定人群反复参与和"精英"参与现象频发，如何确保参与者的代表性？如何将"动员式"参与扩大到更广阔的人群？民众更主动地"深层次参与"需要哪些条件作为支持？这些问题都还需要实践界和学界更进一步的关注和研究。

（二）公民参与的发生地与参与制度类型

公民参与的发生地规模与公民参与的关系是学界长期争论的话题。有的学者认为小规模的共同体更有利于公民参与的发生，因为地方政府相对的可接近性以及地方事务的可理解性能够给公民提供更强的参与感和效能感；也有学者认为大规模共同体中利益集团的多样化有利于保护共同体中持异议者的利益，从而更有利于公民参与的发生①。从我们的研究结果来看，发生地规模与公民参与的关系更加复杂——公民参与的发生地规模不仅影响公民参与发生的可能性，而且会带来公民参与制度类型的显著不同。

表8-7显示，公民参与发生地规模越小，该地区的深层次公民参与制度越多；随着公民参与发生地规模的增大，则该地区中"信息公开"和"信息收集"数量显著增加。"信息交流和沟通"类型的公民参与制度数量和参与发生地规模之间则不存在显著的相关性。

可以结合案例中公民参与主要发起方的特征来对这一现象进行解释。在小规模的行政区域范围内，公民参与成本更低，参与中的沟通和控制也相对更加容易，政府行政部门和准政府组织合作发起的深层次公民参与主要就发生在这一区划范围。但是在更高层级的行政区划范围内开展深层次公民参与，对于发起方的组织能力、财力、精力和专业能力都有着更高的要求。在

---

① ［美］罗伯特·A.达尔、［美］爱德华·R.塔夫特：《规模与民主》，上海人民出版社2013年版。

西方国家，发达的社会组织和强势的利益集团充当了大规模行政区划范围内深层次参与的主导性力量。① 然而非政府组织在中国发展不足，其参与制度选择也受到制度环境的种种限制，故不能很好地承担这一使命。随着地区规模的增加，政府行政部门主导"参与"的趋势越明显，就越容易出现信息公开和信息收集类的公民参与制度。非政府组织的相对缺失是大规模行政区划范围内难以采用深层次公民参与制度的主要原因。

粗看之下，消极行动类型的参与和发生地规模之间并不存在显著的相关关系，但在对不同行政区划中的公民参与制度分开考察后会发现，消极行动类型的公民参与主要是发生在地方政府层面，即地级市、区县、乡镇的行政区划范围。这一点可以结合我国的行政结构来理解：消极行动（如抗议、信访等）由公民个体主动发起，随着政府层级的提升，个体与之对话的成本也在逐级增加，中国对于越级上访有严格的制度管理，这些因素的叠加使得个体很难在国家层面与政府机构对话；省级政府主要承接信息的上传下达，自然也不会成为抗议者/信访者的主要目标；基层自治政策的推行避免了政府行政部门在基层地区（如社区和农村）与群众的直接接触，因而从一定程度上缓解了基层政府与公民在村社层面的直接冲突。与此相对应的，中国地方政府（地级市、区县、乡镇）是公共政策的具体执行者，容易成为官民矛盾的直接界面。

（三）研究发现

整体上看，中国公民有很多制度性途径和方式参与公共事务决策、管理、执行等过程。在纷繁的公民参与制度表象之下，隐藏着六种不同类型的公民参与制度：消极行动、信息公开、信息收集、信息交流和沟通、协商决

---

① T. Nabatchi, B. Amsler, "Direct Public Engagement in Local Government", *The American Review of Public Adminis-tration*, Vol. 44, No. 4, 2014, pp. 63S‐88S; M. Carcasson, *Democracy's Hubs: College and University Centers as Platforms for Deliberative Practice*, OH: Kettering Foundation, 2008.

策以及积极行动。这六种类型也代表了公民参与层次由浅渐深的不同阶梯。目前中国公民参与在整体上呈现"浅层次参与多，深层次参与少；政府行政部门主导的公民参与中浅层次参与多，多个社会主体合作发起的公民参与中深层次参与多；大规模地区浅层次参与多，小规模地区深层次参与多"的状态。

为了让政府部门更好地为民众提供服务，公众不应该仅作为被动的服务接受者，而应该更主动地参与服务，使自己成为多元治理的主体之一。① 相比"信息公开"和"信息收集"这类浅层次参与制度，深层次公民参与制度（如"协商决策"和"积极行动"）能够更好地培养公民能力，使得民众真正懂得自己对国家、对他人的责任和义务。这一过程也将反过来推进政府的良性运作——毕竟，从来没有一劳永逸的政策。负责任的公民，又或者说公民们负责任地行动，是唯一的解决之道。② 因此，政府对于促进深层次公民参与负有责任，不仅是依据现有的理论假设，还是基于对现实社会的考虑。即便在非政府组织和利益集团更加发达的西方民主国家，如果民间发起的公民参与不与政府合作，或者不能得到政府部门的支持，将很难在参与过程之后促成实质性的改变。而在时下中国，社会各利益主体和政府部门之间远非对等的博弈关系，而更多表现为政府容忍度的问题。③ 如果缺乏政府的同意和支持，其他社会主体在发动公民参与时都将面临困难，更别提推动其向更深层次、实质性方向转变。

目前中国存在公民主导的"消极行动"，这一现象实际上也与目前中国非政府组织在公民参与中的角色缺失有关。已有的研究认为，非政府组织是协商治理的主导性力量，同时也充当了原子化个体和政府之间的"缓冲带"。

---

① ［美］珍尼特·V. 登哈特、［美］罗伯特·B. 登哈特：《新公共服务：服务，而不是掌舵》，中国人民大学出版社 2004 年版；［美］埃莉诺·奥斯特罗姆：《公共事务的治理之道》，余逊达译，上海译文出版社 2000 年版。

② D. Mathews, *Politics for people*, IL: University of Illinois Press, 1999.

③ 竺乾威：《地方政府决策与公众参与——以怒江大坝建设为例》，《江苏行政学院学报》2007 年第 4 期。

非政府组织本身为公共事件讨论提供了场域，原子化的个人在此交流讨论，从中获得谈判技巧、社会资本以及互惠规范，这一切都为其介入更大的政治空间做好准备。① 此外，相比与分散的个体——谈判，政府与非政府组织之间的对话成本更低，并且能减少潜在的失序风险。

另外，非政府组织的缺失也是"大规模地区深层次参与匮乏"的主要原因。相比小规模地区的深层次参与，在更高层级的行政区划范围内开展公民参与，对于发起方的组织能力、财力、精力和专业能力都有着更高的要求。在西方民主国家，正是发达的非政府组织填补了这一空白。政府应该为非政府组织的发展创造更好的制度环境。与此同时，非政府组织也应该更加积极地承担起自己的组织使命。

从本节研究来看，多个社会主体合作主导的公民参与是深层次参与的主要源头。目前这类参与具有以下几个特征：（1）以政府行政部门和准政府组织之间的合作为主。然而作为合作方之一，准政府组织无论是工作任务安排还是资金来源方面都严重依赖政府，其在与政府行政组织"合作"中的中立性和独立性令人存疑。（2）参与发生地规模小，多发生在社区（村）范围。（3）参与时机比较晚，多发生在政策执行阶段。在决策的早期阶段，如议程设置以及决策过程中的深层次参与几乎没有。（4）协商对象主要是"向下"的，即以公民之间的协商为主。（5）参与中存在大量"动员式"参与、特定人群反复参与、"精英"参与现象。有理论认为小规模的、动员式的参与能够带动居民间社会资本的增加，形成更广泛的社会网络、更高程度的信任以及对社会规范的认同，进而推动更大范围内、更高层级事务中的深层次参与。② 然而也有学者考察我国"动员式"参与认为，该类动员式的参与效力

---

① R. B. Reich，"Public Administration and Public Deliberation：An Interpretive Essay"，*The Yale Law Journal*，Vol. 94，No. 7，1985，pp. 1617–1641.

② 王新松、张秀兰：《中国中产阶层的公民参与——基于城市社区调查的实证研究》，《经济社会体制比较》2016 年第 1 期。

有限，对于更深层次或者更主动的公民参与助力有限。[①] 哪种结论在中国情境下更有代表性？这一切还待时间和更多实证研究的检验。

第五节　赋能性制度创新（下）："惠企一码通"

从政府服务制度创新的内外环境要素影响，解构何种要素如何塑造各个环节并推动创新生成、创新赋能的递进式发展，是对行政管理制度创新的三大类型中的赋能性制度创新研究的深化。本节通过对厦门市 J 区行政服务中心"惠企一码通"项目的创建过程的分析，探究地方公共服务创新的制度生成及赋能实效。

一、"惠企一码通" 的前世"惠企咨询服务平台"

厦门市 J 区既与厦门本岛相连通，也位于厦漳泉大都市区发展主轴的中心位置，辖区内有 2 个重要的台商投资区。J 区政务中心（旧）成立于 2000 年，当时仅有 32 个单位入驻，但当时政务中心没有任何办事职能，基本上都需要将申请材料拿到区属各职能部门进行审批。时间转折点在 2013 年 6 月，刚刚被任命为 J 区政务中心常务副主任的 C 先生接到时任区长的任务，要求迅速筹建区级行政服务中心（以下简称"中心"），正如 C 先生所说：

> 当时上级要求我们必须以最快速度在新址上建设一个"政务大超市"；所以我们从大楼内部装修、窗口区域划分到征集各个单位入驻仅花了 6 个月时间，也就是当年的 12 月 31 日"J 区行政服务中心"正式对外运营。

在不到 5 年的时间内，该中心在全省最早实现"首席代表制""多功能

---

① 郭小聪、代凯：《公民参与的争辩与经验研究——十五年来海外相关研究述评》，《厦门大学学报（哲学社会科学版）》2014 年第 3 期。

便民服务区""微信预约与叫号服务""一体化银联自助缴费服务体系""惠企一码通"等一系列创新项目。就此而言，该中心在短时间内成为厦门市行政服务中心建设的"样板工程"，先后获得省市级领导的重点视察和多次表扬，还吸引了来自全国各地的行政服务中心前来参观考察，并推广为全省行政服务中心创新发展的重要经验模式之一。尽管该中心在多个创新项目中均是全市甚至全省的"首创"，但是本书试图聚焦于该中心"惠企一码通"的创新项目，该项目于2018年入围了国务院办公厅《关于部分地方优化营商环境典型做法的通报》（国办函〔2018〕46号）。

自2013年以来，厦门市政府为了全面推进"美丽厦门"的建设，将岛内2个市辖区的大量工业企业转移到周边岛外区域，J区作为岛外3个市辖区之一，为了能够在一流的营商环境竞赛中胜出，即更好地完成"招商引资"的任务指标，在2014年至2017年J区的政府工作报告中连续4年提出要求各个部门针对营商环境方面进行具体的创新设计，并提到区属各个职能部门要积极配合新中心的具体工作，必须按照"整建制"与"应进必进"的原则实现全入驻。自2014年以来，该中心接收到不少陆台企业关于"惠企"事项方面的投诉（当时并没有开设任何惠企窗口）。2015年，全区开展"惠企"政策方面的"大调研"，尽管J区为了支持企业发展先后出台了一系列优惠政策，却发现多数惠企政策从来没有得到实施：一方面是企业对"惠企政策"知晓率低，导致多数惠企政策流于形式；另外一方面，多数中小型企业为了一些数额并不大的财政性补贴，必须要在"惠企"政策所涉及的相关单位间来回奔波，为此浪费了大量的时间和人力成本，这也让不少企业望而却步。

为此，中心采取"先易后难、各个击破"的实施路径。首先，2015年12月1日设立"惠企咨询服务平台"，一方面，为企业开通一个惠企政策的咨询窗口，另一方面组织惠企单位定期到中心进行惠企政策宣传，扩大惠企政策的知晓率，这个层面上基本上不触及各个单位的资源利益。其次，在2015年12月31日开设"惠企事项统一收件窗口"。一方面，通过收件窗口将申办的惠企事项转交相关职能单位，要求各个职能单位限时办结；另一方面，为了做好下一步准备也要求各单位制定惠企事项办事指南并提交给管委会。接着，2016 年 3 月 28 日开通"惠企一码通"29 号窗口，所有涉及惠企事项实行"应进必进""综合受理""一窗通办""限时办结"，让企业"最多跑一趟"。最后，2017 年 10 月开发"e 码通"微信公众号，实现线上预约、咨询与办事为一体的服务；同时，中心善于利用各类新媒体将定期更新的《惠企政策 e 码通》推送给相关单位与企业，提高惠企政策知晓度。

厦门某公司财务 D 女士：在窗口开通前，公司申报出口信用保险费补助，要准备很多种材料到各个部门，现在方便多了，通过公众号查询就知道准备哪些材料，一次性提交材料并扫码后系统还提供"办事提醒"服务，在 15 天内就能受理办结，补贴拿得也很快。（访谈记录：JXD20170715）

截至 2017 年 12 月底，涉及的惠企单位实现全入驻，78 个惠企政策也按照统一办事指南实现全程办理，占全区惠企事项的 81.24%，相比于之前缩短了 810 个工作日，共办件 4.47 万件，惠及企业 3.51 万家次，共奖补 7.44 亿元，从此 J 区真正意义上实现了全部惠企政策的"一站式服务"，这种"不拼优惠政策，拼软环境"的做法，不仅赢得了当地企业的积极支持，而且也在 2017 年获得了全省行政服务中心的最佳实践的荣誉。

二、"惠企一码通" 的形成过程

"惠企咨询服务平台"项目经过一段时间的实践，受到了上级政府与外部社会的认可。有关部门未满足现状，而是进而追求原生型创新，于是渐渐产生了"惠企一码通"。

（一）需求触发：制度空间下的主动作为与绩效认知

自 2013 年以来国务院持续地推进简政放权的改革，这是政府自身进行的一场深刻革命，行政服务中心作为承载改革政策落地的重要场域，其职能转变也必须全面推进，实现一级政府"一站式服务"的基本要求。在 2018 年 11 月 26 日国务院办公厅颁布的《关于对国务院第五次大督查发现的典型经验做法给予表扬的通报》（国办发〔2018〕108 号）文件中，在 130 项典型做法中至少有 15 项属于行政服务场域的创新实践。这种对于地方经验模式的公开性认可，既使得地方政府创新获得了"于法有据"的体制性空间，也有效地激发了地方政治精英的创新行为。从 2013 年中心管委会成立至今，C 先生既担任区政府办调研员，也是中心管委会实际"一把手"。C 先生在 J 区工作多年，多年前担任 J 区某国有企业管理者，将即将破产的国有企业盘活成 J 区经济社会效益良好的企业，而后被提拔为区政府机关后勤负责人，将区政府机关食堂由过去政府全权包揽亏损经营模式转变为外部承包自主经营的运作模式。C 先生从企业、基层部门积累的工作经验和良好业绩表现，为该中心的创新建设提供了必要的准备。由于中国特殊的地方干部流动制度，使得这些政治精英将原来工作岗位上积累的创新经验进行迁移，这种"可迁移性的学习"制度推动了政府创新实现跨区域、多层次的扩散。

2013 年，该中心并无真正意义上商事方面的办事窗口，面向企业办事的窗口大多是"形式上入驻，办理权限未入驻"。具体来说，一方面，该中心与周边邻近城市的服务中心相比存在明显的绩效差距。如晋江市行政服务中心凭借其出色的创新能力获得上级政府肯定，并于 2010 年就入围了第五届中国地方政府创新奖。另一方面，该中心与市内其他行政服务中心相比，在工作业绩方面也并无突出优势。这种对组织绩效差距的主观认知极大地引发了地方政治精英的创新需求，使其必须主动作为以获取创新的"先发权"。与此同时，该中心也必须快速寻求关于"营商环境"方面的突破，以更好地对区政府的"政策指示"进行积极回应，但是该中心深知自身职能所限无法从"优惠政策"内容上进行变革，这就只能着手于"拼软环境"，即通过创新"惠企政策"的服务提供方式，来优化惠企服务的办事环境和效率。总之，外在制度环境有效地驱动了地方政治精英形成创新的"直接动力"，并且，在官员政绩追求与组织绩效落差共同的作用制度下，极大地驱动了这些地方政治精英将创新的"直接动力"迅速地内化为"自觉行动",积极能动地开展创新实践。中心管委会负责人C先生在访谈中提道:党中央、国务院近几年来强调行政服务中心要深入性改革,并要求地方也要不断优化营商环境……2014年厦门市委市政府也提出建立一流的营商环境,各个区包括我们区也要各个部门拿出相应的方案和举措,目前我们中心这方面经验缺乏,还没有开通类似的服务窗口……于是我们就想着如何在营商环境上寻求突破口,这次必须要做出点什么了,否则我们中心一直处于被动推广的地位,拿不到创新的"先发权"。

(二)议题建构:政协委员代表提案与地方政治精英回应

当地方政治精英意识到组织某项需求之后,就会寻求切合这个需求的创新信息,这种对需求的认知,促成了寻求信息的行动,随即进入创新议题的建构阶段。中心试图在"惠企"方面寻求突破口,其实最早源于该中心前台办事窗口工作人员的意见反馈。很多企业前来咨询"惠企"事项的流程,但是工作人员并没有业务权限,也就无法对前来咨询的企业进行回复,便将这些企业推给其他相关部门,久而久之,越来越多企业向管委会投诉。更重要的是,2014年12月台湾商会李会长作为政协委员代表向区级政府提了一份议案,由于陆台两地办事职能部门差异性导致企业办事较为不便,便提出能否为台商企业办事服务开辟绿色通道,尤其是优惠台商企业的服务统一到一个地方办理。无论是"惠台政策"政协议案还是辖区本地关于惠企政策的投诉建议,不仅让区政府要求中心必须能够对此给予一个满意答复,也启发了中心从"惠企事项统一办理"入手,为惠企服务开通绿色通道。

凭借之前该中心在多个创新项目所累积的政绩信息,中心将"惠企"方面的想法向区政府请示之后,在2015年10月15日以区政府办名义下发《关于报送惠企惠职政策及惠企惠职情况的通知》,要求区级各相关单位对惠企惠职情况和惠企惠职政策内容进行梳理。根据各单位上报情况进行统计,涉及惠企政策单位主要有经信局、科技局、发改局、商务局、人社局、团区委、财政局等 7 家，然而在总共 43 项惠企政策中却有 35% 的惠企政策没有得到有效的执行。一方面是一些惠企政策甚至完全没有企业进行申报，完全是"僵尸政策"；另外，"各自为政"的惠企政策执行均存在不规范、不作为的现象，基本上这些惠企政策的办理均散落于区属各个职能部门而未入驻该中心实体大厅。虽然科技局是唯一在中心设立"收件窗口"的部门，却依然是"两头受理、体外循环"。其他各个部门的惠企政策均存在不同程度的办事流程不规范、审批时限不明确、审批时限过长等问题，甚至有的部门的办事时限长达 3 到 4 个月。可见，关于"惠企"的创新议题并非是凭空产生，既是在上级政府的授权许可范围之内所设置的议题，即坚守"上级无授权不可为"的创新准则，也是源于外部利益主体的相关诉求形成的。由此可见，在内外要素的共同作用下，直接促成了中心建构"惠企"议题的"机会之窗"。进一步地，在区政府的重点支持下，中心管委会针对当前各个单位存在的问题给予具体的建议，并协助各个单位先着手进行内部的标准化建设。该管委会在《2015 年 J 区行政服务中心工作总结》中提出：请各单位对一些长期没用的"僵尸"政策进行梳理，形成报告，明确是否予以取消或进行进一步的细化操作，让惠企政策发挥应有的效力，促进政策的落实。各相关单位按中心标准化要求制定办事指南，规范办事流程，明确办事需收取的资料，明确并压缩办事时限，将流程控制在 5 个环节之内，将审批时限压缩在法定时间的 40% 以内，做到便民惠民。

（三）方案设计：组织外部学习与方案组合优化

当组织内外对某一问题已经形成共识时，下一步应该抓住这一"机会之窗"，设计相应的创新方案。这个创新方案初步生成的过程并非一蹴而就，可能会在实践中不断学习和总结，才得以在组织内部萌发出原生型的创新方案，抑或是在外部学习考察的基础上，结合组织内部的问题和资源匹配进行

"示范型创新"。无论是内部萌发还是外部政策学习，在非常自主的增量空间下，地方政府更倾向于选择差异化和多元化的发明策略而非简单的复制模仿，这实际上是更强调其创新方案的"独特性"和"首创性"，有时这种方案并非完全意义上的原创设计，但是通过正确运用话语的"修辞术"与"包装术"，对方案进行组合优化，以此释放出更为强烈的政绩信号。中心的"惠企一码通"创新方案正是在对省内 F 市行政服务中心的"惠企窗口"学习的基础上进行创新方案再造。省内 F 市行政服务中心当时仅有具备"收发功能"的惠企窗口，而中心根据上级政策和本地实际开创"收件、咨询、办理"为一体的"惠企一码通"窗口。如果仅是对省内 F 市做法的简单复制，则难以凸显中心的工作业绩。更为重要的是 F 市是省内最先将"惠企窗口"进驻到行政服务中心的地区，但是经过仔细考察后发现"F 市做法"往往在实际运作中仍存在"体外循环"的现象，导致其实际效果并不是很好，要想获得上级政府的支持，必须在原有基础上"另辟蹊径"，即进行方案的再组合、再优化，以此获取最大化的创新净收益。可见，地方政治精英迫切需要一种"示范型创新"以获取更多的政绩亮点，尽管该方案通过组织外部学习方式获取了相关经验知识，但是为了凸显部门的工作特色以及释放更为显著的创新绩效信号，均要将组织方案进行内部的优化再造。C 先生在访谈中提道：我们经常过去 F 市行政服务中心看看他们最新进展，他们中心建设得比较早，但是这并不意味着比我们做得好，我们有后发优势……我们中心几个骨干前往他们中心学习之后就发现，尽管他们早已开通"惠企窗口"，却仅仅发挥了收发功能，缺乏实质性的作用。惠企窗口服务是非常具有可借鉴意义的，回来之后就开始琢磨这个事情怎么做。后来我们创造了"惠企一码通"项目，这明显跟他们是不同的。

三、"惠企一码通" 的成效呈现

创新方案最终生成要获得上级支持，经过一个合法化过程，才能够在执行阶段得到相关部门的配合，因而创新发起者必须善于利用非正式政治运作与最终的决策者取得有效的沟通，在多重互动博弈中促成最终决策者对创新方案的直接采纳，以此为创新方案实施获取正式的制度安排。基于在区政府办多年任职的经历，该中心管委会负责人C先生深知利用非正式政治运作方式谋求上级领导的支持。在一次跟区长单独的工作会谈中，C先生向J区时任区长提出了以"惠企一码通"作为J区优化营商环境的代表性方案的设想，当即就得到区长的明确性支持，并要求中心尽快形成一整套实施方案以供常委会讨论，同时该中心近几年在"一体化银联自助服务系统""首席代表制""微信预约与叫号服务"等领域的创新实践为其累积了创新的合法性空间。为此该中心必须抓住当前这个政治机会，先将分散于各个职能部门的惠企政策进行系统的梳理，但是为了减少涉及惠企政策相关职能部门的反对，采取先易后难的分步走路径，逐渐将"惠企事项"全部入驻到中心。一方面，该中心善于利用新媒体进行多渠道政策宣传，如组建惠企政策QQ群、微信群以及"惠企e码通"公众号，将涉及惠企政策的相关单位人员与企业法人代表拉进群，帮助企业解读惠企政策的讯息，提高企业对惠企政策知晓度和扩大惠企覆盖面。另外，经过《厦门日报》《福建日报》以及J区政府微信公众号平台等进行多渠道的绩效宣传，获得厦门市政府甚至省效能办的积极肯定。例如：为2016年"莫兰蒂"台风中受灾的226家中小型企业开通惠企窗口绿色通道，使得受损企业迅速获得财政补助；针对2018年厦门"惠台60条措施"中13条涉及J区的惠台政策进行梳理，并专门订制《惠台政策e码通》。

政府创新的实际绩效和民众的支持构成政府创新的合法性基础。换言之，如果没有人民群众的支持，那么该创新本身就没有实际意义；但即使人民群众非常拥护，若没有上级领导的合法性支持，那么这种创新方案能够成功的可能性也不大。在此情境下，中心采取了"上下联动"的制度。一方面，由于"惠企"方案正是源于"惠企"相关企业的政策建议，那么创新方案"甫一出场"便迅速地获得了当地办事企业的积极响应；另外一方面，该中心在创新项目的"全过程"中利用新闻媒体广泛宣传"惠企一码通"的实际绩效，并专门邀请厦门大学知名专家出书为其总结创新的成功经验。在这种多管齐下的绩效宣传攻势下，不仅促成了该中心获得社会合法性的资源，也以政绩亮点获取上级政府更多有限的政治资源，不断地强化该中心进行创新探索的路径，呈现一种不断"自我累进、自我强化"的特征。尽管将"惠企"办事权限统一入驻到中心，不免触及一部分单位"暗箱操作"的权限与利益，但是在全面深化改革的宏观背景下，不断提高地方行政机构的办事效能和透明度是大势所趋，这使得个别单位根本无法"逆流而上"而只能"顺势而为"。"惠企一码通"项目在历经多个阶段、多重博弈和多轮互动中也最终形成。据我们 2017 年底回访调查，该中心管委会 C 副主任已被提拔为主任（之前中心管委会主任为政府办主任兼任）。关于如何寻求上级支持，C 先生在 2016 年 12 月提道：

> 今年区长到我们中心调研，在肯定行政服务中心所取得工作业绩的同时，针对中心工作提出四点要求。这四点要求其实也是我之前跟区长提出我们中心"十三五"规划的主要设想，所以我们自身的工作还是要得到上级政府的支持，否则寸步难行……在惠企事项上就必须坚持"整建制"和"应进必进"的单位入驻原则，是我在跟区长单独的一次专门的工作汇报中提出的这个设想，当时就得到区长的同意，由此就有这个"尚方宝剑"与各个单位去沟通，按照"应进必进"的入驻原则，所有的惠企事项和业务权限必须整建制入驻，有了区级层面的支持才好让其他部门必须积极配合。

四、"惠企一码通"的制度意义

在既有的制度空间下，地方政治精英的政绩追求和组织绩效落差共同构成重要的内驱因素，当两者内驱因素达致某种均衡时，便达成创新需求的触发点，从而驱动地方政治精英开展一轮接一轮的制度创新实践。事实上，

"惠企咨询服务平台"的原创性是不足的，基本要素与其他地方施行的"政务服务大厅"等平台性机制并无二致，从行政管理制度创新类型看，都属于运行性制度创新。但是到了"惠企一码通"就有了质的飞跃，实现了运行性制度创新与赋能性制度创新的结合。

（一）地方公共服务制度创新表达为赋能的过程

整个制度创新的政治过程是由议题建构、方案设计、方案实施多阶段构成的，展现各个行为主体在特定时空场域中的多重博弈和策略互动，呈现一种由问题与政绩双重驱动、外部学习与内部优化、上级有限的政治资源与外部社会的合法性资源构成的不断"自我累进、自我强化"的运作规律性。在一个漫长的进程中往往只有运用赋能性制度创新的方法才能缩短行程，获得较为理想的效果。

（二）创新背后呈现出"积极扩权"与"上下互动"的实践逻辑

一方面，通过制造声势和既有实绩吸引上级政府及其领导者的注意力，以获取更多有限的政治资源，从而提升组织自身的行政地位。该中心从过去只是一种物理上的部分事项办事站点过渡到具有实权性质的综合管理机构，这是地方政治精英进行"积极扩权"式创新的直接成果。另一方面，创新生成既要寻求上级政府"自上而下"的合法性认可，也要得到民众"自下而上"的有效性认可，这不仅需要创新先驱者极强的政治动员能力游说上级，而且也要善于利用各类新媒介进行广泛的绩效宣传，以此构建一种利益共享和合作同盟的"上下互动"式行动策略，寻求创新生成的最佳利益均衡点。

（三）混合式制度创新具有强大生命力

J区行政服务中心"惠企一码通"项目的创建过程，是聚焦行政管理每个阶段内部的关键变量及其互动的过程。通过此案例，我们发现该项目在制度的混合创新方面具有较强典型性，是运用机制体系创新与保障体系的制度进行嫁接混合而成的再度性、复合型创新。这种创新需要以"显微镜"式视角聚焦于地方公共服务的全需求、全供给、全链条，这种"全程"的研究路径适用于对其他典型个案进行深度剖析后，消化吸收再创新，扩展为跨地区、跨部门、跨专业、跨领域的多体性分析，在积累更多的经验事实与制度理性思考基础上，得出更具有包容性和解释力的新概念框架，掌握隐藏在政府创新背后的一种制度认识，并设计如"上下互动"与"积极扩权"的双重逻辑那样的施工图纸。这或许是未来研究制度创新时值得进一步深度挖掘的方向。

第九章　行政管理制度创新循证研究

前一章我们讨论了几个行政管理制度创新的案例，旨在用实践去说明制度创新何以可能。本章运用循证分析方法①研究制度创新，从结构性制度、运行性制度、赋能性制度中各选取一个制度样本，作为循证研究的对象，以相关量化数据作为证据，使用适宜的方法对数据和信息进行分析，权衡经验、直觉与科学、证据，进行制度目标、制度绩效和制度能力等相关的研究。

第一节　"温州模式"的制度秘密

在 2019 年末至 2020 年上半年爆发的"2019 新型冠状病毒"感染的肺炎疫情重大危机事件中，浙江省温州市人民政府市长姚高员受到了舆论的高度关注。此次疫情期间，某些政府官员在接受媒体采访时，网友们有一种恨铁不成钢的无力感，但是在看了对温州市市长姚高员的采访（2020 年 2 月 3 日

①　循证研究是基于证据的实证性研究方法。其理念始于 20 世纪末发展起来的循证医学。最初意指医生将当前所能获得的最佳研究证据与自身的专业技能及患者的价值观整合起来进行治疗。此后，它便迅速席卷了整个医疗卫生领域，并不断向邻近学科渗透，形成了循证心理治疗、循证教育学、循证社会学等数十个新的学科领域。循证决策、循证管理等研究方法也正在运用于行政管理、公共事务和公共政策等研究。

央视《新闻1+1》著名主持人白岩松对话温州市市长姚高员），网友直呼，听完心里有底了。

这个"底"是什么？应该就是制度的威力。

改革开放以来，温州人创造和演绎了史诗般的经济发展奇迹，但"三少一差"的内部环境决定了温州经济发展从起步阶段就具有强烈的"外向型"特色。从改革开放之初十万购销员在全国跑市场，到今天200多万温州人在世界市场竞逐风流，这些都是对温州"外向型"经济的良好诠释。长期"外向型"经济发展路径使广受赞誉的"温州模式"带有明显的"去地域化"特征，表现为外向型的"温州人经济"。

在经济全球化和世界一体化蓬勃发展的今天，跨国公司、国际投资等使世界经济呈现出"我中有你、你中有我"的交融态势，此地生产、经营的经济单元的投资主体、产品去向和主要利润等都归属于遥远的彼地。这使当今世界经济发展的"地域性"特色逐渐淡化（也可以说世界经济被逐渐强化）为"区域人经济"——这是世界经济发展的历史趋势。在此背景下，用循证方法研究具有典型区域人经济特色的"温州模式"背后的制度密码，对于制度理论具有重要意义。

一、温州模式的缘起

温州素有"七山二水一分田"之说。改革开放前，经济资源尤其是土地资源的供给严重不足，陆上交通条件落后。为了改变贫穷落后的面貌，勤劳勇敢的温州人很早就出海、到外地做小生意、弹棉花、从事家庭手工业，因此温州具有悠久的侨史、商品经济史和手工业发展史。由于温州地处沿海，因此寻求海外发展也是早期温州经济发展的一个重要特色。早在十二三世纪，温州就开始与南洋等地通商。清光绪二年（1876年），温州被辟为对外通商口岸，很多温州人从此走向世界——这为温州留下了丰富的侨民资源。据统计，20世纪80年代，6万多温州籍侨民遍布40多个国家，这些侨民每年带来的侨汇收入约占当时浙江省整个侨汇收入的十分之三。① 温州还有优秀的传统历史文化，著名的永嘉学派及其事功学术在中国文化史、经济史上都有重要地位。

　　资源、交通等禀赋先天不足严重限制了温州的经济发展。中华人民共和国成立之初，温州的经济社会发展落后于全国平均水平。由于与中国台湾地区隔海相望，因此温州在中华人民共和国成立后的很长一段时间内被作为对台备战的海防前沿。在这种情况下，国家对温州的经济投入不足：据统计，在中华人民共和国成立后的前30年期间，国家对温州的总投入只有6.55亿元人民币。在外部投入和内部资源双重不足的情形下，温州人大胆创业创新，努力改变自己的生活。早在1956年，温州永嘉县燎原社就开始了"包产到户"的尝试，他们在本地实行"个人专管地段责任制""产量责任制到户"，但都受阻于当时的政治环境。出于对急于摆脱贫穷的渴望，或是受早期开埠通商的"后遗症"的影响，或是受永嘉学派的事功学术和义利思想的影响，更可能是受丰富的侨民资源的促进，温州有商品生产和商品经济的传统。早期商品经济发展自不待言，即便是在中华人民共和国成立后计划经济走向极致的年代，富有创造精神和商品经济思想的温州人也从未中断过创办民办企业、发展商品生产的尝试。但是，历史原因使得温州人从中华人民共和国成立后到改革开放前30多年期间的探索和尝试都无果而终。

　　中国共产党第十一届三中全会解除了长期套在温州人身上的枷锁，富有商品经济意识的温州人开始在温州、全国乃至世界各地施展自己的市场才能，加上该地政府采取"宽容监管"制度，很快就取得了举世瞩目的成就。从1979年试办第一个农副产品交易市场开始，温州在5年内陆续办起了400多个大大小小的商品市场，其中专业市场有113个，经销额上亿的专业市场有10个，被称作"十大专业市场"。② 1985年，十大专业市场的年成交额已

① 胡兆量：《温州模式的特征与地理背景》，《经济地理》1987年第1期。
② 崔力群、刘小京：《温州模式浅谈》，《农业经济丛刊》1986年第6期。

高达 11.5 亿元，占温州整个商品市场年成交额的 62%，其上缴利税达 7457 万元，占当年全市财政总收入的 21%。除集中的大市场外，温州的个体工商户也发展迅速，1992 年底已达 15.4 万户。

在市场销售过程中，温州人看到了投资实业的商机，开始兴办各类家庭工业企业。"六五"期间，温州市的家庭工业增长了 19.6 倍，1985 年家庭工业企业发展到 13.3 万个，其产值高达 11.36 亿元，占全市整个农村工业总产值的 61.4%，温州家庭工业产值已超过国营和集体工业产值而居各类工业产值之首。① 温州家庭工业一般以小商品生产为主，家庭工业的发展反过来又极大促进了商品市场的发展。随着家庭工业和商品市场的进一步发展，商业、饮食、运输、包装、信息、邮电、民间金融、维修等服务行业也得到了极大发展。1985 年底，温州各类服务行业的从业人员达 23 万多人，各类服务行业协会达 3000 多个，从而形成了系列产业链和商业网络共生发展、共同促进的良性局面。在 1979—1985 年的 7 年时间里，温州全市工业产值和财政收入的年均增长率为 15.8% 和 16.9%，1985 年工业产值和财政收入的增长率更是分别高达 30.08% 和 44.1%，② "温州模式"声名鹊起。

二、温州模式的概念与内涵

迅速发展的经济成就为温州带来了"温州模式"的美誉，吸引了学术界对温州模式的持续关注和广泛研究。关于温州模式，学术界和实务界并没有统一的标准说法。根据方立明和奚从清的考证，学术界对"温州模式"概念的界定多达几十种，其中有代表性的亦有十种之多。费孝通认为温州模式就是家庭工业加专业市场，并将温州模式的特点概括为"小商品、大市场"。张仁寿和李红将温州模式的特点描述为"以家庭经营为基础，以市场为导

① 杨建文、周一烽、真理：《"温州模式"与中国农村经济的腾飞》，《社会科学》1986 年第 5 期。
② 杨建文、周一烽、真理：《"温州模式"与中国农村经济的腾飞》，《社会科学》1986 年第 5 期。

向，以小城镇为依托，以农村能人为骨干"。① 董朝才认为，温州模式是指以家庭经营为基础，以家庭工业和联户工业为支柱，以农民购销员为骨干，以专业市场为依托，与村乡集体经济密切结合的双层合作经济。② 李兴山认为，温州模式本质上是一种民本经济。他指出，所谓"民"即指劳动人民的集体或个人，而所谓"本"即指劳动人民是经济发展和经济管理的基本主体、基本动力；而民有、民资、民营、民管是经济发展和经济管理的基本途径、基本形式；民需、民用、民富、民强是经济发展和经济管理的基本目的、基本宗旨。他指出，温州模式有四个主要特点：一是一种在市场经济条件下，主要以激发广大劳动人民自我创业、自我发展、自我约束、平等竞争为基本出发点的经济；二是坚持社会主义基本经济制度的前提下，以民间积累、民间投资、民间经营为主要经营方式，产权清晰、责权明确、政企分开、制度适当、机制灵活的经济；三是一种以社会主义国家的宏观调控、监督引导、主动服务为强大后盾和基本保障的经济；四是一种以效率优先、兼顾公平为基本准则，以按劳分配与按要素分配相结合为主要分配方式，以依法经营、勤劳致富为基本要求，以富民强国、共同富裕为基本目的的经济。③ 方立明和奚从清认为，温州模式是温州人率先利用市场机制而发展起来的、通过民营经济实现富民强市的经济社会发展模式，它不是一成不变的，而是一种与时俱进的动态模式化的过程模式，随着温州经济的发展而发展，但温州模式具有代表性的具体内涵主要包括：温州人民是温州模式的创造者，市场经济是温州模式的推动力，温州人精神是温州模式的内驱力，富民强市观有利于温州模式的可持续发展。时代性、民本性、区际性、创新性和发展性是温州模式的主要特征。④

①　张仁寿、李红：《温州模式研究》，中国社会科学出版社 1990 年版，第 19 页。
②　董朝才：《温州模式的理论探讨》，载林白等主编：《温州模式的理论探索》，广西人民出版社 1987 年版。
③　李兴山：《"温州模式"的再认识》，《理论前沿》2002 年第 14 期。
④　方立明、奚从清：《温州模式：内涵、特征与价值》，《浙江大学学报（人文社会科学版）》2005 年第 3 期。

概括各种关于温州模式概念和特征的讨论，可以归纳出早期温州模式有四个比较突出的典型特征。（1）把握改革开放的历史契机，以家庭联产承包责任制等制度创新为突破口，逐步发展商业经济、私人民营经济和家族工业经济，实现区域经济的全面发展。（2）大力兴建各种专业市场和综合市场，既可以凝聚经济资源，吸引各地客商和供应商，又可以集中市场信息，形成产品品种、信息优势和市场合力，提升市场竞争力。（3）以商业经济为起点，带动家族工业经济和私人民营企业迅速发展，使商业经济和家族工业经济及私人民营经济之间互相促进，共同发展，并逐步实现上下游产业和服务行业的全面系统发展的动态过程。（4）正因为以商业经济为起点，温州经济发展从起步阶段就是一种开放性的外向型市场经济模式，这是温州经济发展的重要特点。综合以上特征可见，温州模式是温州人以市场经济制度为起点，带动实体经济发展的自主性、外向型、市场化的动态式发展模式。温州模式的本质内核包括主体性制度（温州人）、自主性制度（温州人自主探索和自主行动）、外向型制度（与国际惯例接轨的自觉性）、社会市场化制度（主动融入并引领社会主义市场经济）的动态式表达。

首先，温州模式的核心内涵是温州人。以永嘉学派、事功学说等为核心的独特温州历史文化熏陶下的温州人是温州模式的主体性内涵。温州人以其勤劳智慧、开拓精神、创新创业精神、互助精神、义利精神等创造了温州模式，离开了温州人这个主体，温州模式不可能产生，更不可能持续发展。

其次，温州模式的精神内涵是自主性。现代市场经济理论认为，市场经济的重要特征就是市场主体的自主性，温州模式发展的独特精神内涵正在于此。从永嘉包产到户再到改革开放后的外出经商和兴办实业，再到今天走出国门、外出投资创业，可以说，都是温州人自主探索和自主行动的结果，温州模式和温州人经济发展的关键特征就是温州人的自主性。

再次，温州模式是一种外向型的开放式经济发展模式。温州经济从改革开放之初就有十万购销员在全国范围内跑市场，其后建立的各大专业市场、家庭工业经济等，都是面向全国乃至世界市场的开放式经济形式。在温州经济初步崛起之后，温商更是开始依赖所拥有的雄厚资本，在全国乃至世界各地投资。据不完全统计，目前在外投资经商、兴办实业的温商已经超过250万，其中走出国门的海外温商超过60万。另外，外地在温州创业、经营、工作的"新温州人"亦超过200万。这些在外温商、"新温州人"使温州经济具备浓厚的外向型特色，这是温州模式不同于国内其他区域经济发展模式的重要特色。

复次，温州模式是社会主义市场经济的重要组成部分。一般认为，市场经济的基本特征包括自主性、竞争性、平等性、开放性和系统性。温州模式发展的显著特征便是经济发展的自主性。温州区域经济形式以民营经济为主，外出投资经济主体更是温州民营经济的主要特色，他们都是独立的市场经济主体，在温州内外的开放市场中，平等自主地参与市场竞争。从客观上说，温州模式与市场具有天然的、密切的、内在的关系，市场是温州经济发展的向导和社会资源的基本配置者，市场经济的活力与效益是温州经济活力与效率的源泉，并推动着温州经济的高速增长。因此，"温州模式，从根本上说是社会主义条件下，温州市广大群众和干部从当地实际出发对发展市场经济的一种独特而有效的探索，是建设有中国特色的社会主义理论在一个区域内所进行的具体而成功的实践"[1]。

最后，温州模式是一种动态化的发展模式。改革开放之初，温州模式是家庭联产承包制的尝试，进一步发展则是商业经济的兴起，其后是商业经济带动家庭工业经济的蓬勃发展。商业经济、家庭工业经济，这是早期温州模式的重要表征；然而，随着温州经济、中国经济以及世界经济的进一步发展，温州模式也在进一步发展之中，今天温州人经济已经外出投资，温州人企业亦已经走向股份制、公司制、集团化，高新科技产业、职业经理人、现代企业制度在温州人经济中逐步显现，走向成熟。可以说，今天的温州模式与早期刚刚兴起时的温州模式相比，除温州人的自主性、外向型、市场化这

---

[1]　张仁寿：《温州模式与市场经济》，《农业经济问题》1993年第10期。

些核心要件没有发生改变之外，其表现形式和外部特征已经逐步摆脱早期温州模式的低端化个性，逐步向成熟和高端的现代经济形式演进。换言之，温州模式正在由传统"小商品、大市场"的低级阶段，向更高层次、更高版本的温州模式，即"温州人经济"转型。

三、温州模式的历史演进

温州模式发端于改革开放后以商业经济带动个体经济和民营经济发展的创新探索。根据温州模式发展的历史演进过程，可以将区域内温州模式的发展分为三个阶段：温州模式的探索和形成阶段、温州模式的发展和繁荣阶段、温州模式的发展"瓶颈"与调整转型阶段。

（一）温州模式的探索和形成阶段（1978—1984 年）

温州模式的探索和形成阶段是从 1978 年改革开放到 1984 年。探索和形成阶段的温州经济发展特色主要是：温州人外出从事工商业并带动本地家庭工商业的迅猛发展。温州地处浙南，人多地少，改革开放之初，温州农村剩余劳动力只能通过外出从事工商业寻求出路。据统计，到 1984 年，温州劳务输出量为 13.39 万人。劳务输出在开阔温州人眼界、转变温州人观念的同时，也提升了温州人的技术和管理能力，并为温州家庭工商业的兴起积累了资金、技术等生产要素，也为温州家庭工商业尤其是家庭工业经济的发展提供了市场基础。在劳务输出和"十万购销员跑市场"的带动下，温州家庭工商业经济尤其是家庭工业经济迅猛发展，到 1984 年，温州已经涌现出十万家家庭工业企业，建立了 393 个大大小小的城乡市场，全国闻名的十大专业市场初步建成，形成"家家办工厂，户户开车间"的局面，地区生产总值突破 30 亿元。探索和形成阶段的温州家庭工业企业主要以生产经营投资少、收益快、技术低、需求大的小商品为主。家庭工业的基本形态主要包括农户兼营、家庭作坊、家庭工场等，这些以血缘为纽带的家庭工业企业，具有产权清晰、利益直接、投资少、自主灵活、转产容易等特点。①

（二）温州模式的发展和繁荣阶段（1984—2003 年）

温州模式的发展和繁荣阶段是从 1984 年温州瓯海 26 个农民联合创办全国最早的股份合作制企业到 2003 年为止。发展和繁荣阶段的温州模式通过股份合作制逐步使本地传统个体、家庭工商业向现代企业制度转型。股份合作制虽然不同于严格意义上的现代企业制度，但它具有产权明晰、自愿结合、自主经营、自负盈亏的特点，已经具备了现代企业制度的基本雏形。股份合作制加快了农村剩余劳动力的转移和土地流转制度的形成，使温州本地的生产要素市场逐步由低级向高级转化，进一步扩大了企业规模，提升了企业技术研发能力、劳动生产率和市场竞争能力，温州模式走向发展和繁荣阶段，并于 2003 年达到高峰。从 1984 年创办第一家股份合作制企业开始，到 1992 年年底，温州全市股份合作制企业已达本市乡镇企业总数的 72.95%，为 24153 家，年产值 88.6 亿元，占全市工业总产值的 48.41% 和乡镇企业总产值的 82.78%。

在这一阶段，温州不仅在企业组织形式上发生变化和升级，而且企业产品、品牌、投资领域等也都发生较大变化，实现了"二次创业"。在产品质量和品牌建设方面，始于 1993 年的质量立市行动使温州逐步摆脱第一阶段"假货之乡"的影响，形成了 42 个国字号产业基地和 80 多个中国名牌、中国驰名商标，先后两次获"中国十大品牌之都"称号，三次获"全国质量立市先进市"称号；在产业发展和投融资方面，逐步走出探索和形成阶段靠商业经济带动家庭工业经济发展的"小商品、大市场"模式，开始走出温州到全国乃至世界投资兴办工厂和开拓市场，企业组织形式进一步发展，公司乃至上市公司开始出现；在投资形式上逐步出现由工业企业等实体经济转向房地产投资、资本运作、金融市场的趋势（"炒房""炒钱"等非理性经济

---

① 余贤：《"温州模式"的形成和特色研究》，《重庆电大学刊》1997 年第 3 期。

行为开始出现）。这些变化既极大地促进了温州和温商的资本积累和财富增长，将"温州模式"的声誉推向另一高峰，也为温州资本和企业外流、实体经济滑坡、金融风波及区域经济衰落埋下了隐患。

（三）温州模式的发展"瓶颈"与调整转型阶段（2004年至今）

受综合因素的影响，尤其是受早期温州模式内在缺陷的影响，自 2004 年开始，温州区域经济的高速发展开始出现转向，经济增长速度明显放缓，尤其是到 2008 年，温州经济增速从 2007 年的 14.2%大幅下跌至 8.2%，在遭遇"跑路"风波后，温州区域经济发展更是跌入低谷，温州模式进入发展"瓶颈"期和调整转型阶段。

首先，在经济发展指标主导政府绩效考核标准未发生根本改变的宏观背景下，区域经济增速放缓给温州政府带来较大压力，使温州本地政府在温州经济发展中的角色作用出现变化，逐渐走出传统"小政府、大社会"的政府管理经济模式，开始探索发挥政府在引导企业发展中的角色作用，建立"有限有为有效政府"。其次，在政府的强力推动下，温州关停了大量小微污染企业，并通过政策制度手段鼓励区域内产业转型升级，逐步培育现代高新技术、文化旅游产业等，提升产品附加值，促进形成品牌产品，探索新兴电商产业、信息经济产业。再次，探索打破早期温州模式的"锁定状态"，积极鼓励本土企业和国内外大企业、大集团进行多领域、多方式、多途径的合作与交流，借以推动本土企业的组织形式、管理和经营模式转型，一批按照现代企业制度管理运营的龙头企业初步形成。最后，实施金融改革等制度层面的综合性改革举措，再造城市发展空间和政府服务模式，改善区域软硬环境，推动生产要素重组，鼓励上下游产业联合，促进形成产业集群，提升区域竞争力。

四、温州模式的升级转型与制度魅力

对温州模式而言，温州人的自主性、外向型、市场化是其核心硬核，但除边缘层天然具有共性化、模糊化和变动化的特征之外，随着经济社会的发展，温州模式的外围层也在根据经济社会发展和外部生态环境的变化，而不断做出调整和变革。温州模式从来都不是静态发展的，而是动态发展的，温州模式的生命力和魅力正在于其内涵的动态发展性。温州模式的暂时"衰落"正是这种动态发展性的表现之一，是温州模式在各种内外因素综合作用下出现的发展"瓶颈"，是温州模式从温州区域经济"小商品、大市场"的传统模式向全球化、国际化和现代化的更高层次的温州模式动态跨越过程中的转型阵痛。

"温州模式从对经济体制改革的探索到对经济发展模式的创新，其历程以市场化、民营化为开端，继以集群化、全国化，正日益走向国际化、创新化的新阶段。"[1] 温州模式在发展之初，确实存在产业集中度、企业组织形式、市场有序度、产业结构层次、产业技术水平、产品竞争力、经济示范效应、经济开放程度较低的问题[2]，但随着温州模式的持续演进，这种兴起之初的、以"小商品、大市场"为主要特征的温州模式已经逐渐被更高层次的温州模式所代替。"温州人不断进行探索创新，所起到的引领作用，不仅表现在制度变迁方面，还表现在创新发展模式方面的产业集群化和企业国际化等方面。"[3] 这种更高层次的温州模式，已经逐步走出传统温州模式的外围特征，开始出现产业集群化、现代公司制乃至上市企业等现代企业制度化、高科技产业化等现代经济组织形式；在国际互联网、大数据等现代信息技术

---

[1]　洪振宁等主编：《温州民营经济发展 30 年（发展综述卷）》，浙江人民出版社 2008 年版，第 262—263 页。

[2]　宣海林、夏德荣：《"温州力量"：究竟有多大》，《经济学消息报》2000 年 1 月 21 日。

[3]　洪振宁等主编：《温州民营经济发展 30 年（发展综述卷）》，浙江人民出版社 2008 年版，第 262—263 页。

的持续作用下，已经出现向"互联网＋"型信息经济转型的趋势。在此背景下，实现传统温州模式的升级换代势在必行。随着温州人经济的进一步发展，除了保留传统温州模式之温州人自主性、外向型、市场化这些核心特质和基因之外，温州人经济出现两个重要发展趋势。(1) 发展观念和发展方式进一步现代化。逐步树立现代企业制度和管理经营理念，在产业、资金、经营方式等方面，都已经或正在转型升级，开始注重品牌化、高科技、产业集群建设。(2) 与温州区域经济之间的联系逐渐摆脱传统紧密型区域特色而走向"脱域化"的"温州人"经济。今天的温州人经济已经完全不同于传统的温州模式，或者说，今天的温州人经济已经在传统温州人经济的"温州模式"的基础上，逐步向全新的、更为现代和开放的升级版的"温州模式"蜕变和转型。

温州模式的升级转型离不开温州独特的制度环境。根据笔者多年来对温州本土的实际观察，温州模式的本质是以经济运行性制度创新推动行政管理结构性制度创新。具体来看，主要有四个突出特征。一是温州人善于利用全球化的制度优势。改革开放以来，温州人在全球范围内利用全球市场的资源要素，特别是利用全球化在国际组织及各国政治、经济、管理制度上的反映，把世界通行的对我国发展外向型经济有利的制度规则灵活运用到经济活动中来，为自己经营提供服务。二是温州人善于将外部制度转化为对本土经济发展的压力制度。就国际制度环境而言，在国际苛刻的标准、专利等制度条件限制下，温州人充分发挥创业精神、市场智慧和协作精神，争取政府的政策容忍，形成对本地发展有利的审慎监管制度。就国内制度环境而言，温州模式是创造性灵活运用国家改革开放政策的典型代表。党的十一届三中全会后国家实行"放宽政策，搞活经济"的方针，为农民离农经商创造了必要的前提条件。因此，可以说温州模式是国家改革开放政策"放"出来的结果。三是温州人善于将海内外温州人血肉纽带打造成为一种制度文化。温州地方政府和本地社会组织支持人民群众的创造，为发展经济提供良好的制度环境，特别是致力于将温州区域经济、国内温州人经济与海外温州人经济的三个方面有机联系起来，形成互相促进、不可或缺的组成部分，促进三者共生发展。此外，温州模式是温州人精神以及孕育温州人精神的历史文化作用的结果。崇实、求实、务实、创新、进取，善于学习，擅长模仿，善于应变，富有人情味，受传统制度文化的长期熏陶，又受沿海开放环境的影响，容易接纳外来经济文化，从而形成特有的善于吃苦耐劳又不安于现状"敢为天下先"的温州人精神。四是温州模式的产生与温州地方政府追求有限有为、高效创新的行政管理制度变革密切相关。温州模式得以形成的一个重要的因素是"温州市委和市政府坚持一切从实际出发的思路，勇于创造性地实践"：首先坚定不移地清"左"，开拓创新思路；其次唯实不唯上，坚决地贯彻党的实事求是的思想路线；复次敢吃第一口，敢迈第一步；最后尊重群众的首创精神，少些关停堵截，多些疏通引导式的制度创新。[①] 温州模式的形成是温州当地社会普通百姓与地方政府和中央国家机关之间相互冲突、妥协和长期谈判的结果，而地方干部在谈判过程中起着关键作用。温州模式所呈现的新的经济体制、可选择的价值观及组织的出现，反映了当代中国国家和社会之间界限的转变以及两者之间关系的重新确定。[②]

第二节　旧城改造中的协同治理制度

本节以上海旧城改造为研究对象，用克里斯·安塞尔（Chris Ansell）和艾里森·盖什（Alison Gash）提出的 SFIC 协同治理模型作为分析框架，通过对上海旧城改造的现实条件和影响因素的循证研究，尝试从利益、组织和运作三方面构建多中心、全过程的旧城改造协同治理制度。

---

① 洪振宁等主编：《温州民营经济发展 30 年（发展综述卷）》，浙江人民出版社 2008 年版，第 116—118 页。
② ［美］K. 帕里斯：《地方积极性与国家改革：经济发展的温州模式》，《中国季刊》1993 年第 134 期。

一、旧城改造协同治理制度的分析框架

1958 年 8 月，在荷兰海牙召开的关于旧城改造的首届国际研讨会议上提出，旧城改造是"根据城市发展的需要，在城市老化地区实施的有计划的城市改造建设，包括再开发、修复、保护三个方面的内容"。① 西方发达国家的旧城改造始于 20 世纪 70 年代，先后经历了"清除贫民窟—福利色彩社区更新—市场导向旧城再开发—社区综合复兴"四个发展阶段，改造理念实现了从形体主义规划思想向人本主义规划思想的转变，旧城改造运作模式也经历了从政府主导，到公私伙伴关系，再到政府、私有部门和社区居民多方参与的综合性改造方式转变。在我国，伴随着改革开放和城市化进程的加快，许多城市建成区步入旧城区的行列。为了应对旺盛的建设用地需求，提高土地集约利用效率，以旧城区改造、城中村改造等为主要内容的城市更新运动成为地方政府解决土地资源紧缺的重要突破口。当前我国大多数城市仍处于以经济增长为导向、以物质建设为内容的市场导向型旧城再开发阶段，虽然促进了经济增长和城市竞争力提升，但是却造成了社会隔离和社会矛盾的加剧，政府企业化和对土地财政的过度依赖，政商增长联盟对旧城改造利益的垄断。因此，有必要在借鉴国外经验的基础上，对我国现行的旧城改造模式进行反思和制度创新。

20 世纪 90 年代末以来，"新公共治理"逐渐在西方公共管理学界和政府部门流行，其核心思想即是协同治理，认为在多组织和多元的复杂环境中，公共政策执行和公共事务管理是一项复杂的联合行动，在此过程中需要参与者彼此合作。因此，有必要通过制度安排在参与者之间建立起适宜的治理结构或是协调合作制度，以利于合作互惠的关系产生，借由协作过程，实现利益相关者之间的信息交换、资源共享和能力提升，通过协商和行动调整

---

① 袁家冬：《对我国旧城改造的若干思考》，《经济地理》1998 年第 3 期。

以实现共同的目标。① 简言之，新治理将公共政策执行和公共事务管理的重点放在如何有效地管理利益相关主体所形成的复杂网络上，本质上以协调合作取代命令控制和市场竞争，从而达到共同的治理目标。目前，协同治理作为各类组织联合起来共同解决复杂公共问题的有效形式，已被各国广泛应用到公共卫生、教育、环境保护、资源管理等多种政策环境中。联合国全球治理委员会给出的"协同治理"定义是：协同治理是个人、各种公共或私人机构管理其共同事务的诸多方式的总和。它是使相互冲突的不同利益主体得以调和并且采取联合行动的持续的过程，强调治理主体的多元性、子系统的协作性、系统的动态性、自组织的协调性和社会秩序的稳定性。② 协同治理，改变了政府管制模式下自上而下的权利运行方向，通过共识、协商、合作等方式，有效回应了单中心的政府管治模式的困境，并且解决了制度设计中制度供给、可信承诺和相互监督三个相互关联的难题。协同治理已经成为当今时代公共事务管理与公共政策研究的主流趋势。

SFIC 协同治理模型可以应用于旧城改造协同治理的环境条件分析，以此作为理论分析框架，将协同治理划分为初始条件、制度设计、催化领导和协同过程等四个可变因素，就可以从利益、组织、运作三个方面构建旧城改造的协同治理制度。

（一）初始条件

协同治理的初始条件可以促进也可以阻止合作。初始条件可以细分为协同行动者权力、资源和知识的平衡度，过去合作或冲突的历史，以及协同动机。这些最初的参与条件，对于后续协同过程中各方相互间信任的建立、协同的效果都会产生一定程度的影响。如果行动者缺乏足够的知识和技能，或

---

① J. Kooiman, *Modern Governance*：*New Government-Society Interactions*，London：Sage，1993，pp. 35-48.

② 联合国全球治理委员会：《我们的全球伙伴关系》，见俞可平主编：《治理与善治》，社会科学文献出版社 2000 年版。

是没有足够的时间、精力和自由参与到协同中来，那么协同治理将容易受占优势地位一方的操控。协同各方之前成功合作的经历，会增加相互间的信任，提高合作的成功率；相反，有过纠纷的合作经历，会降低合作的成功率。行动者协同动机则与各方之间权力资源的不平等，对协同产出的预期、问题解决渠道的多样性及之间的相互依赖程度相关。

（二）制度设计

协同治理的制度设计是指为促进协同过程的平等互惠、包容性、合法性、信任和共识建立等，进而达成协同目标的制度与制度设计。首先，最根本的制度设计是保证将所有的利益相关者都纳入协同程序。利益相关者的参与是协同治理成功的重要原因。广泛的参与性既反映出协同治理包容开放的特质，也是协同治理程序合法性的要求。其次，为建立信任和保证程序的合法性，必须制定清晰的行为准则和透明的协同程序。利益相关者往往是抱着怀疑的态度进入协同程序的，清晰透明的合作规则能够让利益相关者感知协同过程的公平和公正，增加合作成功的概率。

（三）催化领导

参与协同治理的各方行动者或组织，需要有促发协同制度顺利运行的领导者，一方面主动承担制定和维护行动准则、促进对话、建立信任以及探索共同收益的责任；另一方面，促成协同各方建立平衡的权力关系，从而推动协作走向共赢。协同治理的有效领导力需要具备三个条件，除了对协同过程进行适当的管理，维持"技术权威性"以外，还要确保协同过程能够形成可靠的、能够被各方认同的决定。领导者可以是参与协同治理的行动者之一，也可以是第三方，但是必须保证公正地解决问题，尊重行动者的利益偏好，并且愿意承担发起协同治理的交易成本，如提供人员、技术和其他资源。协同治理的发起者应是政府，政府是协同治理的"管家"，通过适度的管理促进和维护协同过程。

（四）协同过程

当协同行动者进入实质的协同过程时，便是一种正式的、以共识为导向的审议协商的集体决策过程。在这个过程中，若能有效促进面对面对话、信任建立、参与者对互赖关系的承诺、共享理解及可感知到的阶段性合作成果等这五个因素之间的良性循环，才可导致整个协同治理的互动关系产生各方所期望的结果。协同过程不是传统协同模型所假定的那种直线式的阶段论，而应该是一种非线性的互动。其中，直接对话所带来的深度沟通是协同行动者消除各种障碍实现共赢的基础。而信任的建立与有效的沟通相互促进。行动者对共存、共享、共赢的互赖关系承诺，对目标、问题和共同价值定义的共同理解，并且通过规划的制定、问题的共同解决以及阶段性目标的激励使行动者能够分享合作收益，协同过程才能够有效循环。

二、上海旧城改造协同治理制度探析

（一）上海旧城改造的发展历程

上海的旧城改造工作始于 20 世纪 90 年代，先后采用了两种主要的改造模式，在经营性土地采取"净地"出让方式之前，上海旧城改造主要采取以房地产开发为主的"毛地出让"模式；之后，根据政策要求统一采取由政府部门主导的"土地储备"模式。

1."毛地出让"模式阶段

"毛地出让"模式，是指政府和开发建设企业通过签订土地出让合同及附加的地上房屋拆迁合同建立旧城改造合作关系。根据合同约定，"毛地出让"地块改造主体及融资主体均为开发建设企业。"毛地出让"改造模式，形成了政府和开发建设企业的"增长联盟"，"毛地出让"地块成为二者获取土地超额利润的"增长机器"，但是旧区居民的利益却被长期过度侵占。

实践中，"毛地出让"模式由于开发建设企业的逐利行为和政府维护公共利益的职能缺位，引发了拆迁矛盾增多、闲置土地激增等问题。

2. "土地储备"模式阶段

"土地储备"旧改模式，是在国家经营性土地公开竞价出让的制度要求下产生的。在"土地储备"旧改模式下，由各级政府国土管理部门下设的土地储备机构为法律主体，会同同级的发改、建设、房管、财政、规划土地等各部门，协作实施"土地储备"旧改项目的立项、资金筹措、地上房屋的征收安置补偿及基础性开发工作，形成净地后交由地方政府土地管理部门上市出让，并以返还的土地出让金弥补项目旧改成本的支出。"土地储备"模式是行政主导的、自上而下的旧城改造方式，改造的主体仅限定于在国土资源部登记在册的具备土地储备资质的市、区两级土地储备机构，社会企业不具备参与资格。旧区居民作为被改造对象，只具备回应政府决策的权利。随着人们对城市改造内涵认识的不断深化，对参与旧城改造、维护自身权益意识的不断增强，完全由政府主导的"土地储备"旧改模式难以满足旧城改造综合化、多元化的发展趋势。同时，政府也面临着资金压力大，管理水平不高，土地经营、土地管理的双重身份无法被社会认同等困境。

目前，上海已进入以存量土地资源开发建设为主的内涵式增长时代，在资源紧约束条件下建设"全球城市"，完善"四个中心"建设，打造全球科技创新中心，需进一步节约集约利用存量土地资源，加快改造旧城区。因此，现行的由政府主导的土地储备旧城改造模式必须创新，未来旧城改造的实施必需在保证公益性质的前提下，合理有效地利用社会企业资本，积极拓展旧区居民参与改造的渠道和路径，形成新型的旧城改造政府、社会企业、旧区居民三方协同治理模式。这就需要立足现有的基础和条件，通过协同制度的构建和实现，均衡参与主体间的利益，实现旧城改造经济导向向综合导向的转变，达到旧城改造的长治善治。

（二）上海旧城改造协同治理的影响因素分析

1. 初始条件

旧城区虽然多数位于城市中心区域，地理位置优越，但是旧房面积小，质量差，配套设施极不完善，安全隐患和治安问题都相当严重，无法满足日益提高的人居生活质量要求。因此，多年来旧区居民改善居住条件的愿望非常强烈。旧城改造作为一项公共服务，政府一直以来都承担着主体责任，通过旧城区的更新改造，一方面改善旧区居民的生活条件，另一方面也提高城市土地的利用效率，落实城市规划，为区域经济发展拓展空间资源。因此，旧区居民和当地政府作为主要的利益相关者，相互依赖程度很高，参与合作的动机都非常强烈。但是，由于我国地方政府作为城市土地的实际拥有者，在旧城改造中，掌握着资金、房源及实施队伍等旧城改造实施必需的物质条件，而旧区居民受限于知识储备、参与能力的不足，形成了双方在旧城改造中权力、地位的不平等。这也客观上造成了旧城改造过程中矛盾纠纷的频发，双方合作的信任基础还需进一步加强。

2. 制度设计

协同治理的制度设计要保证参与的广泛性、包容性，要有清晰的协同规则和透明的协同过程。自2011年10月《上海市国有土地上房屋征收与补偿实施细则》（上海市人民政府第71号令）出台后，与之相配套的系列政策也陆续出台，其中作为旧城改造工作直接依据的政策文本超过20部，对旧城改造的主体、内容、程序等都做出了明确详细的规定。在参与主体方面，明确指出了征地房屋补偿工作的主管部门、配合部门、责任部门和实施部门，并且详细规定了各部门的职责和工作流程。相对而言，作为被改造对象的旧区居民，在旧改工作中的权利和义务，参与旧改的渠道等均没有明确的法律条文予以保障。在协同的规则制定方面，《上海市国有土地上房屋征收与补偿实施细则》对被征收房屋安置补偿费用的计算标准做出了科学、合理的设计，旧区居民的居住权益得到了一定程度的保障。但是，旧改项目的实际成本发生多少，旧改地块重新上市出让后产生的增值收益是多少、如何分配却成为黑箱，引起旧区居民和社会的强烈不满，认为政府与民争利，是旧城改造的最大受益者。现行的旧改地块出让收益分配制度设计的不足，严重影响了居民对政府的信任，造成旧改居民心理预期提高，后续的旧改项目补偿标准只升不降的恶性循环。在协同的程序设计方面，通过第一轮旧改居民意愿征询和第二轮旧改房屋征收安置补偿方案征询，信息化管理和审批，第三方全程监管，全过程信息公示等制度设计确保了安置补偿程序的公平公正。

3. 催化领导

旧城改造的公益性质，以及旧城改造中政府和居民在权力、资源和地位上的差异决定了政府作为公共利益的维护者理应在旧城改造中承担主要职责，在协同初期，由政府引导并促成双方的发展合作关系，协助居民增权，提升合作能力至关重要。现行的旧城改造模式中，"两轮征询制"能在一定程度上体现出政府的催化引导作用。根据年度国民经济和社会发展计划、土地储备计划及旧城改造计划，区（县）房屋征收部门向旧区居民进行第一轮旧改意愿的征询，如果旧区居民改造意愿超过90%，则旧改工作继续；反之，则改造工作终止。对于改造意愿超过90%的旧改项目，继续由区（县）土地储备部门办理各项前期手续并进行资金筹措工作，同时由房屋征收部门拟订旧改项目房屋安置征收补偿方案报区（县）人民政府审批，在区（县）人民政府做出房屋征收决定后，由房屋征收部门组织旧区居民根据征收安置补偿方案签订附生效条件的补偿协议，即第二轮房屋征收安置补偿方案征询工作。如果在签约期限内达到规定签约比例的，补偿协议生效；反之，征收决定终止执行。签约比例由区（县）人民政府规定，但不得低于80%。在"两轮征询"过程中，区（县）人民政府政府及职能部门发挥了有效的领导力，保证了对房屋征收过程适当的管理，维持了"技术权威性"。更为重要的是区（县）政府和旧区居民双方就房屋征收安置补偿方案达成一致，为实现共赢奠定了基础。但是政府领导的有效性仍然缺乏合理的监督和评估。

4. 协同过程

旧改项目的实施过程，就是政府和旧区居民就房屋征收安置补偿方案进行协商谈判、达成共识的集体行动过程。为了实现双方直接对话和深度沟通，具有领导力的政府一方主动搭建起合作平台，成立由区（县）政府为责任主体，由区（县）旧改相关职能部门和具体实施单位共同组建的项目指挥中心，并且建立业务人员和旧区安置居民一对一的服务关系。在指挥中心常设居民接待室和监督举报电话，定期举办听证会、座谈会，成为区（县）政府和旧区居民双方信息传递和意见表达的窗口。结对的工作人员主动上门服务，为旧区居民提供旧改政策的解读、安置补偿方案的测算、意见的搜集和回复、安置房源的踏勘和选择等。通过多渠道、多方式对话平台的搭建，实现政府和旧区居民双方无障碍沟通，增进相互了解和认知，承认并尊重彼此的利益诉求，逐步建立信任关系，对协同的目标形成明晰的认识，通过真诚的沟通和谈判逐步取得阶段性成果。区（县）政府主体依据旧改任务的总体目标，将"两轮征询"的签约周期合理细分成若干阶段，当阶段目标按期实现，给予所有参与主体适当的进度奖励。此外，区（县）政府引导建立以楼道、小区和街道为单位的旧区居民组织，通过居民内部意见和意愿的综合和表达，提高旧区居民参与旧改的积极性、增强和政府对话的能力，同时也减少双方矛盾冲突的发生概率，增强协同成功的可能性。

以 SFIC 协同治理模型为观察视角，对上海旧城改造实践进行关键因素分析发现，现行的土地储备旧城改造模式中蕴含着协同治理成功的若干要件。居民和政府双方具有高度的依存关系，制度设计基本保障了协同过程的规范和透明，政府在协同过程中发挥了核心的引导和促成作用，双方的协同过程开放、真诚。但是，依然存在着如下需要突破的难题：第一，政府对资金、房源及征收队伍的控制，容易在协同过程中过多地侵占旧区居民的利益；第二，参与旧改工作的政府及相关职能部门众多，府际间协同效率低，监督考评制度缺失；第三，现行的制度设计中，对于居民在协同过程中的地位、参与方式、相应的权益等缺乏应有的法律保障；第四，社会企业参与旧城改造协同治理的渠道阻滞，社会企业的资金和管理优势未能得到有效利用。

（三）上海旧城改造协同治理制度的构建

在公民民主意识不断提升、信息技术发展迅速但是资源环境压力日趋增大的背景下，立足土地储备旧城改造模式的现实基础，应该如何构建和实现旧城改造协同治理制度？这涉及政府、社会企业、旧区居民三者协同治理系统的重构问题，包含了利益保障、组织再造和运作优化三个方面主要内容。

1. 利益保障

旧城改造协同治理制度，首先应确立并保障协同行动者的利益诉求。政府的角色从"掌舵"转向"服务"，承担旧城改造的主体职能，同时通过制定激励政策引导社会企业进入，并且在项目实施的整个过程中引入旧区居民全过程参与。对政府而言，可减轻财政、融资的压力，通过吸收采用社会企业的高效管理提高政府旧城改造的绩效水平，并且推进区域城市功能的提升、产业转型升级及区域社会的和谐稳定。对社会企业而言，参与旧城改造，拓宽了业务经营范围和收益，并通过和政府合作，有效控制投融资风险与融资成本。对旧区居民而言，全程参与旧城改造工作能够有效实现居民的知情权、表达权和参与权，争取最大的安置补偿收益，改善自身居住条件以及获取长远的自我发展机会。旧城改造协同治理系统，以政府作为项目的发起人和组织者，通过市场竞争制度引入社会企业形成旧改服务供给联盟，扩大旧区居民的协同治理参与力度，通过平等的沟通、协商和谈判，形成三方风险共担、利益共享的协同治理均衡状态，最终实现"整体大于部分之和"的治理效果。

表 9-1　上海旧城改造协同治理制度的多元主体及利益诉求

治理主体	利益诉求
政府	减轻政府财政及融资的压力，利用社会企业的高效管理提高旧城改造的绩效水平，推进区域城市功能的提升、产业转型升级及区域社会的和谐稳定。
社会企业	拓宽了业务经营范围和收益，通过和政府合作有效控制投融资风险与融资成本。
旧区居民	实现居民的知情权、表达权和参与权，掌握项目进展，参与并推进项目的实施，争取最大的安置补偿收益，改善自身居住条件以及获取长远的自我发展机会。

2. 组织再造

旧城改造协同治理体系中，政府、社会企业和旧区居民从自身利益诉求出发，通过指导、监督、合作等多种形式实现多元主体的有机结合，形成政府主导、企业和居民共同参与的旧城改造协同治理组织系统。对政府来说，主要承担引导、监督及实施管理的主体职能。其中，市级政府主管部门主要发挥引导和监督作用。通过政策出台和监督实施，保障协同治理主体参与旧改的权利、规范参与的内容和参与的程序；通过旧改总体规划、年度计划的制定和落实，宏观上把控全市旧改的规模、结构、实施时序；通过具体旧改项目的审批，微观上监管具体项目的实施质量。区（县）政府及相关部门主要承担旧改项目实施和管理的职能。具体内容涉及项目的前置审批手续的办理、项目协同治理方案的制定、项目所需资本金和房源的筹措以及项目房屋征收实施和管理等内容。对社会企业来说，主要承担项目实施中的投资和管理职能。作为投资者，企业充分发挥社会资本的融资功能，积极采用银行贷款、发债、基金募集、证券市场融资等多种融资方式；作为管理者，将先进的管理理念和管理制度引入旧改征收工作中，优化工作流程，提高工作效率，降低征收成本。对旧区居民来说，主要承担参与实施和监督职能。从旧城改造的被动接受者转变为主动参与者，在旧改意愿和旧改安置补偿方案的征询中，真实、合理反映自身利益诉求；在旧改重大事宜决策中，积极发挥协商、参与互动、表决等功能；在旧改工作实施中，监督政府相关部门、企业规范有序地履行工作职责。

3. 运作优化

旧城改造的主要任务是完成地上存量旧房的拆除及土地平整工作，完整的项目运作分为三个阶段，分别为项目前期阶段、项目实施阶段及项目净地收储阶段。协同治理主体根据自身利益诉求、承担职能的不同，参与治理的阶段和方式也有所区别。项目前期阶段，以区（县）政府土地储备机构为主，协同相关职能部门，分别办理项目旧改范围认定、土地储备计划报批、项目立项、土地储备政府批复等审批手续，组织居民旧区改造意愿征询及旧区改造项目合作对象的公开选择及协议签署等项目前期准备工作。项目实施阶段，区（县）政府房屋征收主管部门依据政府做出的房屋征收决定，制定房屋征收安置补偿方案，并组织旧区居民根据补偿方案签订附生效条件的补偿协议。区（县）政府和社会企业形成旧改服务供给联盟，依据合作协议确定的双方职责共同推进旧改项目的实施，旧区居民作为被安置对象，和征收部门就补偿协议内容谈判，参与征收中重大事项的决策，全程监督区（县）政府和社会企业在旧改实施中的履职情况。项目净地收储阶段，区（县）政府土地储备部门将完成地上房屋拆除及基础设施建设的净地纳入土地储备库并进行日常管理，至区（县）政府土地管理部门完成供地计划后，根据土地出让合同约定向土地受让人进行地块的移交。在该阶段，社会企业和旧区居民通过政府的信息公开渠道获取旧改地块的相关信息。在旧改项目实施的整个过程中，市级政府始终对项目的运行进行跟踪指导和监督，必要时给予合理的政策扶持和资金补贴，确保全市范围内旧改目标能够按期完成。

（四）上海旧城改造协同治理制度的实现路径

1. 完善旧城改造协同治理制度的制度安排

制度是治理制度建构的基础。现行旧城改造工作所依据的各类法律规范虽然数量繁多，但是却分散在政府发改、土地、房屋、建交委等不同职能部门的政策中，制度安排碎片化，交叉、重叠、冲突时有发生，说明旧城改造自上而下尚未形成系统的、目标清晰的政策框架，在决策、管理和实施中，缺乏完备、协调、开放的制度体系。旧城改造协同治理制度的建设，理念上要充分认识到制度的基础和保障作用，实践中从战略高度统筹规划制度安排，根据旧城改造工作流程、治理主体的角色及互动形成合理的政策网络。具体的制度重塑中，必须明确赋予政府、社会企业和旧区居民参与治理的权力，合理规划参与的程序、参与的内容，并重点保障参与治理主体的利益分配制度，使旧城改造协同治理制度在制度的保障下能够有序实施。

2. 加强旧城改造的府际协同关系

府际协同是发挥政府治理领导力的前提，是通过政府及其职能部门间的互动合作，克服单个政府不能解决或无力解决的问题。旧城改造项目的实施周期通常需要3—5年，实施过程中涉及众多的政府职能部门，根据初步统计，仅旧城改造土地储备项目前期工作，就涉及政府职能部门十余个，各部门之间信息不对称、沟通不畅、衔接不力、相互扯皮等都影响到项目的运作周期、成本的控制甚至项目的成败。而现行的旧改项目管理体制，通过搭建联席会议制度平台，实现了旧城改造相关部门对旧改公共事务进行交流、协商，但是对基层业务管理中的跨部门协同和因部门摩擦带来的效率损失重视不足。对此，应重点加强旧城改造业务流程的优化设计，建立政府协同机构间的信息共享制度，制定并实施跨部门协同的绩效考核评估办法，通过全面提升政府科学管理能力来加强旧城改造中政府主体的整体治理水平。

3. 建立社会企业参与旧城改造的渠道

旧城改造协同治理制度的构建中，引入社会企业主体，发挥其资本和管理优势，是协同治理模式区别于现行土地储备模式的最大特点。在长期的旧改实践中，融资渠道单一、风险集聚一直是困扰政府的难题。社会企业虽具备广泛的融资渠道，但始终未能进入旧城改造领域的深层次原因，在于利益分配制度缺失。现阶段，国家大力提倡引入社会资金参与基础设施和公共服务设施建设，为旧城改造引入社会资本创造了契机。旧城改造社会企业治理主体的引入，必须对旧城改造政府和社会企业合作的项目范围、合作企业的准入与退出制度、组织结构、运作流程、风险分担、收益分配、监管等要点内容做出明确规定。社会企业的选择，应该在公开、公平、公正的原则下，结合旧城改造项目的具体目标和实施方式，以契约形式确立合作关系。

4. 提高旧区居民的实质性参与水平

旧区居民参与协同治理，可以增强政府提供旧城改造公共服务的合法性和有效性。从旧城改造实践来看，政府与旧区居民的互动，主要体现在旧城改造意愿、房屋征收安置补偿方案、房源安置选择等方面，而在旧城改造前期规划、项目审批、合作企业选择、实施监督等重要环节，尚未完全为居民建立参与的通道，旧区居民在旧城改造决策和实施过程中仍然处于弱势的一方。旧区居民治理主体的参与水平低，主要原因在于政府对旧区居民参与改造重视程度低、保障不力，旧区居民参与渠道过窄、参与能力不足。因此未来应进一步加强政府与旧区居民的互动与协商，提高旧区居民的实质性参与水平。在制度建设上，加强旧区居民参与的法律保障，明确旧区居民参与的方式、内容、效力等；在参与方式上，在传统的以公示、建言和听证为主的单向听取意见基础上，拓展到双向的协商对话模式；在参与的内容方面，推动旧区居民全方位、全过程的参与，除加强改造前期对旧区居民需求的调研外，也要体现居民在决策和监督阶段的作用，使决策更加符合旧区居民的切身利益。此外，针对我国旧城改造中旧区居民参与的能力较为薄弱的现实，政府要加强面向旧区居民的知识教育与培训，积极宣传旧改工作的内容与意义，进一步扩大旧改信息公开范围，切实提高旧区居民的实质性参与水平。

通过研究，得出如下结论：（1）协同治理是时代背景下旧城改造发展的必然趋势；（2）旧城改造协同治理必须着重加强政府间协同关系的制度建设，解决旧区居民参与水平不足、社会企业参与渠道阻滞的问题，努力形成政府、社会企业、旧区居民三者之间的平衡关系；（3）旧城改造协同治理制度的关键是一种流程性制度，即保障旧城改造治理主体的利益诉求，明确治理主体的职能和相互关系，优化协同治理的运作流程和制度；而推进旧城改造协同治理制度的实现，则需要进一步完善协同治理的制度安排，加强府际协同，建立社会企业参与旧改的渠道，提高旧区居民参与治理的力度和能力。

第三节　社会风险评估"五步工作法"

所谓社会稳定是社会治理的可被描述为社会秩序处于一种相对平稳、安定的运行状态。社会之所以有序是因为生活在这个社会中的成员和社会团体认可现存的社会结构和社会关系，自觉遵守现有的社会规范。所谓社会风险，是由个人或团体反叛社会的行为所引起的社会失序和社会混乱的可能性。社会风险评估是对社会保持持续性地处于相对平稳、安定、有序的运行状态，防止社会行为引起的社会失序和社会混乱，在需要的时候，综合运用各种科学技术方法，对社会状态以及构成稳定威胁的各种显在或潜在的风险因素进行识别、分析，以及在此基础上做好风险防范、矛盾化解与管理工作的一系列活动的总称。

一、社会风险评估的实践和学术研究

从 2005 年四川省遂宁市在全国范围内首次推行重点工程项目的社会稳定风险评估开始，全国许多地方政府都进行了试点，如 2005 年浙江省台州市天台县，2007 年江苏省淮安市、浙江省舟山市定海区等。之后，山东、辽宁等省相继把重大事项社会稳定风险评估制度引入政府工作中。各地因地制宜，形成了不同的模式，如四川"遂宁模式"、山东"烟台模式"、浙江"平阳模式"及江苏"淮安模式"等。从 2009 年 12 月全国政法工作会议的全面部署到党的十八大报告中正式提出"建立健全重大决策社会稳定风险评估制度""加快形成源头治理、动态管理、应急处置相结合的社会管理制度"，至今，全国绝大多数省、自治区、直辖市已先后建立起了社会风险评估制度并在实践中逐步推进，重点是对重大事项社会稳定风险评估。

学界对社会风险评估的探讨，国内学者主要在理论基础、制度设计、制度运行实践、评估方法、分类分领域评估等方面对社会稳定风险评估进行了研究。童星在1989年提出，从社会控制论的角度来考察，中国改革的实质就是由以国家为中心的集中统一控制模式转换为社会自身分散协调的控制模式，在这一转换过程中要经历一个很长的风险时期，社会系统的运行状态要比平常发展时期复杂得多。[1] 宋林飞在1995年提出，中国正处于工业化加速时期。一方面加快了资金、人才与技术的积累，另一方面使得社会矛盾、冲突甚至危机因素趋向活跃。他构建了一个社会风险指标体系，以估量中国社会中人们经受社会性损失与痛苦的程度，包括社会风险指标选择方法的界定，社会风险预警综合指数、核心指数及社会波动机制与统计规律。[2] 此后，有很多学者致力于社会风险评估研究，提出运用分析-协商公共决策模式、影响评估理论、利益相关者和公民参与理论、否决点理论来构建一个较为完整的理论框架，从社会矛盾预控、维护社会稳定的角度对建立重大事项社会稳定风险评估制度的必要性和可行性进行了分析；提出了社会稳定风险评估制度的原则、评估范围、评估内容、评估组织、评估程序、责任制度等；以及对国外社会风险评估的大量介绍，集中在风险识别方法、风险分析方法、风险分级方法、风险控制方法。

对社会风险评估的实践发展和学术研究还是比较浅层次的，大多是将社会风险评估视为一项纯技术性工作，就如使用一款电脑软件，只要编制好了程序，输入命令，就能运算出最优结果。然而，笔者从在上海、江苏、浙江等较早开展社会稳定风险评估的多个省、市、区（县）的实地调研发现，该领域的制度仍处于起步阶段，实施过程中形式主义盛行，政策文本与政策执行之间存在着较大差距，制度效能未达到预期效果，近年来由重大项目、重

① 童星：《社会改革控制问题的几点探讨》，《江苏社联通讯》1989年第2期。
② 宋林飞：《社会风险指标体系与社会波动机制》，《社会学研究》1995年第6期。

大决策导致的社会冲突数量与程度持续有增无减，有的甚至出现原始矛盾激化、事态升级的风险治理悖论，大规模群体性事件有增无减。

就此而言，社会风险评估制度作为以维护社会稳定为目标的一种前置性预控手段，是什么导致了手段对目标的偏离甚至是替代？评估者良好的动机，按制度、规章操作的过程为何不能保证该项制度功能的有效发挥？对以上问题的回答，首先要质疑将社会稳定风险评估作为一种纯粹技术性工作的观点，无论是重大决策还是重大项目的社会稳定评估，其评估对象的本质在于相关者的利益诉求和态度倾向，诉求和倾向无疑是价值依赖的，对价值依赖的因素进行判断相当程度上要凭借评估者的经验理性和主观辨识力，而绝非仅仅运用复杂化的科学工具就可解决问题。更进一步，笔者对调研资料进行仔细分析和深度思考后发现，这种手段对目标的偏离和替代的背后折射出的是评估者与决策者对社会稳定风险评估制度实效性的认知误区：体现稳评工作的实效性的是一本本厚厚的评估手册、评估台账、评估报告，是各级官员"应评尽评"的决心和已评项目、决策的数量。实则不然，重大事项社会稳定风险评估制度功能的有效发挥，在于项目、决策所涉利益相关者的利益诉求和态度倾向的充分表达和正确识别，在于这些诉求和态度对最终决策的实质性影响力，在于各种风险预控措施的有效性。简言之，导致目标偏离和目标替代的原因直指将稳评视为一种过程取向的"技术游戏"，将"评估"当作"稳定"的充分条件，关注投入和过程而非产出和结果。因此，解决目标偏离和目标替代问题之关键，是在实践中秉持并践行结果导向的重大决策社会稳定风险评估理念。

二、过程控制与结果导向兼顾的社会风险评估

社会风险评估制度作为中国政府社会管理体制创新的重大举措，在进行制度设计和实施评估时，应关注结果性的实际效果而非过程性的规则控制。这一论断，是在对重大事项社会稳定风险评估进行系统分析，同时对该系统

的外显目标、内在功能和深层价值进行阐释的基础之上得出的。就本质而言，重大事项社会稳定风险评估是一个包括维护社会稳定子系统、公共决策子系统及利益相关者参与子系统三部分在内的整合性系统，该整合性系统的有效性取决于每个子系统的有效性，即每个子系统在不同层次上为实现整合性系统的有效性承担着不同的功能，且各子系统功能的发挥或者说有效性的实现是以各自的输出结果为判断标准的。

（一）维护社会稳定子系统

该子系统直接关系到社会稳定风险评估直接目标的实现，即通过在制定和实施各种重大决策与重大项目之前，对这些决策和项目可能直接引发或间接派生的，对社会稳定构成威胁的各种显在或潜在的风险因素进行识别、分析，在此基础上做好风险防范、矛盾化解与管理工作。简单地说，就是尽力降低重大决策或重大项目引发社会不稳定事件的可能性，尤其是尽可能减少包括维权行为、社会泄愤事件、社会骚乱、社会纠纷和有组织犯罪等在内的群体性事件的发生。日益增加的维稳成本、与维稳成本成反比的社会稳定程度催生了重大事项社会稳定风险评估制度的建立。该系统功能的发挥，首先，根据公共决策子系统的输出向该子系统的输入，即在重大事项的决策形成之初对其内容可能包含的社会风险源进行预测，并结合利益相关者参与子系统的输出向该系统的输入，对涉及该决策的民意诉求和态度倾向进行分析，对潜在风险源进行识别、排查。其次，最重要的是充分运用行政、法律和经济等手段，对确定的风险源实行分类管理，制定有针对性的、切实可行、行之有效的风险预防和控制措施及矛盾化解方案。最后，将识别出的险源、制定的预控措施作为该子系统的输出，以稳定评估报告的形式输入到公共决策子系统，以期对最终决策产生影响。只有这样，该子系统才能实现事前防范群体性事件的外显目标，其有效性则间接体现在促使维稳模式从"控制"到"协商"，从"被动"到"主动"，从"救火"到"防火"的转变。

（二）公共决策子系统

该子系统承担着社会稳定风险评估的内在功能。社会稳定风险评估制度的建立，除了降低群体性事件的发生率这个直接目标外，还具备以下几个重要内在功能：（1）为制定决策获得更加充分的信息，提高公共决策的质量；（2）增加公众对公共决策的理解和支持度；（3）高质量、受欢迎的公共决策将大大降低公共决策的执行成本；（4）最终推动这个公共决策体制的科学化和民主化进程。将以上这些称为"内在功能"，是因为与预防不稳定事件发生这个直接目标相比，前者更多地以间接的形式表现出来，且产生的积极影响更为深远。若使公共决策子系统能够发挥以上功能，则需一方面将该系统向利益相关者和公众开放，使利益相关者参与系统的输出能够进入公共决策子系统，决策时耐心、充分听取他们的利益诉求和意见，对分歧和异见保持开放包容的态度；另一方面，与利益相关者和公众分享决策影响力，也就是要在最终决策时考虑和采纳利益相关者和公众的诉求和意见，要做到这一点，就要将由维护社会稳定子系统发出的输入作为决策的必要依据，重视由维护社会稳定子系统确定的风险源，并积极实施和采纳风险预控措施和矛盾化解方案。唯此，才能提高决策质量并进而为公共决策争取更多的公众理解和支持，推进公共决策体制的民主化和科学化。

（三）利益相关者和公众参与子系统

该子系统体现着社会稳定风险评估的深层价值。这种深层价值就是民主的价值。世界范围内，"参与"已超越"选择"而成为当代民主政治的核心。积极参与到关涉自身利益的政策、项目工程的决策之中，无疑会对公共讨论氛围的形成和公民参与能力的提升起到积极的促进作用，最终，推动从"民享、民有"到"民治"、从官僚行政向民主行政的转变。社会稳定风险评估，风险源识别是重中之首，根据社会心理学理论和利益相关者理论，未受补偿的他致型损失最容易引起社会失范行为，即风险源最可能潜藏于未被满足或被忽略的利益诉求点之中。而面对多样化的利益诉求和复杂化的利益结构，在进行社会稳定风险评估时充分吸纳利益相关者和公众的参与，就成为风险源识别的重要途径。利益相关者和公众参与子系统的效用取决于参与者的愿望，参与者的参与能力、参与方式及诉求表达途径的现实状况。该系统的输出，即包含利益相关者的诉求和民意的社会稳定风险评估报告，直接体现了该子系统的有效性。因为，只有在评估结果中充分包含民意，才有可能在运用评估结果时体现利益相关者和公众的民主参与的深层价值。

以上三个子系统的关系如图9-1所示，可对该图做如下说明：（1）三个子系统的输出作为输入分别进入其他两个子系统，各子系统间相互联系，形成一个功能相互依赖的整体。对此，上文已做出详细说明。需强调的是，各子系统功能的有效发挥的关键在于，与各子系统的输出相伴产生的结果，例如，对于利益相关者参与子系统而言，民意诉求的表达只有能形成一个包含民意的评估结果，才可体现出社会稳定风险评估的深层价值。（2）社会稳定风险评估作为一个整合性的系统，有效性是其直接目标、内在功能及深层价值共同实现的综合性结果。（3）图中未能将专家学者的意见作为要素纳入该整合性系统之中，并不是排斥或忽略专家学者的重要性，此处仅是为了分析框架的简明性，专家学者的意见固然是社会稳定风险评估中必不可少的一部分。

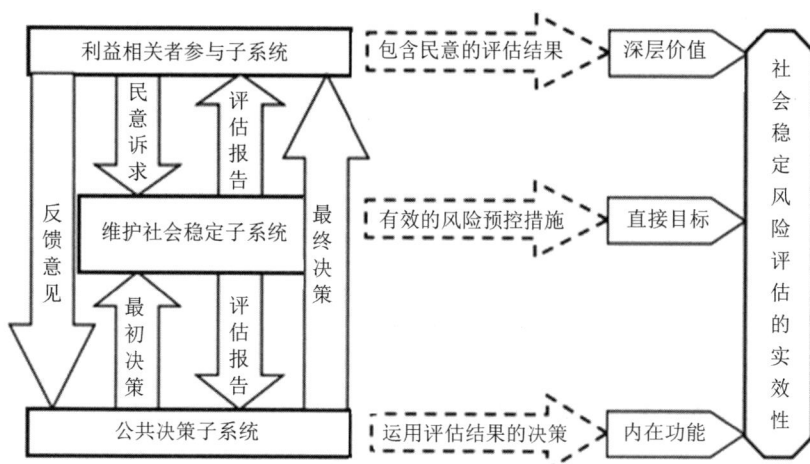

图 9-1　重大事项社会稳定风险评估整合性系统分析

三、"五步工作法"　在 H 市汽车总站搬迁项目社会风险评估中的运用实例

（一）H 市汽车总站搬迁项目简介

H 市汽车总站地处 H 市中心 QH 区核心地段，与工农路、大治路相邻。该站是 SB 地区公路客运的枢纽，国家一级客运站。现有在岗员工 530 余人，拥有客运班线 300 余条，客运班车 400 余辆，客运网络覆盖十七个省市。车站位于汇通市场中心，站内有 HQ 商务公司。北边紧邻 HT1、2、3、4、6、7、8 区的服装、百货、家电市场；南边紧邻 HT10 区的鞋城、家具市场；西边紧邻食品城、五金市场、布匹市场，市行政审批中心；东北紧邻 HT5、9区的服装城。

H 市长途汽车客运站规划布局：根据《H 市城市总体规划（2008—2030）》及综合交通规划，H 市区公路汽车客运站经调整后共 5 个，分别是公路汽车客运总站，汽车客运北站，汽车客运南站，开发区汽车客运站，CZ

汽车客运站。实施对原客运总站逐步分流过渡，至2014年原汽车客运总站取消。

（二）"五步工作法"

H市汽车总站搬迁项目的稳评工作按照确定责任主体、收集社情民意、汇总分析论证、运用评估结论、跟踪评估事项的"五部工作法"，展示了如何将结果导向型理念落实到"稳评"的实践之中。

1. 明确责任主体，制定评估方案

H市汽车客运总站搬迁工程稳定风险评估工作由市交通局与市运输管理处担任评估责任主体，成立了由市运输管理处、HQ集团、HY工学院参与的课题调研组，按照职责分工不同明确各相关部门的工作责任，并建立联席会议制度。坚持把"稳评"工作作为前置程序，坚决做到不评估不实施，并严格执行一把手负责制。

2. 收集社情民意，实施重点论证

这一阶段涉及利益相关者和公众参与子系统，决定着社会稳定风险评估深层价值是否能够得以体现。在"稳评"工作中深入群众，通过下发调查问卷、设置群众意见箱、开通维稳热线电话、走村入户召开群众座谈会、听证会等各种形式，收集听取群众意见，让公众有充分的知情权、参与权和话语权。该项目的稳评过程中，调研组主要采用以下四种方法对该项目可能存在的社会风险源进行识别。（1）访谈法。调研组多次走访了市规划局、市公安局QH分局、市工商局QH分局等部门和单位，与主要相关工作人员进行深度访谈。（2）观察法。调研组以匿名的方式进入H汽车总站、H汽车客运北站、H汽车南站，以及周边经营业主较为集中的HT市场、布匹市场、五金市场、食品城等了解具体情况。（3）交通调查法。调研组对HH北路与工农路、大治路、健康路三个交叉路口进行了交通调查。（4）问卷调查法。调研组针对周边市场商户共发放了250份商户调查问卷（有效回收问卷235

份）、100 份旅客调查问卷（有效回收问卷 89 份）。

通过实地走访，调研组明确了 H 市汽车总站搬迁项目所涉利益相关者及其诉求。

一是 H 市政府及相关职能部门，主要是交通运输管理部门，其利益诉求表现在：（1）通过汽车总站搬迁减轻 HH 北路主干道高峰时段交通压力；（2）适应社会发展需要，进一步完善车站功能；（3）完善汽车总站周边流通市场配套设施，促进流通市场协调发展；（4）提升城市形象，促进城市的协调发展。二是周边商贸经营业主。作为营利性的经济主体，其诉求必然包括：（1）商铺的经济效益不断提升或至少不变；（2）商铺的保值增值；（3）便利的交通条件，以降低经营成本。三是周边商贸组织的顾客。由于原车站被 HT 市场包围，HT 市场的顾客主要来源于汽车总站运送的 H 市周边县市采购者，所以对于消费者来讲，商品和服务的较高的可得性和较低的购买成本，同时能够保持原有的消费习惯，就自然成为其首要诉求。四是客运经营承包者与客运班线运营者。客运班线和客运承包商是该项目的主要目标群体之一，其利益诉求集中于尽可能地通过增加乘客数量来提高经济收益。五是旅客。旅客作为搬迁后的汽车总站的最终使用者，集中关心以下问题：搬迁后的汽车站是否功能齐备？能否与其他基础设施相互协调适应？出行时间、出行费用、出行的便利性是否受到影响？搬迁后车站的使用是否安全，是否具有质量保证？原有的乘车习惯是否会被改变？等等。

3. 汇总分析论证，识别潜在风险源

能够有效识别风险源，直接关系到社会稳定风险评估直接目标的实现。以风险源隐藏于违背利益诉求之中的理论假设为逻辑起点，调研组对可能出现的不稳定因素的成因、涉及人数及规模、发展趋势进行评估和严密论证，并逐一识别各种潜在社会风险源。调查发现，随着汽车总站搬迁和汽车北站启用，触及依托在原汽车总站周边的多个商贸市场经营户的利益，在这些经营户中，青壮年较多，外来人口较为聚集，如对其经营形成较大冲击，可能会带来一些不稳定因素。同时，还将改变市民多年来的出行乘车习惯，短期

内势必会影响一些客运线路经营者的经营效益。

具体而言，基于调研梳理出的利益相关者及其诉求，可对搬迁项目中所存在的社会风险源做如下分析：

（1）对周边商贸单位的经营的影响。H 市汽车总站地理位置和功能决定着对周边商贸单位的影响。车站的搬迁势必会因顾客消费习惯的改变，使众商贸经营业户的经济利益暂时受损。同时，由于客运班线的分流，整体搬迁后可能会分流一些顾客，造成商户经济利益阶段性下降；商铺贬值，经营业主的投资缩水等问题会导致社会的不稳定。根据对各市场的商贸经营业户问卷调查，100%的业户认为汽车总站搬迁对自己经济效益有很大影响。

（2）对 HQ 集团部分运营商的影响。主要包括三个方面。一是对客运班线的影响。汽车总站搬迁后，长途班线不再具有直接开进市中心的优势。长途分流之后，与短途线路的衔接要靠公共交通来完成。部分旅客会选择其他出行方式，会造成个别线路经营效益下降。二是对部分承包客运经营者造成的影响。根据对 HQ 集团公司内部承包客运经营户进行问卷调查结果显示（发放 50 份，回收 34 份），52.9%的客运经营户认为汽车总站搬迁会对自己的效益带来负面影响，不赞成总站搬迁。另一方面，对总站实施车辆分流后，涉及进入总站经营但是未进行公司化改造的班线还有 70 余条，运营客车 120 余辆，经营业主 150 余人，这些经营业主认为总站搬迁可能带来短期效益下滑，效益持续下降的线路极可能发生甩包行为，这也将对社会稳定构成威胁。三是搬迁的成本承担。按照 H 市城市规划，汽车总站应在 2014 年前完成整体搬迁。在此期间，HQ 集团需要投入大量资源进行新车站的建设、运输网点的持续布局、新车站的宣传、稳定客源等，会产生较高的搬迁成本。

（3）对旅客出行的影响。对旅客出行的影响主要体现在出行时间长、出行费用增加、出行便利性下降。H 汽车总站位置向市区边缘迁移，部分旅客到车站乘车距离增加，中转时间延长，对进出 H 市区的乘客带来不便是显而易见的。根据对车站旅客问卷调查，71.9%的旅客认为汽车总站搬迁对自己的出行带来不便，35.5%的旅客表示将会选择其他交通工具出行。

（4）对客运市场秩序的影响。H市汽车总站搬迁后，因乘客的长期乘车习惯，给"黑车""黄牛"留下了生存空间，加大了交通安全的管理难度。短期内可能会影响部分客运班线秩序。

4. 运用评估结论，落实维稳措施

评估结果对政府最终决策应产生实质性影响是结果导向型稳评的核心要求，该阶段的工作主要在公共决策子系统内部完成，承担着社会稳定风险评估的内在功能。调研组的评估结果表明，绝大多数所涉利益相关者对该搬迁项目持否定态度，风险源分布人群较为多样，所涉公众数量较大，尤其是原汽车总站周边多个商贸市场经营户的利益，这些经营户中，青壮年较多，外来人口较为聚集，如对其经营形成较大冲击，可能会带来较多不稳定因素，极易引发群体性事件，严重危害社会秩序与公共安全。H市的社会稳定风险评估工作的相关制度明确规定："对没有通过'稳评'的项目，坚决不准实施，对存在一定风险的，在落实风险化解工作措施后方能实施。"根据这一决策标准与调研组的评估结果，H市政府最终决定暂缓汽车总站的搬迁项目；在根据规划新建其他客运站的同时，妥善处理原客运站利益相关者的诉求，在风险因素得到有效消解后再稳步推进搬迁工作。在该案例中，风险点就是否决点，评估结果对H市政府的最终决策产生了实质性影响，真正发挥了稳评作为重大事项实施前置条件的决定性作用。

5. 跟踪评估事项，严格考核制度

虽然该搬迁项目暂缓实施，但根据H市的整体交通规划，原客运总站的搬迁工作最终仍会列入政府议程。因此，H市交通局与市运输管理处作为评估责任主体，积极与商业局、财政局等相关部门协作，并联合社区、街道等基层自治组织，对反对搬迁的利益相关者采取妥善的矛盾化解措施。比如经过政府部门与商户的协商决定，原布匹市场的大部分商户同意整体搬迁至新建汽车客运南站，政府将对搬迁商户给予一定的税收减免与店铺购买折抵、租赁优惠的补偿政策。同时，坚持全程跟踪并做好后续评估，及时发现和化

解实施过程中遇到的矛盾和问题，确保决策的贯彻执行和项目建设的顺利推进。

与此同时，更为重要的是，H 市把"稳评"工作和目标考核、干部考核相联结。2007 年起，H 市对"稳评"工作进行专项考核，2008 年纳入各县区及市直机关年度目标考核，2009 年纳入全市社会治安综合治理和平安创建考核。同时还坚持把"稳评"工作纳入干部队伍政绩考核，坚决实行干部任用稳定工作"一票否决制"。这种正、负强化相结合的稳评激励制度使得各级官员树立起"稳定也是政绩"的观念，为其主动践行推动结果导向型的稳评理念提供了强大的内在动力。

三、基于"五步工作法"的社会风险评估制度设计

"五步工作法"的核心要义是社会风险评估以民意为重，关注绩效。具体设计评估制度要做到以下几点。

(一) 利益相关者和公众的民意诉求能充分体现于评估结果中

这是对利益相关者参与有效性的要求。调研中，许多从事维稳工作的政府官员常常抱怨评估过程中民意收集十分困难，公众参与的积极性不高，参与者的代表性较低，致使收集得来的意见诉求不能真正反映社情民意。其实，这不仅仅是一个使用科学的调查、抽样方法的技术问题，还涉及一个更为重要的公众参与激励问题。长期以来，"压力型"的政治体制和"强国家、强政府"的治理模式，挤占了公民社会发育的空间，由政府发起的公众参与大多呈现出"口号多、行动少，被动多、行动少，重形式、轻内容"的"动员型"特征，致使重大决策、项目的利益相关者与公众严重缺乏积极参与其中的激励。评估者必须预先对民意诉求对评估结果的影响力做出承诺，才能提升公众对于其参与有效性的理性预期，更加积极、充分而真实地表达自己的意见和想法。除此之外，险源的正确识别很大程度上依赖于利益相关

者的充分参与，风险源最可能潜藏于未被满足或被忽略的利益诉求点之中。因此，以分享影响力的制度性承诺来激发公众参与的热情，同时将其意见和诉求充分体现于评估结果中，是保证评估实效性的不可或缺的基础。

（二）评估结果对政府最终决策应产生实质性影响

这是对社会稳定风险评估对重大项目、决策最终决断影响力的要求，直接关系到评估结果的运用。虽然许多地方政府在有关社会稳定风险评估的规定、办法中都将社会稳定风险评估作为重大事项实施的前置条件、必经程序、刚性门槛，但通过对稳评实践的深度观察，同时对维稳官员的深度访谈后发现，风险评估在公共管理实践中的准确定位是：辅助决策而非替代决策。这种定位意味着评估报告及其包含的评估结果的运用及其效力发挥取决于实际否决权的归属。"风险评估意义很重大，但效果很一般"，一位有着多年工作经验的维稳办官员曾在调研中发出这样的感慨。"评估报告、意见和应对措施报上去，就放在那里，采不采纳就不是我们说了算了。"理论上说，风险点就是否决点，实践中，少数地方政府赋予了维稳部门对于重大项目的否决权，但就大部分的维稳部门而言，其法定权力和决策地位极为有限，尤其是对重大政策、改革措施来讲，稳评报告仅作为决策者的参考性文件，而并没有真正将其作为决策依据。如果说包含民意诉求的评估结果是稳评实效性发挥的基础，那么这一评估结果能否对重大事项的最终决断形成影响力则是稳评实效性发挥的关键。评估报告不会自动化解社会矛盾、维护社会稳定，不将评估结果真正运用起来，仅仅为了评估而评估，就会让稳评从一种"时尚"变为"鸡肋"，不但没有发挥实效，更增加了行政成本，造成资源的无谓浪费。

(三) 关注稳定风险评估质的提升，而非仅追求量的增加

也就是重视对评估活动本身的绩效评价。以多、快取"胜"的行事思维长期以来影响主导着中国各级政府的"运动式"管理实践。对特定任务的逐级分解、层层加码成为此项工作受到党委、政府重视的主要标志。如某地关于重大事项社会稳定风险评估工作的部署文件中就规定实施稳评的量化指标："2009 年启动 3 件以上，2010 年 10 件以上，2011 年 5+20 件，2012 年 20+100 件。"这看似是一个将稳评工作逐渐推进的过程，但殊不知，体现稳评工作成果的并不是一本本厚厚的评估手册、评估台账、评估报告，也不是各级官员"应评尽评""全覆盖"的决心和已评项目、决策的数量，而是评估本身的质量和绩效，即稳评是否以相对较低的评估成本有效识别出风险因素的存在？经过稳评而允许实施的重大事项是否有效避免了各种危害社会稳定的事件发生？也就是说，关注稳评质的提升，首先，对整个社会稳定风险评估过程进行科学的"成本—收益"分析；其次，设计科学的指标体系对稳评工作绩效进行评价，才能尽可能避免稳评过程中走过场的"形式主义"，将稳评工作落到实处。

(四) 重在矛盾化解与风险预控，而非崇尚技术的复杂性

稳评实践中，存在着两种极端现象，一种是评估者不知如何运用复杂的量化评估技术，仍以自身的主观经验作为判断依据；另一种就是过分追求评估过程的复杂性，试图以方法和工具的"科技含量"来保证评估结果的可靠性和有效性。第一种倾向可通过系统化的培训来纠正，而对第二种倾向，一位接受访谈的官员做出了这样的评论："我们花十几万甚至几十万请第三方机构来做评估，出来的评估报告满篇是令人眩晕的公式、模型，而我们只关心两个问题：一是风险是什么，矛盾在哪里？二是怎样预控风险，化解矛盾？好像越复杂就越高级，但实际没有什么用，还得靠我们自己的经验研

判，这不就是劳民伤财么？""我们不关心他们用多复杂的模型来计算出风险的等级，我们只关心处理问题的方法。"诚然，科学的评估技术和方法的运用无疑会对提升评估结果的可靠性和有效性起到积极作用，但是，社会稳定风险评估关注的是项目、决策的社会可行性，而不是经济和技术的可行性。被确定为微弱级的风险因素也极可能会引发不稳定事件，被确定为最高级的风险因素却有可能相安无事。再小的矛盾也可能被激化，再小的风险也可能爆发。因此，无论使用多么复杂的技术方法将风险划分为多么合理的层级，结果导向的稳评，关键在于风险应对措施和矛盾化解方案的可行性和有效性。

（五）建立正、负强化相结合的稳评激励制度

一方面，为结果承担责任是必要的，另一方面，激励机构决定绩效。虽然部分官员已经意识到"发展是硬道理，是第一要务；稳定是硬任务，是第一责任。发展是政绩，稳定也是政绩"，然而，笔者在调研中接触的绝大多数地方政府在现阶段主要依靠的还是"惩罚"性质的负强化的责任制度。一是"一票否决"，将风险评估列为"一把手"工程，将其纳入社会综合治安治理和平安创建考核体系，对应评未评或未严格执行评估要求而引发大规模不稳定事件的地区、部门、人员在考核中实行"一票否决"，取消年度一切奖励或荣誉机会。二是"责任倒查"，即在实施重大事项过程中，对应评未评或未严格执行评估要求而引发大规模不稳定事件的地区、部门、人员进行调查，并依法追究行政责任，党纪责任及法律责任。事实上，无论是"责任倒查"还是"一票否决"都还是一种后置性的负强化追责制度，这种事后的负强化制度并不足以保证"前置防范"目标的实现。确保稳评工作的顺利开展并取得实效，需要前置性的正强化激励制度作为补充，即不仅对应评未评或未严格执行评估要求而引发大规模不稳定事件的地区、部门、人员进行履职倒查，实行一票否决，还要对应评尽评且通过稳评有效地防范风险、化

解矛盾从而避免不稳定事件发生的地区、部门、人员进行褒奖、表扬。让各级官员树立起"稳定也是政绩"的观念，而非仅将"不稳定"视为"雷区"，以此在强化责任意识的同时，进一步提升各级官员尤其是决策层官员开展社会稳定评估的主动性。

（六）加强部门间、府际间的协调与配合，创建"协同政府"，打造"无缝决策"

有位官员形象地将社会稳定风险评估比喻为"盲人摸象"："其实稳评工作之前一直都在做，只是不同部门各做各的，你摸到一只鼻子，我摸到一只脚，现在是要将大家集合起来，互相协作，一起将风险这只'大象'还原出来。"社会风险评估作为一项系统工程，必然要求政府管理从分散走向集中，从破碎走向整合。许多情况下，包括决策的提出部门、政策的发布部门、改革的前头部门、项目的报建部门、重大活动的组织部门等在内的评估主体并非由单一部门担任，而是由同级政府的不同部门，不同层级的部门及跨区域、跨层级的政府部门共同实施。破碎化的"各自为政"不仅降低了"谁主管谁负责"和属地管理原则的指导力，更妨碍了稳评工作的顺利进行及其成效。因此，有必要通过建设"协同政府"来整合各种资源和力量，确保社会稳定评估的实效性。根据整体性治理理论，"协同政府"的特征在于部门间及府际间的目标和手段相互增强，且以手段相互增强的方式来实现目标。要在稳评中创建"协同政府"，首先，各部门、各政府在社会风险评估的重要性和必要性等方面形成正确认知，并就这项工作的目标、任务达成共识，明确各自的职责承担；其次，在具体实施评估时，建立部门间、府际间的信息沟通和分享制度，通过协商、协作、互助来减少评估决策中的"缝隙"，以"无缝决策"来有效地化解矛盾、预控风险。

第十章　行政管理智库研究

行政管理制度创新研究是政治性、政策性、理论性、实践性都很强的工作，但是在一定意义上说，归根结底是一项应用性研究——为国家行政管理制度建设、完善、发展、创新服务。必须要有适用的方法。因此，在研究行政管理制度创新的同时，需要建构研究行政管理制度创新的方法论，特别是建构为制度创新实践体系提供智库产品的方法论。本章探讨智库对制度创新研究需要遵循的一般规律，以及介绍智库的实践经验。

第一节　智库 5T 理论

智库（Think Tank），又称作思想库、脑库或智囊团，是"一种相对稳定的且独立运作的政策研究和咨询机构"①。张康之等人认为，智库是"指独立于政府和企业之外的从事政策分析和政策研究的非营利性学术机构"②。詹姆斯·麦根（James McGan）认为智库是"就国内或国际问题开展政策导向的研究、分析和建议，以便政策制定者和公众能够对公共政策问题做出正确的决策的公共政策研究、分析和参与机构"。我们认为，凡是独立地从事

---

① 朱旭峰：《"思想库"研究：西方研究综述》，《国外社会科学》2007 年第 1 期。
② 张康之、向玉琼：《美国的智库建设与 MPP 教育》，《中国行政管理》2014 年第 9 期。

政策分析和研究，为政府、企业及大众提供政策咨询和建议的组织，均可称作智库。

一、现代智库的产生与发展

（一）公共管理、行政管理理论的发展催生智库出现

1. 政治-行政二分与现代智库的产生

政治与行政二分法是政治学、行政管理学的重要理论。伍德罗·威尔逊（Woodrow Wilson）在其论文《行政学之研究》中提出这一原理，弗兰克·古德诺（Frank Goodnow）对其进一步阐述与发展，认为政治是表示国家意志的领域，行政是实现国家意志的方法和技术，行政不应受政治权宜措施及政党因素的影响。人类进入工业文明后期，政府管理的复杂性日益增加，逐渐产生了政治管理与行政管理的分离，政治主要承担决策的功能，行政主要承担执行功能。由此产生了行政管理、公共行政等理论。

在政治与行政未分之前，行政充当了政治的"参谋"加"执行"的技术性工作的角色，因此不存在独立于体制外的专司咨询的作为专门机构的智库。当行政从政治中相对分离出来后，政治和行政都缺少了专门提供技术性"参谋"的机构，于是，现代智库便应运而生。

2. 行政学的二次二分与现代智库的兴起

随着工业化的快速发展，政府公共管理的复杂性、不确定性也日益增加，社会对政府公共服务的要求也越来越高。在科学管理运动的推动下，卢瑟·古立克（Luther Gulick）、赫伯特·西蒙（Herbet Simm）、克里斯托弗·胡德等西方学者将企业管理的方法引入政府，行政管理也随之继续分化，产生政策分析、绩效评估、风险治理、危机管理、电子政务等新型管理工具，管理工具从管理技能中逐渐剥离出来，管理技能被分为管理工具和掌握工具的技能，催生出新公共行政、新公共管理等理论。新型政府管理工具的诞生和发展，使得管理更加精细化，行政学中的价值理性引发人们更多的关注，

促使政府职能由管理型逐渐向服务型转变。与此同时，市场对服务业的发展提供的强大的动能，市场细分导致高端智力成果也迅速商品化，任何决策者在做重大决策前都希望得到智库的支持。于是，智库进入了市场经济的汪洋大海，成为活跃的市场主体之一。

3. 国家治理现代化催生现代新型智库的勃发

在推进实现国家治理体系与治理能力现代化的大背景下，建设现代政府需要从统治型政府、管制型政府向服务型政府转变，增强政策的回应性。而现代政府职能的转变有赖于一种新的管理工具的服务和支持，智库机构的重要性进一步凸显出来。通过对公共政策问题的研究为政策制定者提供建议和方案，为社会经济发展提供智力支持，对公共问题的密切关注和持续化研究，是智库的核心特征。2015 年中央办公厅、政府办公厅出台的《关于加强中国特色新型智库建设的意见》中明确提出：中国特色新型智库是以战略问题和公共政策为主要研究对象、以服务党和政府科学民主依法决策为宗旨的非营利性研究咨询机构。目前我国新型智库的主要类型有社科院智库、党校行政学院智库、高校智库、高水平科技创新智库、企业智库和社会智库六类。

二、现代新型智库的定位

党的十八届三中全会通过的《中共中央关于全面深化改革若干重大问题的决定》，首次提出了"推进国家治理体系和治理能力现代化"这一说法，强调：推进国家治理体系和治理能力现代化，就是要使各方面制度更加科学、更加完善，实现党、国家、社会各项事务治理制度化、规范化、程序化，善于运用制度和法律治理国家，提高党科学执政、民主执政、依法执政水平。在此之前，政府更多强调管理，即加强政府的管理能力，加强政府的监管、监控，现在更强调治理这个新概念，在中央文件里正式强调治理的核心价值。学术界一般认为治理的概念包含了共治、共管的含义，即由政府和非政府组织来共同管理社会，实际上就是政府、社会和企业共同合作，共管共治。智库的出现呼应了政府由加强管理向共管共治的这种转变，智库参与政府治理对于国家治理能力和治理体系现代化具有重要的现实意义，主要体现在三个方面。

（一）智库为政府与不同主体搭建共享平台

政府部门与企业、高校、社会等不同主体既相互独立又紧密联系，有效实现政府治理需要协调政府与不同主体之间的关系，使不同主体协调发展、相互配合，从而实现国家有效治理的目标。如何有效协调不同主体的利益与冲突，建立不同主体对共同目标的认同，需要智库通过搭建互通、互联的共享平台来为多元主体达成共识服务。智库通过对政府政策的解读，增进社会对国家发展方向和政策方针的理解和认同，促进政府实现治理能力的发挥和政府治理现代化的建设。

（二）智库为政府实现科学治理提供智力支撑

随着经济社会发展，政府公共治理问题变得日益复杂化，对政府治理能力的要求进一步提高，需要更加系统、专业的知识来解决。作为智慧、知识与思想集聚于一体的智库，越来越成为政府公共治理过程中不可或缺的重要主体。智库通过不同领域、不同层次的专家对公共治理过程中出现的多元化、复杂化问题进行持续系统的跟进和专业、深入的分析，提出有针对性、可操作性强的决策咨询建议，为政府治理提供智力支持，为政府治理体系现代化建设提供持续动力。当前，我国进入全面建成社会主义现代化国家新发展阶段，全面深化改革的攻坚阶段，面临着复杂性和艰巨性前所未有的发展难题，加强智库建设和研究成为提升国家治理能力和实现国家治理体系现代化的战略需求。

（三）智库成为国家治理体系和治理中的重要组成部分

智库集聚了不同领域、不同学科的"大家"，这些专家、学者通常都对某一领域或行业有着多年研究，对专业领域有着前瞻性、预见性的理解。新型智库在国家治理中的重要作用之一就是对公共治理的战略规划和决策做出前瞻性的预判和分析。随着科技全球化和区域化的发展，需要借助前瞻性的战略管理工具、运用战略预见方法谋划区域科技发展已成为国内外科技发展战略制定的重要趋势。许多新型智库围绕国家重大战略和政策制定以多种形式展开研究，在一定程度上影响了政府的战略决策。

以长江三角洲地区智库建设为例。该区域是我国科技、人才资源最雄厚的地区之一。新型智库通过召开高端论坛、研讨会及学术交流会等会议形式，通过组织专家学者撰写学术论文、评论文章和研究报告等文本形式，对长三角一体化发展展开交流和建言献策，在社会中形成舆论热点，促使政府更加关注长三角一体化发展这一战略问题。2018 年 11 月 5 日，习近平总书记在首届中国国际进口博览会开幕式上的主旨演讲中提出，将支持长江三角洲区域一体化发展并上升为国家战略。长江三角洲区域一体化发展上升为国家战略，可以说有着新型智库战略预见推动的影响。长三角地区智库紧紧围绕长三角区域一体化发展、乡村振兴等国家重大战略课题，组建权威专家团队开展专题研究，为国家和区域科技创新发展建良言、献良策、出精品。

一个好的智库应该具备政治深度和人文热度，在政府治理中发挥导向作用。智库的声音在政府治理中有着无可替代的作用，发挥发展导向作用也是新型智库发展的重要责任。

智库的发展导向作用主要体现为政策的社会化教育。很多政策在执行过程中出现偏差、落实不到位的问题，往往在于政策出台后没有专门的机构对政策进行全面准确的解读，在传达过程中社会及公众对政策出现理解偏差甚至偏离，智库在此过程中通过政策解读，使社会及公众能够充分理解国家方针政策的重要意义和深刻内涵，发挥了政策教育和政治社会化的作用，对于推进国家民主化进程和提升社会凝聚力有着重要意义。

智库的发展导向作用还体现为公众政治素养的提升。通过主流价值观的引领和软法的约束能够有效解决公共治理中集体行为的三大困境（搭便车、囚徒困境、公地悲剧）所导致的合作障碍，人们将对合作产生合理、积极的预期，从而保证公共治理中多元主体和资源的有效整合和协同行动。智库利用 App、微信、网站等信息平台发声，发布宣传国家政策方针、最新研究成果等内容，使公众在潜移默化中提升政治素养和个人素养，建立正确的行为规范，还可以促使公众通过智库信息平台反馈个人诉求和意见建议，积极参与政府治理的全过程。

三、新时代优质智库产品形成机制

新型智库作为新时代推进国家治理体系和治理能力现代化的重要力量，在国家重大发展战略和方针决策的谋划与实施中发挥着重要的智力支撑作用。新型智库为政府决策服务的成效，取决于智库产品的质量，而优质智库产品的形成机制就是重中之重。

"5T"工作法是我们长期研究的体会结晶。"5T"，即"话题—难题—论题—命题—专题"。"5T"工作法是指通过提炼出公共管理的话题，从话题的关键点中找出难题，将科学研究成果概化为政府能够解决的论题，并转化为决策者和管理者的创新性命题，最终转化为政府管理的专题。智库"5T"工作法的有效实施有赖于人才队伍、成果等智库自身的建设和发展。

下面，以"服务型政府"这一重大行政管理理论与实践为例，说明智库"5T"工作法及其具体路径。

（一）以社会问题为导向，提出政府治理的"话题"（Topic）

政策议题的提出必须来源于社会问题与社会发展需求，智库要及时关注决策者以及社会大众关注的问题，需主动对接大专院校、企业、研究所，与他们加强互动交流，及时跟踪掌握专家学者对目前政府治理过程中的难点、热点问题的看法；另一方面，智库也要主动对接政府部门，及时了解政府部门自身的需求。将社会难点问题与政府治理需求相结合，建立起学术与政策、问题与需求的"直通车"，有的放矢地为政府决策提出话题和议题。总的来说，就是智库应该建立起以问题为导向的选题议题制度，针对重大社会问题展开讨论，吸引政府决策部门的关注和参与，为政府制定政策提供理论依据。

1994—1998 年是"话题"形成阶段。在此期间，大量的地方政府和专家学者参与了这些话题的议论：（1）正当全国在邓小平"南方谈话"激励下，全面实施社会主义市场经济，行政管理体制改革和公共服务滞后的现象开始出现；（2）山东烟台实施"服务承诺制"，大胆借鉴英国公民宪章运动，引入了政府服务绩效评估制度；（3）学术界开始谈论"服务行政"。吉林大学崔卓兰提出"服务行政"的概念，指出：由于市场经济的建立与发展，应该改变过去那种把人当作管理标的物的传统行政法理论，需要将政府的"管理"和"服务"融为一体，树立"管理即是服务"的思维模式。[1]福建省社科院陈泉生认为，现代行政法的主要内容应该是"服务"与"授益"。重心是"服务行政"，理论基础是"服务论"。[2] 张成福、党秀云认为，中国公共行政体系内部深层次的问题是"管制行政"与"服务行政"的冲突。他们认为，中国行政现代化的目标取向就在于建立市场化或亲市场的政府行政，使公共行政由国家权力的载体过渡为为公众提供服务的实体。[3] 马敬仁认为，在社会转型期，权威行政与党和国家所极力倡导的、正蓬勃生发但仍未确立的"服务行政"情结呈现出一种犬牙交错、相克相生的状态，而

---

① 崔卓兰：《行政法观念更新试论》，《吉林大学社会科学学报》1995 年第 5 期。

② 陈泉生：《论现代行政法的理论基础》，《法制与社会发展》1995 年第 5 期。

③ 张成福、党秀云：《中国公共行政的现代化——发展与变革》，《行政论坛》1995 年第 4 期。

"服务行政"将是我国政府、企业和社会管理发展的必然趋势。①

（二）以政策议题为导向，提炼出政策研究的"难题"（Troubie）

智库在提炼出政府治理"话题"的基础上，应该关注话题的新情况、新难题，如随着改革开放的深入推进，政府管理功能与服务功能的不匹配，公共服务滞后、政府机构臃肿职责不清、效率低下等问题出现。针对这一难题，展开深入的分析，正确认识各种难题出现的社会背景、产生原因以及主要表现，为政府解决难题提供科学的思路和方法路径，使政府在治理过程中针对"难题"精准发力，对症下药，有效配制解决各种难题的药方。

1998—2002 年是"难题"形成阶段。改革开放进行了 20 年后，出现了很多新情况、新难题、新课题：（1）政府管理功能与服务功能不相匹配，社会建设、公共服务滞后的问题凸显；（2）国务院大刀阔斧改革职能，但是公共服务部门的职能还未显著强化；（3）地方政府开始探索服务型政府实践；（4）学术界提出服务型政府模式。张康之认为，"服务行政模式"是社会主义的公共行政模式，既不同于传统的统治行政模式，也不同于近代的管理行政模式，而是一种全新的模式。在这种模式中，为人民服务的宗旨不仅是一种行政观念，而且是通过立法的形式被确立下来的一种制度……管理与以往不同，它是建立在为社会服务的原则基础上的，管理是手段，服务是目的。②同年，张康之再次发表文章，从行政权力的公共性来证明服务行政的公正性。他在文中说，在服务行政中，权力的公共性质是不容破坏的，行政人员获得的行政授权只是为了更好地用来为人民服务，而不应当成为行政人员高人一等的"资本"。③ 与此同时，刘熙瑞等学者在 2001 年提出并撰文论述服

---

① 马敬仁：《转型期的中国政府、企业与社会管理——中国管理情结解析》，《中国行政管理》1996 年第 1 期。

② 张康之：《行政道德的制度保障》，《浙江社会科学》1998 年第 4 期。

③ 张康之：《公正行政是公共行政的新视点》，《南京社会科学》1998 年第 9 期。

务型政府问题。2002 年发表在《中国行政管理》上的论文《服务型政府——经济全球化背景下中国政府改革的目标选择》被引用 2333 次。[1] 政府是"我管着你",还是我服务你?是高人一等还是平等服务?成为一个难题。

（三）以政府职能特别是转变职能为导向,提炼出政府治理的"论题"（Themes）

在前期通过对社会问题进行"话题""难题"提炼的基础上,围绕这些"话题"和"难题",智库等机构展开了各种形式的研究,并形成了大量研究成果。智库此时应该做的就是将这些研究成果进一步概化为政府可以解决的"论题"。比如,在实现全面建成小康社会这一目标的过程中,将针对全面实现小康社会的相关研究成果进行概化,包括具体目标、实现手段等方面,形成多维度的论题,为政府制定解决该问题的决策提供全面支撑。

2002—2005 年,从高层领导人到学术界,加强公共服务的声音不断发出,大量研究成果井喷式涌现。2002 年江泽民在党的十六大报告中将"公共服务"列为政府基本职能。2004 年中国行政管理学会连续召开 4 次以公共服务改革和服务型政府为主题的研讨会。2004 年 2 月《人民日报》发表《服务型政府:我国行政改革的目标选择》[2]。2004 年 6 月国家行政学院举行"中欧公共服务创新首届政府管理高层论坛"。这一年,温家宝先后在国家行政学院和中央党校两次强调指出:"政府公共服务职能就是提供公共产品和服务""努力建设服务型政府"。2005 年 3 月 5 日,温家宝在党的十届人大三次会议《政府工作报告》中明确提出要努力建设服务型政府。

---

[1]　刘熙瑞:《服务型政府——经济全球化背景下中国政府改革的目标选择》,《中国行政管理》2002 年第 2 期。

[2]　中国行政管理学会课题组:《服务型政府:我国行政改革的目标选择》,《人民日报》2004 年 2 月 12 日。

（四）以治理现代化为导向，将论题转化为创新性"命题"（Thesis）

智库为政府治理提炼出了研究的论题，由此产生了很多需要研究的课题，政府各部门以"命题"的形式发布各类研究课题，智库通过承接政府发布的研究课题参与政府决策，为党委政府服务，这也是智库参与政府决策的重要一环。新型智库应该结合智库本身优势和特色，积极与政府相关部门对接和建立联系，争取参与更多课题研究，充分利用智库专家人才等资源，围绕政府"命题"积极开展课题研究。

2005—2007 年，在政府行政模式、职能模式、机构模式、运行模式、管理方式等方面构成了多维度的论题，全面支撑服务型政府的总体性研究，同时，从中央到地方全面推开服务型政府建设，纳入发展规划，明确公共服务发展战略及基本公共服务均等化的目标任务。2007 年 10 月，党的十七大正式将我国政府改革的目标定位为"建设服务型政府"。

（五）以中国特色话语体系为导向，形成文本型"专题"（Text）

通过不断提炼出话题、难题、论题和命题，"5T"工作法的最后一步也是关键一步，即形成"专题"。智库开展命题研究呈现为研究成果，也就是文本型专题。专题呈现的形式包括政策型、案例型、口语型、学术型等多种形式，智库要根据研究命题的类型不同以及报送对象的不同，以政府决策部门及管理者所熟悉的、短小精悍的形式报送，最终达到服务决策的作用和目的。

2007—2008 年，实践进一步为理论提出了很多需要研究的课题，学术界从中筛选与实务界能够对接的研究题目，研究为决策者和管理者创新服务的命题。国家社会科学基金、部门和地方政府资助的服务型政府课题如雨后春笋，大量出现。2008 年 2 月 23 日，中共中央政治局举行第四次集体学习，胡锦涛同志发表重要讲话，薄贵利、高小平以"国外政府服务体系建设与我国建设服务型政府"[①] 为题做了专题讲解。

第二节　智库思想市场

智库的发展取决于决策者的需求、智库自身的能力和智库产品市场的发育。从世界各国智库演进的历史看，早期智库的发展主要依赖政府的支持，后在智库能力提高后，主要靠思想市场的大发展获取智库的动力。当前制约中国智库发展的关键在于思想市场的不完善，是一个重要的主题。因而，建立、规范和完善智库思想市场，培育和提高智库主体适应思想市场竞争的能力，是推进思想创新、促进智库建设的当务之急。

一、智库思想市场的成分与结构

智库思想市场是智库思想产品生产者和购买者按照市场规则开展智库思想产品交易的场所与活动的总称。智库思想市场是要素市场的组成部分。但是智库市场与其他形态的要素市场有很大的区别。在中国，社会主义市场经济和社会主义民主政治条件下的思想市场具有很强的政治性，其市场形态与西方国家不同，不能简单搬用西方智库思想市场的发展模式。研究智库思想市场也不能运用经济领域的市场理论体系，而需要进行单独的分析。

（一）智库思想产品生产者结构

一般而言，智库思想产品生产者是多元的，主要包括官方智库、高校智库、社会智库或个人。其中，官方智库指的是国家党政军部门设立的内部智

① 姜异康等：《国外公共服务体系建设与我国建设服务型政府》，《中国行政管理》2011 年第 2 期。

库机构，如国务院发展研究中心、各级党校行政学院、各级社科院及政府政策研究室等。高校智库是各级各类从事思想知识生产和决策咨询服务的大专院校。社会智库包括企业智库和民间智库。企业智库是指以营利为目的，独立从事思想知识生产，提供决策咨询服务的企业组织。民间智库指的是不以营利为目的，从事思想知识生产，提供决策咨询服务的民间社会组织。在我国，官方智库和高校智库目前是智库的主要主体。此外，智库思想产品生产者还包括一些从事思想知识生产，提供决策咨询服务的个人。就智库思想市场而言，多元、均衡、各类主体间地位平等的生产者结构是决定智库思想产品质量和智库思想市场发展水平的重要标志。

（二）智库思想产品购买者结构

智库思想产品购买者主要指在智库思想市场上购买各种思想知识产品和决策咨询服务的各级政府、公共部门、企业、社会组织。关于智库的服务对象，理论界有一种倾向认为智库的服务对象只是政府，智库思想产品一般仅指向公共政策。如麦根就认为智库是"国内或国际问题开展政策导向的研究、分析和建议，以便政策制定者和公众能够对公共政策问题做出正确的决策的公共政策研究、分析和参与机构"。这显然是一种误解。作为智库，其主要产品是各种思想和知识产品，而这些思想和知识产品显然不会也无须只是局限于公共政策领域。从实践来看，当代社会的复杂性和不确定性决定了政府、企业、社会组织的决策都需要专业知识和信息的支持，换言之，在政府和公共部门向智库购买公共决策咨询服务的同时，企业、社会组织也可以向智库购买各种思想知识产品以提升自己的决策质量。智库思想产品购买者同样应该是多元、平等的，在我国，政府、企业、社会组织的智库思想市场意识、需求情况、在智库思想市场中的竞争状况等在很大程度上决定了智库思想市场发展水平。

（三）智库思想产品情况

智库思想市场交易的主要商品是智库思想知识产品，它是智库思想市场的基础构件。作为一种特殊的商品，高质量的智库思想产品是智库思想市场存在的价值和基础，而科学完善的智库思想产品质量评价标准和方式对智库思想产品的定价、交易等都必不可少。智库思想市场生产者和购买者之间就智库思想产品展开交易的方式、规模都是构成智库思想市场的基本要素。因此，智库思想产品质量和智库思想产品质量评价的科学性和完善性程度，尤其是智库思想产品的交易情况，是智库思想市场发展水平和成熟程度的重要标志。

（四）智库思想市场主体间地位

平等的主体地位是市场交易的必要条件。智库思想市场是各方智库思想产品交易主体之间展开交易的平台，交易主体地位的平等性是现代市场经济的重要特征和必然要求。在智库思想市场中，平等的主体地位是智库思想产品科学性、独立性、客观性的前提与保障。智库思想市场中的各方市场主体之间的地位如果不平等，如存在领导与被领导的关系，政治上的监管与被监管关系，资源上的供给与依赖关系，或人员任用上的支配与从属关系等，常常会影响交易双方或者各方的交易关系，进而影响智库思想产品的科学性、独立性、客观性和批评性，有时甚至会使智库思想产品生产者变成思想产品购买者制定特定公共政策的纯粹论证者和拥趸，进而破坏智库的声誉和智库思想市场的价值。因此，智库思想市场的主体间关系是现代智库思想市场研究必需考量的重要变量。

（五）智库思想市场中介组织及监管机构

在生产者和购买者之外，作为生产者和购买者之间媒介的智库思想产品中介组织，以及监管智库思想市场生产和运行秩序的监管机构也是智库思想市场的重要主体。通常而言，如果智库具有较强的营销和传播能力，则可以依赖智库自身完成产品外销影响力渗透和市场交易的功能，但综合目前国内智库尤其是民间智库来看，其自身往往不具备这种优势。同时，智库参与市场竞争必然需要支付各种交易成本。此时，中介机构便可以发挥其专业优势，帮助交易双方降低信息搜寻等各种交易成本，促进交易顺利达成。此外，机会主义行为几乎是市场交易难以避免的必然现象，市场的外部性和市场交易主体的经济人理性都决定了智库思想市场离不开必需的监管机构，这是保证智库思想市场良性运行的必然要求。

（六）智库思想市场制度规范

现代市场的正常运行和发展离不开一整套规范各方市场主体交易行为的制度规范，以保证市场交易的确定性。繁荣的智库思想市场同样离不开完善的智库思想市场制度规范，它是防止智库思想市场交易不确定性、促进形成尊重思想知识创新的社会环境、激发智库思想知识创新的前提和保证，因而是决定和表征智库思想市场发展水平的关键指标。智库思想市场制度规范是指规范智库思想市场运行和智库思想市场各个交易主体交易行为的制度规则，它主要包括保护知识产权人思想知识产权利益、激励知识产权人进行思想知识创新的知识产权保护制度，评价智库思想知识产品质量和价值的智库思想产品评估制度，规定智库思想产品生产和交易规则、保证智库思想产品生产和交易得到顺利进行、惩戒各种机会主义行为的智库思想市场交易和监管制度等。

从上述分析可以看出，智库思想产品生产者、智库思想产品购买者、智库思想产品、各类市场主体间地位、中介组织、监管机构以及智库思想市场制度规范是智库思想市场的基本构成要素，这些构成要素的发展成熟程度在很大程度上反映了智库思想市场的发展成熟程度。

二、智库思想产品交易中存在的问题

市场经济的一条规律是消费决定生产。研究智库思想市场必须重点研究智库思想产品购买者。由于智库思想产品购买者数据比较分散，难以集中统计，按照中国的具体情况，我们将高校承担的人文社会科学课题量、经费量、研究成果情况，作为智库思想市场产品交易情况的代表，来观察和分析购买者的行为。

（一）智库思想产品质量有待提升，购买力水平不高

高校作为我国人文社会科学研究的主力军，是智库思想市场的主要生产者，高校人文社会科学研究经费收入来源结构在很大程度上反映了智库思想市场的需求主体结构。数据显示，2017 年全国各省市自治区高等学校人文社会科学研究与发展经费收入总计 179.73 亿元，主要包括政府资金投入和非政府资金投入，在政府资金投入的科研活动经费中包括教育部科研经费、中央其他部门科研经费、省市自治区科研经费、其他各类地方政府经费共计 75.3 亿元，约占高校经费总收入的 42%；在非政府资金投入中，企事业单位委托项目经费共计 41 亿元，约占经费总收入的 23%。可见，政府是中国智库思想市场最主要的需求者，与政府相比，企业、社会组织等其他主体的需求相对较少，智库思想产品购买者结构较为单一。另外，在智库咨询意识逐渐提升的同时，思想产品购买主体的现代市场交易意识发展不充分，部分地方政府在与智库展开交易时没有按照市场经济的交易规则进行公平交易，主体间地位不平等。需求主体结构多元性不足和市场交易意识淡薄以及需求主体之间地位不平等导致仍未形成充分竞争的思想产品需求市场，不利于现代智库思想市场发展。

据教育部网站公布的统计数据显示，近年国内高校人文社会科学研究项目量、经费量、提交报告数量、政府采纳批示和应用数量都增长迅速，表明

近年我国智库思想市场产品交易量发展较快。但在智库思想市场交易量不断增长的同时，智库思想知识产品质的方面整体偏低。近年来，尤其是特朗普担任美国总统以来，国内智库对特朗普以及美国政府的决策、世界形势的误判比较严重，表明国内智库的思想知识产品质量整体不高，一些具有较大影响力的学者或智库甚至罔顾事实、满口胡言，所产出的思想产品在一定程度上误导了政府决策和社会判断。目前，智库思想产品战略性不够、可操作性不强、科学性不足、思想性不高等问题广泛存在。以中国智库索引（CTTI）数据库中来源智库的内参为例，在来源智库累计近7000篇内参中，有76%上报后未能得到回应，当然其中不排除保密因素，有些内参被批示了没有反馈。而在被批示的内参中，17%的智库内参获省部级批示，3%的内参获厅（司、局）级批示，仅2%的内参获副国级或正国级批示，一定程度上反映了智库的政策研究供给与决策需求之间存在一定错位，智库思想产品的针对性和质量还有待加强。① 另外，智库思想市场在国内仍处于起步构建阶段，还缺乏科学判断智库思想知识产品质量的方法和标准，也没有建立起科学的智库思想知识产品定价方式和定价标准。质量判断和定价方式与标准的缺失，导致实践中的智库思想产品交易往往具有较大随意性，不仅不利于智库思想市场的发展，反而会滋生各种腐败行为。

（二）智库思想市场主体间地位不平等

由于智库研究水平不高、智库思想市场供给侧竞争已经初步形成、市场需求意识和需求量还没有充分发展等原因，智库思想市场呈现为购买方占据优势地位的"买方市场"，智库思想产品购买者，尤其是掌握社会资源分配权、市场监管权的主要思想产品购买者，政府在智库思想市场中通常处于强势地位，而各类智库往往在思想市场交易中处于弱势地位。当然，实践中不

① 数据来源：根据南京大学智库研究与评价中心、光明日报智库研究与发布中心《2018CTTI来源智库发展报告》整理所得。

同类型智库的地位又存在一定差异。如各类政府智库往往因为从属于各级党委政府，其和政府购买者相比独立性较低、地位较低，但社会和市场地位却较高。高校智库既从属于政府但又相对独立，它们既为各级政府及其部门提供决策咨询服务，又面向企业、社会组织和个人提供智库思想产品。实践中，高校智库与政府间关系决定了高校智库一般处于从属和弱势地位，但它与作为服务对象的企业、社会组织和个人间的关系相对平等，在社会智库发展不成熟的现实情形下，还有一定供给侧优势。

（三）智库思想市场中介组织、监管机构不健全

目前，智库延伸自身影响力和推介思想产品的主要方式是依靠学者的学术影响力、召开学术研讨会，或者通过新媒体向外进行宣传与推介，独立于智库思想市场生产主体和购买主体之外的、专门为智库思想市场生产者和购买者提供中介服务的中介机构还很少见。另外，对智库思想市场的监管主要包括对智库的合法性、对智库思想市场意识形态等常规内容的监管，这些监管行为的主体由传统对商品市场的监管主体如民政部门对智库机构的登记注册进行规制或监管，或者由各级宣传部门负责，而对智库思想市场上可能出现的机会主义行为的监管则主要依赖智库思想产品的交易合同和司法裁决，其外则没有专门针对各级各类智库及市场运营管理的监管机构。

（四）智库思想市场制度规范缺失

知识产权保护方面，我国虽已制定有相对完善的知识产权法，科技领域的专利等智力成果已经得到较好的知识产权保护，但思想智力产品的知识产权保护还没有得到应有重视，更没有制定形成完善的智库思想产品评价、定价、交易及监管制度，对智库思想市场机会主义行为既没有预防性制度的构建，又缺少惩罚性制度的参考。有关文件对智库成果购买制度做了若干规定，但并无具体可操作的实施方案，表明无论在国家层面还是在各级政府层

面，智库思想市场管理制度严重缺失。

三、影响中国智库思想市场发展现状的要素分析

通过对中国智库思想市场发展现状的实证研究发现，由于社会经济发展的现实需要，市场咨询需求潜力逐渐释放，各类智库研究能力不断提高，智库思想产品交易已经事实存在，智库思想市场在国内初步形成，但中国智库思想市场主体发育、思想产品质量、主体间地位、市场制度规范等均存在不足，需要进一步优化发展。哪些因素影响中国智库思想市场发展？它们如何影响中国智库思想市场的发展？对这些问题的回答有利于进一步梳理优化中国智库思想市场发展的现实路径。

教育部公布的统计数据显示，北京高校 2018 年人文社会科学研究经费收入明显高于其他地区，浙江和上海高校次之，但也明显高于中部、西部地区的山西和西藏。北京高校人文社会科学研究经费较高的原因一方面是北京高校数量较多、高水平高校比较集中，且具有深厚的知识分子发挥政策影响力的历史文化传统，能吸引来自全国的智库思想市场需求；另一方面也与北京是全国政治、经济、文化中心，中央部委机关、国企较多，因而智库市场需求量较大有关。浙江、上海高校人文社会科学研究经费收入较高，因为这两个地区经济发展水平较高，又属于前沿开放城市，因而政府决策咨询需求较多，也与两个地区经济发展水平和开放程度较高，政府科学决策、民主决策意识因而较高有关。对比各地研究成果报告及所获批示采纳情况可以发现，五地间的区别比较明显。高校人文社会科学科研经费收入和研究成果报告及所获批示采纳情况，在一定程度上反映智库思想市场发展情况，由此可以认为，政府行政理念、经济发展水平、开放程度和高校发展水平、社会历史文化等，是影响智库思想市场发展水平的重要变量。

（一）政府行政理念对智库思想市场发展的影响

在以各级政府及公共部门为主要智库思想产品购买主体的中国智库思想市场上，政府行政理念对于智库思想市场发展的影响尤为重要。其一，政府行政理念直接影响了政府的决策偏好和咨询服务需求。开放的行政理念使政府决策拥有足够的咨询空间和较好的咨询意愿来接纳体制之外的意见，促进决策的科学化、民主化。政府是智库思想市场的主要需求主体，因此政府的决策偏好和咨询服务需求成为影响中国智库思想市场建设的重要因素。其二，政府行政理念是形塑政府与社会主体间关系的基础。市场制度作用的发挥需要交易的主体双方建立在平等对话的基础之上进行公平的互易，政府与智库之间的关系、地位情况对于智库思想市场交易的开展具有较大影响，或者可以说政府与智库之间平等的主体地位是政府树立市场交易意识和智库思想市场公平交易的前提条件和必要条件。其三，政府行政理念影响政府的制度创新能力。开放的行政理念使政府行政制度具有完善的自我调适和优化制度，能够赋予政府根据客观需要创新制度的能力。智库思想市场建设需要政府用制度建设和管理主体建设来支持，政府较强的制度构建能力对智库思想市场的发展具有重要的促进作用。

（二）经济发展水平对智库思想市场发展的影响

当前，中国经济发展水平存在较大的地区间差异，且经济发展水平的地区差异同智库思想市场的发展水平地区差异之间存在一定的相关性，表明经济发展水平是智库思想市场发展的重要影响要素。其一，经济发展水平对市场主体交易意识的形成产生影响。经济发展水平高的地区意味着市场经济运行更加成熟，市场主体的交易意识更强。目前，制约智库思想市场发展的主要原因在于市场主体的交易意识不强，市场主体较强的交易意识能够促进旨在通过市场交易方式使思想产品得到流通的智库思想市场获得快速发展。其二，经济发展水平影响购买主体对智库思想产品的需求。经济发展水平越高的地区，政府、企业、社会组织往往面临更加专业化、复杂化的决策环境，而且也有足够的经济条件支撑需求的实现，因而对于智库思想产品的需求比较旺盛，易于形成智库思想产品需求市场。其三，经济发展水平是智库发展的物质前提。无论官方智库、高校智库还是社会智库，人才引进、研究活动开展和高质量智库思想产品的生产都需要物质条件的支撑，经济发展水平高的地区在人才引进、科研资金投入、提升产品质量等方面都会为智库建设带来更大的优势，同时也有利于形成各类智库协同发展的多元均衡的智库思想产品生产者结构，建设高水平智库群体，从而促进智库思想市场的发展。

（三）社会开放程度对智库思想市场发展的影响

智库思想市场建设需要一个开放、包容的社会环境。其一，开放的社会环境具有更强的包容性，政府科学化、民主化决策的意识也更强，更容易接纳思想市场的发展。社会对智库思想市场的接受与认可有利于培育全社会对于智库思想市场的需求意识，发展充分的智库思想市场购买者主体，从而形成多元的智库思想产品购买者结构。其二，开放的社会环境往往拥有更加多元的市场主体和行业背景。多元的市场主体和行业背景本身就是潜在的智库思想市场需求主体，市场主体地位也相对平等，更有利于新兴行业出现与快速成长，智库思想市场多元的生产主体、需求主体及中介组织在这样的社会环境中更容易得到快速发展。其三，开放的社会环境有利于高质量、创新性智库思想产品的研究。开放的社会环境往往能够包容多元的思想进行碰撞及不同的思想观点进行自由交流，各类智库之间也比较倾向于交流互鉴，这样的社会环境更容易创造出高质量的智库思想产品。

（四）高校发展水平对智库思想市场发展的影响

高校的发展水平对智库思想市场的发展具有关键性影响。其一，智库的核心优势在于拥有各学科背景的高水平智库人才，而高校是培养各类智库人才任务的主要承担者。高校发展水平越高，育人功能就越突出，因而越能为智库思想市场提供高水平的智库人才，实现智库生产力的发展和智库思想市场产品质量的提升。其二，高校作为国家人文社会科学研究的主要承担者，同时也是智库思想市场上重要的生产主体，高校的发展本身也就是智库思想市场主体的发展。其三，高校智库发展水平直接影响了其生产的智库思想产品质量。高校智库是中国智库思想市场主要的生产主体，其提供的智库思想产品在整个智库思想市场思想产品中的权重最大，因此，高校提供的智库思想产品质量往往影响了智库思想市场上智库思想产品的整体质量。

（五）社会历史文化对智库思想市场发展的影响

历史文化是一个社会发展的"基因库"，在任何社会的发展过程中都会产生深刻的影响，特别是在新事物的产生过程中，旧的"社会基因"会显示出明显的促进或阻挠作用，中国智库思想市场的发展离不开中国社会历史文化的影响。其一，在中国传统文化中，"修身、齐家、治国、平天下"是知识分子最高人生理想，具有浓厚的爱国情怀和强烈的政治参与热情，这种观念对研究智库思想产品的学者具有深刻影响，在研究的过程中对于社会发展的责任意识、公共利益的强烈观照是从事智库思想产品研究学者基本的品格，也有利于为智库思想市场提供高质量、促进社会公益的思想产品。其二，受中国传统知识分子"学而优则仕"的人生道路选择观影响，知识分子往往倾向于在政府智库、科研院所等官方智库或高校智库中从事智库思想研究工作，加上官方智库和高校智库的社会地位和待遇优于社会智库，导致大量的智库人才汇集在官方智库和高校智库，社会智库在人才引进方面出现劣势，人才资源的分配不均是导致社会智库规模和影响力不如官方智库和高校智库的关键因素。其三，传统文化中"为民做主"的"官本位"思想对政府现代行政理念的形成造成消极影响。实践中，部分地方政府抱守残缺，在决策过程中不能够体察民情，反映民意，不重视决策咨询，没有形成对智库思想市场的需求意识。此外，部分地方政府没有与智库思想市场其他主体建立平等的主体关系，在市场活动中没有建立交易意识、知识产权保护意识，损害了智库思想市场其他主体的利益。

四、优化中国智库思想市场建设的实现路径

通过对中国智库思想市场发展现状影响要素的分析发现，政府行政理念、经济发展水平、社会开放程度、高校发展水平、社会历史文化等是影响中国智库思想市场发展的关键要素，这些关键影响要素的不完善、缺失或缺乏正向优化导致中国智库思想市场生产者主体发展迅速但结构不均衡，智库思想产品购买者不成熟，智库思想产品质量还有待提升，智库思想市场交易主体地位不平等，智库思想市场中介组织和监管机构不健全，智库思想市场交易制度缺失。因此，有必要进一步优化这些影响要素，发挥其正向促进作用，以建立有效的智库思想产品交易市场，促进中国特色社会主义国家的思想繁荣，提升我国各类决策主体的决策质量。

（一）革新地方政府行政理念

政府要重视决策咨询，培育智库思想市场需求意识，提升自身的交易意识，将购买智库思想市场咨询服务和智库思想产品作为决策的制度化过程和政府的决策偏好，推动形成政府对智库思想市场的需求，注重智库思想市场产品的咨询意见，建立健全智库思想市场的制度规范和监管机构，包括知识产权保护制度、规范智库思想产品生产的制度、智库思想产品质量和价值评估制度、智库思想市场交易和监管制度、监管机构的设置等，为智库思想市场发展提供制度支持。

（二）优化智库思想市场发展的经济基础

通过发展成熟的市场经济，将市场经济的交易理念引入智库思想市场，提高思想产品交易主体的市场交易意识，形成成熟的智库思想交易市场，为智库思想市场的发展创造良好的市场条件和交易环境。提高经济发展落后地区的发展水平，为智库思想市场需求提供充分的经济条件，将经济发展水平落后地区的智库思想市场需求从经济条件的制约中解放出来。同时，经济发展落后地区政府应对智库的发展提供更多的政策、资金支持，降低智库思想产品研究成本，从而降低需求成本，形成旺盛的智库思想需求市场，促进智库思想市场的发展。为各类智库发展提供充足的经济条件支持，为智库建设和智库研究活动的开展提供充裕的物质条件，促进各类智库的建设，为智库思想市场提供高水平的思想产品生产者主体，构建多元均衡的智库思想产品生产者结构，提升思想产品质量，促进智库思想市场的发展，同时发挥智库思想市场对社会经济发展的反哺作用，形成良性的互补链，实现智库思想市场建设的初衷和价值。

（三）为智库思想市场发展创造开放的社会环境

从政府治理层面构建、打造多元的社会治理体系，为智库思想市场发展创造开放、包容的社会环境，使更多的社会治理主体参与到社会治理当中，形成开放包容的社会治理理念，发挥智库思想市场在社会治理中的重要作用，形成全社会对智库思想市场的认可和需求，促进各类智库思想产品生产者的发展，形成多元的智库思想产品购买者主体结构。构建活跃的市场经济，鼓励更加多元的市场主体和行业兴起，形成多元、开放的市场生态，为智库思想市场的发展提供适宜的市场环境，发展多元的智库思想产品生产者、购买者及中介组织等市场主体。智库思想市场以智库思想产品为交易对象，因此要为智库思想市场发展提供一个可以实现学术争鸣和思想碰撞的社会环境。允许不同的智库和学者就社会问题发出不同的声音，形成"百家争鸣"的思想市场环境，为智库思想产品生产者能够科学、理性、独立、创新地研究智库思想产品创造条件，提高思想产品质量，满足智库思想产品购买者的需求，提高各类决策主体的决策质量，促进社会发展。

(四) 建设高水平的研究型高校

发挥高校的育人功能，为智库思想市场提供源源不断的高水平智库人才。提升高校培育科研型人才的能力，为高校科研工作者提供充分的科研条件，将高校培育科研人才纳入考核指标作为激励制度，激励高校注重研究型人才的培养。打造高水平的高校智库。在全国重点高校、重点学科、重点研究基地以国家高端智库为目标，建设高水平的高校智库，提升智库思想产品生产主体整体质量，为产出高质量的智库思想产品提供前提保障。提升高校智库的科研水平。高校智库应发挥高校在科研条件上的优势，为智库思想市场提供高质量的思想产品，在研究选题上提高针对性和前瞻性，在研究方法上更加科学严谨，使高校智库的思想产品在转变为决策的过程中经得起实践的检验，用高质量的智库思想产品树立品牌效应，扩大高校智库的影响力。

(五) 批判影响智库思想市场发展的历史文化

用传统社会历史文化中知识分子的社会责任意识和济世情怀进行智库思想市场文化建设。传统历史文化中知识分子的这种意识和情怀是从事智库思想产品研究的智库和学者应该具有的宝贵品质，在倡导构建智库思想市场，促进智库思想产品通过市场的方式进行交易的同时，引导智库思想市场主体培育社会责任意识，始终将社会公益和社会责任承担作为智库思想市场的价值目标，发展健康、公益的智库思想市场。提高政府对社会智库的政策关照，改善社会智库的社会地位。使社会智库、官方智库、高校智库地位平等，改变知识分子对社会智库的偏见，在智库人才资源的配置上既要发挥市场的决定性作用，又要发挥政府的引导作用，使社会智库能够吸引到高水平智库人才，改善社会智库人才资源紧张的局面。提高社会智库发展水平，构建多元、均衡、主体间地位平等的智库思想产品生产者结构，使社会智库同官方智库和高校智库协同发展，公平参与市场竞争，共同促进中国智库思想市场的发展。

第三节　智库案例研究——温州民间智库

"温州民间智库"是温州市决策咨询委员会联络温州各界热心公益的人士建立的民间公共政策咨询和讨论平台，成立于2011年。该智库成立以来，在决策献言、民意征集、问计于民、政策沟通、公民教育等领域表现突出，先后获国务院参事室、浙江省委省政府、浙江省决策咨询委员会等机构的肯定与推介，被评为"浙江省公共管理创新十佳案例"，形成了一个地方新型特色智库建设的典型范例。

温州民间智库是国内首个完全由市民组成的草根型智库机构。2011年2月，温州市决咨委与温州网合作开通网络"问计于民"栏目，每半月发布一期话题，向社会征求意见并编发舆情信息供领导参阅。这一举措很快引起一些民间有识之士在网络上就政府发布的各类话题或自己关心的问题提出自己的看法和意见。为进一步促进开放式决策和民主决策，温州市决咨委、温州市委政研室、温州网以这些有识之士为基础，广泛征集和聚拢民间草根人士，发起成立了温州民间智库。目前，温州民间智库有健全的理事会等组织机构，制定了《温州民间智库章程》等一整套运行制度，民间智库成员既有在温州工作的农民工、高校教师、公务员，亦有正在学习的学生和退休职工，还有在外甚至远在海外创业的企业家、科研人员、热衷公共事务的残障人士等多元化群体。温州民间智库利用"问智会""帕累托公共政策沙龙""民智调研""米利都讲坛"等活动品牌，积极组织成员代表参与地方政府公共政策过程，活跃于地方公共政策和社会治理的舞台。经过十年左右的发展完善，温州民间智库形成了政府主导型高绩效民间智库的典型模式。

一、温州政府主导型高绩效民间智库生成的宏观背景

温州政府主导型高绩效民间智库的产生与智库建设的国家战略密切相关。20 世纪 80 年代以来，随着我国政府决策科学化、民主化进程的加快，智库建设也逐渐得到重视。1992 年，十四大明确提出，"领导机关和领导干部要认真听取群众意见，充分发挥各类专家和研究咨询机构的作用"。这是中国共产党的重要文件首次提出要在决策中发挥专家和研究咨询机构的重要作用。2004 年 1 月，《中共中央关于进一步繁荣发展哲学社会科学的意见》提出要"使哲学社会科学界成为党和政府工作的'思想库'和'智囊团'"。2007 年，十七大报告提出"鼓励哲学社会科学界为党和人民事业发挥思想库作用"。2012 年 11 月，党的十八大报告再次提出要"发挥思想库作用"。

2013 年 4 月，习近平总书记批示要加快建设"中国特色新型智库"；同年 5 月，刘延东在"繁荣发展高校哲学社会科学推动中国特色智库建设座谈会"上指出，"建设中国特色新型智库是服务党和政府科学民主决策、破解发展难题的迫切需要"。2013 年 11 月，党的十八届三中全会审议通过《中共中央关于全面深化改革若干重大问题的决定》，首次在中共中央文件中提出"智库"概念，强调要加强中国特色新型智库建设，智库建设正式成为国家战略。2014 年 10 月，中央全面深化改革领导小组第六次会议审议通过《关于加强中国特色新型智库建设的意见》，并由中共中央办公厅、国务院办公厅于 2015 年 1 月联合印发，提出到 2020 年形成定位明晰、特色鲜明、规模适度、布局合理的中国特色新型智库体系。

智库建设的国家战略有效提升了社会各界建设智库的积极性，在全国范围内形成了智库建设热潮。然而智库建设的国家战略正式出台的时间是 2013

年，温州民间智库建设始于 2011 年，国家智库建设战略与温州民间智库建设绩效之间似乎没有关联性，但如果从公共政策科学化、民主化的语境出发可以发现，温州民间智库建设是在国家推进公共政策科学化、民主化的背景下展开的。此外，2013 年国家智库战略正式出台后，智库建设者和成员热情高涨，温州民间智库进入快速发展阶段，并于 2015 年注册成立了全国首家市级"民间智库促进会"，说明国家智库发展战略对温州地方民间智库建设绩效具有正面强化作用。

二、温州政府主导型高绩效民间智库的生成逻辑

在国家推进决策科学化、民主化，实施新型智库发展战略的现实背景下，全国各地纷纷出台政策积极推进新型智库建设，导致全国智库数量出现"井喷式增长"，但全国各地高绩效的地方民间智库却寥寥无几，是什么因素促使温州民间智库取得了骄人业绩？加布里埃尔·A. 阿尔蒙德（Gabriel A. Almound）和西德尼·维伯（Sidney Verba）认为，"如果民主参与的国家模式要想在这些新兴国家中发展，那么它所需要的就不仅仅是正式的民主制度。……参与政治系统的民主体制还要求与之相适应的政治文化"①。温州民间智库发展的过程表明，正是地方独特的参与型政治文化为温州政府主导型高绩效民间智库的生成提供了必不可少的内在环境。

（一）开放式公共政策传统：政府主导型高绩效民间智库生成的参与型体制环境

温州是具有开拓精神和创新传统的地方，这种开拓精神和创新传统在经济领域的表现是"温州模式"的创新和兴起，而在政府管理领域则表现为政府管理和公共政策的大胆创新。早在 1980 年，温州市就出台了《温州市利

① ［美］加布里埃尔·A. 阿尔蒙德、［美］西德尼·维伯：《公民文化》，徐湘林等译，华夏出版社 1989 年版，第 5 页。

率改革试行方案》，成为中国首个实行金融利率改革的试点城市。1987 年，温州率先突破体制瓶颈，颁布我国第一个关于股份合作制的地方性规章。2002 年，温州市决定实施市民代表列席政府常务会议制度，这是我国地级政府最早实施市民代表参加政府常务会的创新探索。2003 年，温州市再次规定，凡涉及全市改革发展大局或群众切身利益的重要事项，决策前都要通过新闻媒体向社会各界征求意见。这些开放式公共政策实践增强了温州各级政府实施民主决策、开放决策的观念，为温州民间智库建设提供了一种包容、鼓励和支持的地方体制环境。开放式公共政策传统使温州形成了开放式公共政策创新惯性。2010 年 12 月，履新不到半年的时任温州市委书记陈德荣倡导成立温州市决策咨询委员会，并由温州市决策咨询委员会推动成立温州民间智库。民间智库成立之初，市直机关、区县政府的公务员纷纷关注智库活动，很多公务员都积极参加智库咨询问政活动，有的甚至直接以个人身份申请加入智库，温州市政府亦将民间智库代表作为参与政府考绩和工作报告起草的重要主体，每年都邀请民间智库代表参加政府考绩工作，为政府工作报告的写作和修改提出意见和建议，温州市人大、政协、温州电视台等也经常邀请民间智库代表参与人大工作、政治协商和电视问政活动，市内其他各级政府机构和职能单位都纷纷邀请智库代表参与本单位的决策和管理活动。体制内组织机构对民间智库的欢迎、鼓励和支持态度，为提升温州民间智库建设绩效提供了良好的参与型体制环境。

（二）初步发展的公民社会：政府主导型高绩效民间智库生成的参与型社会基础

智库，尤其是民间智库，实际上是公民参与公共管理和公共政策的组织性平台，智库成员参与智库活动、提出决策建议的本质是公民参与公共管理和公共政策过程的民主参与活动。阿尔蒙德和维伯认为，"一种成功的民主制度要求公民投身于政治并积极行动，获得有关政治的信息，以及发挥影响。……这种民主公民身份的观点强调行动、卷入、理性"①。根据他们的研究，公民采取参与行动，卷入公共管理和公共政策过程，需要具有一定的政治能力。温州历来被视作"小政府、大社会"的典型，这种"小政府、大社会"的政府和社会关系格局被认为是改革开放后温州经济发展和"温州模式"兴起的重要原因，它与先发的市场经济共同培养了温州人自主治理和民主参与的政治能力，为政府主导型高绩效民间智库发展提供了参与型社会基础。

温州民间智库现有核心"智友"87人，开放式"智友"339人，成员包括企业家、教师、律师、建筑师、记者、学生、自由职业者以及外来温州务工人员，还有温州在外创业和工作人员等，是真正意义上的"民间智库"，"民间性"构成了温州民间智库与国内其他"民间智库"相较而言的差别性特质。除少数能承接温州市决咨委研究课题获得研究经费外，智库成员不从智库或决咨委获得收入。除大型智库调研活动偶尔由温州市决策咨询委员会资助车辆费用外，通常都是由智友自己承担参与智库活动的一切成本，有些智友还会主动资助智库大型活动的车辆、场地、会议费用，然而这并不影响智库智友参与智库活动的热情和积极性，他们通常都积极利用周末、晚间等业余时间参与智库活动。据统计，核心智友参加智库各类小型线下沙龙活动的平均出席率达35%，各类大型线下活动的核心智友出席率基本都能达到95%（温州民间智库成立五年间，智友参加网络问计于民、决策献言、沙龙研讨的情况见表10-1）。此外，五年来，智库智友共完成网络问计于民活动120期，撰写提交各类咨询问政报告276份，被温州市决策咨询委员会内参报告采纳213份，获省、市主要领导肯定性批示195次，178人次获邀参与市人大、政协、市直单位各类咨询研讨活动，公共自行车、水上巴士、垃圾分类、立体停车库、居家养老、公交优先战略等多项政策直接落地成为地方公共政策，表明智库智友具有较高的咨询问政热情和参政、议政、咨政能力。

---

① ［美］加布里埃尔·A. 阿尔蒙德、［美］西德尼·维伯：《公民文化》，徐湘林等译，华夏出版社1989年版，第518页。

　　温州民间智库智友之所以有如此高的参与热情和政治能力，源于温州具有良好的政治参与传统和公民社会基础。如前所述，温州素有开放式公共政策传统，这种开放式公共政策传统有效训练了地方公民的公共参与能力。与此同时，温州是中国改革开放的前沿城市，经济发展水平的提高和市场经济特色，使温州相较全国其他地方而言，公民社会和政治参与发展水平较高。王诗宗和何子英的实证研究表明，温州已经存在初步发展的公民社会。① 江华和郁建兴的实证研究显示，温州商会在地方治理事务中发挥了"参政议政、建言献策、调查研究、政策宣传、协助统计行业数据、参与行业规范、扶贫帮困、招商引资等多项职能"②。王文胜和陈松来的实证研究进一步证明，温州公民喜欢谈论政治、关心政治，更喜欢参与政治，而且已经初步实现政治参与的组织化。③ "地方层次上的政治参与对于具有能力意识的公民的发展，起着重要的作用。"④ 温州公民社会的初步发展，不仅使其在参与地方治理中取得了突出绩效，也使其自身在参与中获得成长，⑤ 为高绩效地方民间智库建设提供了社会基础。

表 10-1　温州民间智库智友出席智库活动情况

	活动项目	核心智友出席率	开放式智友出席率
线上活动	网络问计于民	22%	9%
	网络政策研讨	63%	11%
线下活动	沙龙、论坛	35%	5%
	调研	45%	5%
	培训	58%	7%
	会议（年会、理事会）	95%	－

---

① 王诗宗、何子英：《地方治理中的自主与镶嵌》，《马克思主义与现实》2008 年第1 期。
② 江华、郁建兴：《民间商会参与地方治理》，《阴山学刊》2011 年第 6 期。
③ 王文胜、陈松来：《温州公民有序政治参与调查研究》，《人大研究》2010 年第 4 期。
④ ［美］加布里埃尔·A. 阿尔蒙德、［美］西德尼·维伯：《公民文化》，徐湘林等译，华夏出版社 1989 年版，第214 页。
⑤ 江华、郁建兴：《民间商会参与地方治理》，《阴山学刊》2011 年第 6 期。

（三）务实的体制机制：政府主导型高绩效民间智库生成的参与型制度设计

温州市决咨委办公室设于温州市委政研室，市委政研室主任兼任决咨委副主任、秘书长，统筹领导决咨委办公室日常工作，这种制度安排使市决咨委和政研室实现高度整合，既保证了决咨委的高规格地位和权威性，具备直接对接市委市政府主要领导的权力通道，又可以充分整合利用温州市委政研室的研究力量，实际上使其成为强化的实体性机构，具备推动新型智库建设的权力、人力和财力。2012 年，为进一步提升市决咨委的决策咨询能力、畅通决策咨询渠道，温州市委市政府决定市委副秘书长兼任市委政研室主任，这一制度安排进一步强化了市决咨委的权威性及咨询问政能力。同时，为了保证市决咨委和市委政研室的决策咨询效果，决咨委和政研室的内部刊物和内参等可以直接送达市委市政府主要领导和职能部门，这样的制度设计实际上为温州民间智库提供了高效可及的建言问政渠道，为高绩效智库建设提供了制度保障。

三、温州政府主导型高绩效民间智库运行的关键要素

在我国，地方政府是政府职能的实际履行者，是理解中国政府的关键主体，[1] 是国家治理体系的关键组成部分和国家治理能力的重要体现者，也是政府管理创新的最有活力和动力的主体，地方政府的改革创新和决策能力，对国家治理体系和治理能力建设有重要影响。从制度主义理论出发，影响政府及其治理绩效的决定性因素应该在于制度，然而，在法治未能有效确立、人治相对突显的政治体内，政府管理过程中的关键人行为模式通常是影响政

---

[1] 郁建兴、高翔：《地方发展型政府的行为逻辑及制度基础》，《中国社会科学》2012 年第 5 期。

府管理及其绩效的关键因素。温州民间智库的建设与发展历程表明,地方党委政府主要领导、地方民间智库建设的政策守门人、地方民间智库建设的参与者这三种关键人的行为模式是决定地方民间智库建设绩效的关键要素。

(一) 地方党委政府主要领导的施政风格和治理智慧

公民在地方公共决策中能否实现有效参与,与地方政府的开放程度密切相关,而地方政府的开放程度又在很大程度上取决于地方党委政府主要领导者的民主风格和治理智慧,这在温州具有明显体现。一方面,市领导是公民参与议程"机会窗"的操控者。温州水上巴士项目的实施是对此的良好诠释。此项目始于市民通过"问计于民"栏目提出"开通水上巴士"的建议,时任市委书记在建议上批示肯定:"可吸收网民好的意见建议,先做规划方案,论证后可先试开通一两条。"① 这一批示成为推动项目实施的关键。实际上,温州很多民智建议都是在市委市政府主要领导批示后才得以转化为具体政策,如公共自行车、垃圾分类管理、城市环境治理与社区养老、南怀瑾遗产开发等都是如此(见表10-2)。另一方面,市领导是公民参与范围的调控者。公民可以讨论哪些问题、公民的言论边界、公民参与能否对决策产生实质性影响等,是有效公民参与需要回答的核心问题。作为市场经济发展的前沿阵地,温州市领导有开明开放的传统,他们对公民讨论边界具有较宽松的态度。这种民主开放的氛围既有效激发了普通民众参政议政的热情和创造力,又为民众参与界定了一个基本边界,保障了公民的有序参与,促进了党委政府科学决策、民主决策。

---

① 阙兴韵:《揭秘:温州全国首个"市民智库"》,2012年3月13日,见http://news.66wz.com/system/2012/03/13/103069478.shtml。

表10-2　民间智库课题建议及其应用

项目名称	领导批示情况	建议应用情况
公共自行车	书记批示	后转化为具体政策
引民资建立体停车库	书记批示	后转化为具体政策
水上巴士	书记批示	开通水上巴士
"幸福温州"城市形象	书记批示	后转化为具体政策
温州绿化工程	书记批示	后转化为具体政策
公交与治堵	书记批示	后转化为具体政策
关于继承南怀瑾文化遗产的建议	书记、市长批示	后转化为具体政策
社区居家养老	书记批示	后转化为具体政策
温州打造时尚之都	市长批示	后转化为具体政策
垃圾分类管理	书记批示	后转化为具体政策

（二）政策守门人的行为动机和价值偏好

温州民间智库的政策守门人主要有两类：一是温州决咨委及其办公室的领导和工作人员，他们主要承担智友筛选，智友需求和诉求收集，智友建议过滤、修改、编辑、报送，问政话题发布等工作；二是市领导秘书，他们在问政建议报送中发挥着关键作用。政策守门人在民意吸纳、转化过程中发挥了至关重要的作用。正如温州决咨办工作人员所言："具体工作人员在信息转化过程中的角色就像厨师，绝大多数来自民间智库的建议，开始都还只是粗糙的食材，根本上不了桌，还必须'选好'（网友可能爱提建议，但是有用的真的不多），'洗好'（语言要重新梳理，至少要通畅，不能有错别字），'切好'（要重新组合成一篇完整的文章，而不是片段），'烧好'（重新全文梳理过），'装好'（按照公文格式编辑），才能上桌。"民间智库从民意吸纳到决策出台一般要经过话题发布（或提供参与渠道）、收集观点、撰写摘编、报送领导、领导批示、部门决策（制定具体政策方案）等程序，前四个环节都由政策守门人负责完成，政策守门人通过对民间智库成员和智库研究课题的选择与把关来管控公民参与的有效性。如果民众诉求没有引起政策守门人注意，或者民众诉求被政策守门人误读与修改，公民参与将失效。据温州决咨办工作人员介绍，在编辑工作中，政策守门人基本上是"凭经验编辑信息，不过有一些原则可以用来缩小选择范围。比如说，信息是否'领导需要知道的'，或者'需要领导知道的'，是否'与当前市委市政府领导关心话题有关的'；现实中，领导点题要做什么材料一般优先呈送"。可见，政策守门人的行为动机和价值偏好对公民参与的有效性有着重要影响。

（三）民间智库智友的参与意愿和行动能力

公民是公民参与的主体，公民的参与意愿和能力直接决定公民参与的有效性。公民的参与主动性、参与技巧、合作精神、参与理性是良好公共参与的基本条件。温州民间智库发展所依存的制度、文化环境有效激发了公民的参与意愿和能力，为有效公民参与创造了良好条件。一方面，制度设计有效激发了温州民间智库智友的政策参与意愿。一是智库成员升降级制度。《市决咨委智库管理办法》规定，每年根据实际表现，最优秀的三名民智代表可作为增补专家智库的候选人，而专家智库表现不佳者，会被降入民间智库。二是话题升降级制度。根据重要性、紧迫性及公众关注度，可将内部论坛话题升格为开放式话题，以便在更广范围内征集意见建议。三是义务约束制度。按照《温州民间智库章程》，"智友"享有优先获得智库各种服务咨询等权利，承担积极参与线上话题讨论、线下主题讨论等义务。四是严格规范的智库成员考核与退出制度。《温州民间智库成员管理办法》对智库智友选拔、考核、晋升、退出等制度做出了明确而翔实的规定。另一方面，强化培训是温州民间智库培育公民参与能力的重要举措。为提升智库成员的参与能力和参与水平，决咨委经常邀请专家开展政策解读、宣讲和社会调查方法培训等活动。如党的十八届三中、四中、五中全会召开后，决咨委邀请省市知名专家举行"深化改革与温州发展"系列讲座和"法治中国"专题讲座，让民间智库成员及时了解国家和省市大政方针，有效提升了民间智库成员的参政议政能力，使民间智库真正起到聚智辅政作用。

四、温州政府主导型高绩效民间智库运行的经验启示

从对温州民间智库建设过程的实证考察可以发现，智库建设的国家战略、参与型政治文化和关键人行为模式是温州政府主导型高绩效民间智库得以有效运行的三个关键动力。其中智库建设的国家战略为温州政府主导型高绩效民间智库的运行提供了外部政策和政治空间环境；参与型政治文化则是温州政府主导型民间智库建设的地方政治文化环境，为温州政府主导型高绩效民间智库的运行提供了独特而有效的地方政治社会基础；关键人行为模式则在温州政府主导型民间智库建设过程中扮演了"催化剂"的角色，是温州政府主导型高绩效民间智库有效运转的触发器；国家智库建设战略、地方政治文化特色、关键人行为模式三者构成了影响温州地方民间智库建设绩效的"铁三角"。

首先，国家智库建设的宏观战略背景对温州民间智库建设有积极影响，但并非决定性影响。虽然国家智库建设战略对温州民间智库建设绩效有正面激励作用，但由于国家智库建设战略"远离"温州民间智库建设的具体场域，考虑全国其他地方民间智库建设及其绩效的基本现状，国家智库建设战略不对地方民间智库绩效构成直接影响，它并非是决定地方民间智库建设绩效的决定性因素，甚至也不是次重要影响因素；只有当国家智库建设战略与地方政治文化两者产生呼应时，才使高绩效地方智库建设成为可能。

其次，参与型地方政治文化是地方民间智库建设的生态环境，对民间智库建设绩效产生直接影响。观察表明，参与型地方政治文化可以为地方民间智库建设提供鼓励公民参政议政的开放式公共政策传统、积极参政议政的公民社会基础、有政治能力的智友主体和利于智库建设的体制机制创新，因

此，相较国家智库建设战略而言，地方政治文化对智库建设绩效的影响更为直接、强度更大。温州民间智库建设的起始时间要早于国家智库建设战略的正式启动时间，也从另一侧面证明地方政治文化对智库建设的影响要比国家智库建设战略的影响更大。这在很大程度上解释了为什么在宏观背景相同的情况下，政府主导型高绩效民间智库只是在温州得以生成的原因，也从另一侧面说明，在地方政府公共管理方式和公共政策创新中，中央政府对地方公共管理方式和公共政策创新的影响常常只能起到延缓或者促进作用，但并非是决定地方公共管理方式和公共政策创新的决定性因素。在那些具有创新精神和创新传统的地方，即便没有国家宏观背景的支持，只要国家宏观背景在政治上、法律上不直接抑制地方创新，或者即便国家宏观背景对地方公共管理方式和公共政策创新有抑制，但抑制的强度以及突破这些抑制的风险不大，那么地方公共管理方式和公共政策创新依然可能会出现；进而言之，有时即便这些抑制的强度以及突破抑制的风险都较大，但只要某种公共管理方式和公共政策创新符合历史发展趋势以及地方核心利益，突破抑制的地方公共管理方式和公共政策创新也可能会出现。

最后，关键人行为模式的正向催化作用能够将国家智库建设战略和地方政治文化二者提供的生成高绩效民间智库的可能变为现实。在国家智库建设战略、地方政治文化、关键人行为模式这三个变量中，关键人行为模式才是决定民间智库建设绩效的关键变量。温州民间智库的建立，正是时任温州市委书记陈德荣在温州推动成立市决策咨询委员会的直接结果，可以说，没有陈德荣推动成立温州市决咨委，即便存在国家智库建设战略的宏观背景，也未必有温州高绩效民间智库的生成。而在温州市决咨委成立后，决咨办团队成员先是创造性地提出了网络问计于民这样一个征求民意的平台，并在此基础上成立了温州民间智库，构建起富于凝聚力的智库智友团队和运行制度体系，形成独具特色的政府主导型高绩效民间智库。此后，为使民间智库有更大的独立性和自主性，温州市决咨委于 2015 年推动温州民间智库注册成立了"温州民间智库促进会"，希望通过社团化运行来促进民间智库独立自主的发展。考虑到智库一定专业性的需要，在促进会成立时，温州市决咨委遴选并建议来自高校的教师担任民间智库促进会会长。温州的实践经验表明，关键行为人模式创造的高绩效民间智库可以对智库成员形成正激励和能力提升作用，进而对参与型地方政治文化形成正强化。当然，关键人行为模式某种程度而言就是地方政治文化的组成部分，但因为关键人行为模式对智库建设影响强度较大，而且现行公务员任用体制也决定了关键人并不必然是特定地方成长的公民，尤其是政府主要领导往往是异地任用，因而受特定地方政治文化的影响较小，相反，在现有体制下，他们对特定地方政治文化的影响和形塑能力往往较大，因此本研究将关键人行为模式作为影响地方智库建设绩效的独立变量进行考察。

虽然温州政府主导型高绩效民间智库的运行已经取得了积极成效，但是，展望未来，还需要持续关注三大问题：

第一，参与的代表性问题。在公共政策制定过程中，遴选参与代表是影响参与成败的关键问题。温州民间智库采取了自主报名、机构核准的方式，既尊重公民参政的自主、自愿性，也考虑了代表的广泛性和均衡性。温州民间智库现有代表中，经济、社会、政府领域人员各约三分之一，涵盖教师、律师、社工、中小企业主、基层公务员、文艺工作者、青年创业者等群体。然而，从代表构成上看，仍然存在一些缺失：一是基本是精英群体，缺少对弱势群体的关注；二是社团参与不够；三是阶层分布不均衡，普通工人、无固定职业者、外来人口等人群的代表欠缺。由此，在未来的发展中，可考虑更多地纳入弱势群体代表、底层阶层代表，使民间智库能更全面地反映民意，从而制定更具包容性和公共性的政策。

第二，公民地位问题。在温州民间智库的实践中，在参与人员、参与话题、参与过程、成果运用等方面，政府都居于主导地位，公民处于被动地位，这对公共决策的有效参与有一定影响。因此，应进一步拓宽自下而上的参与渠道，增强民众参与的主动性。一是在民间智库网站上专设"草根提案"，进一步加大宣传，扩大"草根提案"的影响。二是在民间智库网站上专设"民意直通车"栏目，实现民意与决策者直接对接。三是精心设计和选择公民参与方式，健全公共政策过程的公民参与机制。首先，在政策议题设定阶段，可采用公民调查、关键公民接触的公民参与形式来引导社会公众直接参与发表意见，使其成为民生问题政策议题设定主体；其次，在政策方案规划阶段，可采用公民听证会、公民会议、公民论坛、草根提案的参与形式来从外部输入公众、利益相关人的意见或利益偏好；再次，在公共政策选择阶段，创新搭建政府与公民间的公开讨论和协商平台；最后，在政策评估阶段，要把人民群众的评价意见作为主要依据。

第三，制度建设问题。温州民间智库的运行受领导态度和工作习惯的影响较大，尤其是市委市政府主要领导人选的变动会对民间智库的有效运转产生重大影响。究其根本原因是制度化水平不足。民间智库的发展必须走法治化道路，通过法规形式把民间智库确立为公民参与公共生活的制度化渠道，从制度层面明确信息公开要求，公众参与条件、方式、程序，公众协商程序，参与结果使用规则和政府回应要求等，消除领导者行为风格和工作习惯对民间智库发展的不良影响，搭建和畅通"智力"对接"权力"的渠道，以法治保障公民参与实效。

总之，温州政府主导型高绩效民间智库不仅是吸纳民意、促进决策科学化的有效载体，也是地方参与式民主的试验场。它既是自上而下民主理念的推广，也是自下而上民主制度的实践。它一方面实践了以共同讨论、公共行动、公民身份为主要内容的公民参与运动；另一方面，在"制度安排""议题选择""议程设置"等关键环节，政府依然起着主导作用。通过以民间智库为载体的公民有效参与实践，温州探索了一条以"有限吸纳"为特征、以"有限开放"为手段、以"积极稳妥"为目标的地方公共决策公民有效参与模式。在当下中国地方公民参与成熟度还不高的情形下，为防止多元治理中的碎片化和自治走向极端化现象的出现，政府通过赋权而有序放权于社会，直至达到政府与社会的平衡，这也许是地方实现有效治理的可行路径。显然，这种模式在当下中国地方有其较强的应用价值和实践意义。

第十一章 行政管理制度体系
创新对策研究

阐明行政管理制度体系创新一般规律，建构适应国家治理现代化要求的、彰显中国特色和中国元素的行政管理制度发展理论，为改进行政实践、完善制度体系、提高创新能力打下了基础。本章依据制度创新理论，结合当前政府治理体系和治理能力建设的实际，提出若干具体对策建议。

第一节 解放思想推动制度创新

改革是一场革命，行政管理制度创新是政府"革"自己的命。必须以解放思想为先导，用有说服力的理论和见到成效的实践澄清模糊认识，才能形成创新共识。

一、解放思想是行政管理制度创新的法宝

解放思想是发展中国特色社会主义的一大法宝，也是行政管理制度创新的法宝。从党的十一届三中全会开启改革开放航程以来，我们国家在应对前进道路上各种新情况、新问题，扫除障碍、引领发展的每一个重要时期，都是靠解放思想这个法宝，顽强地冲破"左"的雾霾，跨越因循守旧的思想藩

篱，逐步建立与现代化建设相适应的行政管理制度。

我国的行政管理制度模式来源于苏联。这种体制的主要特征是：国家权力高度集中，政府对经济、政治、文化、社会都实行集权式管理体制；权力结构统合性强，决策权、执行权、监督权不分置，政治与行政权力交叉重叠；管理方式简单化，以行政命令、行政审批为主，宏观管理与微观管理混合使用。这种体制，在国民经济恢复时期和按照计划经济体制搞建设的初期发挥了一定的积极作用，随着社会主义建设的发展，越来越显现出僵化和不适应性。

以权力过分集中为主要特征的行政管理制度必然导致五大问题：一是决策失误，资源配置权集中在少数管理者手中，很难避免决策不当甚至错误，极易造成社会财富浪费；二是活力不足，没有竞争或竞争不充分、竞争规则不健全，社会缺失自我管理主体，阻碍了企业和人民群众积极性创造力的发挥，经济和社会发展常常依靠运动式推进，缺乏内在的活力；三是效率不高，政府机构和公共管理人员数量不断膨胀，行政成本和社会成本高，行政管理效率和群众满意度低，劳民伤财；四是作风不正，管理人员很难抵御权力带来的腐败诱惑，廉政建设形势严峻，面临困境；五是理念落后，强化了"权力崇拜"和"官本位"等封建思想，难以树立政府服务理念。这种体制性缺陷成为经济政治文化社会发展的桎梏，成为消极腐败、诚信缺失现象的温床，成为官僚主义的"总病根"。

在行政管理制度创新中，一刻也没有停止过思想观念的冲突，一刻也没有停止过解放思想。可以说，改革的过程就是解放思想的过程。通过不断地用理论武装和实践成果澄清各种各样的模糊认识，解决困扰改革发展的思想障碍，才有了行政管理制度创新走到今天。但是，实践在继续，解放思想也无止境。现在，政企不分、政资不分、政事不分、政社不分的情况虽然有了改变，但问题依然十分突出。改革必须谋求新一轮的解放思想，否则认识上的问题必然导致行动上的游移，改革不可能深化，甚至已经取得的成果也有丧失的危险。当前，在深化改革上存在的认识障碍主要有：认为政府、市场、社会的边界根本无法划分清楚；认为行政管理制度创新总是在"精简—膨胀—再精简—再膨胀"中循环，没有什么实质性意义；担心简政放权会削弱了集中力量办大事的能力，会导致政府威信降低；以为改革就是失去利益，担心影响政治稳定、社会稳定和公务员队伍稳定；等等。这些认识问题有的是理论上的，有的是实践上的。认识问题不解决，改革难以深化。解放思想，要求我们既要拂去理论认识的模糊，更要破开实践认识上的瓶颈。

就理论而言，关键是要回答政府从何而来、为何而干，是要理顺政府、市场、社会三者关系，是要解决政府在与市场、社会的关系中的定位问题。政府定位，是马克思主义国家理论的一个基本问题，中国特色社会主义理论对马克思主义关于社会主义国家理论有重大创新。恩格斯指出："集权是国家的本质、国家的生命基础……只要存在着国家，每个国家就会有自己的中央，每个公民只是因为有集权才履行自己的公民职责。在这种情况下，即在集权的条件下，公共管理完全可以放手，而且必须放手，一切和单个公民或团体有关的事情在一个中心，既然这里的一切都是汇集在一个点上，那么……涉及这个或那个个人的事情则不在内。"① 邓小平多次强调，"领导就是服务"，提出要改革党和国家领导制度，把政府"不该管""管不好""管不了"的事交出去，交给企业、事业、社会单位自己管理。

马克思主义经典作家，中国改革开放的总设计师、中国特色社会主义理论创立人为我们勾勒出了现代政府理论形态的基本框架。全面理解他们的思想，可以概括综合为以下几点：第一，一个国家的行政管理体系特别是中央政府要适度集中权力，要有权威，这是建立政府的初衷，是党政分开的需要，也是经济社会发展的需要；第二，政府行政管理要有边界，这个边界是依据市场和社会发育情况而定的，政府要把国家的、公共的事务办好；第三，政府的基本属性是公共性，权力来自社会赋予，职责是为社会服务，行为要向社会负责；第四，政府管理公共事务的基本原则是该管则管、宜放须

---

① 《马克思恩格斯全集》第四十一卷，人民出版社1982年版，第396页。

放；第五，国家领导制度、行政管理体制的改革，重点是处理好集权与分权的关系。

在"政治生活民主化、经济管理民主化、整个社会生活民主化"① 大潮的推动下，政府、市场、社会三者关系已经与改革开放前的情况相比有了深刻变化，三者的边界逐步显露出来。市场和社会能做的事，政府不做；市场和社会做不到而经济社会发展又需要的事，政府不仅一定要做，而且要做好。政府要有所为、有所不为。依据这个道理，政府确定职责、机构、编制及运行制度、工作方式等，改革的任务得以明确。通过多轮次行政管理制度创新，成效十分显著，政府机构总体得到精简，效率有了明显提高，以往那种过多干预经济社会事务的情况有了很大改变，经济社会活力得到释放。事实胜于雄辩，行政管理制度创新让政府、市场、社会各自逐步归位，不但没有削弱党的领导和政府的作用，反而在经济发展中使社会各个主体各得其所，巩固了执政地位和行政权威；不但没有削弱社会主义集中力量办大事的能力，反而提升了政府专注办好应该办的事情的实力；不但没有导致政府威信降低，反而因为减少了决策失误，提高了政府的公信力和执行力。从公务员个体角度看，政府直接干预经济社会事务多，固然公务员权力大，但责任也大；政府简政放权，固然削减了公务员的权力，但同时也减少了政府及其公务员的风险。改革不仅利国利民，而且也有益于政府及其公务员的自身利益，人们对行政管理制度创新的理性认识不断深化。在这样的背景下，进一步解放思想，就是要在理论上形成共识，进一步科学合理地划分市场做什么、社会做什么、政府做什么，坚定政府要有所为、有所不为的认识，并以"改革一定是件好事情"的心态，主动参与改革，积极推动改革。

在理论和实践结合上，我们要解决改革的基本逻辑问题。政府改革内在地客观地存在着统一的逻辑，这个逻辑随着改革的不断深入而逐渐清晰，体现到改革的各个方面。在经济方面，按照政府调节市场，市场引导企业的路

---

① 《邓小平文选》第二卷，人民出版社 1994 年版，第 336 页。

子进行改革。在政治方面，按照党的领导，通过依法治国，实现人民当家作主的路子进行改革。在社会方面，按照党和政府领导、负责，通过社会组织的协同管理，实现公民自治的思路进行改革。在文化方面，经营性文化产业遵循经济建设的逻辑，即按照政府调节文化市场，市场引导文化企业的思路进行改革；公益性文化事业遵循社会建设的逻辑，即按照政府引导和扶持文化事业单位，公益性文化单位提供文化公共服务的思路进行改革。在生态方面，绿色生产遵循经济建设规律，即政府通过调节市场，引导企业节能减排、治污利废，催生和发展新兴绿色产业；绿色生活遵循社会建设规律，即政府培育和引导非营利社会组织，这些组织作为公众参与的主体，积极参与到生态文明建设的决策和监督当中。

各个方面改革逻辑的统一性来源于生产力决定生产关系、经济基础决定上层建筑的基本规律。各项改革按照这个统一性进行安排，才能"更加注重改革的系统性、整体性、协同性"。行政管理制度创新与各项改革紧密关联，上与政治体制改革承接，下与经济体制改革相连，中间与文化体制、社会体制相互作用。唯有解放思想，打破固化利益格局的传统思维方式，才能实现行政管理制度创新按照生产关系适应生产力、上层建筑适应经济基础的要求设计和推进。

关于解放思想，我们还有一点具体建议。改革开放以来，我们党每逢社会思潮出现重大混乱的时期，就要重申"改革开放政策不会变"，这已形成较为成熟的经验。目前，国内外意识形态呈现高度复杂局面，人心较为不稳，在这样的时刻，需要以更大的力度推进解放思想的工作。建议中共出台一部关于解放思想的"若干意见"，有针对性地解疑释惑，对例如发展民营经济、破除"左"的思想障碍，坚持党的基本路线不动摇，坚持"不折腾"等人民群众最关心的问题，予以再度明确，并宣示长期坚持。

第二节　服务引领行政管理体制创新

党的十九大对新时代行政管理体制改革、建设人民满意的服务型政府提出了明确的要求。为了更好地贯彻落实十九大精神，推动行政管理体制性制度创新，我们认为需要在全党和各级政府中深入开展关于政府改革、公共服务的理念、思路、政策、措施的实践性引导。

一、接续深化行政管理体制改革

党的十八大以来，国家行政管理体制改革加快了步伐，经过 2013 年、2018 年两轮改革，中国特色社会主义行政管理体制趋于基本建成。但是还有很多需要补足的"短板"，还要解决新出现的机构和职能与现实需要不适应、不协调的问题，因此改革任务仍然很重，创新难度更大。

要保持体制改革的连续性。党的十九大提出的新时代行政体制改革的中国方案的基本思路，是在总结改革开放以来行政体制改革的经验基础上凝练而成的，登高望远所提出的改革任务和目标具有很强的政策连续性。这一轮行政体制改革是一种创新性与接续性高度统一、阶段性与历史性高度融合的改革。这种接续改革的特点突出表现在两个方面：一是始终紧紧抓住转变政府职能这个行政体制改革的"牛鼻子"，按照适应民主政治、市场经济、和谐社会建设的要求，将政府职能引入科学、法治、现代化的轨道，持续促进经济社会发展；二是运用行政的体制性制度、机制性制度、服务性制度三者联动的基本方法进行改革，释放制度创新的巨大能量。体制具有结构性特征，是撑起行政管理大厦的支柱，转变职能离开了机构改革是不可能成功的；机制具有功能性特征，对体制的运行会产生重要的补充作用，这方面的改革也丝毫不能放松；一些关键性的服务保障性制度改革，如政务服务制度改革、应急管理制度建设，是大厦的砖和瓦，在特定的时间和空间条件下，这方面的改革具有独特的价值。这些经验都值得在今后的改革中坚持和发扬。行政管理改革的任务和目标，不能脱离历史，全面谋篇布局不是另起炉灶，接续性的改革创新才能逐步形成整体性、系统性、协同性的国家治理体系。

二、寻找行政管理体制改革的创新点

当前，我们对体制和机构改革要有新认知，要以更加宽阔的视野、以更高的站位、在更加广泛的意义上，来审视机构和行政体制，从一个新的出发点来思考如何完善中国特色社会主义行政体制，而不能再一般性地提行政体制改革。

改革包含创新，改革自身也要创新。如果说从 1978 年到 2003 年行政体制改革主要是破除计划经济下的体制，2003 年以来主要是创新体制，特别是建立公共服务体系，都是在既有的工业社会最为典型的组织形式科层制条件下进行的改革创新，那么从现在开始的制度创新要把重点向"去科层制"转变。随着高度复杂性和高度不确定性时代的来临，传统的科层制组织正面临着越来越大的压力，以稳定的"形式合理性"制度去应对变化着的世界不确定性和高度复杂性已经使传统制度体系面临可以负载的临界点，难以有效应对新时代公共事务治理的现实要求。换言之，目前我们所生存于其中的一整套行政管理制度体系和制度文化，事实上都是在用治理体系和治理方式的确定性来解决社会生活、制度环境中的不确定性问题。这就如同刻舟求剑，水浅的时候还可以找回丢失的东西，水深了就只能望洋兴叹了。在此背景下，政府对公共事务的治理必须按照高度复杂性、高度不确定性时代国家治理"现代化"的要求，从根本上变革传统国家治理理念、重构国家治理的价值目标体系、运用现代管理工具、采纳新型技术手段，创新组织结构、完善制度规范、再造制度文化、重塑制度环境，这是推进行政管理制度体系创新的基础路径。在具体行政管理制度体系创新方面，要进一步按照国家治理现代化的要求，遵循从机构归并逐步发展到职能转变、从封闭逐渐向开放转变、从管制逐步向服务变革的这一中国行政管理制度体系创新发展的一般规律，有序地推进结构性行政管理制度、运行性行政管理制度、保障性行政管理制度创新，这是推进行政管理制度体系创新的具体制度路径。

三、回应生态文明的时代要求

生态文明是人类历史发展的最新文明形态，在生态文明的新时代中，各项管理制度不能仅考虑人类社会，而是要把自然与人类联系起来，建立天人合一的综合性程度最高的制度。

法治是人类迄今为止能够认识到的最佳治国理政方略，也是制度的高级形式。建设生态政府和法治政府这两者在当今中国不期而遇，必须有机结合起来。按照生态文明建设的硬道理，以建构科学的生态管理制度体系，倒逼行政管理制度创新，建设符合自然规律而不是仅仅适应市场经济要求的法治政府，实现可持续发展。系统完整的生态行政管理制度包括法律和政策性制度、公众合作治理制度、主体责任制度三个方面。法律和政策性制度主要是综合统一决策、生态管理大部制度，国土空间开发保护制度，自然资源产权制度，生态补偿制度，生态保护红线制度，资源用途管制、集约使用、有偿使用、破坏赔偿制度，节能量、碳排放权、排污权、水权交易制度。公众合作治理制度主要是全民节约制度，生态文明教育制度，环境信息公布制度，社会监督举报制度。主体责任制度重点是落实生态环境责任制度，干部绩效考评制度，领导干部自然资源资产离任审计制度，生态环境损害责任终身追究制度。

四、以服务引领行政管理制度体系创新

新时代行政管理制度创新主要受到治理现代化的新要求、新兴科学技术特别是大数据在行政管理过程中的新应用、行政管理对生态文明的新回应这

三个方面的直接影响。从这个维度考量，行政管理制度体系创新就需要以这三个方面为参照系，把以往采取的以结构性制度创新为引领，带动运行性制度和服务性制度创新的顺序，改为以服务性制度体系创新为引领，带动结构性制度、运行性制度创新，形成一个新的改革创新系统，并不断发展和完善它。概括起来就是要以服务求创新，以服务性制度的发展完善其他领域的制度，用制度服务的方式规范其他制度，推进制度数量充足化、制度质量成熟化、制度适应灵敏化、制度嵌套无缝化、制度治理协同化的要求。

所谓"服务"，就是要把人民政府全心全意为人民服务的宗旨贯穿全部工作，包括制度创新，都要进一步明确建设服务型政府的方向。服务既是理念信念，又是政策工具，还是治理方式。要使行政管理制度创新服务于市场在资源配置中的决定性作用和更好发挥政府的作用，处理好政府、市场、社会的关系；服务于向地方政府赋权增能，释放地方特别是基层政府的活力，增强政府提供服务的统筹性、协同性和系统性；服务于创新社会治理，提高公众的参与度，密切党和政府与人民的血肉联系；服务于优化党政关系的体制，增强现代双核型治理能力。

第三节　创新应急管理制度

应急管理制度属于保障性和赋能性的制度，对维护人民群众生命财产安全、社会和谐稳定、国家长治久安具有关键性作用，也是维护行政管理结构性制度和运行性制度安全、确保国家法制和公共政策有效执行的重要制度。

习近平总书记指出，"我们要打赢防范化解重大风险攻坚战，必须坚持和完善中国特色社会主义制度、推进国家治理体系和治理能力现代化，运用制度威力应对风险挑战的冲击"[1]。用制度威力应对风险和危机，就是要把

---

[1]　习近平：《关于〈中共中央关于坚持和完善中国特色社会主义制度 推进国家治理体系和治理能力现代化若干重大问题的决定〉的说明》，《人民日报》2019 年 11 月 5 日。

应急管理放到国家制度和国家治理的大系统中，站在新时代新要求的高度，明确应急管理改革创新的任务、方法和路径，建设现代化的国家应急管理制度体系和高效能的应急管理运行体系。

一、中国特色的应急管理制度优势

中国应急管理制度是中国特色社会主义制度的特定表现形式。中国应急管理制度优势来源于中国特色社会主义的根本制度、基本制度、重要制度的优势与应急管理内在规律相结合。中华人民共和国成立七十多年来，特别是改革开放以来，中国应急管理创造了很多举世瞩目的成就，显示出很强的制度优势。可以从十个方面概括中国应急管理制度优势。

一是集中力量办急事的优势。集中力量办大事，是社会化大生产的客观规律，也是中国特色社会主义制度的优越性所在。中国应急管理放大了这种优势，依靠应急管理体系所内嵌的"举国机制"和"全国一盘棋"体制，将"办大事"的能量最大限度地释放出来，转化为"办急事"的运行机制，调动各方面积极性，将有限的人力物力财力在很短时间里集中起来，用于解决最重要、最紧急、最艰巨的任务。

二是党的领导、政府主导的优势。党的领导是中国特色社会主义最本质的特征。党的领导、政府主导，是应急管理制度的一大优势。这种制度将总揽全局、协调各方与全面履职、责任承担统一起来，将实现国家长远利益与当前实际利益统一起来，将加强党的执政能力建设与政府服务体系建设结合起来，使应急管理成为巩固党的执政地位，加强政府公共服务，增强制度执行力、公信力的"大综合应急"。

三是改革总揽应急工作的优势。党的十一届三中全会以来，我国各方面工作取得了重大成就，核心经验就是以改革总揽全局。十九届二中、三中、四中、五中全会明确提出了全面深化改革的任务。国家以改革为统领，将加强应急管理作为新的增长点，求得各方面发展的"最大公约数"，在经济体制改革和社会体制改革中不断深化应急管理体制改革，在历次行政管理体制和政府机构改革中不断加强政府应急管理职能，逐步健全基本适应国家改革、发展、稳定大局的应急体系。

四是善于学习借鉴国际经验的优势。世界各国在不断探索危机预防、响应、协调、救援，减少突发事件带来的破坏方面积累了丰富的经验。中国应急管理立足国情，从各国的成功经验中汲取营养，借鉴对我有用之处，从建立应急预案体系，加强应急管理体制、机制、法制入手，全面推进应急管理体系建设。同时，应急管理工作在与国际规则的接轨中获取外部力量支持，推动了国际合作，促进国内应急管理升级换代。

五是公共政策创新的优势。"非典"之后中国对公共政策进行调整和创新，制定了风险防控、危机管理、应急产业等领域的一系列政策，初步形成中国特色应急管理政策体系。国家从"十一五"开始，编制了《"十一五"期间国家突发公共事件应急体系建设规划》，目前正在编制"十四五"期间的规划。以中长期经济社会发展规划的管理模式强力推进应急政策体系建设，不仅有助于常态管理与应急管理有机契合，而且有利于加强应急管理制度体系建设和制度的执行。

六是政企合作的优势。提供公共安全产品和服务是政府、企业的共同责任。有资料显示，大多数突发公共事件发生在企业。在应急管理领域建立良好的政企合作关系，通过落实企业应急管理责任，加强政府和企业、公共部门和私人部门之间的合作，实现管理上的无缝对接，科技上的成果共享，制度上的优势互补，构建风险分担和权责利统一的政企合作机制，是发挥市场与政府共同配置应急资源的合理模式。一些应急救援的基础设施和关键设备需要投入巨额资金，单靠财政难以解决，调动企业投入的积极性，是加快应急物资保障体系建设的有效之举。

七是归口管理和对口支援的优势。"归口管理"是在统一管理的前提下，打破常规管理中的部门、地区、层级界限，合理安排业务相近的机构和职能衔接的部门的权责关系，重构部门关系、层级关系和区域关系，实现资源优化配置。中国的分口管理是在通行的突发公共事件分类管理、分级管理基础上的延伸，有很强的原创性。"对口支援"进一步发展了这种分口管理制度的优势，增强了区域协同治理的功能，提高了应急中的部门同步性、层级联动性、府际协同性。在 2008 年应对汶川地震和 2020 年抗击新型冠状病毒肺炎疫情中，对口支援发挥了极大的作用，缓解了一时、一地的资源紧缺，防止了次生危机和系统性崩溃。

八是干部队伍的专业化优势。改革开放以来，随着干部队伍专业化建设，绝大多数公共管理者拥有了较高知识水平和较强业务素质。专业化优势是专业知识、专业思维、专业方法、专业能力、专业精神的集合。专业型干部无论是形势研判还是做出决断，无论是破解发展难题还是解决应急性问题，都比较善于运用专业思维、专业素养、专业方法，注重科学性、实用性和逻辑性。专业型人才对科学技术、管理工具的这种关注，与应急管理中的诸多特性相符，使得这些干部在处置突发事件的细节方面凸显出优势，不断提高履行一岗双责、做好应急管理工作的本领。

九是社区工作的优势。城市化快速发展后，城镇人口急剧增加，社区成为人们活动的重要场所。加强社区安全体系建设，是推动社会治理重心向基层下移的关键。社区作为突发事件的第一现场和前沿阵地，在传统的治安功能基础上发展了风险预警、危机减缓、救援处置和恢复协理等应急管理多方面的作用，提升了社区综合治理水平，增强了居民和社区组织自我防护、自救互救的能力，为共建共治共享社会治理成果，提高全社会应急管理能力提供了保障。

十是基层组织保障的优势。基层党组织在应急管理中起着基础性作用。充分发挥基层党组织和广大党员在应对突发事件中的战斗堡垒作用和先锋模范作用，是我国特有的政治优势和组织优势。依靠横向到边、纵向到底的组织体系，在危急关头迅速形成动员力、凝聚力和战斗力，实现第一时间抢救群众、保护群众、服务群众，推动标本兼治、关口前移，通过日常防范、源头治理和前端处置，及时消除安全隐患，整合社会各方资源，形成应急工作合力。

　　当然，这里列举的十个方面可能不全面、不系统，但应该是指出了重点。优势是相对于劣势而言的，不是孤立的、绝对的，而且从一定意义上说，优势所在之处往往又是不足之处藏身最深的地方。比如，集中力量办大事的优势，如果用错了地方，或者用力过大，也会造成极大的资源损失，甚至破坏了事物发展的规律。

二、应急管理制度优势与国家治理现代化的辩证关系

　　中国应急管理制度，是应急管理实践的依据，制度所具备的优势是实践效能生产与提升的逻辑起点。制度优势作为一种"质"的规定性，能不能转化为"量"的效用性，以及这种实践形态的能效量之高低，不仅取决于制度本身的优劣，更重要的是取决于这些制度与国家治理体系、治理能力现代化要求之间的关联度，制度的执行力以及制度在治理实践中的转化能力。

　　党的十九届四中全会通过的《中共中央关于坚持和完善中国特色社会主义制度 推进国家治理体系和治理能力现代化若干重大问题的决定》中深刻揭示了制度优势与国家治理现代化之间的本质关系，提出"构建系统完备、科学规范、运行有效的制度体系，加强系统治理、依法治理、综合治理、源头治理，把我国制度优势更好转化为国家治理效能"。系统治理、依法治理、综合治理、源头治理这四个方面，就是制度优势与治理效能之间的结合点、关键点。这就为我们研究如何从国家治理现代化的角度认识中国应急管理制度优势，以及应急管理制度优势如何转化为现代化应急管理效能这一重大命题指明了方向。其实质就是要解决好国家制度的普遍性、必然性与应急管理的特殊性、偶然性之间的关系，解决好国家治理的整体性、统一性与应急管理的综合性、专业性之间的关系。这是解决制度优势转为实践效能的一把钥匙。

　　唯物辩证法认为，普遍性与特殊性、必然性与偶然性是揭示客观事物联

系和发展规律的哲学范畴。普遍性、必然性是反映客观事物联系和发展中合乎规律的、一定如此的趋势，特殊性、偶然性是指客观事物联系和发展中可能出现，也可能不出现，可以这样出现，也可以那样出现的复杂性趋势；普遍性寓于特殊性之中，必然性通过大量的偶然性表现出来，没有脱离特殊性的纯粹的普遍性，偶然性背后隐藏着必然性。这一理性思路是应急管理研究的重要角度，对于发现应急管理规律具有很强的启迪意义，即必须树立应急管理的"两点论"，一是要按照普遍性和必然性的要求，去追求经济社会发展的安全性，防范和化解风险；二是要按照特殊性和偶然性的特征，去认知人类面临的不确定性，提高社会的安全性和人们的安全感。

所谓应急管理实践效能，就是正确处理制度的普遍性和必然性与突发事件的特殊性和偶然性之间的联系、区别、条件等辩证关系，科学把握它们潜在和发生的时空节点，以及在预测、跟踪、响应、处置、恢复等应急管理环节中采取果断行动。特殊的偶然的事件，虽然超出了人们事先的预测，但未必导致超出预设的结果。换言之，好的应急管理制度就是在事先多预设一点、多预测一步，将不同的人和不同的环境条件下的过程延长一些，关键的节点延后一些，执行制度严格一些，而这就可以带来应急管理实践的有效、高效、有力。反过来说，以突发事件的特殊性和偶然性来为决策失误或延误制造理论根据，是不能让人信服的。当然，任何人都不是"先知先觉者"，而是需要我们对公共问题的认识程度更深一些，管理方面的学识再增长一些，对环境的了解以及环境对公共事件的影响研究更细化一些。

如果说系统治理、依法治理是针对国家制度的普遍性、必然性与应急管理的特殊性、偶然性之间的关系而言的，那么综合治理、源头治理就是针对国家治理的整体性、统一性与应急管理的综合性、专业性之间的关系而言的。20世纪后期以来，在公共管理学术界提出了整体性治理的理论。该理论认为，传统的以功能为导向的科层制模式必然导致政府职能碎片化，以客户需求为导向的新公共管理模式又极易破坏公共服务的系统性，为了解决上述问题，需要建设整体性治理。

党的十八届三中全会特别是党的十九大之后，国家各方面、各领域都在推进治理体系和治理能力现代化，推进党和国家机构的改革，其中一个重要特征就是推进整体性治理。

整体性治理就是赋予制度一种新的优势，创造新的体制机制，焕发制度生命力和灵活性。在应急管理领域，整体性治理对于处理错综复杂的风险具有很高的效能。例如，在不同的危机情景中，整体性治理可以随时随地、此消彼长地进行格式转换和方法调整。同样一个"集中统一的领导制度"，在国家治理体系的高层，可以通过加强集中统一的领导制度调动应急资源，也可以通过建立职能整合的机构使这一优势长效化，还可以通过运用综合协调的方法临时性配置资源等，在应对大灾巨灾中显示特有的深度整合优势；在国家治理体系的中层，可以通过分类管理制度、分级负责制度、属地管理制度，强化应急管理责任，也可以运用反应灵敏的协同运行机制，重构要素配置格局，产生新的多元集约优势；在国家治理体系的下层，可以依靠中上层制度能量注入基层管理体系，获得综合化的治理效果，也可以通过在常态中建立的基层"三联"机制，即问题联治、工作联动、平安联创的工作机制，将应急管理的关口前移，或在突发状况中形成多元化的处置阵容。这就凸显了整体性治理的制度优势。

然而，整体性治理与应急管理之间也存在着冲突。一是政府所使用的管理工具无法统一，二是部门和层级公共权力配置各不相同，三是管理责任归属难以确认，四是意识形态与管理科技之间也存在某些冲突。这些问题在国际上提出整体性治理20多年来没有任何国家能够圆满解决，整体性治理实践在所施行的国家并没有产生预期的良好行政效率，究其主要原因是整体性治理与专业化管理没有找到一个恰当的平衡点。这就要在兼顾应急管理综合化与专门化、专业化、专职化的前提下进行制度安排。应急管理专门化，就是根据突发事件的类别制定专门化的预案及相关体系，最大限度缩短应急响应的启动时间，提高处置能力。从2020年新型冠状病毒肺炎疫情暴发初期地方政府迟迟没有启动应急预案的惨痛教训中可以发现，应急决策和信息公开的绩效缺失，其实就是在平衡整体性需求与专门化管理之间矛盾的时候出现了重大偏差。应急管理专业化是科学化的核心。从制度意义上讲，专业化就是对不同功能的机构必须在职能规定中进行分开，各司其职才有各自的高能效。应急管理专职化是组织层面实现专门化和专业化的基本方式。在社会分工领域建立专常结合的应急管理人员管理制度是提高应急效率的基础。只有建立在这"三化"基础上的整体性治理才是具有现实价值的现代公共治理。

三、制度优势转化为应急管理实践效能的现实条件

"制度优势转化为治理效能"，不能简单地理解为制度的执行效能。制度执行效能，是由执行力和时间两个变量决定的，而制度优势转化为治理效能则需要在执行力和时间两个变量之外再加进一个制度优越性的溢出性变量，才能得以实现。也就是说，要在一般性执行制度创造效能的同时，对制度的"特殊"优势采取一定的方式予以"超额执行"，以获取一般治理无法得到的新效能。按照国家应急管理制度优势与现代应急管理发展要求，我们认为中国应急管理制度优势转化为应急管理效能需要创造一定的条件，才能使之成为现实。

一是更新观念。更新观念，是我们党和国家始终保持生机活力的法宝。实践是检验真理的唯一标准。更新观念就是要在党的基本理论指导下，一切从实际出发，自觉以实践为准绳，破除把发展和稳定对立起来的形而上学思想方法，抛弃消极等待"上级指示"的观念障碍，克服部门、地方利益掣肘，实事求是、与时俱进、求真务实，创造性地开展应急管理工作。观念不更新，就很难看清我们制度的优势在哪里、治理的短板在哪里、工作的失误在哪里，就看不清问题的症结，找不准突破的方向、着力点和改进举措。

二是规划引领。国际经验表明，国家应急管理是一个系统工程，要以规划为引领，推进制度建设。我国应急体系建设的"十三五"规划在2020年

基本完成，这一年中对"十三五"规划进行评估，未完成的或完成质量不高的方面需要"补课"。按照"扬制度优势、补制度短板、强制度弱项"的要求，编制好应急体系建设的"十四五"规划，谋划应急体系建设规划与其他经济社会发展各规划之间的衔接，与应急预案的衔接，与区域发展、行业发展、业务发展规划相结合，完善应急管理制度体系。

三是政策赋能。当前行政体制改革的关键是转变政府职能，重点是"放管服"改革，重构政府权力与事件责任之间的关系。这一职能性改革需要配套的政策予以界定。比如，要打通日常行政体制与应急管理体制的边界，配合行政性放权，推进应急管理体制改革，创新政府应对突发事件的职能，促进其在体制内属地化、在体制外社会化、在体制内外结合上市场化，这些都需要在机构改革之后以政策的形式加以明确。又比如，推进应急事务"下沉落地"，夯实落实属地管理责任，同时又能得到高中层管理者的决策指导与上级的资源注入；推动应急事务"社会共治"，确保社会广泛参与应急事务得到政府多部门协同的政策支持与行为引导；推动应急事务"部门协同"，在应急产业、物资准备、临场调动等方面以政府投入为主，将应急资源的行政性配置与市场性、社会性配置相结合，建设保障人民安全的服务型政府；处理好新设立的应急管理机构与其他负责应急工作部门的关系、新职能与应急管理"一案三制"之间的关系，这些都需要公共政策赋能，通过政策创新促进效能革命。

四是监管延伸。深入研究突发事件的机理，精准施策，推进综合安全监督体系建设和个性化监管方式改革。强化政府监管的公开性原则，禁止滥用"内紧外松"的陈旧工作方式，除特殊的对敌斗争和安保任务外，不得在应急管理工作中用双重标准，搞内外有别。发挥信息化优势，延伸应急管理领域监管机制的链条，使触角跨入每一个角落，让监管走到风险的前头。探索审慎包容性监管，对科学家、专业人士前沿性研究性的开发利用，不要粗暴简单地以"没有先例"为由予以制止，对提高应急水平确有成效的新技术新设备给予必要的支持鼓励。重视在公权力结构性改革中、在社会治理体系创新中、在法治社会建设中，还权于民，尊重公共权能，保障公众权益，理顺行政权力与公共权利的关系，保障公众在实施应急管理中的应有权利。排除附加在应急管理中的过度要求，提供适度公平和合理可及的公共安全服务。开展公共安全绩效评估，提高应急行业监管的覆盖面和有效性，提升公共安全服务水准。

四、构建常态与应急结合的综合型治理体系

如何完善应急管理体制机制，构建常态与应急相结合的综合型治理体系，不仅是摆在我们面前必须迅速解决的现实重大课题，也是全面加强应对风险和应急管理能力，推进国家制度和国家治理体系现代化的战略性、前瞻性、长期性任务。

（一）如何认识风险是建立常态与应急结合治理体系的关键

常态与应急是两种不同的社会状态。如同人体在受到外部物刺激后会引起应激性反应，出现神经兴奋、血压上升、心率加快、呼吸加速和力量剧增等反应一样，社会为了应对突然降临的危险也会产生应激性反应，其中不自觉的应激反应有恐慌、抢购、逃离、暴动等，而自觉的反应就是我们所说的应急管理。当外部危险结束后，人体会恢复到常态，社会在应急状态结束后也要回到正轨上来。这是人类从远古以来在与各种自然灾害斗争、适应、规避的不断循环往复中早已习以为常的过程。

然而，在高度工业化、信息化、城市化、经济全球化以及交通运输体系快速发展的今天，情况有了很大的改变——人类已进入了一个新的历史时期，这就是风险社会的来临。一个"微波荡漾"的社会正在被"风险浪急"的社会所取代。现代性所带来的"附赠品"正在逐渐从"午后茶"变成"正餐"——风险无处不在，危机随时爆发，后果非同小可。此次新冠肺炎疫情的暴发，印证了风险社会真的成为无法回避的现实这一残酷判断，无可

争辩地被认为是正确的。

现在的问题是，在风险社会中，作为公共管理者如何来界定自己的工作？这里有两个极端的选项：一是采取"鸵鸟"政策，对风险视而不见，盲目乐观，心怀侥幸，不求作为；二是追求"绝对安全"境界，寄希望于回到先前那种经过努力还可能得到的纯而又纯的安全，"万万无一失"。如果这两个极端选择都是错的，那么正确的抉择是什么？如何在常态的太平盛世与非常态的风险危机这两者合而成为通向未来的"平衡木"上行稳致远呢？

美国安全工程师赫伯特·海因里希（Herbert Heinrich）曾经提出一个"海因里希法则"。他通过对55万件机械事故中死亡、重伤事故1666件，轻伤48334件，其余为无伤害事故的研究，提炼出一组数据：伤亡（重伤或死亡）、轻伤、不安全行为这三者的比例为1∶29∶300。国际上把这一法则叫作事故法则。我们如果把这个比例移植到"风险—危机"演进的系统分析中，可以得到风险（不安全行为）导致危机（人员重伤或死亡）的概率是0.303%。这说明，从总体上看，由风险产生危机的概率是很低的。换言之，在风险社会条件下，常态中绝对的"安全"（危险系数为0）是不存在的，人们只能生存于的"风险"（危险系数为0.303%）中，而要避免的就是危机的爆发（从0.303%发展到100%，危险系数为1，危机出现）。

因此，公共管理者的正确态度是：第一，高度重视风险。坚持预防为主，未雨绸缪，打有准备之仗，绝不等闲视之，麻痹大意，掉以轻心。第二，坦然面对风险。"谈险色变"是由于没有掌握风险演化的客观规律。认真研究风险社会不确定性的发生机理，关注跟踪风险走向，就可以科学识别和研判风险，有秩序地做好监测、预测、预报，以及预警信息发布工作。第三，善于应对危机。第一时间介入风险到危机的临界点，危机一旦发生立即果断启动应急预案，发布准确信息，全力开展响应，高效处置突发事件。第四，灾后尽快恢复。"恋战"是"过度应急"的翻版，也是能力不足的表现。人体在"应激"后要尽快恢复正常生活，否则长时间处于应激状态，就会出现持久性应激反应现象，就是病态，临床表现为妄想、虚幻，产生被监视、被牵连的惶恐，失去对他人的信任感等。社会也是这样，要做到有能力快速进入应急状态，也要做到有能力快速退出应急状态，否则社会就失去了生机活力。

一个是危机前对临界点的预判能力，一个是危机后的应急恢复能力，这两点是最能考验公共管理者对风险和危机管理水平的"得分点"，也是社会能不能在常态与应急之间实现有效转换的关键点。

常态与应急结合的治理体系，不是常规管理与非常规管理的简单物理式相加，而应该是你中有我、我中有你的化学式融合，这种融合就是现代化的国家治理体系和治理能力。打通常态与应急的壁垒，让各种资源在两种状态之间自由流动、互利互补，常态中的优势向应急中延伸，应急中暴露的问题和失误在常态中修正，增添社会进步的动力。要学会常态管理和应急管理两个本领，始终坚持发展和应急"两手抓""两手硬"。对于风险，要采取源头防控、消除隐患；对风险演化为突发事件，要采取有力措施进行应急处置；危机结束后迅速开展恢复重建；平时则注重加强忧患意识、风险意识的教育，定期进行应急预案的编制、修订和演练，做好应急物资保障和人员培训等工作。

（二）制度建设是构建常态与应急结合治理体系的重点

习近平总书记指出，要牢固树立安全发展理念，坚持系统性思维，充分把握安全风险的规律特点，以大概率思维应对小概率事件，全面落实安全责任制。这是建设常态与应急结合治理体系的关键。而建立领导责任、部门责任、企业责任和社会责任有机整合的制度体系，是抓好公共安全的"牛鼻子"。

首先，要把安全责任制落实到位。2003年"非典"之前，在政府部门职能和责任体系中只有四分之三的部门规定有应急管理的职能。现在，所有的政府部门都被赋予了应急管理的职责。要按照"党政同责、一岗双责、齐抓共管、失职追责"的总体要求，坚持问题导向、目标导向、结果导向，完善各级安全责任主体和岗位责任清单，运用社会舆论加强安全制度监督，对违法违规人和行为坚决处理，切实推动安全责任部署落实落地落细。2018年国家在各级政府体系中设立了应急管理的专门行政机构，这表明政府应急管理的责任进一步增强，在探索应急与常态结合的治理体系方面推进了一大步。但改革尚未完成，撤销政府应急管理办公机构，新成立一个专司其职的应急部门，一方面使应急职能部门对多数突发事件进行综合应对、其他部门各负其责的模式得以形成，在部门分工体系上厘清了职责；另一方面则降低了政府主导应急管理的直接性，原先的政府应急值守机构贴近领导的优势不再，从某种意义上说是把"政府应急"变成了"部门应急"，这种体制增加了应急部门与其他部门之间的协同难度，也使得风险危机信息向上传递和政府决策意图向下传递的速度可能放慢。下一步还需要在体制机制上做"修补"。建议在各级政府枢纽机构中建立常设的"应急管理协同机制"，发挥直接在首长身边协助指挥和管理的优势，需要的时候可以参与应急协同工作。

国际经验表明，推进责任制度建设不仅要有"短兵器"，还要有"远射炮"，长效机制的一个具体抓手就是国家应急管理规划。要强化安全规划的引领作用。我国应急体系建设的"十三五"规划在2020年基本完成，这一年中对"十三五"规划进行评估，未完成的或完成质量不高的方面需要"补课"。按照"扬制度优势、补制度短板、强制度弱项"的要求，编制好应急体系建设的"十四五"规划，谋划应急体系建设规划与管理体系特别是责任制度之间的衔接，切实建立健全超前部署、未雨绸缪的制度。

其次，要把国家治理体系优势和制度优势转化为应急管理实力、能力、效力。要进一步深刻认识中国特色制度优势的普遍性、必然性和真理性，从国家治理的全局中、整体上、综合性地发挥制度优势，补足应急管理体制和机制中的"短板"。

运用唯物辩证法来观察应急管理，可以发现制度优势的普遍性与应急管理的特殊性之间有着耦合的关系。既要按照普遍性的要求，就是要坚持发展是硬道理，在发展中求安全，处理好发展大局与防范化解风险的关系；也要按照特殊性的要求，去认知人类面临的不确定性，提高社会安全性和人民安全感，不能再搞"一白遮百丑"，用发展取代稳定，实现长治和久安的统一。

再次，把中国优势与国际优势结合起来。制度是在时间和空间中执行的，治理效能取决于国内和国外两个变量，而中国制度优势如果与外国治理先进经验"强强结合"，那对于构建人类命运共同体，对于获取良好的外部发展环境，都是极为有利的。事实上，当代中国的应急管理体系正是在借鉴外国先进经验的基础上按照国家治理的现实要求建立的，国际上好的做法我们都是采取"接轨"的方式接入，从某种意义上说，很多发达国家把应急管理作为"国际公共服务"，带给我国溢出性效益，对于我国应急治理效能提升起到补充作用，也成为我国制度能够在错综复杂的环境中立于不败之地的重要原因。因此，我们要进一步解放思想，从治理的短板、工作的失误中找到突破的方向和着力点，在管理机制的共享中提升"平战结合"治理的效能。

第四节　提高制度执行力

党的十九届四中全会通过的《中共中央关于坚持和完善中国特色社会主义制度 推进国家治理体系和治理能力现代化若干重大问题的决定》指出："制度的生命力在于执行。"强化制度意识，维护制度权威，发挥制度能量，关键在制度的执行。进一步健全科学高效的制度执行体系，杜绝对制度采取"做选择、搞变通、打折扣"的态度和"制度空转"现象，增强制度执行力，才能使中国特色社会主义制度更好地转化为治理效能。

一、提高对制度执行力的认识

1942 年毛泽东同志在中共中央党校开学典礼上做《整顿党的作风》讲话，其中针对某些同志官僚主义和教条主义的情形时指出，这些同志"仅仅把箭拿在手里搓来搓去，连声赞曰：'好箭！好箭！'却老是不愿意放出去。这样的人就是古董鉴赏家，几乎和革命不发生关系"①。这一生动形象的比喻，虽然说的是理论与实际脱节的现象，用在当下我们某些地方和部门出现的制度执行力弱的问题，特别是"制度空转"上，也是十分合适的。

所谓制度执行力就是将党和国家明文规定的相关制度，在本地本部门本岗位不折不扣地贯彻落实的能力和状态。执行力弱或"制度空转"，就是制度与执行之间的脱节——对党和国家明文规定的相关制度，在本地本部门本岗位需要贯彻执行的时候，不去真抓实干，履职尽责，而是满足于表表态、做做样，对改革创新强调各种各样的"理由"敷衍塞责，阳奉阴违，原地踏步，光说不练，消极怠工，玩忽职守。他们有的以"抽象执行、具体不执行"的方式，搞假大空，忽悠领导和群众；有的采取"部分执行""选择性执行""象征性执行"等手段，对制度进行软抵触；有的地方将改革的"规定动作"用"慢动作"替代，以碎片化、挤牙膏的方式推进；有的部门在制度执行中玩弄"改小保大""割发代首"等伎俩，避重就轻；还有的在政府部门之间建立"利益互保"，你帮我在你的管辖范围内打开绿灯，我帮你在我的执法履行中装聋作哑。这些"制度空转"表现形式千奇百怪，但核心都是对制度的漠视，都是在搞"制度与执行的脱节"。

产生这种执行力弱的思想根源是多方面的，既有陈腐的教条主义、主观主义、庸人懒政思想的作祟，对公共利益、公共服务意识淡薄，又是新形势下形式主义、不作为、不担当、怕担事的变种，将公权力"私有化""部门

① 《毛泽东著作选读》下册，人民出版社 1986 年版，第 496 页。

化"，当作个人或小集体可以"自由裁量"的私权力。杜绝"制度空转"，化解制度执行中的"梗阻"，必须从贯彻落实党的十九届四中、五中全会精神，推进国家治理体系和治理能力现代化的高度，建立长效制度和应急制度，科学预防和有效控制"制度空转"，有针对性地解决问题，增强党的政策、国家制度、改革举措的执行力。

二、建立制度执行的创新体系

"制度空转"现象虽然早已有之，但在当前形势下有一些新特点。防止和治理制度空转，除了需要加强已有的保障制度执行的体制制度和监督措施外，还需要按照国家治理现代化的新要求，建立顶层贯通、分层对接、相互衔接、底层发力的制度执行制度，对"制度空转"进行系统治理、依法治理、综合治理、源头治理，增强制度执行力和治理效能。

（一）推动执行力的系统性创新，营造制度执行的良好环境

传统管理演化为现代治理，是社会发展、技术进步、管理革命的产物，主要是由客观环境变化、社会发展出现了高速度、高精度、高复杂性等现象决定的。现代国家治理与传统治理的重要区别就是有一套针对新出现的现象而设计的高度系统化的治理体系。这套体系是对传统制度执行方式的系统性升级，其关键性解决方案是做到坚持中国特色社会主义根本制度、基本制度、重要制度相互衔接，以制度的系统性推动治理体系和治理能力全面提升，用"一发"牵动"全身"，并确保每一项制度在现代化的国家治理体系总框架内有效运行，切实提高执行能力。

（二）强化执行力的法制化创新，打造制度执行的动力

法律、制度、政策都是国家治理的基本工具和方式，都具有规范经济社会生活的功能，但是法制具有更强的刚性约束性。运用法制手段推动制度的

执行是从深层次上增强执行的动力。法制化执行制度应该在整合部门法的基础上，将顶层设计和分层对接统一起来，分层设计和分段对应结合起来，将分散在中央层面的法律法规、中央政府部门的规章进行跨部门梳理，对地方政府的规章及地方政府部门的规范性规定进行跨层级清理，综合构建集成性、共治型法制体系，探索以制度价值为导向，引领以制度执行为驱动的国家治理法制体系，把制度能力转化为制度能量。

（三）推动执行力的综合性创新，提高制度执行的机理

管理的效能来源于控制，而治理的效能依赖于协同，把控制转化为协同首先需要综合，实现管控与服务的统一。建立综合性治理制度，就能够统筹制度改革和制度运行，有效地将制度体系与治理能力在功能上实现整合，推动协同创新，发挥市场配置资源决定性作用和更好发挥政府作用，加速把国家制度能量转化为制度能力，把制度优势转化为治理能力。

（四）开辟执行力的源头性创新，建立制度执行的保障体系

源头治理在管理学上与前置化管理、溯源管理、预管理有关，是一种关口前移、预防为主、未雨绸缪、抓主动权的工作方法。作为一种思维方式和管理模态，源头治理是跳出过去传统的常态管理的眼界，以"大管理"的视野来看待管理，将风险管理引入常态管理，重在预防、化解和减少风险，实现问题导向和目标导向的统一，治标和治本的统一。源头治理又是生态环境管理的扩散应用。在生态系统中，每种生物的生存需要有各自合理的位置，这样才能错落有致，各得其所。各级政府在公共管理环境中都应该明确自身的位置，各个部门都需要各司其职、各尽其能，才能全面履行政府职能。这样，不断推进政府职能转变，就成为一种源头治理。源头治理还必须把握历史规律，面向未来发展，在保持改革定力的同时焕发创新活力。

三、多措并举，增强制度执行力

"制度空转"既是制度执行中的顽症，又具有一定的急性发作的特点。因此，要迎难而上、逆风飞扬、直面关键，在建立长效制度的同时，立足现实，施以具体的、应急性的整治对策和措施。

（一）增强政治敏锐性和大局意识

党的路线、方针、政策绝大多数是以制度的形态表现出来的，执行好这些制度才能保证党中央国务院大政方针贯彻落实，才能实现政令畅通。执行制度是制定制度的初衷，没有执行就没有制度的价值。提高执行制度的自觉性，需要正确处理制度与立足实际创造性开展工作之间的关系，积极主动将党的领导主张和重大决策部署转化为领导决策、工作制度和管理方式方法，才能发挥制度的功能和价值，推动经济社会发展。在简政放权、放管结合、优化服务的改革过程中，有的地方出现的"制度空转"现象，表明上看好像是因为制度和政策执行力弱所致，实际上是政治站位不高的表现，是对改革认识不到位的表现。因此，整治新出现的"制度空转"要加强对行政行为的实时动态监督，把提高认识与严肃执纪结合起来，从政治上筑起制度执行的"引流明渠"，因势利导，促进干事担当，让广大干部跟上人民前进的步伐，搭上时代发展的高铁。

（二）优化执行资源配置

执行力是现代行政管理的重要资源，但是创造执行力的过程是有成本的，是资源投入的，而且在特定时间段中的成本往往有一个相对恒定的阈值，不能随意突破，不可"透支"，不能搞"治理赤字"，这就需要科学配置行政资源，善于优化资源结构，合理使用执行资源，对制度执行提供资源支撑。要不断完善党和政府重大决策抓落实的举措，比如深化权责清单制度改革，化解部门分歧，消除条块梗阻，抓住工作中的"难点"，打通改革中的"堵点"，击准问题症结的"痛点"，降低执行成本，调动执行者的积极性，提高制度执行自觉性。

（三）加强执行效能管理

公共机构绩效考核和督查督办，是提高工作效率、管理效益、服务效果以及能力建设的有力手段，是增强履职尽责主动性和创造性的"轻型武器"。要针对绩效考核指标体系所存在的重速率、轻质量，重排名、轻整改，重显绩、轻潜绩等问题，以有效执行为导向，改善绩效考核系统，找到那些导致执行低效能的"病根"，针对制度执行中的突出问题，设置考评指标，将督查与考核有机结合起来，真正"考"出激励，"督"出作为，不断提升行政管理效能。

（四）扩大执行信息公开

阳光是对制度执行最好的助燃剂。确保对制度执行和政务运行信息公开透明，有助于强化对制度执行的监督。要运用现代科学技术手段，打破"信息孤岛"，统一各部门信息共享的种类、标准、范围、流程，加快推进政务信息联通共用，探索执行方式的信息化、科学化、标准化，形成高效的组织体系和优化协同的实施体系，切断部门之间"利益互保"的通道，用程序正当规范办事流程，使制度得到不折不扣的执行。要拓展网络问政、民众问效的功能，对群众通过网民留言、市长电话等所反映的问题，要在督促解决、为民解忧的同时，开拓新渠道，将其作为制度执行的信息，向主管部门进行反馈，把现有的政府为民众办事的制度延伸为民众对政府执行力的监督。

第五节　信息技术应用

随着信息技术的迅速发展，特别是互联网、大数据、云计算、区块链、人工智能等技术与现代通信技术的融合，推动国家治理、政府治理、社会治理正在出现许多从未有过的新变化，对行政管理制度体系的影响越来越大。在政府行政体制改革、日常管理和公共服务领域大力发展与运用数字治理，对于加快转变政府职能、提升政府现代治理能力具有重要意义。

一、加快从传统治理到数字治理的转型

今天，我们身处科技革命和信息时代，着眼于现代科学技术特别是信息技术对认知的影响，就是着眼于未来。科学的本质是任何研究对象只有预先进入"筹划"的程式中才能被视为存在的。在大千世界中，"如如的物质显然地渗析着数之和谐，而且显得被几何学之律则性所驾驭着"①。今天研究行政管理制度创新已可以运用计算机、人工智能等信息科技，把常态社会中的"数"和"几何学"表征的常规特性与非常态社会中发生的变异特性进行比对，在新的高度、深度、广度上研究与把握制度的普遍性与特殊性、偶然性与必然性的"律则"。

（一）为打破行政部门之间的信息壁垒提供新动力

党的十八大以来，我国以行政审批制度改革为突破口，大力推进简政放权，取得了显著成效。但是，长期形成的权力集中、职责分割、效能不高等问题还没有完全得到解决。在一些地方和领域，简政放权之所以艰难，一个

---

① ［德］恩斯特·卡西尔：《人文科学的逻辑》，关子尹译，上海译文出版社 2004 年版，第 10 页。

重要原因是行政部门之间分工过细，职能边界成了信息壁垒，一项全局性政策常常被切割为不同领域的"地盘"。破除这一弊端，应在深化体制改革、强化督查制度、增强执行力的同时，加大信息化建设力度，运用大数据技术，建设基础数据库、专业数据库和应用数据库，打破相关部门之间的信息壁垒，以"技术强制力"克服政务数据碎片化、信息资源共享程度低等问题。这一举措还能为推进行政审批制度改革以及推行权力清单、责任清单、负面清单等制度，解决部门间放权不同步、不协调等问题提供有力支持；为建立统一开放、竞争有序的市场体系，克服地方保护主义提供新动力。

（二）为提高行政决策科学化水平提供新支撑

党的十八届三中全会提出，要处理好政府和市场的关系，使市场在资源配置中起决定性作用和更好发挥政府作用。决策是行政管理的核心要件。在"互联网+"时代，市场"无形之手"活跃在线上线下，政府决策面对的不确定性上升，特别是对新兴市场的调控难度增大。如果沿用传统管理方式，以对局部对象的研究分析代替整体把握，通过少部分人的需求推断大多数人的需求，就有可能出现决策失误。将大数据技术运用到管理决策中，可以通过交叉复现、质量互换、模糊推演等手段，有效整合各方面数据资源，使信息趋于系统完整，克服因信息不对称所产生的治理难题，提高决策科学化水平。还应看到，随着改革进入深水区、发展进入新阶段，政府推动改革发展一般需要采取上下结合的方式，广泛听取各方面的意见和建议。大数据技术可以为此提供基础性技术支撑，有利于政府决策部门及时获取各方面意见和全面准确的信息并得出科学结论，进而做到科学决策、民主决策、依法决策。

（三）为创新行政管理提供新手段

近些年，很多国家开展了以公众满意度为指向的行政改革，绩效评估、流程再造、风险治理、危机管理等新管理工具不断出现，提高了政府的服务效率。运用大数据技术，改善和创新行政管理工具将更加如鱼得水，可以为有效限权与高效用权提供新的手段。我国实施的工商营业执照、组织机构代码证和税务登记证三证合一、一照一码登记制度改革之所以能够快速推进，很大程度上得益于大数据技术的应用。具体来说，就是通过建立项目并联审批平台，形成网上审批大数据资源库，实现跨部门、跨层级项目审批、核准、备案的统一受理，同步审查，信息共享，透明公开，从而大大简化了证照办理程序。在一站式行政审批和服务体系建设中，从过去部门分散的多门式到一楼式整合，再到统一共享的数据平台建设，将进一步推动简政放权改革的深化和落地。

二、抓住重点推动数字治理下行政管理制度创新

在数字治理条件下，政府的行政管理发生了深刻的变化。其中，公共部门内部业务处理流程再造、跨部门业务流程再造、社会服务流程再造等业务变得极为容易。如经过一系列的整合，通过大数据平台下的跨部门业务协同和政务信息资源共享，便能从过去分散式到"一楼集中式"的物理式转变，再到"一站式"的化学式转变。要实现真正的"一站式"化学转变，必须建立统一共享的数据平台。这是大数据发展的重要前提，也是实现政府彻底变革的关键举措。事实上，在大数据时代，交换和利用信息的频率逐渐加快。面对海量的信息，公共部门需要探索如何改进对信息资源的利用方式，以公众的具体需求为导向，设立更高的目标。数字治理对于政府体制改革特别是转变职能，提升现代治理能力，深化简政放权、放管结合、优化服务改革具有重要意义。

（一）数字治理推动简政放权

行政管理要实现科学化、现代化，离不开智能化。推进行政体制改革、

深化简政放权，要充分发挥现代信息技术的推动作用，打通"信息孤岛"，推行互联网+政务服务，实现部门间数据共享。为打通行政部门信息壁垒提供新动力。

党的十八大以来，我国政府以行政审批制度改革为突破口，大力推进简政放权，取得了显著成效。但是，长期以来形成的权力集中、职责分割、效能不高等问题还没有完全解决。简政放权之所以艰难，一个重要原因是在科层制行政管理架构中，政府部门之间专业分工过细，职能边界成了信息壁垒，一项全局性政策被切割为各自为政的"地盘"。也就是说，政府的部门以及部门的一些下设机构成为简政放权的"最先一公里"障碍，成为束缚改革手脚的利益藩篱。清障破藩，应在强化督查制度、增强执行力的同时，加大信息化建设力度，运用大数据的储存方式和处理技术，建立基础数据库、专业数据库和应用数据库，打通相关各部门之间的数据链，以"技术强制力"克服政务数据碎片化、信息资源共享程度低等问题，为推进行政审批制度改革，推行权力清单、责任清单、负面清单等制度，解决部门间放权不同步、不协调的问题提供支持，为建立统一开放、竞争有序的市场体系，克服地方保护主义，打造新的动力。深化行政审批制度改革也可以应用大数据，甄别审批事项需要保留还是可以取消或下放，对保留的审批事项如何简化和优化流程。

（二）数字治理促进放管结合

把简政放权与加强管理结合起来，既要放得彻底，又要管得到位。面对日渐增多的海量信息，政府部门可以通过改进对大数据资源的利用方式，提高信息使用频率，建立以公众需求为导向的信息化平台，实现放和管的良性互动。

强化一体化监管。以往政府监管方式往往采取审查企业报表，发现问题或出了问题再去检查整顿的手段，难以实现监管的全面有效覆盖。大数据技术可以揭示事物、信息之间的关联，将企业生产经营、销售物流、检验检测领域的数据自动汇聚到分析系统中，政府部门便可以随时掌握企业违法失信、投诉举报、消费维权等信息，预警市场的不当行为，提升政府的风险防范和应急响应能力，将管理方式由"人盯事""一对多"，变为"大数据盯事""多合一"，明显提高监管的效能。按照国家治理能力现代化的要求，有效的监管需要多元主体的共同参与。目前我国各级政府部门手中掌握了海量的信息数据资源，但开放不足，利用不充分、效率低的问题相当突出。政府要按照放管结合的要求，进一步加强政府信息公开工作和数据开放的力度，除涉及国家安全、商业秘密、个人隐私的信息外都向社会开放，积极运用大数据、云计算、物联网等信息技术，编织企业信用信息和公民个人信息"全国一张网"，建立市场主体诚信档案库和信誉查询系统，实施行业黑名单制度、市场退出制度以及联合激励与惩戒制度，形成线上线下一体化的政府监管体系，消除信息"死角"，使"守信者一路绿灯，失信者处处受限"，这不仅有助于维护市场秩序，也将倒逼政府自身改革，尽快实现大胆放权搞活与严格监督管理有机统一、相互促进的良性循环。

创新行政管理方式。转变政府职能要以促进社会公平正义、增进人民福祉为出发点和落脚点，这就要求不断创新行政管理方式，提高管理质量和水平，更好地满足人民群众日益增长的需求。大数据所体现的现代信息技术，不仅为政府提供了决策层面的技术支持，而且由于其不断融入行政组织的基础性制度和工作制度中，有助于创新政府执行方式，提高贯彻落实政策的能力。例如，运用互联网和大数据技术，开通建设投资项目在线审批，做到全透明、可核查，让信息多跑路、群众少跑腿。大数据技术还可以促使政府流程再造，从过去单向的自上而下管理转向多维度的协同治理，将监管措施融入服务行为，增强监管的实时性和人性化。在政府绩效管理中运用大数据技术，将有助于解决外部评估信息不对称、指标权重设计不科学等问题，更好地发挥绩效管理在治理行政不作为、慢作为、乱作为中的作用。

提升行政管理精细化。要把"工匠精神"引入政府管理，对自己的产品——管理和服务做到精益求精、极致严谨、追求完美，这就需要提升行政管理的精细化、精准化、标准化程度。进入攻坚期的改革，会涉及很多利益格局的调整、权责关系的重塑、管理模式的再造、工作方式的转型，任何一个方面、一个环节出了问题，都会影响改革成效。大数据技术的运用将明显提高政府工作的问题导向、需求导向和目标导向，设计出"行简政之道、革烦苛之弊，施公平之策、开便利之门"的方案来。近年来，很多地方和部门探索实施数字化城市管理、网格化社区治理，建设智慧城市、智慧社区、智慧村庄，通过收集和分析城市、乡村的各种数据，建立以"人、地、物、事、情、房和组织"为核心的基础信息数据库，政府管理者、社区网格员对社会进行动态全方位管理和服务，使得反馈及时精准，事件处理快捷高效。这将克服运动式和突击式执法，以及服务效率低的弊端，从被动管理的模式转变为前馈式管理模式，做到小事用"微服务"在网格中完成，大事靠"一站式"在基层解决。

（三）数字治理实现优化服务

大数据运用到政府治理中，可以推动简政放权、放管结合与优化服务统一起来，加快服务型政府建设，为人民群众提供比较充裕的公共产品和优质高效的公共服务。

在促进大众创业、万众创新中运用大数据，有助于提高政府服务"双创"的效率。政府通过大数据可以了解"双创"政策落地成效，反馈和诊断"最后一公里"症结所在，聚焦"痛点"、瞄准"堵点"，有针对性地为公民创办企业服务，为企业松绑减负，营造亲商氛围，更好地为创业创新清障搭台。例如，对于有创业意愿的公民特别是年轻人，政府可借鉴大数据商业推广模式，定向推送相关同行业数据、市场竞争态势和创业经验，帮助其分析创业的可行性和风险，向其提供权威的注册登记、市场准入等商事管理制度规定和优惠政策，告知便捷可靠、个性化的服务措施，促进将意愿转化为行动。在行政管理中延伸实体政务大厅的功能，打造网上创业创新申请、受理、办理、服务"一条龙"体系，在政府内部横向联通发展改革、城乡规划、国土资源、环境保护等部门，纵向贯通各个层级政府及派出机构，建立为企业开办和成长的"全流程"服务，促进新注册企业增长，提升企业活跃度。

在教育、医疗、社会保障、环境保护等公共服务供给领域，采用大数据技术可以减少政府决策的盲目性和随意性，促进政府在实现经济社会政策目标与公民服务消费需求之间寻找到合理的均衡点，降低制度性交易成本和行政服务成本。在推广政府和社会资本合作的领域，依托"互联网+政务"，可以多渠道提升公共服务共建能力和共享水平，让投资者办事更方便、收益更满意。在优化服务中还有很多细节可以应用大数据技术，如当消费者走进存在不良卫生记录的餐馆时，政府可以自动向其移动终端发送"别在这里吃饭"的短信、微信提醒，让消费者"用脚投票"，督促企业整改。

建立"纠错""容错"制度。优化政府服务重在创新，但创新存在风险。在传统的行政管理组织架构中，决策的信息来源通常需要经过漫长的传递链条，具有"牛鞭效应"，即信息链条越长，传递过程中的层次越多，信息被人为修改处理的概率就越大，信息失真即偏离原始信息的概率也就越大。如果依据不准确的信息做出"创新"决策，很可能导致失误。大数据技术的应用，将信息的"获取—传递—处理—分发"运行轨迹修改为"采集—传递—分析—应用—反馈"的数据流程，高效的信息集成技术、数据分析技术，以及"数据混搭"技术，能够为发现不科学、不正确的决策做出反馈性提示，改变政府决策的传统正向思维范式，提高政策出台后可能出现的社会风险预判能力，把决策失误提前到事先，纠正在决策过程中。当前，一些干部因担心风险而不愿创新，这需要建立一套"容错"制度，保护和鼓励创新。大数据可以通过海量舆情分析，评估改革创新的必要性、民意认可程度、探索失败的价值，及时消除负面影响，让改革创新者感觉到有依靠，释放出更多的工作活力。当然，容错不等于"无限度宽容"，更不等于可以胡来，要防止拍脑袋决策和"任性拍板"。大数据有助于划清"容错"与"无限度宽容"之间的界限，形成激励创新与容错纠错的平衡制度，坚定广大领导干部和公务员改革创新的决心，增强推进改革创新的底气和勇气。

三、区块链技术应用于制度创新

区块链，是指分布式数据存储、点对点传输、共识制度、加密算法等计算机技术在互联网时代的创新应用模式。[1] 2018 年 5 月，习近平同志在两院院士大会上指出："以人工智能、量子信息、移动通信、物联网、区块链为代表的新一代信息技术加速突破应用……世界正在进入以信息产业为主导的经济发展时期。"[2] 近年来，区块链技术日益成熟，应用领域已由单一的金融领域扩展到身份认证、社会保障、慈善福利、食品安全等社会民生领域。区块链的迅猛发展，除了区块链技术自身所具有的技术优势外，取决于世界各国对区块链技术研发和应用普及出台的积极鼓励政策、有力引导措施及审慎监管制度。例如，美国特拉华州积极探索区块链技术与州法律体系的结合，择机建立企业档案管理的区块链分布式账本体系。欧洲委员会认为分布式账本技术的应用前景几乎是无限的，但要用制度加以监管。[3] 中国国务院发布的《"十三五"国家信息化规划》将区块链技术认定为重点加强的战略性前沿技术。工业和信息化部信息化和软件服务业司指导编写的《中国区块链技术和应用发展白皮书（2016）》提出了区块链的典型应用场景，从宏观层面绘制出区块链技术发展与区块链标准化的路线图。贵州、上海、北京、广东等地相继出台政策从省域范围和战略高度布局区块链技术的应用。

---

① 工业和信息化部信息化和软件服务业司指导，中国区块链技术和产业发展论坛编写：《中国区块链技术和应用发展白皮书（2016）》，2016 年 10 月 18 日，见 http://www.199it.com/archives/526865.html。

② 习近平：《在中国科学院第十九次院士大会、中国工程院第十四次院士大会上的讲话》，《人民日报》2018 年 5 月 29 日。

③ Miseviciute M. Jurgita ，"Blockchain and virtual currency regulation in the EU"，*Journal of Investment Compliance*，Vol. 26，No. 4，2018.

（一）去中心化与再中心化

近年来，区块链技术凭借去中心化、可追溯、不可篡改、安全透明等特性优势广泛地运用于政务服务、金融改革、民生发展等领域，被誉为互联网之后的第五次颠覆性技术创新。去中心化是区块链技术的核心特征。从技术角度来讲，去中心化源于区块链的分布式账本技术，是区块链系统中的每个主体都能单独地写入或者读取区块数据，并向全网广播和认证，不再需要第三方提供的信用背书。这意味着区块链系统中的参与主体是权利与义务的统一体，处于相对平等的地位，不存在核心的、起支配作用的管理机构。伴随着区块链的理论宣传与实践运用，去中心化的趋势从以比特币为代表的金融领域逐步扩展到政务、民生领域，并不断侵蚀、挑战传统的政府、银行等中心化组织及其建构的权威、信任、支配体系，促使组织层级多、信息易失真、权力易寻租而饱受非议的官僚制更遭唾弃。

但是，技术缺陷、应用风险使得区块链的实践发展事与愿违，特别是算力集中、黑客攻击、虚拟货币被盗、比特币非法利用等让推崇区块链的技术决定论者也不知所措。区块链的技术攻关、无序竞争、漏洞风险、隐私保护、监管引导、伦理道德等问题始终离不开政府的规划、引导和监管。反而在某种程度上，政府及早有序、有力、有度地引导区块链技术发展，更有利于发挥区块链的技术优势，拓展区块链的应用领域，完善区块链的发展生态。

换言之，无论从理论还是实践来看，"去中心化"的区块链技术发展都离不开"中心化"的政府引导支持，通过"再中心化"促使政府积极主动承担有序规划、有力支持、有为监管与有效回应区块链发展的责任。政府要顺应数字时代的治理要求，借鉴国外的发展经验，革新政府责任理念价值，完善政府责任内涵形式，重塑政府责任架构体系。

（二）区块链应用的理论和制度依据

作为一种新兴的治理技术，区块链是一种技术、手段和方式，而不是价值、目的和结果，在应用过程中既要破除"技术无用论"的臆断，也要改变"技术决定论"的念想。发挥区块链的正向功效，离不开政府的有力引导和监管，特别要防止出现"技术利维坦"。目前，学界对政府在区块链应用中履行监管职能的重要性已有共识，但对政府在区块链应用中为何承担相关责任的理论依据却鲜有研究。按照现代责任理论，政府在区块链应用中履行责任的理论依据主要在合法性与合理性两个层面。

去中心化的技术特性使得国家与社会、政府与公众、组织与个人间的信息交流、行为互动、成果共享更为有效、便捷。不同的利益相关者在公共事务治理格局中的地位相对平等，有助于发挥多元主体的各自优势，加快信息的层级交流，进一步提升政府效率，促进政府机构扁平化改革。

在制度设计方面，俄罗斯针对不同的应用领域采取不同的治理态度和管理制度。一方面对比特币等虚拟货币持谨慎态度，不断强化对比特币等虚拟货币的监管；另一方面在央行的支持下，继续开展区块链技术在金融领域的应用研究，颁布区块链技术合法化的草案，明确表示在确保安全的基础上，进一步考虑区块链技术的社会化应用。在政策引导方面，英国政府发布《分布式账本技术：超越区块链》报告，提出今后区块链发展的若干重点规划和应用方向，并将区块链政府建设提升至国家战略的高度。在资金扶持方面，美国国土安全部对国内几家致力于区块链技术应用开发的公司补贴 60 万美元[1]，研究区块链技术对金融犯罪执法网络数据分析的便捷与效率问题。在监督管理方面，自 2014 年以来，美国相继出台了《加密货币协议保护与暂停法案》《区块链促进法案》《区块链监管保障法案》《虚拟货币市场和监管

---

[1] *US Government Awards $600k in Grants for Block chain Project*，https：//www. coindesk. com/us-government-grants-blockchain-project/，access at 24th April，2018.

竞争法案》等十多部政策法案，加强区块链技术在汇款业务、资金服务、期货交易、金融犯罪等方面的监管，分析区块链技术在金融方面的潜在风险，探索新型监管模式的可行性、成本与收益分析等。

可见，区块链技术先发国家抓住区块链的技术优势，积极引导区块链技术发展应用，这为我国运用区块链技术实现治理体系和治理能力现代化提供了重要启示。因此，政府要树立准确的现代责任理念，借鉴国外先进经验和做法，明确区块链应用中的责任内涵，界定不同层级的政府责任，积极履行职责，引导区块链的应用发展。

区块链应用于行政管理有助于增强政府责任体系建设。不同层级的政府承担着不同的责任，履责主体、能力、形式和效果亦有所差异。以往政府实践中责任缺失的一个重要的原因就是责任的模糊，而区块链应用于政府责任系统将有助于明确界定各自的责任，有助于重构政府的职能与责任体系。

四、运用信息化增强政府治理能力建设

创新性地运用信息化改造既有行政管理，增强政府治理能力建设，要抓住三个"能"来驱动信息化和政府改革同步发展：行政职能、公共权能、算法技能。

（一）行政职能

政府行政职能需要按照"放管服"改革的要求，重构政府权力与事件责任之间的关系。这是职能性改革。要打通行政管理体制改革与社会治理体制改革，配合行政性放权，推进社会治理体制改革，创新政府处理社会事务的职能，促进其在体制内属地化、在体制外社会化、在体制内外结合上市场化。换言之，就是要用信息化推动行政事务"下沉"，确保属地管理得到相应的高中层管理者的决策指导与资源注入；用信息化推动公共事务"共治"，确保社会广泛参与公共事务得到政府多部门协同的政策支持与行为引导；用

信息化推动行政事务"协同"，在产业规划、经济调控等方面以政府为主，将行政性配置资源与市场性、社会性配置相结合。职能改革还要处理好新机构、新职能与社会职能之间的关系。

（二）公共权能

权能是与职能既有联系又有区别的概念，在字面上可以理解为"权力的能量"，这就与职能的内涵接近，在学理上则多指权利的要素、权利的作用范围或实现方式，是权利人为实现其权利所体现的目的或依法所能采取的手段。毛泽东在"古田会议决议"中提到过"权能"，他说，"编制红军法规，明白地规定……士兵会的权能及其和军事政治机关的关系"①。概言之，权能所定义的不是权力，而是权利，侧重在权利的实现方式。行政管理要尊重公共权能，重视在公共权力结构和政府机构改革中、在社会治理体系创新中、在法治社会建设中，加入公众权能的改革，通过科学的权能配置，理顺权力与权利的关系，还权于民，保障公众在政府实施行政管理中的应有权利。

（三）算法技能

算法是对方案的准确而完整的描述，是一系列解决问题的清晰指令。在公共管理中，算法还指代系统揭示解决问题的原理、机理、策略和机制。行政作为政治的执行，在现代化进程中其主要功能可归结为找到并用好"算法技能"。不掌握这种技能，意味着丧失了"算法权"。在国家经济社会对算法的依赖不断加深的背景下，算法不但是人工智能的基础性技术之一，也表征为一定的权力，在对公众意见感知、治理需求回应、政策议程设定、政府

---

① 总政治部：《中国人民解放军政治工作历史资料选编》第一册，解放军出版社2002年版，第399页。

绩效评估等方面都有明显的公共权力属性。① 政府管理科学化程度高低取决于算法的水平高低,同一突发事件可用不同算法处置,而某个算法的质量优劣将影响到算法乃至程序的效率。在借助人工智能进行管理时,其决策是否正确、迅速,行为能不能有序、高效,关键就在能不能选择合适的算法和随时改进算法。对于管理能力的评估,实质就是算法技能的评估。提升行政管理算法能力,需要还原行政、权力、权利等范畴的本义,强化算法的意识,创新智能的方式,而这些都有赖于深入研究公共事务机理以及管理的机制,排除附加在行政管理中的过度要求,提供适度公平和合理可及的政府服务。

---

① 陈鹏:《算法的权力:应用与规制》,《浙江社会科学》2019 年第 4 期。

附录： 学术界对行政管理制度创新的评价

国家社科基金重大项目"国家治理现代化与行政管理制度体系创新研究"课题组，于2019年以"学术界对行政管理制度创新的评价"为题，进行了专项研究。

一、研究方法和评价对象

依据制度应具有的根本性、全局性、稳定性、长期性等基本特征，课题组组织专家对从1978年底到2019年初这40年来国家在公共管理领域制定、实施、改进的行政管理制度进行梳理，设置创新力度、对经济社会生活影响、受众获得感、人民满意度、理论意蕴等5个指标，对这些制度分别进行评估，从中选出40项制度作为研究对象。

从中国知网1979年1月1日至2019年3月29日的全部文献中，将这40项行政管理制度内容中的核心词语作为关键词，采取全文模糊检索方式，共检索到文献100223篇。经过浏览文献，根据标题等信息，剔除关联度低的文献，删去研究综述以及报纸文章、会议文献、博士论文、硕士论文等，得到30278篇文献。在这30278篇文献中，对分别涉及各项制度的相关文献根据被引率的高低进行排序，在每一项制度的研究文献中选取被引次数最高的5篇文献，将其作为我们的阅读文献，共计200篇。

运用定性与定量相结合的方法，仔细阅读文献，将文献中对某一项具体制度的评价作为本研究的内容分析支撑材料，进行定性研究；依据检索到文献的单位制度文献总量、5篇高被引文献的平均引用次数、单篇文献被引次数、单位制度文献总量与单篇文献被引率叠加等数据，对制度价值、制度创新程度和相关研究学者的贡献，进行定量研究。对定性研究的结果，采取专家会审方式，修正个体认知偏差；对定量研究的结果，采取逻辑分析方法，校正由于学科分布的非均衡性和文献发表时间先后等原因造成的数据离差，在此基础上形成学术界对具体制度的评价。

以下是对40项制度按照政府正式颁布的时间顺序排列，依据制度内容进行简述，并从相关学术文献的评价中摘取或综合形成对该制度的概括性评价。

1. 恢复高考制度

1978年春节后，27.3万被称为"时代幸运儿"的年轻人喜气洋洋、意气风发地跨进大学校门，这得益于刚刚重新工作、主管全国教育科技的国务院副总理邓小平同志排除阻力、力主实施的一项重大制度创新——恢复高考。1977年秋，教育部决定恢复已经停止了10年的全国高等院校招生考试，以统一考试、择优录取的方式选拔人才上大学。学术界普遍认为，恢复高考制度不仅彻底改变了一代人的命运，而且为改革开放伟大事业培养大批人才提供了制度保障，影响极其深远。

2. 家庭联产承包责任制

1978年，安徽凤阳小岗村18位农民冒着极大的风险，立下生死状，在土地承包责任书上按下了红手印，拉开了中国改革开放的序幕。1980年，家庭联产承包责任制得到中央的肯定，并于1982年写入中国共产党历史上的第一个关于农村工作的一号文件，成为中华人民共和国农村土地制度的重要转折点。学术界普遍认为，这一重大制度创新，极大地激发了亿万农民的积极性，引领和推动了其他领域的改革。

3. 经济特区制度

如果说家庭联产承包责任制是启动"改革"的重要制度创新，那么经济特区制度则是宣示"开放"的标志性事件。1979年，中共中央、国务院同意深圳、珠海、汕头、厦门四市试办出口特区。1980年，出口特区更名为经济特区，成为中国改革开放的技术窗口、管理窗口、知识窗口、对外政策窗口。学术界普遍认为，经济特区制度的建立，在中国改革开放历程中具有里程碑意义，是全面推动改革开放的重大制度创新。

4. 干部退休制度

经济领域的改革开放必然要求政府自身进行改革。1979年，邓小平同志在青岛接见海军党委常委扩大会议全体人员时，首次提出要建立干部退休制度。1980年，党的十一届五中全会通过的《中国共产党章程》，正式提出废止领导职务终身制。1982年，中共中央颁布《关于建立老干部退休制度的决定》。学术界普遍认为，废除实际存在的领导干部职务终身制，实施干部退休制度，对干部队伍革命化、年轻化、知识化、专业化具有重大意义。

5. 国家公职人员考试录用制度

干部退休制度建立后，如何规范公职人员的"入口"，急需建立对干部素质和能力把关的制度。自1980年开始，国家探索实施公职人员录用制度改革，并于1989年正式实施"国家工作人员录用考试"，1994年颁布实施《国家公务员录用暂行规定》。学术界普遍认为，国家公职人员考试录用制度正式确立，意义重大而深远。

6. 招投标制度

在推进干部人事制度改革的同时，为进一步激发经济活力，各种配套制度的改革探索也在有条不紊地进行。1980年，国务院印发的《关于开展和保护社会主义竞赛的暂行规定》中首次提出，对一些适于承包的生产建设项目和经营项目，可以试行招投标的办法。1999年，国家颁布《中华人民共和国招投标法》。学术界普遍认为，招投标制度的实施，对规范政府和社会项目建设、加强社会监督、防止腐败等具有重要意义，但是对如何严格规范实施这项制度，有一定的疑虑。

7. 居民身份证制度和户籍制度改革

改革开放的强劲动力提升了经济社会的活跃度，使流动人口剧增，为规范流动人员管理，防止各种违法行为，实施流动人口及其配套制度改革势在必行。1984 年，国务院发布《中华人民共和国居民身份证试行条例》。2003 年，国家颁布《中华人民共和国居民身份证法》。2014 年，国务院发布《关于进一步推进户籍制度改革的意见》。学术界普遍认为，居民身份证制度和户籍制度改革，对于有效保护公民合法权益、促进人员流动、维护社会稳定、建立良好秩序，具有深远的影响，希望加快改革步伐。

8. 九年义务教育制度

随着改革的深入，提升国民素质和国家竞争力的意义进一步凸显。1986 年，第六届全国人大第四次会议审议通过《中华人民共和国义务教育法》，规定"国家实行九年制义务教育"。学术界普遍认为，九年义务教育制度的实施，保障了人民受教育权利，提升了国民素质，促进了社会公平，增强了国家核心竞争力。

9. 股份制改革

党的十一届三中全会后，一些农村社办企业开始探索集资入股、股份合作、股金分红的办法。1983 年，深圳宝安县联合投资公司正式成立。1990 年，上海证券交易所和深圳证券交易所先后成立。学术界普遍认为，股份制改革对发展宏观经济、促进民营经济、建立现代企业制度，具有重大意义，同时，对规范股份制改革提出了很多对策和建议。

10. 社会保障制度

中国的改革开放是经济、政治、社会各个领域全方位制度变革的过程，在经济、政治领域改革如火如荼的同时，国家开始探索社会制度变革。1986 年，《中华人民共和国国民经济和社会发展第七个五年计划》（1986—1990）提出要有步骤地建立具有中国特色的社会保障制度。1993 年，《中共中央关于建立社会主义市场经济体制若干问题的决定》把社会保障制度列为社会主义市场经济框架的五大环节之一。2011 年，《中华人民共和国社会保险法》实施。学术界普遍认为，社会保障制度的建立，通过国民收入的分配与再分配，使社会成员依法获得基本生活权利的保障。

11."三定"制度

经济社会持续发展，对政府管理的需要逐渐增强，但这同时也加剧了政府机构膨胀，转变政府职能、加强机构改革的必要性进一步凸显。1988 年的机构改革确立了定职能、定机构、定编制的政府"三定"制度。此后历次机构改革都坚持按照"三定"的要求组织实施。学术界普遍认为，"三定"制度的本质是实现行政管理体制改革和政府机构改革的规范化、改革成果的法制化，防止机构人员膨胀，同时对于转变政府职能、稳定机构编制和控制领导职数起到了重要作用。

12. 公务员制度

干部人事制度改革催生了公务员制度的建立。1987 年，党的十三大将建立国家公务员制度确定为干部人事制度改革的重点任务。1992 年，党的十四大提出尽快推行国家公务员制度。1993 年，《国家公务员暂行条例》颁布实施。2006 年，《中华人民共和国公务员法》正式实施，2017 年修订。学术界普遍认为，该制度对规范公务员的管理、保障公务员权益、加强对公务员的监督、促进勤政廉政、提高工作效能、建设高素质的公务员队伍具有重大意义。

13. 政务公开和政府信息公开制度

经济基础决定上层建筑，改革开放极大释放了经济活力，也对政府管理制度改革提出了更高要求。1988 年，党的十三届二中全会提出试行政务公开和办事制度公开。2003 年，中共中央政治局会议要求，政府掌握的"非典"信息必须向社会公布。2008 年，《中华人民共和国政府信息公开条例》实施。2017 年，《国务院办公厅关于印发政府网站发展指引的通知》下发，对政府数据开放做出具体规定。学术界普遍认为，推行政务公开制度，向社会公开政府信息、开放政务数据，提高了行政活动的透明度，增强了政府资源为社会服务的功能。

14. 行政管理科研和教学制度

实践领域制度变革呼唤行政管理理论创新，同时对人才培养提出了更高要求。1988年，中国行政管理学会经国务院批准成立。此前，1980年，中国社会科学院建立中国政治学会；1985年，中国行政管理学会筹备组创办《中国行政管理》月刊；1986年，国家教育行政部门批准大学开办行政管理专业；1997年，公共管理设为一级学科；2001年，批准开办公共管理专业硕士学位（MPA）教育。学术界普遍认为，行政管理科研和教学制度的创新，有效推动了行政管理制度的理论研究和实践人才培养，加快了政府管理的科学化进程。

15. 政府信息化制度

改革开放使中国共享了世界新技术革命的成果，信息技术发展对公共行政产生了深刻影响。20世纪80年代初开始，中央和地方党政机关开展办公自动化（OA）工程，建立政府内部信息网络。1992年，《国务院办公厅关于建设全国政府行政首脑机关办公决策服务系统的通知》下发。1999年，40多个国家部委共同倡议发起"政府上网工程"。2016年，《国务院关于加快推进"互联网+政务服务"工作的指导意见》下发。学术界普遍认为，政府信息化制度有力地推动了行政管理的科学化、规范化、高效化、便民化。

16. 行政诉讼制度

市场经济是法治经济，社会主义市场经济要求政府依法行政。行政诉讼制度成为行政管理制度创新的重要成果。1989年，第七届全国人大第二次会议通过《中华人民共和国行政诉讼法》，标志着我国正式确立行政诉讼制度，"民"告"官"成为可能，并有了法制保障。学术界普遍认为，行政诉讼制度的建立，对保障行政相对人合法权益、促进依法行政、建设法治国家产生了深远影响。

17. 国家赔偿制度

与行政诉讼制度意义同样深远的是国家赔偿制度的建立。1994年，《中华人民共和国国家赔偿法》首次颁布，这标志着国家赔偿制度的正式确立。之前，1982年，《中华人民共和国宪法》规定："由于国家机关和国家工作人员侵犯公民权利而受到损失的人，有依照法律规定取得赔偿的权利。"1986年，《中华人民共和国民法通则》提出："国家机关或者国家机关工作人员在执行职务中，侵犯公民、法人的合法权益造成损害的，应当承担民事责任。"学术界普遍认为，确立国家赔偿制度对建设法治国家和法治政府具有积极作用。

18. 分税制和营改增财税体制改革

1993年，国务院发布《国务院关于试行分税制财政管理体制的决定》，开始在合理划分各级政府事权范围的基础上，按税收来划分各级政府预算收入。2016年，《财政部 国家税务总局关于全面推开营业税改征增值税试点的通知》《营业税改征增值税试点实施办法》《营业税改征增值税试点有关事项的规定》等相关文件发布。学术界普遍认为，分税制和营改增财税体制改革对明确各级政府财权事权、加强预算约束和监督、保证中央收入、提升宏观调控能力、减轻企业负税，发挥了积极作用。

19. 行政听证制度

1996年，第八届全国人大第四次会议通过《中华人民共和国行政处罚法》，规定："行政机关作出责令停产停业、吊销许可证或者执照、较大数额罚款等行政处罚决定之前，应当告知当事人有要求举行听证的权利；当事人要求听证的，行政机关应当组织听证。"学术界普遍认为，行政听证制度对促进行政决策科学化、民主化，加强行政权力监督，发挥了积极作用。

20. 政府采购制度

1996年，上海市率先开展政府采购试点，其后国家陆续颁布实施《中华人民共和国财政部政府采购管理暂行办法》《政府采购招标投标管理暂行办法》。2003年，《中华人民共和国政府采购法》颁布实施。政府采购制度是规范政府采购行为、加强权力监督、防止权力寻租的一项重要制度。

21. 村级民主选举制度

改革开放极大释放了社会活力，也对基层民主政治建设提出了更高要求。1988 年，《中华人民共和国村民委员会组织法》开始试行；1998 年，《中华人民共和国村民委员会组织法》修订稿颁布实施。学术界普遍认为，全面推行村级民主选举制度，为我国探索实施基层自治和民主选举、加快政治民主化进程发挥了重要作用。

22. 取消农业税

自 2004 年开始，吉林、黑龙江等省试点全部或部分免征农业税，2005年，全国有 28 个省全面取消了农业税。2005 年，第十届全国人大常委会第十九次会议高票通过废止《中华人民共和国农业税条例》，决定自 2006 年 1月 1 日起全面取消除烟叶之外的农业特产税，全部免征牧业税。学术界普遍认为，延续了两千多年的"皇粮国税"正式退出历史舞台。这一改革切实减轻了农民负担，促进了生产力解放，具有划时代意义。

23. 城镇职工住房制度改革

20 世纪 90 年代中期以来，党中央国务院不断推进社会保障制度创新。1994 年，国务院发布《国务院关于深化城镇住房制度改革的决定》，要求全面推行住房公积金制度。1998 年，《国务院关于进一步深化城镇住房制度改革加快住房建设的通知》发布，宣布从同年下半年开始全面停止住房实物分配，实行住房分配货币化，并提出建立和完善以经济适用住房为主的多层次城镇住房供应体系。学术界普遍认为，城镇职工住房制度改革，对房地产市场及众多领域产生了深远影响。

24. 最低生活保障制度和基本公共服务均等化制度

1999 年，国务院颁布《城市居民生活最低保障条例》。2002 年，党的十六大提出，"有条件的地区探索建立农村低保制度"。2006 年，党的十六届六中全会通过《中共中央关于构建社会主义和谐社会若干重大问题的决定》，提出"基本公共服务均等化"。2012 年，《国家基本公共服务体系"十二五"规划》颁布，提出了基本公共服务均等化目标及国家标准。学术界普遍认为，确立城乡居民最低生活保障制度和基本公共服务均等化制度，对增强公共服务供给、促进社会公平与和谐稳定具有重大意义。

25. 新型农村合作医疗制度和城镇居民基本医疗保险制度

2002 年，《中共中央 国务院进一步加强农村卫生工作的决定》下发，明确指出："建立以大病统筹为主的新型农村合作医疗制度"。2007 年，国务院发布《国务院关于开展城镇居民基本医疗保险试点的指导意见》。学术界普遍认为，新型农村合作医疗制度和城镇居民基本医疗保险制度的确立，保障了公民的健康和基本医疗，增强了农民的获得感，对促进社会公正、和谐、稳定具有重要意义。

26. 基本药物制度

2009 年，卫生部、国家发展和改革委员会等部委联合发布《关于建立国家基本药物制度的实施意见》《国家基本药物目录管理办法（暂行）》以及《国家基本药物目录（基层医疗卫生机构配备使用部分）》，这标志着我国基本药物制度正式实施。学术界普遍认为，该制度对保障人民群众用药权益和身体健康，减轻人民群众负担，具有重要价值。

27. 行政审批制度改革

加强公共服务是建立在转变政府职能的基础上的，而行政审批制度改革是政府转变职能的突破口和重要抓手。2001 年，国务院下发《国务院批转关于行政审批制度改革工作实施意见的通知》。2004 年，《中华人民共和国行政许可法》实施。2008 年，国务院办公厅转发监察部等部门《关于深入推进行政审批制度改革的意见》。2013 年，国务院宣布本届政府要再削减三分之一以上的行政审批事项。学术界普遍认为，审批制度改革有效推动了简政放权、放管结合、优化服务，目前需要进一步加大改革力度。

28. 行政问责制

2003 年，《突发公共卫生事件应急条例》规定各级政府及有关部门、社会有关组织和公民在应对突发公共卫生事件中应承担的责任和义务及违法行为的法律责任。2004 年，《全面推进依法行政实施纲要》提出建立决策责任追究、行政执法责任制以及完善行政复议责任追究制度。2009 年，中共中央办公厅、国务院办公厅印发《关于实行党政领导干部问责的暂行规定》。学术界普遍认为，行政问责制对政府决策科学化、民主化，防止腐败，产生了重要影响。

29. 绩效管理制度

2004 年，《国务院工作规则》（2004 年 6 月 16 日国务院第 54 次常务会议修订通过）明确要求"建立健全公共产品和服务的监管和绩效评估制度"。2008 年，中共中央在《关于深化行政管理体制改革的意见》中提出要建立"绩效评估指标体系"。2011 年，国务院批准成立由中央纪委监察部牵头的政府绩效管理工作部际联席会议办公室；同年，中央纪委监察部印发《关于开展政府绩效管理试点工作的意见》。党的十九大报告提出，"全面实施绩效管理"。学术界普遍认为，绩效管理制度对优化政府职能、提高工作效能、节约行政成本、促进国家治理体系和治理能力现代化具有积极作用。

30. 应急管理制度

2005 年，国务院常务会议通过《国家突发公共事件总体应急预案》和 25 件专项预案、80 件部门预案。2007 年，国家颁布实施《中华人民共和国突发事件应对法》。学术界普遍认为，全面建立国家应急管理制度，对于我国各级政府依法、科学、有效应对公共危机事件，保障人民生命财产安全，维护社会和谐稳定，具有深远影响。

31. 大部制

2008 年，第十一届全国人大第五次全会批准《国务院机构改革方案（草案）》，提出探索实施大部制体制改革。大部制即大部门工作体制，是指在政府部门设置中，将那些职能相近的部门、业务范围趋同的事项相对集中，由一个部门统一管理。学术界普遍认为，大部制对于减少部门职责交叉、政出多门、多头管理，提高综合决策能力和行政效率，降低行政成本，促进整体性政府建设，具有重大意义。

32. 重大决策社会稳定风险评估制度

2012 年,《中共中央办公厅、国务院办公厅关于建立健全重大决策社会稳定风险评估制度的指导意见》下发。学术界普遍认为,推动实施重大决策社会稳定风险评估制度,是党和政府加强社会治理创新,维护人民群众权益,促进重大决策科学化、民主化的重大举措,对预防和化解社会矛盾有积极意义。

33. 政府清单管理制度

党的十八大以来,围绕国家治理体系和治理能力现代化,公共管理制度创新进入了一个新阶段,通过全面深化改革,使改革开放中逐步形成的制度体系越来越完善,趋向定型。2013 年,党的十八届三中全会明确提出:"推行地方各级政府及其工作部门权力清单制度,依法公开权力运行流程。"2015 年,国务院发布《国务院关于实行市场准入负面清单制度的意见》,标志着正式开始实施权力清单、负面清单制度等清单管理制度。学术界普遍认为,政府建立包括权力清单、责任清单、负面清单在内的各类清单管理制度,对促进政府职能转变、加强权力运行制约、激发外资投资热情,具有重要而深远的影响。

34. 商事制度改革

2013 年,国务院对商事制度改革做出了总体部署。改革的重点是将公司注册由注册资本实缴登记制改为注册资本认缴登记制,取消原有对公司注册资本、出资方式、出资额、出资时间等的硬性规定,取消经营范围的登记和审批,从以往的政府"重审批轻监管"转变为"轻审批重监管"。学术界普遍认为,商事制度改革降低了市场准入门槛,减少了企业登记成本和法律不确定性,降低了制度性交易成本,有效地促进了大众创业万众创新,释放了市场和社会活力。

35. 公务用车制度改革

推进廉政建设,需要完善各方面的管理制度。2014 年,中共中央办公厅、国务院办公厅下发《关于全面推进公务用车制度改革的指导意见》和

《中央和国家机关公务用车制度改革方案》，提出取消一般公务用车，推进普通公务出行社会化，适度发放公务交通补贴的改革举措。学术界普遍认为，公务用车制度改革，对破除"官本位"意识、规范职务消费、促进廉政制度建设具有积极意义。

36. 国家监察制度

2018 年，第十三届全国人大第一次会议正式通过《中华人民共和国监察法》，对国家监察机关的主要职能做出规定，这标志着我国正式建立国家监察制度和国家监察机构。学术界普遍认为，国家监察制度的建立，有助于整合反腐败资源力量，形成集中统一、权威高效的反腐败体制，有利于形成严密的法治监督体系，全面推进依法治国和廉政建设，其标志着行政管理制度建设的完善化和系统化走上了一个新的台阶。

37. 自贸区制度

2013 年，中共中央、国务院决定设立中国（上海）自由贸易试验区。此后，中国自贸区的数量增加至 21 个。自由贸易试验区成为新时代改革开放的新高地。学术界普遍认为，自贸区制度是经济特区制度之后的又一重大创新，对进一步扩大开放、促进自由贸易，具有标志性意义。

38. 生态红线制度

2014 年，环境保护部印发《国家生态保护红线——生态功能基线划定技术指南（试行）》，成为中国首个生态保护红线划定的纲领性技术指导制度。党的十九大报告提出，完成生态保护红线、永久基本农田、城镇开发边界三条控制线划定工作。学术界普遍认为，生态红线制度体现了坚持底线思维的科学态度，有助于优化生产、生活、生态"三生"空间，是顺应生态文明建设客观规律的重大制度创新举措。

39. "三治"基层社会治理制度

"三治"是指法治、德治、自治。2017 年，《中共中央 国务院关于加强和完善城乡社区治理的意见》发布，提出要"充分发挥自治章程、村规民约、居民公约在城乡社区治理中的积极作用，弘扬公序良俗，促进法治、德治、自治有机融合"。同年，党的十九大报告明确提出，要健全自治、法治、德治相结合的乡村治理体系。学术界普遍认为，"三治"基层社会治理制度是中国特色社会治理的重要组成部分，对国家治理现代化有着积极的促进作用。

40. 大督查制度

2014年，国务院开展第一次大督查，此后国务院每年进行一次大督查。2018年，《国务院关于开展2018年国务院大督查的通知》下发并指出，切实发挥督查"利器"作用，推动各项政策落实和措施见效，确保完成全年经济社会发展主要目标任务。学术界普遍认为，大督查与日常政务督查相结合，是确保党中央、国务院政令畅通、令行禁止的一项制度安排。

二、评估结果和研究发现

我们通过阅读分别研究40项制度、被引次数（按从多到少的顺序）排在前5位的共计200篇文献，发现学术界、学者对某一项行政管理制度的研究主要从以下三个维度进行考量。一是运用学术话语权表达对该制度的关注。"关注"是社会生活的一种思考、学习、交流方式。学术界、学者对某些制度高度关注，就说明这些制度受到人们重视，成为人们思考、学习、交流的对象。二是运用制度分析方法对行政管理制度进行学术评价。制度分析就是把制度作为变量引入理论研究，建立接近现实活动的方法论。学术界、学者对某项制度的价值性分析、逻辑性分析、科学性分析、法治性分析、现代性分析，既表明这项制度在理论上、实践上、学理上存在着较大的制度空间，又揭示出这项制度所具有的本质和价值。三是运用理论思维研究制度的创新之处。制度创新是一个过程，不可能毕其功于一役。制度形成前，学术界需要为其提供理论论证和决策咨询；制度出台后，学术界需要对制度的理解、执行、反馈以及该制度与其他制度的衔接等一系列问题进行研究。学术界、学者对某些制度中所蕴含的制度创新进行研究并提出咨询建议，说明这些制度具有研究的价值，制度创新程度较高。

我们根据这三个维度，梳理相关数据，形成评估排序，记录研究发现。

（一）学术界对哪些行政管理制度最为关注

对这个问题，我们从两方面进行研究。一是依据对具体制度进行研究的文献数量，去分析广受学术界关注的那些制度；二是分析文献发表后的被引次数，可以得知关注度的提升与扩散情况，以证明该项制度的受关注程度。

我们分别对 40 项行政管理制度的研究文献进行排序。以下是研究文献数量最多的前 10 项制度：分税制和营改增财税体制改革（11672 篇）、经济特区制度（11472 篇）、应急管理制度（8891 篇）、政务公开和政府信息公开制度（6508 篇）、新型农村合作医疗制度和城镇居民基本医疗保险制度（6408 篇）、绩效管理制度（5781 篇）、公务员制度（5531 篇）、最低生活保障制度和基本公共服务均等化（5127 篇）、"三定"制度（4007 篇）、政府采购制度（3149 篇）。上述 10 项制度的研究文献中，每一项制度都有单篇被引次数在 50 次以上的文献，这表明学术界对这 10 项制度的关注度有提升和扩散现象。因此，这 10 项制度应该属于学术界最为关注的行政管理制度。

（二）如何通过学术界对行政管理制度的研究来对制度进行学术评价

对这个问题，我们从两方面进行研究。一是看涉及某一项制度的研究文献的被引次数，凡是被引次数多的一般就属于学术评价高的制度；二是看研究文献数量最多与拥有被引次数最多文献两者重叠的制度，凡是"双高"的制度便属于学术界认为的高价值制度。

我们在对 40 项行政管理制度相关研究文献的被引次数进行分析的时候，发现文献的被引次数受到多方面因素的影响，比如作者知名度、文献质量、发表刊物影响力等都会导致被引次数的变化。为了排除这方面的干扰，本书未完全按照单篇文献被引次数高低来排列制度顺序，而是采用单位制度被引次数最高的 5 篇文献的平均被引次数作为可用数据，且对单位制度同一位作者有多篇文献列于最高被引次数前位的，只选择被引次数最多的 1 篇，以此作为确定排序的原则。

以下是被引次数最多的 5 篇文献涉及的 10 项制度：应急管理制度（平均被引次数为 715 次）、分税制和营改增财税体制改革（平均被引次数为 674 次）、绩效管理制度（平均被引次数为 387 次）、政务公开和政府信息公开制度（平均被引次数为 298 次）、政府信息化制度（平均被引次数为 296 次）、最低生活保障制度和基本公共服务均等化（平均被引次数为 239 次）、公务员制度（平均被引次数为 211 次）、政府大部制（平均被引次数为 192 次）、行政听证制度（平均被引次数为 189 次）、行政管理科研和教学制度（平均被引次数为 180 次）。

研究文献数量最多的制度与被引次数最多的文献所涉及的制度两者重叠的制度有 6 项，按照被引次数优先、适当考虑文献数量的原则进行排序后是：应急管理制度（8891 篇，被引 715 次）、分税制和营改增财税体制改革（11672 篇，被引 674 次）、绩效管理制度（5781 篇，被引 387 次）、政务公开和政府信息公开制度（6500 篇，被引 298 次）、最低生活保障制度和基本公共服务均等化（5127 篇，被引 239 次）、公务员制度（5531 篇，被引 211 次）。

有些制度单项指标高，但不构成"双高"，其原因是多方面的。单位制度文献数量多而被引次数少，主要是由于研究力量分散（如财政税收制度）或研究主题聚焦制度不足（如经济特区制度）所致。单位制度文献数量并不多而被引次数多，这些制度要么属于专业性很强的研究领域（如新农合制度、"三定"规定），要么是制度出台时或很短时间内就基本释放制度能量，后者也是导致后续研究乏力的原因（比如取消农业税的制度改革）。

（三）哪些学者研究行政管理制度最有成效

关于这个问题，在我们的研究视角中，就是哪些学者对学术界评价行政管理制度发挥了较大作用。我们从两个方面进行思考和梳理。一是研究行政管理制度最有成效的学者一般是在研究行政管理制度（可能研究多项制度）发文数量最多的作者中产生；二是这些学者必须是在对给出的 40 项制度进行研究，并且写出了同一项制度研究文献中被引次数最多的文献。第二个方面比第一个方面更加重要。

据此，我们从研究文献最多的制度和被引次数最高的文献中遴选，得到研究行政管理制度最有成效、对制度评价发挥作用最大的前 6 位学者（或学术共同体）名单。他们是：

第 1 名，张成福。他的《公共危机管理：全面整合的模式与中国的战略选择》发表在《中国行政管理》2003 年第 7 期第 6—11 页，被引次数 1990 次。该文是对政府应急管理制度的研究。

第 2 名，贾康等。他们的《县乡财政解困与财政体制创新》发表在《经济研究》2002 年第 2 期第 3—9 页，被引次数 1034 次。该文是对财政体制改革特别是分税制的研究。

第 3 名，张康之。他的《限制政府规模的理念》发表在《行政论坛》2000 年第 4 期第 7—13 页，被引次数 633 次。该文是对政府大部制度的基础性研究。

第 4 名，薛澜等。他们的《突发公共事件分类、分级与分期：应急体制的管理基础》发表在《中国行政管理》2005 年第 2 期第 102—107 页，被引次数 599 次。该文是对应急管理制度的研究。

第 5 名，中国行政管理学会联合课题组（执笔人周志忍、高小平）。他们的《关于政府机关工作效率标准的研究报告》发表在《中国行政管理》2003 年第 3 期第 8—16 页，被引次数 588 次。该文是对政府绩效管理制度的研究。

第 6 名，陈振明等。他们的《中国公共管理理论研究的重点领域和主题》发表在《中国社会科学》2007 年第 3 期第 140—152 页，被引次数 410 次。该文是对行政管理、公共管理科研和教学制度的研究。

三、对评价结果的意义解构

（1）总体而言，学术界在事关国家长治久安和治理体系创新的制度问题上，政治观点正确，学术态度严谨，研究成果丰硕。对改革开放以来的行政管理制度，学者们予以高度重视，研究人次与研究内容的认同度具有较高的正相关性，而且从文献被引次数看，针对重要的行政管理制度的研究成果比较聚焦，质量较高。但也存在着学术资源有待进一步整合，学术能力有待进一步提高等问题。

"飞来山上千寻塔，闻说鸡鸣见日升。不畏浮云遮望眼，自缘身在最高层。"七十多年来，中国现代国家治理体系在建构历程与逻辑演进之间呈现出高度契合、相辅相成、互补共赢的格局。学术界坚持道路自信、理论自信、制度自信、文化自信，立于时代潮头，登高望远，攀峰涉水，在中国特色社会主义思想的指引下，以敏锐的学术目光捕捉时代的实践视线，用学术研究推动党的理论创新，用制度理论研究促进制度体系变迁，发挥了巨大的历史性的作用。

（2）学术界对与群众利益联系紧密的制度以及某些涉及学者自身业务的制度给予了较大关注。以上这些排序靠前的、引起学术界极大关注的制度，大都存在广泛的群众利益基础。这并不奇怪，学者的使命就是为社会服务。有意思的是，排在第 10 位的"行政管理科研和教学制度"，虽然发表文献数并不多，仅为 313 篇，但是，平均被引次数为 180 次，仅比第 9 位的文献被引次数少 9 次，被引次数最多的一篇文献达到 410 次。其实是有点出乎我们意料的。这说明，实践领域制度变革呼唤行政管理理论创新，而行政管理科研和教学制度的创新是理论创新的基础，学术界对学科建设制度化的研究给予应有的重视，让人平添许多学术欣喜。再如，引用率排在第 11 位的制度是"新型农村合作医疗制度和城镇居民基本医疗保险制度"，平均被引次数为 142 次。这样一个比较专和窄的学术领域，倾注了众多学者耕耘的汗水，说明学者们颇有为民请命的情怀和"小切口、大问题"的学术风格。同样值得称道的是，一些高被引的文献是在广泛调查研究、积累了大量第一手资料的基础上，运用循证研究、案例研究等实证方法进行写作的。

（3）学术界对出台于 20 世纪 80 年代以来的行政管理制度的研究，主要集中在 20 世纪 90 年代和 21 世纪出台的行政管理制度上。文献数量最多的前 10 项制度以及被引次数最高的文献涉及的 10 项制度中，"经济特区制度"始于 1979 年中共中央、国务院同意试办出口特区，"公务员制度"始于 1987年党的十三大报告中提出制度建设的任务，此外，其他制度无一不是 1990年以后酝酿和出台的。即使是"经济特区制度"，也是在 1980 年随着"出口特区"被更名为"经济特区"才正式施行；"公务员制度"在 1987 年只是提出，后来停滞了一段时间，直到 1993 年伴随《国家公务员暂行条例》的颁布才正式实施。为什么学术界对改革开放初期 10 年左右的时间段中出台的行政管理重要制度关注度较低呢？这既有中国知网收入文献的局限性以及20 世纪 80 年代学术研究力量薄弱等客观原因，也有学术界存在"跟风""浮躁"习气等主观原因，还与年轻学者对 70 年代末、80 年代所发生的事情有遥远感，缺乏亲身经历，担心洞察和体认不深不细有一定的关系。对 20世纪 70 年代末、80 年代行政管理重要制度研究的缺乏，实际上导致对改革开放以来行政管理制度研究力度分布的均衡性、系统性、完整性的缺失，导致制度研究空间的人为狭窄化。同时，我们发现这一问题在引用次数上反映得更明显。恢复高考制度、家庭联产承包责任制、干部退休制、招投标制度这些极为重要的制度，研究文献的被引次数都仅在个位数，最多的也不过 23次，这说明年轻学者对年长学者早期研究观点的认同度较低，也说明引用文献时较多考虑文献的现代规范性要求、师生关系、熟人关系等因素。需要防止学术研究中的"方法偏好"和"近亲繁殖"现象。

制度创新是一个过程，改革开放之初，是怎样通过凝聚社会共识建立起有利于经济社会迅速发展的新制度的，这些重新确立和相继出台的探索性制度改革举措对后来的改革开放起到了什么样的作用，制度的创新性是如何在"破"旧规与"立"新规、"革故"与"鼎新"有机统一中实现的，如何防止和解决制度"真空"、社会失序，这些重大命题，缺少了对改革开放初期制度的大量深入研究是难以完成的。

（4）学术界对借鉴国外境外先进的行政管理制度建设经验关注度很高。邓小平指出："行政管理的效率，资本主义国家在许多方面比我们好一些。"①学习西方先进的管理是为了把中国的事情办好。国际范围的新公共管理、新公共服务的兴起，对国内学术研究也产生了较大影响。研究文献数量最多和拥有被引次数最多文献两者重叠的行政管理制度有 6 项，分别是：应急管理制度、分税制和营改增财税制度改革、基本公共服务均等化和最低生活保障制度、公务员制度、绩效管理制度、政务公开和政府信息公开制度。这些制度的国际化程度较高。从 2013 年 9 月 27 日国务院批复成立中国（上海）自由贸易试验区（也是中国内陆地区第一个自贸区），到现在不过几年时间，就有多达 2127 篇文献研究该制度，这体现了学术界对这一制度的高度重视。"三治"基层社会治理制度是 2017 年写入党的十九大报告的，此前，浙江桐乡市在 2013 年提出"三治融合"的理念，并进行制度化探索。虽然时间非常短，但已有不少文献对如何借鉴国外基层治理有益经验进行了深入探讨。孙荣、范志雯合作撰写的《社区共治：合作主义视野下业主委员会的治理》一文就是代表，其被引次数达到 50 次。

（高小平、陈宝胜、徐丽华执笔）

---

① 《邓小平文选》第三卷，人民出版社 1994 年版，第 240 页。

后　记

　　四十多年前的 1980 年，中国社会科学界响应邓小平同志号召，开展政治学、法学、社会学以及世界政治的研究，成立了中国政治学会。紧接着，作为政治学的分支学科的行政学恢复研究。本书作者之一高小平当时在听到南京大学任课老师张永桃先生于授课中提到"中国有了自己的政治学社团"，得知中国政治学会成立，作为政治系（入学时为政治系，后改名为哲学系）的学生，兴奋之情是可想而知的。今年又是中国行政管理学会（筹备组）成立及《中国行政管理》月刊创办 35 周年。回顾行政管理研究在政治学及相关学科的助力协同下走过的历程，作为曾经任中国政治学会副会长 10 年、中国行政管理学会副会长 20 年的学子，不禁心潮澎湃，总想表达点什么。

　　行政科学是关于国家行政管理和政府治理、公共治理的学问，是社会科学特别是政治学、管理学的重要组成部分，是直接为行政体制改革和政府治理体系、治理能力现代化服务的应用性、自主性、成长性学科。行政管理学自重建以来，一直保持着强劲的发展态势，学术研究渐趋繁荣，学者们立足中国，面向世界，不断取得重要的进展，目前呈现出重大主题研究成果丰硕、学科体系基本形成、研究力量迅速扩大、人才培养和队伍建设步伐加快的局面。但也存在不少问题，学科名称不统一就是其中之一。关于学科的中文名，现在有十多种，如行政管理学、行政学、公共行政学、公共行政管理学、行政科学、国家行政管理等，都有广泛的使用，还有不少是混用，虽然绝大多数学者都认为不管用那哪个名称，都是同一个指向，但在具体定名上一直没有形成共识。"名不正则言不顺"。我们认为，要在知行合一、历史认可、国际通行这三点基础上进行广泛而深入的讨论，寻找最大公约数，尽快凝聚共议，定于一名。我们建议可在"行政学"或"行政管理学"中选一个，这既与党的十九届四中全会通过的《中共中央关于坚持和完善中国特色社会主义制度 推进国家治理体系和治理能力现代化若干重大问题的决定》中关于行政管理、国家行政管理的用法相一致，又是本学科恢复建设之初夏书章等前辈翻译英文 Public Administration 所定之名，也是多年来学界同仁早已形成的共识。我们写这本书，从制度层面研究国家行政现象，也是寄希望于促成学科共识的增强。与此同时，提升学术创新能力，推动学术争鸣和学术流派发展，形成中国的研究范式。

以往的行政学（通论、概论等）都是按照国家行政管理的要素，经过理论抽象后进行逻辑编排和概念叙述的。其优点是学理性强、系统性程度高，缺点是重点不突出，具象性低，难以形成自己独特的研究方法，对于那些没有行政管理感性认识的年轻人来说，理解的时候较为吃力，也不太容易抓住关键。本书无意重塑行政学框架，也并不专门研究制度主义行政管理的体系，而是针对中国改革开放以来行政管理制度变迁做一点片段的研究，尝试通过行政管理制度来研究政府。

我们自己比较高兴的是，有了两点发现：一是行政管理制度具有结构性、运行性、赋能性三者统一的基本特征，人们常常说的体制内、体制外，就是制度的"结构"使然，办事要问一下可操作性强不强就是制度的"运行"使然，把人逼疯又救人于危难的"抗击疫情"就是制度的"赋能"使然。政治家比较看重行政管理结构性问题，因为行政管理结构从属于政治结构，在这方面他们的话语优势较为显著，而行政管理人员则往往醉心于运行性制度创新，其思想方法往往与传统的行政权力大都来自科层制中的权力，而现代政府治理更倾向于用手中掌控的实际"运作权"来解决问题，有一定的关系。在政府系统中还有相当一部分人从事为行政提供服务的工作，不直接掌握业务性行政权力，以往他们被看作辅助人员、社会保障部门、机关事务部门，在新的治理体系中，规范他们岗位和行为的制度随着政治与行政的融合、管理技术与信息技术的融合，制度的保障功能逐渐扩展出具有赋能性的功能，在某种意义上说，"政务服务""行政服务"等概念所指向的办事大厅、后勤部门已经转化为差不多是全部政府的基本职能概念。这样，经过对行政管理制度的结构、运行、赋能分析，就使得理论具象化了。

另一点发现是，制度研究不是经济学的"专利"，行政学对公共领域、公共性的制度研究同样可以有所作为，可以与传统制度主义研究保持"合理的距离"，可以做出比如提炼属于自己的制度话语、制度范畴、制度规律等的研究贡献，而且行政管理制度理论中的方法论，对解释其他领域的制度也有同样的适应性、适切性。行政管理制度变革，不像政治体制改革、经济体制改革那么敏感，而它的创新影响——整体能力和对外部环境的作用，能量巨大，不可小觑。这正是它的制度理论方法具有普遍价值的理性来源。改革开放以来，我国行政管理体制改革始终把转变政府职能作为"当头炮""牛鼻子"，走好每一步关键的棋子，从机构到编制，从职能到责任，从流程到方法，从电子政务到数字治理……这些制度创新给政府、市场、社会带来了活力并得以持续。这，或许就是中国发展的"密码"，某一套"密电码"（这么大、这么历史悠久的国家，一定有多套"密电码"）。我们深感，在国家行政管理制度中，效率、公共性是椭圆形的两个焦点，解决好效率与公共性的平衡，在效率和公共性中分别保持量性发展与质性发展的统一，对上负责与对下负责的统一，特别是坚持党的领导与政府主导的统一，在公共性扩张中求宏观的、长远的、大效率，在现实行政效率的追求中获取数量增长基础上的公共性成长。这些都带有行政管理制度创新的基本特征和基本规律性质。当然，我们在书中表达的还不够全面、完整、准确。

这里需要说明的一点是，本课题立项是在2017年，书稿大部分内容形成于2018年初至2019年9月。2019年11月党的十九届四中全会做出了《中共中央关于坚持和完善中国特色社会主义制度 推进国家治理体系和治理能力现代化若干重大问题的决定》。我们对这个重要《决定》进行了认真学习、研究，并开展了实地调研，在原稿基础上进行了补充和修改。但由于时间比较仓促，还不能很好地消化《决定》精神，书中的疏漏和不足是很多的。期待读者的批评。

此外，本书还有两个缺陷，一个是对国外行政管理制度研究不够集中，流于在研究中国状况的叙述里有所夹议，未得专门做深入的国别比较研究，主要考虑到在建设中国特色社会主义期间，我国借鉴了大量外国行政管理中具有共同管理规律或属于国际惯例的经验、做法和思想，在这些制度创新中已浑然一体，无法简单地区分哪些是中国的、哪些是外国的，在此情况下，再进行中西制度对比，感觉难度很大。我国的政治制度和外国有很大不同，国内的行政管理在引入外国相关制度的时候结合国情做了很多本土化探索，这些方面的内容在介绍中国创新案例中有所体现。第二个缺憾是对人类制度历史的考察，还是偏短了一些，我们仅对中华人民共和国成立后特别是改革开放以来的行政管理制度进行了部分研究，而七十多年对于考察制度的历史，时空跨度小了点，视野窄了点。尽管之前中华民族在古代的行政管理与现代行政管理有本质的不同，但制度的共同点毕竟是存在的，制度一步一步演化发展过来的渐进性、继承性以及其中的奥秘，还是有着重要的研究价值的。只是取了人们走的近几步是很不够的。这些缺憾留作今后前行的动力，或许可以聊以自我安慰。

本书是课题组的集体成果，魏姝（承担第八章第四节）、朱德米（承担第八章第三节，第九章第二、三节）、尚虎平（承担第三章第二节，第八章第五节）、罗梁波（承担第二章第一、二节）、李荣志（承担第十章第一节）、陈新明（承担第六章第四节），以及刘一弘、张玉磊、张宏明、王勇、付翠莲、戚学翔、朱婉菁、张鹏承担了部分起草工作和课题讨论，高小平、陈宝胜承担了大部分写作任务并对全书进行了统稿。特别要感谢张康之，他对课题研究的大方向的把握和关键方面的点拨是别人无可替代的。

童星、严耕、石亚军、王浦劬、杨海蛟、郁建兴、李俊清、徐晓林、许耀桐、韩冬雪、葛荃、陈振明、丁煌、胡元梓、吴建南、孙柏瑛、朱正威、郑方辉、陈进华等教授给本课题研究提出了很多重要的指导意见。王宗正院长全力支持我们的研究工作。对以上各位老师表示由衷的谢意！

感谢人民出版社的陈寒节老师，感谢美术编辑以及出版社各位同志。

本书作者

2020 年 12 月 12 日